中国法治发展战略研究文库 ⑪

总主编 徐汉明

湖北省检察官文学艺术联合会
中南财经政法大学法治发展与司法改革研究中心
湖北法治发展战略研究院

社会治理回归社会路径研究

蒋德海/著

知识产权出版社
全国百佳图书出版单位

图书在版编目（CIP）数据

社会治理回归社会路径研究 / 蒋德海著 .—北京：知识产权出版社，2015. 3

（中国法治发展战略研究文库/徐汉明主编）

ISBN 978 - 7 - 5130 - 3336 - 7

Ⅰ. ①社… Ⅱ. ①蒋… Ⅲ. ①社会管理 - 研究 - 中国 Ⅳ. ①D63

中国版本图书馆 CIP 数据核字（2015）第 016957 号

责任编辑：刘 睿 文 茜 **责任校对**：董志英

特约编辑：王雪芝 **责任出版**：刘译文

中国法治发展战略研究文库

社会治理回归社会路径研究

Shehui Zhili Huigui Shehui Lujing Yanjiu

蒋德海 著

出版发行：知识产权出版社 有限责任公司 网 址：http：//www. ipph. cn

社 址：北京市海淀区马甸南村 1 号 邮 编：100088

责编电话：010 - 82000860 转 8113 责编邮箱：liurui@ cnipr. com

发行电话：010 - 82000860 转 8101/8102 发行传真：010 - 82000893/82005070/82000270

印 刷：保定市中画美凯印刷有限公司 经 销：各大网上书店、新华书店及相关专业书店

开 本：720mm × 960mm 1/16 印 张：20. 5

版 次：2015 年 3 月第一版 印 次：2015 年 3 月第一次印刷

字 数：322 千字 定 价：50. 00 元

ISBN 978 - 7 - 5130 - 3336 - 7

感谢华永集团、福星集团控股有限公司、中浩集团、中国劲酒有限公司、湖北华生房地产有限公司等对“文库”出版的鼎力支持。

《中国法治发展战略研究文库》
编委会

总　序

法治是政治文明发展到一定历史阶段的标志。中华法系源远流长，历经数千年发生、发展、转型的演进过程而绵延至今，其优秀法治文化是人类法治征程中的宝贵财富。新中国成立后，在中国共产党的领导下，我国迈向建设社会主义法治国家的伟大征程，社会主义法治建设取得了丰硕的成果，中国特色社会主义法治体系基本形成，为社会主义事业科学发展提供了坚强的法治保障。

党的“十八大”从开创中国特色社会主义事业全局的战略高度，对全面推进依法治国、加快建设社会主义法治国家作出了全面部署，提出“依法治国是治国理政的基本方式”，“更加注重发挥法治在国家治理和社会管理中的重要作用”，为我国法治建设谱写了新篇章，必将有力促进我国法学研究事业的进一步发展。

面对法治国家建设的新形势、新任务和广大人民群众的新要求、新期待，2012 年 7 月，依托中南财经政法大学等名校优势学科平台，“中南财经政法大学法治发展与司法改革研究中心”顺势而生。该中心以国家法治发展战略需求为导向，秉承求真务实、科学严谨的学术态度，积极推动法学与政治学、经济学、管理学等学科之间的交叉融合，努力搭建多维度、深层次、高起点的研究平台；坚持“三个并重”，即发扬传统与开拓创新并重、基础理论研究与应用理论研究并重、战略思维引领与科研成果转化并重；实行“三个打通”，即打通学科壁垒、院所壁垒、科研院所与实务机关壁垒，整合各学科资源，加强互动合作，吸纳政府机构实务专家、校外研究机构知名学者、社会精英人才参与项目研究，提高研究项目的吸纳力、凝聚力、辐射力和影响力；按照“一拖三”模式对科研成果进行考核与管理，即每项科研课题须提供高质量的调查报告，回答是什么；提供基础理论报告，回答为什么；提出立法与公共政策专家建议稿，回答治国理政怎么办，致力于推动法治发展与司法改革研究，致力于为国家治理和社会管理提供高质量的法治智库服务。

在党的“十八大”胜利召开前夕，“湖北法治发展战略研究院”正式成立，与中南财经政法大学法治发展与司法改革研究中心合署科研。研究院—中心开展法治研究，以时代需求为己任，力争站在国家与社会发展最前沿，立足中国特色社会主义法治国家建设的壮阔事业，敏锐地捕捉和反映最新的、最具时代性和现实意义的法治理论命题与实践动向，生产高层次、高标准、高质量的法治智库产品，为党和国家治国理政提供决策参考服务。研究院—中心与时俱进的发展理念及新颖独特的研究模式受到了社会各界的广泛关注和期待。研究院—中心自成立至今业已取得一批优秀的科研成果，并被中央和地方党政机关采纳、认可、推广，获得了较好的社会评价。

为进一步提升科研成果的社会贡献值、影响力和磁场效应，研究院—中心推出《中国法治发展战略研究文库》。该文库旨在从法治国家建设的战略层面对重大理论和实践问题予以高度关注与适时回应。我们将科学策划文库专题和项目，邀约研究院—中心内外名家为文库著书立说。同时，为发现和培育学术新锐，扶植中国法治发展研究的新生力量，研究院—中心还专门设立“中国法治发展战略研究出版资助项目”，择优遴选青年学者著作予以出版资助。

《中国法治发展战略研究文库》与“中国法治发展战略研究出版资助项目”联袂诚献，将始终秉持以质取文、兼收并蓄的选辑方针，保持学术敏感性、学术鉴别力和学术规范性，形成法学理论界与实务界融贯互通的平台，提升法治研究对社会发展的贡献值，略尽我们对推进中国法治发展的绵薄之力。在此，我们向所有关心、支持、资助《中国法治发展战略研究文库》与“中国法治发展战略研究出版资助项目”的单位和个人表示诚挚的谢意。要特别感谢中国农业银行股份有限公司北京市分行、湖北中浩建筑有限责任公司、武汉福星惠誉置业有限公司对文库出版的鼎力支持。真诚地希望各位读者能够从本文库中获得启发和思考。当然，限于学力与精力，文库难免存在纰漏和欠妥之处，敬请各位读者批评指正。

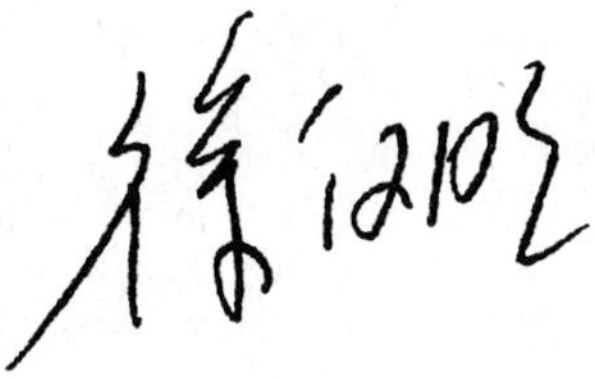

全国检察业务专家

中南财经政法大学法治发展与司法改革研究中心主任

湖北法治发展战略研究院院长

湖北省检察官文学艺术联合会主席

2012 年 12 月 18 日

以社会治理回归社会为目标全面推进依法治国

（自序）

1871年，当马克思在《法兰西内战》中提出要“把靠社会供养而又阻碍社会自由发展的国家这个寄生赘瘤迄今所夺去的一切力量，归还给社会机体”❶的时候，不仅在欧洲，而且在整个世界，社会和国家的关系都是颠倒的，“国家吞没了一切社会职能”❷，庞大的国家机器，一个“俨如密网一般缠住法国社会全身并阻塞其一切毛孔的可怕的寄生肌体”，这个靠社会供养、却吞食一切社会资源、凌驾于社会之上的国家权力，把社会管理和为社会服务的公共事务功能，都作为少数人牟利的工具。马克思举例说，从建造某一村镇的桥梁到修筑铁路、创办国立大学，“每一种共同的利益，都立即脱离社会而作为一种最高的普遍的利益来与社会相对立”，而“一切变革都是使这个机器更加完备，而不是把它摧毁。那些相继争夺统治权的政党，都把这个庞大国家建筑物的夺得视为胜利者的主要战利品”。❸于是，马克思庄严宣布：“历史任务就是要使政治国家返回实在世界”❹，将社会“归还给社会机体”，实现社会的自我治理。

150多年过去了。我国新一届政府用新的语言来概括了马克思社会治理回归社会的思想：“就是市场能办的，多放给市场。社会可以做好的，就交给社会。政府管住、管好它应该管的事。”❺同样的精神，在“十八大”前，

---

❶《马克思恩格斯选集（第3卷）》，人民出版社1995年版，第57～58页。

❷［俄］克鲁泡特金著，李平沤译：《互助论》商务印书馆1963年版，第212页。

❸《马克思恩格斯选集（第1卷）》，人民出版社1995年版，第675～676页。

❹《马克思恩格斯全集（第1卷）》，第283页。

❺ 李克强总理答记者问：“市场能办的，多放给市场”，载新华网，2013年3月17日。

中央就已经提出，《国务院关于第六批取消和调整行政审批项目的决定》旗帜鲜明地提出：“凡公民、法人或者其他组织能够自主决定，市场竞争机制能够有效调节，行业组织或者中介机构能够自律管理的事项，政府都要退出。凡可以采用事后监管和间接管理方式的事项，一律不设前置审批。”这被舆论界称为新“两个凡是”。在本届政府开局之年，李总理再次强调“社会可以做好的，就交给社会”，显然不仅重申国务院已经明确的“两个凡是”，而且彰显了新一届政府领导全面推进政府职能，全面深化社会治理回归社会的意志，其改革的意义已经远远超出了政府本身的变革，不亚于一场深刻的社会变革。党的十八届四中全会吹响了全面推进依法治国的号角。全面推进依法治国，是中国共产党安邦治国执政理念现实化和实施的根本途径和人民的衷心期盼，也为全面实现社会治理归还给社会提供了有力的法治保障。全面推进依法治国，涉及社会生活的许多方面，但社会治理回归社会是最主要、最核心的方面。不仅因为“改革是人民的事业”（党的三中全会），而且因为“依法治国的主体是人民”（党的四中全会）。社会治理回归社会，就是确立人民是社会从而是国家的主人。就是要保障人民不仅形式上当家，而且能够成为实质上的主人。但回顾1997年依法治国方略提出后的历程，与社会治理回归社会相一致的依法治国仍存在大量理论和实践问题。笔者概括起来主要有十个方面：

第一，必须坚持法治是我国民主法治建设的底线性价值。

近年，特别是，党的四中全会后，社会上“党大还是法大”的质疑重又出现。四中全会决议强调党的领导，并提出“党的领导是社会主义法治最根本的保证”，这被一些人理解为“党大于法”，这显然是一种误解。依法治国，建设社会主义法治国家的基本目标，就是法治社会。法治社会和人治社会的基本区别在于法在还是人大，是法治还是人治。强调法治，建设法治国家，就是确认法具有最高的权威，法的权威大于人的权威。事实上，自1982年中国共产党“十二大”通过的党章以来，党必须遵守宪法和法律，党在法下，是党的历次报告的主题。党的“十八大”报告明确指出，“党领导人民制定宪法和法律，党必须在宪法和法律的范围内活动”，四中全会决议还特别强调：“任何组织和个人都必须尊重宪法法律权威，都必须在宪法法律范围内活动，都必须依照宪法法律行使权力或权利、履行职责或义务，都不得有超越宪法法律的特权”。

为什么要坚持依法治国？正如四中全会决议所说，它来源于“我们党深刻总结我国社会主义法治建设的成功经验和深刻教训”。新中国60多年的正反历史证明，不注重民主法治，是我国社会主义事业遭受曲折的主要原因。1954年，我国第一部宪法颁布，人民希望依法治国。但1955年，发生了批胡风的违宪事件；1957年又大规模在在全国开展了“反右”活动，无不是违反宪法、侵犯人权的行为。在社会事务的管理上，甚至实行“政社合一”的人民公社制度这样一个改变国家基层政权体制的问题，都不通过人大审查，由执政党中央的一个决定就可以改制。“文革”期间，甚至人民行使国家权力的最高机关全国人大十年停止履行职责。1975年虽然恢复召开第四届人大一次会议，但人大代表秘密定，人大会议秘密开，甚至连开会地点也保密。改革开放以来，由于传统人治的影响，破坏法治的现象在我国仍时有发生。2013年的曝光的重庆王立军事件，王作为当时的重庆公安局局长、政法委书记公然违反国家法律规定，授意有关工作人员，不履行合法审批手续，先后对多人使用技术侦查措施，如此知法犯法，将法律玩弄于股掌之间，是常人难以想象的。其根本原因就是用人治代替法治，法律没尊严，导致权力的滥用，公民的基本权利受到严重侵犯。正如有的学者所说“王立军之类的官员还在不断被揭露出来，并且没有被揭露出来正在玩弄法律的官员还大有人在。”[1] 现实生活中，各行各业尤其是司法系统动辄把“政治”放到法律之上，同样是一种人治的行为方式。在一个民主和法治的国家，依法治国是执政党领导人民治国理政最大的政治，维护宪法和法律的权威，是政治的政治，不能维护宪法和法律权威的政治肯定是坏的政治。

在我国改革开放民主法治30多年后的今天，再出现所谓“党大和法大”的争议，是极不健康的，它所针对的是我国改革开放民主法治建设的底线性价值。法治优越于人治，不仅是人类政治文明自古希腊亚里士多德以来全部优秀政治成果的结晶，也经过中世纪的漫漫长夜的实践检验。特别是，实施民主法治是与中国2 300多年专制传统的全面决裂，也是新中国

---

[1] 杨立新：“王立军知法犯法玩弄法律破坏法治”，载《人民日报》2013年1月6日。

60 多年来社会主义建设的根本经验和教训，是我国改革开放不能动摇的底线。必须看到，虽然党中央已经明确了依法治国的方略，但在实践中，“法大还是党大”的问题仍没有真正解决，甚至也不是一个“伪命题”。正如四中全会所说“有法不依、执法不严、违法不究现象比较严重”，“一些国家工作人员特别是领导干部……知法犯法、以言代法、以权压法、徇私枉法现象依然存在”等现象后都有“党大还是法大”的问题，从根本上说，就是人治和法治的基本问题没有解决。联系到最近网上还有知名学者公开提出不要妖魔化人治和神化法治等说法，更应当引起我们的深思。法治是民主政治，依法治国根源于民主的需要。要法治不要人治，树立法的权威，是党领导人民治国理政的基本方略，也是我国人民当家作主的基本特征。全面深化依法治国，必须全社会理直气壮地确立宪法和法律的权威。在一个民主和法治的国家，强调法大，不但不会削弱党的领导，恰恰是增强党的领导的重要标志。

第二，在坚持依法治国的同时，必须坚持民主法治基本的政治伦理。

四中全会决议有“依法治国和以德治国”的提法，后者容易被人理解为“德治”。其实党的“十五大”与依法治国同时提出的“以德治国”并不是中国历史上的德治。因为依法治国是党领导人民的治国方略。随着依法治国方略的全面实施，必是道德的大进步。因此，在依法治国的同时强调以德治国，突出的是依法治国方略的政治伦理，这无疑具有合理性。首先，民主法治包含着道德，具有促进道德进步的力量。强调依法治国，就是要用法治来促进道德。民主法治是道德繁荣的基础。人的道德素养告教育，更靠法制环境。国家公职人员的道德进步取决于良好的民主法治。其次，民主法治要讲政治伦理。特别要强调政治行为的道德性。包括：公平、公开、公正、理性和宽容。只有在这些政治伦理之上，才能生长出对不廉洁行为的零容忍。即使有瑕疵也不能容忍。德国前总统伍尔夫因为几件琐事辞职、加拿大一位副省长因出席曼德拉葬礼差旅费超标后辞职等都体现了这种零容忍。当然，依法治国的政治伦理，既要靠全社会特别是官员的政治认同，更要靠法治保障。新加坡前总理李光耀有一段话说得非常好：“我是政府总理，我可以造就出许多个百万富翁、亿万富翁，但我自己绝不能成为富翁”，“如果我要贪污，没有人可以阻止我贪污，但是其代价是整个制度的崩溃”。❶ 这是一种政治伦理。但是，官员的政治认同还需要制度的保障。在一个民主和法治的国家，绝不允许官员多吃、多拿、多占，这些现象的普遍化都不仅是官员的政治伦理，而且会带来整个社会道德的滑坡。中国目前出现的社会道德伦理方面的问题，包括某些人所认为的“当官是最好的职业”等就与政治伦理的缺失有关，可见在依法治国的同时，推进政治伦理的紧迫性。

当然，讲以德治国，也要防止有些人将这一政治文明的提法演变为中国传统社会的德治。从依法治国的方略来说，法治和德治是对立的。法治是民主政治，德治是人治；我们推进依法治国，坚持法治的底线性价值，不可能回到德治。历史和实践证明，道德不能治国。中国和西方古代的道德治国最终大都会导致腐败的。无论是君主国还是共和国。古希腊、古罗马的共和国也都存在腐败。中国历史上同样如此，凡是道德口号“猖獗”的时代，都是相对腐败的。我国目前依法治国中，一些政治伦理的错位必须注意，清官意识还有很大的市场，包括我们主流宣传经常讲的“相信群众、依靠群众”等观念与民主政治的官员要受到人民信任和支持还不一致等，都有待于我们在全面推进依法治国中加以完善。

第三，依法治国的主体是人民。

法治国家不是国家管理人民，而是人民管理国家。依法治国是人民管理国家的一种方式。一般认为法治国家的概念来源于康德的名言：“国家是许多人依据法律组织起来的联合体。”❷而建立法治国家的目的是要实现人的目的：“一切政治结合的目的都在于保护人的天赋的和不可侵犯的权利；这些权利是：自由、财产、安全以及反抗压迫。”❸ 这是因为德国等欧陆国家长期受“警察国家”的统治，“对警察国家来说，无所谓国家活动的界限”，❹ “警察可以进行监督，以使任何人都不会做任何反对政权的合理服从

❶ 陈岳：《李光耀——新加坡的奠基人》，时事出版社 1990 年版，第 22 页。

❷ ［德］康德著，沈叔平译．《法的形而上学原理》，商务印书馆 2005 年版，第 138 页。

❸ ［美］西奥多·洛伊著，王云琨译：“当代美国政治自由主义和保守主义”，载《国外社会科学》，1987 年第 2 期。

❹ ［德］拉德布鲁赫：《法学导论》，中国大百科全书出版社 1997 年版，第 37 页。

的事情”，“警察国家努力实现某种人间天堂，却将人排除在外”。❶19世纪后，康德这一指向政府的法治国家概念被当时的洪堡等德国法学家广泛使用，所谓“法的国家”“法治国家”或“正义的国家”都强调的是政府守法。认为必须最大限度地限制国家的作用，国家仅仅是手段而非目的。康德、洪堡提出法治国家的目的就是要将政府纳入法治轨道。十八届四中全会提出“坚持法治国家、法治政府、法治社会一体建设”，包含将政府纳入法治轨道的用意。但将法治社会与法治国家放在一起主要是区别于人治。我们要建设的是法治社会，不是人治社会。正是法治社会需要法治国家和法治政府。

但社会还有另一层意义，即社会是法治国家和法治政府的基础。根据马克思主义的基本理论，社会是国家的基础：“市民社会这一名称始终标志着直接从生产和交往中发展起来的社会组织。这种社会组织在一切时代都构成国家的基础以及任何其他的观念上的上层建筑的基础”，❷“政治国家没有家庭的天然基础和市民社会的人为基础就不可能存在。它们是国家的必要条件”。❸而法治国家和法治政府是社会的需要。一个民主和法治的国家，人民权利的保障必须限制公权。法治国家的基本特征是公权受到严格制约。而公权受到严格约束之所以可能，就在于社会民主的发展。社会民主的发展是是法治国家的建设者、推进者。社会民主发展到什么程度，法治国家就到什么程度。反之亦然。从这意义上，建设法治国家和法治政府的关键是促进社会民主。没有社会民主的充分展，就不可能将公权关进笼子。建设法治国家和法治政府的力量在于社会民主。而促进社会民主本身是建设法治国家的根本举措。为此，讲法治社会，必然要讲社会民主建设。法治社会的基础是民主社会。要通过社会民主促进法治国家和法治政府。法治国家只是民主社会管理国家事务的一种方式。法治国家不是国家管社会，而是社会管理国家，是人民通过法治国家来保障社会民主。从这意义上，法治国家的一切措施都要有利于社会民主的发展并保障民主社会，并使国

---

❶ [俄] 拉扎列夫著，王哲等译：《法与国家的一般理论》，法律出版社1999年版，第334～335页。

❷ 《马克思恩格斯选集（第1卷）》，人民出版社1995年版，第130页。

❸ 《马克思恩格斯全集（第1卷）》，人民出版社1995年版，第252页。

家受制于社会。

但所有这一切的实现，不仅取决于国家的自觉自愿意，而且取决于作为国家的基础社会民主是否形成。依法治国重在社会基础的培植。民主是法治的基础。建设法治国家的基本途径是推进社会民主。马克思指出，只有“民主制”才是国家和社会统一的唯一途径。他在比较历史上的各种政治制度时指出：“其他一切国家结构都是某种确定的特殊的国家形式。而在民主制中，形式的原则同时也是物质的原则。因此，只有民主制才是普遍和特殊的真正统一。”❶ 在国家和社会的统一中，国家便开始消亡：“在真正的民主制中政治国家就消失了。”❷ 当然，马克思这里所指的剥削阶级统治型的国家，马克思所说的消失，其实是一种回归，而回归的是在社会普遍参与的基础上建立起来的新型的国家政权，它与社会没有根本的利害冲突，本质上是自由人联合体的自我管理。

第四，从基层民主走向社会民主。

全面推进依法治国，社会主义民主建设仅停留在基层民主是不够的，必须扩大到社会层面。社会民主强调的是由社会来管理社会事务。新一届政府已经明确，凡是属于社会的事务都应当由社会自己作主和管理，这是社会民主的基本方向。比如，文艺由文艺同人自己管理，法学事务由法学同人管理，教育有教育界自己管理等。我国政协还有广泛的社会界别，形成了从甚层到国家层面的全覆盖。目前所谓基层民主，主要是村民和城市居民管理的自治。由于缺乏社会民主的背景，仅仅村民和居民的自治难以实现。媒体曝农民工所谓“回不了的家乡，扳不倒的村长”指的就是这一现象。对于依法治国的宏大需求来说，民主建设必须超越基层，整个社会都有一个民主建设的问题。新一届政府多次强调，社会能管的还归社会，属于市场的还归市场。这就要求推进更加广泛的社会民主。社会层面的民主比基层民主更重要。这是因为，依法治国的基础是社会民主。社会民主包括四大要素：行业民主、界别民主、思想民主和基层民主。行业民主如教育、文化、科技、学术研究、包括经济活动，都有一个还给市场或社会

❶ 《马克思恩格斯全集（第1卷）》，人民出版社1995年版，第281~282页。

❷ 《马克思恩格斯全集（第1卷）》，人民出版社1995年版，第282页

的问题，而所谓回归社会，其实质就是社会的民主建设，这是人民当家作主的基本表现，正如托克维尔所说："在小事情上没有学会使用民主的老百姓怎么能在大事情上运用民主呢?"❶ 界别民主如我国政协中的各种界别，各个民主党派、社会团体的民主。目前我国的民主党所谓的民主大都停留在形式上，欠缺实质民主。思想民主具有跨行业性，是更广泛意义上的社会民主。社会民主的根本问题是将社会治理的权力归还给社会，这是法治国家的基础。

全面推进依法治国所需要的民主问题既有一个基层民主如何深入发展，从单纯村民、居民选举走向民主治理的问题，更有一个行业民主、界别民主、思想民主和基础民主如何同步全面推进的问题。

从基层民主看，要解决长期将基层民主重心落脚在选举的不足。从1994年以来（民政部在这一年提出了"民主选举、民主决策、民主管理、民主监督"的四项民主要求，希望由广大民众直接行使民主权力，依法处理基层事务），基层民主的主要形式村民自治的重心一直落在选举上，无论政府部门的乡村管理重点还是乡村自治动作的焦点，主要围绕"民主选举"展开，而选举之后的民主决策、民主管理和民主监督长期不受重视。实践证明，单纯的选举民主解决不了基层民主的问题，在实际运行中与民主的要求相去甚远，也难以获得取其的自治效果。这些年，乡村选举的不规范现象屡屡见报，典型如黑金化、暴力化等时有发生。有些村委会在选举时，由于派系争斗激烈，上级政府不得不安排几百名警力加以维持秩序。因此，要真正解决基层民主的问题，必须全面落实民政部在1994年提出的"四个民主"，把单纯的重视选举转向决策、管理和监督并重，真正实现基层的民主自治。

从社会民主建设看，关键是思想民主。从法理学说，思想民主似乎不符合思想自由的原则。民主的原则是少数服从多数，真理往往掌握在少数人手中。但民主又不能排斥真埋。现代民主恰恰是以保障真理为前提。因此，既要坚持民主，又要坚持真理原则，就必须保障思想民主。而法国启蒙思想家伏尔泰的名言"我不同意你的观点，但我誓死捍卫你讲话的权

---

❶ ［法］托克维尔著，董果良译：《论美国的民主》，沈阳出版社1999版，第115页

利”，则成为思想民主最经典的表述。思想民主是好民主的基本标志，也是思想自由的政治基础。有了思想民主，思想自由及其少数人的真理才能得到保护。而真理越辩越明，由于思想的交流、沟通和碰撞，真理的掌握者会从少数人变为多数人，进而就能够实现民主原则和真理原则的统一。思想民主是我国宪法的基本原则，四中全会强调要“保证人民依法享有广泛的权利和自由”，要保证人民“通过各种途径和形式管理国家事务，管理经济文化事业，管理社会事务”中就包括思想民主。长期以来，我们社会习惯用行政来管思想的做法不符合宪法，也不符合党的文件的精神。权力不等于真理，用行政的方式来管理思想只能导致思想的禁锢。历史和现实的大量案例证明，用权力来管思想都是失败的。

依法治国需要的社会民主是一种有机体。它的活动方式具有市场化的特点。市场经济公平竞争的社会福利原则不仅是市场原则，也是社会有机体活动的基本原则。社会民主在市场的基础上，使社会成为一种自我管理、自我教育、自我调整的有机体。社会有机体是马克思自由人联合体的理想。社会有机体必须具有独立性和自主性。具有独立性和自主性的社会有机体的形成，就是社会民主。正如美国政治学家达尔所说：“独立的社会组织是一个民主制中相当需要的东西，至少在大型的民主制中是这样的。……这种社会组织的出现不仅仅是民族国家民主化进程的一个直接结果，也是为民主过程本身运作所必需的，其功能在于使政治的强制最小化、保障政治自由、改善人们的生活。”❶ 一个民主的并能够实现社会管理的社会有机体不仅能够有效地规范民主，同时也能够成为依法治国的制约和推进力量，并有效促进大社会小政府的实现。

第五，以实质民主促进协商民主。

协商民主是党的“十八大”以后引人关注的一个理论问题。进一步完善协商民主已经成为中国社会主义民主的一个重要内容。但从协商和民主的关系看，仍存在一些理论问题，应予以关注。协商民主指的是一种民主的形式，既通过协商来实现民主。从这意义上说，协商是手段和形式，民

---

❶ ［美］罗伯特 · A. 达尔著，尤正明译：《多元主义民主的困境》，求实出版社 1989 年版，第 1 页。

主是目的和内容。作为内容的民主通常表述为人民当家作主。在民主政治中，人民当家作主有两种基本表现：一是推选自己的代表来行使当家作主的权利；二是人民群众自己履行参与社会和国家事务的权利。前者是间接民主，后者是直接民主。在当代民主国家，大都是直接民主和间接民主并用。这两种民主，是民主的内容，通常被称为实质民主。即由于人民既行使了直接民主又行使了间接民主的权利，人民当家作主成了事实。有实质民主也有形式民主。人民当家作主的实质民主总要通过一定的形式来体现。比如，"权为民所授"有各种各样的授权方式，公众的参与也有各种不同的形式和途径，这构成了民主的形式。民主的形式是民主的现象。民主的形式和现象共同构成了形式民主。

实质民主和形式民主的关系是：实质民主决定形式民主。形式民主是实质民主的要求。有什么样的实质民主就有什么样的形式民主。实质民主发展到什么程序，形式民主也就发展到什么程度。如英国的百年议会史就是实质民主促进形式民主发展的过程。1872 年，格莱斯顿推动议会通过《投票法案》，将口头表决改为秘密投票，保护了选民的投票；1884 年，格莱斯顿促使议会通过了《人民代表法案》，将选举权扩大到农业工人；1885 年。英国议会通过了《重新分配席位法案》，改革以前不公平的席位分配制度，接近于平等代表制原则。投票的形式、投票的范围、投票的席位分配都是形式，但这些形式的改变反映的却是民主的实质进步，它反过来又能够促进实质民主。

协商民主是一种形式民主。通过协商民主促进实质民主无疑具有积极意义。任何一种好的实质民主，都会有协商的民主形式。美国宪法的制定过程中，代表 12 个洲的 55 名代表几乎对每个条款都进行了激烈的讨论，短短 7 条宪法，争论了 4 个多月（127 天）。而其最终结果，是取决于 55 名代表在高度沟通、协商、交流过程后形成的共识。正是这样一部宪法，历经 200 多年，至今仍在美国政治生活中发挥权威的作用。但在一个民主和法治的国家，首先要解决的是实质民主，它所体现的是有没有民主的问题。实质民主之后才有形式民主问题。没有实质民主，谈不上民主的好坏；只有在实质民主产生后，才有民主的好坏问题。因此，实质民主决定了形式民主。形式民主是实质民主的要求，反映的是民主的质量，即民主的好坏。

促进协商民主，就是为了促进民主的质量，完善民主，使实质民主和形式民主形成一种良性循环，使人民群众当家作主的形式更加完善。当代发达国家的民主理论推崇协商民主，也是从这意义上说的。

但协商本身不等于民主。协商只是完善民主的一种形式。形式的好坏要由实质来说明，既要看它是有利于实质民主还是不利于实质民主。一般来说，产生于实质民主的协商形式，应能够促进实质民主，是实质民主的外在表现。但不能说有协商就有民主。如果没有实质民主，协商民主就是不真实的，也不可能有真正的协商。协商民主是以实质民主为前提的。实质民主决定了自由和平等的协商前提。也就是说只有在实质民主的前提下才可能有协商民主。没有实质民主就没有政治上的自由和平等，而没有政治上的自由和平等也就没有民主的协商。唐太宗李世民和魏征的故事在中国家喻户晓，但唐太宗虚心纳谏与民主协商不是一回事。实质民主基础上的协商是一种和平、理性的博弈。而这种和平、理性的博弈是否可能，其前提是实质民主所形成的自由和平等的基础，没有这个基础，就没有协商民主。此外，家庭、朋友之间、私人事务的协商也不具有民主的意义。

实质民主和形式民主的关系表明，实质民主是民主之“体”，形式民主是民主之“用”。“体”决定“用”，“用”为“体”服务，“体”通过“用”表现出来。而推进社会主义民主政治首先要注重实质民主的发展，即要解决“权为民所授”和公众参与权利保障问题。“权为民所授”是人民当家作主的本质内涵。正如习近平同志在2010年9月强调的，马克思主义的权力观概括起来就是“权为民所赋，权为民所用”。而我国宪法也以根本法的形式明确规定了公民的各参与权利，如公民的监督权、批评权、参与权、表达权等等，中共“十八大”也强调要“发展更加广泛、更加充分、更加健全的人民民主”，“保障人民知情权、参与权、表达权、监督权”。这些都是我国推进实质民主的重要依据。

在此基础上，全面有效地推进协商民主无疑是发展我国社会主义实质民主需要。但实质民主和形式民主的关系决定了，实质民主在先，协商民主在后。要发展协商民主，必须尊重和保证实质民主，并从实质民主开始。实质民主是协商民主的基础，协商民主的前提是实质民主。完善协商民主，不能不讲实质民主，恰恰必须以实质民主为前提，并以推进实质民主为基础。不能因为有了协商民主就不讲实质民主，更不能用协商代替民主。不仅因为没有实质民主，协商民主无法实现，而且片面的发展协商民主，很可能伤害实质民主。当有些人把协商民主当作社会主义民主本质的时候，很容易忽略社会主义条件下实质民主的发展。而没有社会主义实质民主的发展，协商民主无异于水中月和空中楼。因此，不能把协商当作民主，也不能将民主建设归结于协商。当前我国人民群众要求民主的呼声很高，固然包括了协商民主的要求，但主要是对实质民主的呼求。习总书记在纪念全国人大60周年大会上提出要防止“人民形式上有权实际无权，实质上不作主”，指的就是这一现象。

在我国民主法治建设中，协商民主无疑是民主的一种好形式。这也是党的“十八大”强调协商民主的一个原因。但必须看到，我国公众在生活中普遍感到的民主缺陷不是协商不够，而是实质民主不充分。事实上，群众并不是不想协商，而是缺乏自由平等协商的基础，正如有的网民所说：“在讨论看病贵时，医院的院长是人大代表。讨论学校乱收费时，学校的校长是人大代表。讨论反腐败时，官员是人大代表。”显然，面对我国社会中大量不民主的现象，仅仅协商民主满足不了人民群众要求实质民主的呼声。如从我国基层民主看，来自行政部门强行指定候选人、随意撤换、罢免村委会主任现象确有发生。湖北潜江人大代表姚立法曾揭露当地619位村官被非法撤换，捅破乡村选举假象；同时，村民自由平等的参与权难以得到保障，贿赂、威胁等非法行为普遍，导致村官违法严重，不少乡村党政关系紧张，“扳不倒的村长”现象普遍。解决这些问题的关键是全面真实地促进实质民主。至于协商民主好不好，群众最清楚，应当由群众决定，由人民自己选择。什么好用什么，强行规定群众只能用什么民主形式，本身就是不民主的表现，也不利于社会主义民主的发展。

第六，以民主立法促进科学立法。

善治要有良法，而民主立法是良法的基础。我国《立法法》第5条和第6条分别规定了民主立法和科学立法原则。虽然法律未就民主立法和科学立法的关系作出明确界定，但民主立法原则在先，科学立法原则在后的立法顺序，大致上能够反映民主和科学的不同地位和作用。但2006年国家《第十一个五年规划纲要》后，民主立法和科学立法的次序被改变了，民主立法被放到了科学立法之后，而且民主立法的提法逐渐被淡化，值得关注。

在一个民主和法治的国家，民主立法与国体有关。人民民主首先就是民主立法，人民的意志成为法律是社会民主的基本体现。没有民主立法难有人民共和国。科学立法和民主立法的关系，是体和用、主和次的关系，民主立法是体，科学立法是用。两者体用不能忽略，主次不可颠倒。正因为民主立法是本，故民主立法决定科学立法。民主立法决定了科学立法的程度和价值。科学立法则反映和体现民主立法。当代发达国家普遍制定的阳光法案如《官员财产公示法》《官员道德法》等，首先是民主立法的产物。没有民主立法，这种法律根本不可能出台。故民主立法之后才是科学立法的问题。而立法不民主，根本不可能科学立法。比如，我国至今《官员财产公示法》出台不了，主要不是科学立法的问题，而是民主立法的原则如何进一步落实的问题。历史和现实中，科学立法作为立法之“用”，既可以为民主服务，也可能不为民主服务，甚至为暴政服务。纳粹当年的所谓科学立法，就大量利用了所谓生物工程学理论为其种族主义立法服务，具有反人道性质。诚然，民主立法未必都合理，故需要科学立法来补充。但科学立法永远不能弥补民主立法的缺陷。立法再科学，如果不民主，它的伦理基础就是有缺陷的，人民就难以认同。全面深化依法治国，推进中国的善治，当务之急要从民主立法开始提升公众的认同感。

第七，司法机关“整体独立”要向司法官“依法独立”回归。

司法机关依法独立行使司法权是我国宪法的原则规定。但长期以来，我国理论界将宪法的这一原则片面解读为司法机关“集体独立”，极不准确。从依法独立的要求看，本身就是针对司法权行使者个体的。就整体来说，即使宪法不规定司法机关依法独立，司法机关与其他国家机关的关系也是独立的。比如，在实施三权分立的美国，司法权与立法和行政权本来就是独立的。为什么还要强调司法独立？就是强调个别司法权行使的独立性。其次，司法权的行使是一种行为，而行为的主体只能是个人。司法机关是一个集体概念，即使是集体的行为特点也存在于个体之中，是通过司法官个人的行为实现的，比如最近人们通过邹碧华法官的事迹知道了上海司法的形象。司法机关的依法独立，必须通过司法行为个体的依法独立来表现。正如马克思所说：“每个人的自由发展是一切人的自由发展的条件。”

在司法实践中，集体独立最大的问题是无法承担责任。个体不独立如何承担责任？这必然大大提升司法不公的可能。集体名义下违法犯罪会大大降低道义责任。近年中国司法公信力不高，司法腐败猖獗，与长年强调集体司法独立，宪法规定的依法独立没有真正落实有关。而所的有司法腐败都是个体腐败，也从一个侧面证明了司法权行使的主体只能是作为个体。

从思想理论看，以整体取代个人还带有很大的封建专制的遗迹，应予以警惕。中国封建社会的特点之一就是以集体取代或否认个体。正如李慎之在《中国传统文化就是专制主义》中所说：专制主义特别善于利用集体主义为自己张目，压制个人自由。法国学者佩雷菲特在《停滞的中国》中写道：以集体否认个体正是中国社会从公元前 3 世纪直至 20 世纪就这样以相同的方式重复着。著名思想哈耶克在《走向奴役之路》对这种集体主义的片面性也有过深刻的批评："权力属于整体……一个人要么命令别人，要么服从别人。这种集体权力所许诺给我们的集体自由只是计划者对社会的为所欲为的无限制的自由。"❶

第八，深化人大监督，促进人大权威。

人大监督是人民监督政府的一种主要的形式，是具有最高法律效力的监督。不但其他国家机关处于人大的监督之下，而且其他国家监督机关也处于它的监督之下。目前，我国人大对政府、纪委的和监委的监督就不够，很少有这方面的监督。如公众反映"选择性反腐"就是这个问题。实践中还有所谓"寓监督于支持之中""寓支持于监督之中"的说法，也是不正确的。人大要理直气壮地实施监督，监督不出问题才是支持。有问题而不监督，不是支持，而且协同违法。英国政治学家柏奇说得好："英国宪法的基本原则是，议会所起的作用不是管理国家，而是控制政府。"❷

理论和实践中要处理好两个问题。一是"人大集体有权个人无权"，这个说法不准确。人大是权力机关，由每个人大代表组成。个人是人大权力的一个组成部分，整体具有个体不具备的功能，人大代表个人不能行使罢免权、决策权。同时，人大的权力通过民主的程序发挥作用，包含个体的

---

❶ ［英］哈耶克著，王明毅等译：《通向奴役之路》，中国社会科学出版社 1997 版，第 174 页

❷ Anthony H. Birch, *The British System of Government*. London：Allen & Unwin, 1986, p. 175.

权力。人大的集体权力是一种民主博弈的结果。集体的权力存在于个人的权力之中。故“集体有权人上无权”是错的。我国人大制度建设，面临提升每个代表权力含金量的任务，要把集体的权力真正落实到代表，使每个代表的一票都能够成为有质量的因子。再次，人大监督权主要是一种个体的权力，是人民监督政府的一种重要形式。监督的目的是发现问题，纠正违法。它不需要借助集体的力量。无论怎样发现，违法是一种事实。反之，因为是人民代表，提升了监督的力量，能够有效实施监督。主张“人大集体有权个人无权”还包含着用集体排斥个体的倾向，导致人大代表形式上有权，实质上无权。目前我国公众对人大所批评的“官大”（官员代表大会)，在一定意义上就是显出人民代表这种形式和实质的分离。湖北潜江市姚立法是人大代表监督成功的典型。他当代表5年，提交议案多达187份。他为教师追讨亿元欠薪；调查出潜江619位村官被非法撤换，捅破乡村选举假像，并促成董滩村委会重新选举。而否认个人监督，是中国人大监督苍白的主要原因。

二要解决人大监督是不是包含个案监督问题。理论界否认人大监督是个案监督显然是不适当的。因为个案监督是最有效、及时的监督；人大法律监督的时效性就在于人大代表能不能就遇到的现实个案进行监督。这是人大代表履职的基本义务。中国目前社会问题很多，但很少看到人大代表出来讲话，正是个案监督出了问题。也大大弱化了人大代表的责任和义务。人大个案监督也有宪法和法律依据；我国国家机关都是来源于人大的授权。同时，人大个案监督与依法独立审判不冲突。从国外看，国外司法独立并不禁止公众对审判的监督批评。从司法程序看，依法独立并不排斥监督。法院内部本身也存在审判监督。(四级两审）但人大监督与司法内部的监督不同，它作为权力机关的监督，同样要依法。可以通过监督的方式反馈给院长，院长或者依法启动重审，或者答复。人大不满意，可以依法罢免院长或法官。

我国《监督法》没有列入个案监督是有待商榷的，不符合人大的权力机关属性。人大有权监督，而这种监督只能是个案监督。实践中，个案监督的问题可以讨论，作为人大代表的权力应该更加规范化而不是取消。任何监督都是从个案开始的，取消个案监督，也就取消了所有的案件监督，也就在一定意义上取消了司法监督。当然，要促进人大监督完善，还要为人大代表依法行使监督权创造更好的条件，如有些代表在履行职责过程中，或交通工具缺乏，或交通经费短缺等，甚至正常收入都受影响，人大常委会机关都应当及时采取措施，帮助他们解决。

第九，宪法之治的起点是公民基本权利的保障。

四中全会最大亮点之一是健全宪法实施和监督制度，完善全国人大及其常委会宪法监督制度，健全宪法解释程序机制。中国的违宪审查制度将确立，这无疑是一个重大进步。但真正促进我国宪法的落实，首先要关注宪法、宪治和民主的关系。民主需要宪治，民主也决定了宪治。宪治最重要的标志是限权，防止权力的扩张和滥用。而要有效防止权力的扩张和滥用，就必须保障民主及其参与。从这一点看，我们还有待进一步解放思想。比如，代表公民参与的表达权如何保障，就与宪法的实施和宪治有密切关系。公民的表达权最突出的就是对权力的批评，应有效保障。正如英国思想家哈耶克所说，这种权利保障“不是为了某种更高的政治目的服务的手段，而是最高的政治目的本身”❶，因为“国家最重要的关注要点必须始终是公民个人的力量在他的个性上的发展”❷。而个性发展的前提条件是表达权的保障。如果一个公民连表达权都得不到有效的保障，则其他权利的保障就是不真实的，甚至是令人怀疑的。

之所以要保障表达权，还在于人民的参与是宪治的核心。因为依宪治国的主体是人民，“人民是依法治国的主体和力量源泉”。在一个民主和法治的国家，宪法是人民依法治国、管理国家的根本大法。从现代法治的理念看，宪法不是政府或官员管人民的法，而是人民管政府和官员的法。要真正落实中央一再强调的社会管理还归社会的方针。全面有效地推进社会管理或社会治理回归社会。这是人民成为依法治国主体的基础和保障。其次，宪治是宪法的实现。要改变宪法是立法依据的观念。我国宪法明确规定一切法律法规不得与宪法相抵触。而要保障不抵触，宪法就必须被适用。

---

❶ ［德］格尔哈德·帕普克著，黄冰源等译：《自由、知识和秩序——哈耶克思想论集》，中国社会科学出版社 2000 年版，第 146 页。

❷ ［德］格尔哈德·帕普克著，黄冰源等译：《自由、知识和秩序——哈耶克思想论集》，中国社会科学出版社 2000 年版，第 151 页。

依法治国的关键是宪法的适用。要求任何违法宪法的行为都必须追究。而宪法如何不能被适用，就没有权威性。

推进依法治国，执政党带头遵守宪法和法律具有根本意义，也是执政党一再强调“党必须在宪法和法律的范围内活动”的基本主张。执政党带头遵守宪法和法律，才能在全社会树立起宪法和法律的权威，是促进司法公平最强大的力量。最近，两起备受社会关注的大案，一起内蒙呼格吉勒图被宣布无罪，另一起河北高级法院终审的聂树斌案经河北高级法院申请，最高人民法院决定由山东省高级人民法院复查，终将结束“一案两凶”的不合理现象，有力印证了我国在中共四中会以后全面深化依法治国的决心。全面深化依法治国，推进依宪治国，必须对违宪行为零容忍。比如不少地方的选举还有很大的形式性，要尽早解决“人民形式上当家作主，实质上不当家”的违宪现象；人民群众的参与还有较大的限制，公权介入谣言、表达权和社会组织的发展和保障还不够，尤其是社会生活中干部的种种特权不但引发干群对立，而且都是违背宪法明确规定的“法律面前人人平等”的原则，应在依宪治国中逐步并有效地加以解决。

第十，改革是人民的事业。

全面深化依法治国是人民的愿望。在一个民主和法治的国家，人民最希望依法治国，不仅因为法有预见性和道义性，而且依法治国成本最低，最具正义性。200 多年前德国威廉一世皇帝和磨坊主的故事，生动地诠释了皇帝必须在“理”面前低头的正义性。但在社会生活中，并不是人人都愿意讲理。特别是有权有势的人，大都不愿意讲理。这就要求加大民主法治建设，促进对“权力”的约束，使“权力”养成讲理的习惯和风气。目前不少地方政府的公信力不高，一个主要的原因就是过分相信权力而讲理不够。而通过讲理改变风气，关键是政府要转变治国理政的方式。

促进管理部门特别是政府的改革，必须由人民主导，体现人民的意志。正如党的十八届三中全会决议所说：“改革开放是人民的事业。”党的领导不是替代和包办人民的事业，而是领导和保障人民当家作主，改革的主体是人民。但从我国改革特别是近期的司法体制改革看，改革的主体是人民似乎仍然没有引起重视，甚至没有进入改革者的视线。上一轮司法体制不令人满意，这是一个主要原因。而改革如果没有人民的广泛参与，就难以避免既得利益群体利用改革谋利，对这样的改革，人民群众就难以满意和认同，甚至会产生被剥夺的感觉，这是我国改革特别是新一轮司法体制改革必须引起重视的。

不难发现，以上十个方面既是我国全面推进依法治国的关键，也是我国社会治理回归社会面临的主要和重大的挑战。其核心就是实现由社会为主导的社会治理。但在中国，这一回归的实现仍遇到多方面的阻碍。某些人看不到甚至也不愿意看到人民群众作为主体的社会治理是民主法治的方向，这种心态严重阻碍了中国社会治理回归社会；同时，实践中，与社会治理回归有关的法律、政治和社会行为还缺乏应有的认同，虽然中央政府已经明确提出“凡是属于市场的都还给市场，凡是社会能做的，都还给社会”这一重要的方针，但社会实践中的落实还有较大的距离。从这意义上，中国的社会管理问题主要不是一个观念问题，而是一个实践问题，即体现中国社会主义特色的社会民主能否形成如何形成。毫无疑问，这是中国社会主义民主法治最重要也是最伟大的实践。习总书记指出“法律的权威源自人民的内心拥护和真诚信仰，”而这种发自人民内心的对法律的真诚信仰只有在社会主义民主政治的前提下才有可能。社会主义民主政治是人民自己管理社会公共事务的政治，当人人参与、促进社会主义民主建设之时，社会主义法治就会成为人民的内在需求，而唯有在这基础上，人民群众才会从内心拥护我们的法律，并使法律成为每一个公民的真诚信仰。

于上海松江舍得书斋

2015 年 1 月 10 日

目　录

第一部分：政府和社会公信

第二部分：权利和监督

第三部分：民主和社会管理

第一部分：政府和社会公信

为什么政府陷入“塔西佗陷阱”的怪圈?

【提要】 新媒体时代的到来，为公众的知情权、参与权的行使提供了极大的便利，也对政府的信息公开带来了前所未有的挑战。中国近年大量的公共事件及政府在应对中和民众中出现的“老不信”现象，表明我国多地政府已经陷入“塔西佗陷阱”。打造诚信政府，防止政府在“塔西佗陷阱”中越陷越深，关键是恢复政府的公信力、建设诚信政府。从观念上看，建设诚信政府，要求政府把“信”放在第一位。对于一个民主和法治的政府，诚信的重要性怎么说都不会过分；从行为方式看，民主法治时代诚信政府的基本前提是依法行政。一个依法行政的政府才是有诚信的政府。建设诚信政府，必须把保障公众的知情权作为重中之重。政府是否具有公信力要从保障公民的知情权、提升政府行为的透明度着手，而不在于政府有没有说明力或如何强化政府的说明力。如果人民的知情权得不到保障，政府纵然有再大的解释力，都无法使公众恢复对政府的公信。这是一个民主和法治的政府是否能够保障公民基本权利之基本的政治道义。

著名历史学家塔西佗曾经这样谈论执政感受：“当政府不受欢迎的时候，好的政策与坏的政策都会同样得罪人民。”这个著名的见解被称作“塔西佗陷阱”。现代社会中，它被解读为当政府不受信任的时候，无论他怎样做都会受到公众的质疑和批评的一种状态。在我国社会发展中，“塔西佗陷阱”现象也不时影响我国社会的稳定，打造诚信政府，防止政府陷入“塔西佗陷阱”并越陷越深，应当成为我国民主法治建设的重中之重。

一、我国政府面临“塔西佗陷阱”的挑战

说我国多地政府面临“塔西佗陷阱”的挑战，恐怕不是一个违背事实的说法。这可以从近年大量的公共事件及政府应对和民众的反应体现出来。比较典型的是2011年7月23日晚上D3115次动车发生追尾，造成40人死亡的事件。事故消息最先由新浪微博网友发布，迅速地在互联网上引起震动。尽管政府部门及时跟进，但关于这起事故的发生原因、死亡人数的相关说法差距颇大。不久前发生的厦门公交车爆炸案，同样面临这个挑战。尽管当地公安机关已经拿出了犯罪嫌疑人确凿的证据，但网上的质疑仍然不断。❶ 套用塔西佗的话，那就是：当政府不受信任的时候，无论政府怎么说，公众都不信。概括起来，我国多地政府面临的“塔西佗陷阱”的挑战大致有以下几个特点：

一是中国公众中出现了“老不信”现象，老百姓变成了“老不信”。改革开放30多年以来，虽然中国经济有了根本改变，但改革中由于公权约束不力造成的两极分化和大量的腐败案件曝光及社会生活中民众权利保障的艰难，屡屡冲击政府的公信力，导致越来越多的公众不相信政府。尤其是一些基层政府部门在应对突发事件中的所作所为，如采取隐瞒或否认态度，在与公众的信息不对称或“躲猫猫”的博弈中控制事态、推诿责任，都使公众产生越来越多的不安、抵制甚至指责，官方发布信息的权威性屡屡受到质疑。尽管政府做了大量努力，但人们仍然把屡屡出现的药品安全、食品安全、楼房质量、交通事故等问题及因无良商家和逐利者以及市场某些无序环节造成的各种“乱象”，都惯性地归因于政府，无论政府做了什么，老百姓都是“老不信”，表达为“我们究竟还敢信什么”“反正大家都不信”等。

二是公权在公共事件中，由于不能正确对待公众质疑，反而导致质疑声音一边倒，进一步促进了“塔西佗陷阱”。本来，有质疑很正常，但由于

---

❶ tyoy99999：“厦门公交车爆炸案 民间质疑声大 官媒发急乱吼”，载凯迪社区，2013年6月13日访问。

有些政府部门在应付质疑方面采取的一些做法欠妥，导致合理的说明都无法被接受。还是以厦门公交大火案为例，警方于次日宣布嫌疑人陈水总被火烧死，并于6月10日公布证据。《厦门日报》6月11日刊文称陈水总丧心病狂，要全社会必须共诛之。但对于警方如此快速破案，民众反而存疑多多，有民众表示，《厦门日报》这是想“订死”该事件，好盖棺定论，借以掩盖真相，挑起仇恨。6月11日，《厦门日报》发表题为《陈水总如此丧心病狂 全社会必须共诛之》的社论文章，文中措辞激烈，称陈水总犯了反社会罪行，报复社会，并将民众质疑称为“杂音”，是滥同情。该文引起民众反对声浪，纷纷斥责《厦门日报》是在公然宣扬仇恨。[1]

三是现代科技放大了“塔西佗陷阱”的能量，以某种形式倒逼政府的公信力。由于微博的发展，信息流通出现了全方位广覆盖的特点。2009年以后，以新浪作为最早推出微博服务的门户网站为标志，微博在经过2年发展后，发展势头迅猛，截至2011年6月底，微博“用户数量从6 311万迅速增长到1.95亿，新增微博用户1.32亿人，增加率高达208.9%，在网民（4.85亿人）中的使用率从13.8% 提升到40.2%”[2]。在传播过程中，信息的传播“不再是一对一的传递或一对多的广播，而是一乘以多再乘以多的链式反应”[3]，而这种大能量的信息时代正在以某种形式倒逼政府的公信力。也就是说，在“塔西佗陷阱”条件下，政府在公信力方面即使是略有瑕疵，也会被无限放大。因此，它倒逼政府必须采取新的措施和办法提高公信力。

四是“塔西佗陷阱”对政府公信力的摧毁性大。在传统媒体时代，政府只要控制了媒体，就能够掌控公信力。但现代传媒条件下，传统控制媒体的形式和手段都不再适用，如果政府仍然以传统的模式控制媒体，其效果甚至会适得其反，更多的人会认为政府是故意传播假消息掩盖真相。显然，政府不能再以传统的方式和态度对待媒体，现代传媒已经远远突破了

[1] tyoy99999：“厦门公交车爆炸案 民间质疑声大 官媒发急乱吼”，载凯迪社区，2013年6月13日访问。

[2] 中国互联网络信息中心（CNNIC）：“第28次中国互联网络发展状况统计报告”，载中国互联网络信息中心，2014年7月21日访问。

[3] 卿立新：“微博时代网络事件传播规律与处置探讨”，载《求索》2010年第12期。

传统媒体的边界，而且其传播的速度和反应效果类似于“核裂变”，其背后挺立着近5亿中国网民大军，他们在虚拟平台上观点交锋、发布意见，从而使每一个公众都具备了媒体传播人的特质，所谓“人人都是记者，人人都可以发声”就是对这一特点的准确概括。正是由于这个原因，一个有着107年历史的红十字会，可以因为一个年轻姑娘郭某某的冲击，仅用三天就把你打得稀里哗啦的。[1] 这就是“塔西佗陷阱”的破坏性。

可以说，改革开放30多年以来的中国，是现代中国经济社会发展最快的时期，但也是体现政府公信力的“塔西佗陷阱”越来越严峻的时期。在某种意义上，我国正在形成政府公信力与微博和全流通信息的某种较量。政府可以仍然用传统或习惯的方式对待媒体，但已经无法掌控真相。而政府的公信力则取决于真相。在这一前提下，政府要提高公信力，唯一的做法就是以最快速、最有效的方式公开相关信息。如果政府对待媒体的方式在公共信息的发布方面具有明显的真实性、规范性的优势，政府的公信力就高；反之，公信力就低。而“塔西佗陷阱”则发生在政府的公信力已经发生了问题，如果政府仍然沿用传统的方法和手段来对待媒体和舆论，则“塔西佗陷阱”现象就会愈演愈烈，而政府的公信力将会越来越低。在这种情况下，政府不论说真话还是假话，无论做好事还是坏事，都会被认为是说假话、做坏事而引起人们的厌恶，这正是是塔西佗当年所担忧的。

二、信息不公开是“塔西佗陷阱”的土壤

一般认为，政府公信力的缺失与政府和公众的信息不对称有关。比如，新媒体时代频频出现的谣言问题，就与信息的不畅通有关。当政府由于种种原因不让公众知道真相，或政府所告知的真相与事实有出入甚至有巨大差距时，任何一种偶然的事件都会激发人们的想象并给谣言的诞生提供了条件。古斯塔夫·勒庞论述过煽动信众的三个方法：断言、重复、传染，而这三个方法只有在信息不公开、不透明的前提下才有可能实现。其中，既有对政府的误解，也有对政府的不信任甚至攻击。特别是，由于现代传

---

[1] 朱四倍：“塔西佗陷阱下的‘三天毁掉百年’尴尬”，载《嘉兴日报》2011年11月16日。

媒的信息传播链条被大大拉长，使得信息的失真度也会加剧，导致谣言四起，乱象横生，让受众沉浸在真假难辨的信息海洋中，同时又会反过来加深公众对政府的误解，并导致人们对于政府的不信任情绪逐步加深。"当公众对一切都无法相信时，那么他们就会相信一切。"❶ 正是从这个意义上，是信息不畅通造成了"塔西佗陷阱"，而"塔西佗陷阱"又加剧了谣言传播的概率和可能，如果没有一种有效的阻隔机制，就会形成一种信息不畅和"塔西佗陷阱"之间的恶性循环。

但是，从严格意义上说，公众信息不对称并不是造成"塔西佗陷阱"的主要原因。公众信息不对称有可能造成公众对政府的不信任，但一个民主和法治的政府，之所以失去民众的信任，根本的原因还是在于脱离了人民，其所作所为与对人民的承诺发生了背离。而公众信息不对称恰恰又可作为掩盖这种脱离人民或背离对人民承诺现象的一种手段。从社会生活看，造成政府公信力下降的直接原因是政府的信息有错或故意提供一些不真实的信息，如地方或部分职能部门在重大公共事件中所持的"不先说""不肯说""不让说"的态度，恰恰是为了掩盖某些真相。因此，信息不对称使政府有可能利用所掌控的巨大的权力来掩盖对自己不利的方面，而所谓对政府不利，也包括了个别政府官员的失职、贪腐或其他可能引发公信力缺失的现象。当信息不对称时，所有这些不利于政府公信力的现象都可能会被遮盖，而一旦这些真相被揭开，就会影响政府的公信力，导致"公众选择不相信"，使政府在"塔西佗陷阱"中越陷越深。因此，为了防止政府公信力受到损害，政府必须实事求是地对待真相，本着有错必纠、有贪必肃的精神，必须改变信息不对称的现象，使政府在出现问题时无法掩盖也不能掩盖。显然，在一个民主和法治的国家，改变信息不对称，不仅是防范政府权力滥用的重要举措，也是民众行使知情权、参与权，管理国家和社会事务的必不可少的民主途径。

随着新媒体时代的到来，为公众的知情权、参与权的行使提供了极大的便利，也对政府的信息公开带来了前所未有的挑战。对于公众来说，利

---

❶ ［法］让·诺埃尔·卡普费雷著，郑若麟译：《谣言》，上海人民出版社2008年版，第84页。

用所获得的信息发布见解，对某些现象进行评论，变得越来越方便，也在极大的层面推动越来越多的公众加入关注一些社会现象。在这个前提下，法治政府不仅有一个信息公开的问题，而且有一个如何正确对待公众知情权、参与权的问题。有一种观点认为，“未经验证的信息自由发布，这自然也给谣言的诞生提供了条件 。”❶ 这是一种对公众信息传播的不信任甚至是一种误解。新媒体带来的信息自由发布与谣言的传播没有直接关系，信息自由发布并不会导致谣言。试想，当政府的信息都是公开的时候，所有信息都会不证自明，也根本没有必要和可能发布谣言。今天的发达国家，信息公共，各种传媒都能保证在第一时间把最新的和权威的信息发布给大家，在这种情况下，根本没有谣言生存的空间，当然也不会有人相信谣言。正如有的学者所说：“造成‘塔西佗陷阱’的主要责任不在公众，而在政府部门自身。”❷ 显然，政府应当理性地对待公众的批评，哪怕是有些激烈的批评也是公众的权利。不能动辄把公众的批评当作谣言，更不能追究公众对政府的批评。

必须强调，信息公开不公平并不是一种技术问题，即不是政府会不会应对新媒体的技术问题，而是一个民主和法治的政府在新媒体时代，如何更好地保障公民的知情权服务于人民的问题。实事求是地说，我们国家由于长期的计划经济传统，不少政府官员还没有学会应付新媒体或自媒体。当微博成为影响力巨大的信息发布平台后，新媒体的传播作用在社会突发事件中表现得尤为突出。大量事实证明，正是由于政府在应对微博等自媒体推动突发事件进程时未能作出及时有效的处理而导致谣言四起，这一方面与微博具有即时性 、进入门槛低和“裂变式”传播等自身特性有关，另一方面也与政府缺乏应对微博这一新兴媒体的经验及相关制度供给缺失有关，以致一步步陷入“塔西佗陷阱”。当然，“塔西佗陷阱”的产生，归根结底，不是政府会不会应付新兴媒体的问题，而是政府应当如何面对真相的问题。在民主法治条件下，公众有权知道真相。除非特殊原因，政府也有义务及时全面地让公众了解真相。如何对待新媒体只是一种技术或态度

---

❶ 杨妍：“自媒体时代政府如何应对微博传播中的‘塔西佗陷阱’”，载《中国行政管理》2012 年第 5 期。

❷ 张音，张新苗：“破解‘塔西佗陷阱’的舆论怪圈”，载《人民日报》2012 年 6 月 26 日。

问题，而这种态度并不会因为似乎政府只要拿出一个有效地对待新兴媒体的手段或方法，“塔西佗陷阱”就不存在了。因此，不能把一个民主法治政府是不是应当忠实于人民的实质性问题归结于政府如何对待媒体或者使用媒体的技术问题，否则，不但无助于“塔西佗陷阱”的解决，甚至有可能进一步放大“塔西佗陷阱”效应。

由此，如何正确对待公民有信息权，对政府来说并不是如何掌控媒体的问题，而是如何公开自身行为的政治道义。人民有权监督政府，如果政府的信息不公开，人民就无法监督。因此，政府信息公开，是保证人民充分行使宪法规定的监督权等基本权利的重要举措。从世界各国看，瑞典是世界上首创政府信息公开立法的国家。早在 1766 年瑞典就制定了政府信息公开法。美国国会 1966 年和 1976 年分别通过《信息披露法》和《阳光下的政府法》，赋予全体国民最大限度的知情权和监督权，而且实现这种权力无须任何必要的理由和请求，如果政府拒绝，就会导致司法的介入。当代世界大多数国家如澳大利亚、加拿大、新西兰、韩国、欧洲等大多数国家以及秘鲁、墨西哥等拉美国家也先后制定了信息法，我国《政府信息公开条例》也于 2007 年公布。为了有效促进政府信息的公开，该法除规定“行政机关主动公开的政府信息外”，还明确规定“公民、法人或者其他组织还可以根据自身生产、生活、科研等特殊需要，向国务院部门、地方各级人民政府及县级以上地方人民政府部门申请获取相关政府信息”。显然，严格实施国家《信息公开法》，不仅是国家机关依法行政的需要，也是保障人民充分行使知情权、参与权、监督权的基本要求。

有的学者认为，克服“塔西佗陷阱”，“政府媒体、主流媒体应该在第一时间将事件的真相报道给社会，以正视听，传递政府负责任的声音”[1]。这种说法仍然没有摆脱政府操控媒体的倾向。一个民主和法治的国家，如果媒体局限于政府媒体及与政府媒体密切相关的主流媒体又怎么能够保证这些媒体会将真相报道给社会？反之，当政府媒体及与政府媒体密切相关的主流媒体都姓“政府”的时候，它又能在多大程度上具有公信力？这涉

[1] 杨妍：“自媒体时代政府如何应对微博传播中的‘塔西佗陷阱’”，载《中国行政管理》2012 年第 5 期。

及公民知情权的政治本质。宪法规定的公民的知情权本身就具有针对政府的指向性，这就要求政府在涉及公开利益时的信息必须是公开的，政府没有权力将信息垄断起来，更不能出于不合理的因素，不让公众行使知情权。而当媒体都成为政府媒体及与政府媒体密切相关的主流媒体时，必然在很大程度上妨碍公众知情权的行使。比如，"政府媒体、主流媒体应该在第一时间将事件的真相报道给社会"，但如果它们不在第一时间，或不将真相报道给社会，公众往往无可奈何。显然，政府要具有公信，首先要解决合理地或科学地对待公众的媒体的问题。政府既不能把媒体都控制在自己手中，更不能不让媒体监督自己。如何对待媒体，其实体现了一种政府的自信。把媒体都控制在政府手中，恰恰是政府自信不足的表示，也违背法治政府的宪法原则。在一个民主和法治的国家，当媒体被政府控制的时候，出于政府的利益，它就不可能第一时间将事件的真相报道给社会，而这必然导致政府的公信力下降。从这个意义上，要恢复政府的公信力，政府必须从善待媒体，保持与媒体的距离开始，使媒体人具有依法独立的监督政府的能力。这是一个民主和法治政府必须具备的自信。

此外，即使谣言也要具体分析，不要一棍子打死。在信息不对称的前提下，某些谣言也包含着民意，承载着不同网民的态度和观点，对一个民主和法治的政府同样有借鉴和参考的价值。美国法学家桑斯坦提出，"通常都会把谣言分成忧患类谣言和心愿类谣言，前者源自恐惧，后者出于希望。这两类谣言同那些接受并散播谣言的人们的既有观点有着或多或少的联系"❶。因此，谣言中有民意，即使恐惧也是一种民意。一个民主和法治的社会不应当有恐惧。而谣言的产生在某种程度上正是政府在民主法治建设上的不足。当民众无法从正常的渠道获得保障，就会将希望寄托于谣言，并从谣言中汲取力量。因此，正视谣言而不是动辄就以谣言治罪，是一个现代民主法治政府的自信之所在。即使是中国封建王朝，也懂得从谣言中获取民意。我国古代中就有"辨妖祥于谣"（《国语·晋语》）的说法，汉代还有"举谣言"的做法。❷ 当然，谣言的产生有其土壤。一个民主法治的

❶ [美] 卡斯·R. 桑斯坦著，张楠、迪杨译：《谣言》，中信出版社 2010 年版，第 87 页。
❷ 王璐："微博时代下政府辟谣之道"，载《新闻界》2012 年第 13 期。

时代不应当有谣言。在民主法治条件下仍然有谣言，只能证明公民的知情权、参与权出了问题，故解决谣言的当务之急不是如何惩治谣言的制造者，而是要尽其所能消除谣言产生的土壤，使谣言没有存活的条件。

三、以诚信政府化解“塔西佗陷阱”

“塔西佗陷阱”的前提是政府不受信任，故走出“塔西佗陷阱”的根本出路是恢复政府的公信力，建设诚信政府。从我国来看，从地方到中央已经走出了重要的一步，这就是各地在政务公开方面的努力。如从2001年元月开始，《上海市人民政府公报》对全体市民免费发放；2002年，山东省城乡居民可以通过订阅政府文件《山东政报》了解政府政策，同年，广东省委、省政府决定在全省县级以上政权机关全面推行政务公开，实现县以上机关政务全透明；2003年1月1日，我国第一部与“政务透明化”相关的地方法规《广州市政府信息公开规定》在广州市生效；2008年5月1日《中华人民共和国政府信息公开条例》开始施行；等等。但从“塔西佗陷阱”的问题来看，我国在建设诚信政府方面还没有取得实质性的好转。这就要求我们在建设诚信政府的时候要有一些新举措。

首先，从观念上看，建设诚信政府，要求政府把“信”放在第一位。中国的古人对此有过很好的启示。[1] 中国儒家将“信”与“文、行、忠”并列为“四教”，强调“信，国之宝也，民之所庇也”[2]。有一段生动的对话，子贡问孔子如何治国，孔子曰：“足食，足兵，民信之矣。”子贡又问：“必不得已而去，于斯三者何先？”孔子回答道：“去兵。”子贡再问：“必不得已而去，于斯二者何先？”孔子讲：“去食。自古皆有死，民无信不立。”[3] 也就是说，政府治理国家，信是第一位的。一个有“信”的政府，即使没有“兵”和“食”也有生命力，这是对政府诚信的绝好说明。政府要像爱护眼睛一样去爱护诚信。对于一个民主和法治的政府，诚信的重要性怎么

---

[1] 中国儒家的许多观点是矛盾的。如孔子在另一场合《论语·泰伯篇》中说：“民可使由之，不可使知之。”这就是提倡愚民政策，与政府要有“信”显然不一致。

[2] 左丘明著，冀昀译注：《左传》，线装书局2007年版，第130页。

[3] 孙健筠、杨林译注：《论语》，吉林人民出版社2005年版，第143页。

说都不会过分。正如西方哲学家史里斯·博克所说："信任是我们必须保护的东西，因为它就像空气和水源一样，一旦受损，我们所居住的社会就会土崩瓦解。"❶

其次，从行为方式看，民主法治时代诚信政府的基本前提是依法行政。政府是不是有"信"，就看政府是不是能够依法行政。一个民主和法治的政府如果连人民规范约束它的法律都不能遵守，它怎么可能有诚信？一个依法行政的政府才是有诚信的政府。因为政府行为的合法性是诚信政府的核心，它从根本上体现出社会成员对政府是否严格执法、依法办事的一种感受或信心。法学家伯尔曼强调，"法律必须被信仰，否则它将形同虚设"❷，主要就是指政府能否依法行政。而只有依法行政的政府才有诚信，也只有依法行政才能确立公众对政府的公信。依法行政的政府是一个可预见责任政府。可预见的政府使公众的合法行为都有了明确的可以实现的预期，故而它必然具有公信力。雅典政治家伯里克利公元前431年在阵亡将士葬礼上的演讲词，很好地概括了民主法治政府之所以受信任的原因："我们的制度之所以被称为民主政治，是因为政权在全体公民手中，而不是在少数人手中。解决私人争执的时候，每个人在法律上都是平等的；让一个人担任公职优先于他人的时候，所考虑的不是某一个特殊阶级的成员，而是他具有真正的才能。任何人，只要他能够对国家有所贡献，就绝对不会因为贫穷而在政治上湮没无闻。……在我们私人生活中，我们是自由而宽容的；但是在公家的事务中，我们遵守法律。这是因为这种法律使我们心悦诚服。"❸如果说现代社会和古代社会有什么不同，那么现代传媒的功能和优越性在于它进一步加重了政府诚信的比重，它有一种能使政府的"塔西佗陷阱"放大的概率和可能。在现代民主法治社会中，一个不受信任的政府其任何不当做法都可能陷入"塔西佗陷阱"。因此，对于一个民主和法治的政府来说，必须全力保证政府行为的合法性，任何不合法的行为都意味着公信力

❶ 杨静、程林顺："政府公信力的政治道德实践问题探讨"，载《南昌大学学报（人文社会科学版）》2013年第2期。

❷ ［美］哈罗德·伯尔曼著，梁治平译：《法律与宗教》，中国政法大学出版社2003年版，第3页。

❸ ［英］戴维·赫尔德著，燕继荣等译：《民主的模式》，中央编译出版社1998年版，第19页。

的缺失，而任何公信力的丧失，都可能因为“塔西佗陷阱”被放大。正如有的学者所强调的，现代传媒的“数字世界全球化的特质将会逐渐腐蚀过去的边界”，而现有的“大多数法律都是为了原子的边界、而不是比特的边界而制定的”。[1] 在这种情况下，现代政府应当比任何政府都要关注公信力，要像爱护眼睛一样爱护政府的公信力。

最后，建设诚信政府，必须把保障公众的知情权作为重中之重。一个诚信的依法行政的政府不保障公众的知情权是不可想象的。知情权具有促进政府廉洁的功能。由于知情权的普遍化，政府难以继续保持神秘感，并导致利益分配的公开，使政府行为不再有传统暗箱操作的可能。同时，知情权反映了人格的尊严。“人的尊严的核心内容是自治与自决。现代程序就是通过保护个人权利来尊重每一个人的道德主体地位，维护人之为人的尊严。”[2] 在新媒体时代，公众具有了前所未有的知情权和表达权。超越“塔西佗陷阱”，建设诚信政府，不仅要求政府保障公众的知情权，而且要把保障公众的知情权作为首要任务。这就要求政府尊重公众的言论，不要动辄指责网民造谣或发表不负责任的言论，也不要责怪公众不相信政府。公众为什么不相信政府？其关键就在于政府的法治化、责任化和透明化不够。打造诚信政府，必须把它与法治政府、责任政府和透明政府相结合。法治政府是权力受到限制的政府，责任政府是政府必须对自己的行为承担责任，透明政府是人民有知情权的政府，三者存在内在的联系。一个民主和法治的政府，除了涉及个人隐私、商业秘密及国家安全法规定的不能公开的原因，不应该有任何要对作为国家主人的人民隐瞒的理由。而限权政府和责任政府在某种意义上正是为了保障公众的知情权，而获得保障的知情权又能反过来有效地促进法治政府和责任政府，从而实现民主和法治的良性循环。

为了有效保障公民的知情权，需要辨别一些本质上不利于知情权保障的观点。如有人认为，“有些网民缺乏自律、发表不负责任的言论，也会使

---

[1] ［美］威廉·哈拉尔著，冯韵文等译：《新资本主义》，社会科学文献出版社 1991 年版，第 155 页。

[2] 曹刚：“程序伦理的三重语境”，载《中国人民大学学报（哲学社会科学版）》2008 年第 4 期。

网络舆论出现偏差，影响公众的认知和政府的决策过程。”❶ 这显然打错了板子。什么叫网民自律？难道网民在网上看到一种不合理现象还要派律师去调查以后才能发表观点？这显然是荒诞的。网民在网上就某个社会现象发表观点，正是负责任的表现，否则社会生活中出了事，我高高挂起，何必管那个闲事。当然，在新传媒时代，网民在网上的发言应当讲理，只要是讲理的行为就是负责任的表现。微博及其论坛不是吵架的地方，只有讲理才能求同存异，寻求最大的公约数。而政府首先要讲理。从近年政府公信力缺失的现状看，一个重要原因，就是政府讲理不够，有的官员甚至把权力等同于理，更是大错特错。因此，化解“塔西佗陷阱”之道，固然有网民如何在网上讲理的问题，更重要的是政府如何让公众重获信任的问题。前不久，江苏省镇江市城管局局长郭某某在网上对自己单位司机下班时间开“霸王车”的行为向网友道歉，并主动承担责任，表示欢迎公众监督。有意思的是，在郭某某上网道歉前，网友几乎是一片骂声；可是在他道歉后，网友的回复中慢慢多了宽容的声音，甚至有网友为郭某某敢于认错的品质喝彩。可见，网上批评的声音并没有多么可怕，关键是政府官员在面对网络上的批评时要有底气，有错误就诚恳道歉，是误会就耐心解释，敢于接受批评、勇于接受批评才会有公信力。

还有一种情形，即我们的社会还分不清“让群众知情”和“群众知情权利”的本质不同。保障公民的知情权，要跳出“让群众知情”的习惯心态。由于种种原因，目前我们在理论和实践中，往往只停留在“要注重政府与民众的互动，信任、尊重群众”❷，的说法上。说到底，这是一种人治主义的提法。相信群众、依靠群众是我们生活中耳熟能详的一句口号。但无论从马克思主义理论还是新中国建立以来社会主义建设历程看，这句话反映的政治逻辑和性质却与民主较远。从民主政治的基本理论来看，群众和领导的关系，就是人民群众和领导的关系。相信群众，就是相信人民。但马克思主义理论中，只有群众支持、拥护领导的事实，却没有领导相信群众一说。所谓群众支持拥护领导，就是人民选举自己的代表，支持和拥

---

❶ 杨妍：“自媒体时代政府如何应对微博传播中的‘塔西佗陷阱’”，载《中国行政管理》2012 年第 5 期。

❷ 张小玲：“全媒体时代政府部门要提高媒介素养”，载《南方日报》2011 年 9 月 10 日。

护他代表自己从事社会事务特别是国家事务的管理。在一个民主和法治的国家，领导要有公信力，就必须获得人民的支持。而领导只有获得公信力，才有继续当领导的可能和机会。因此，马克思主义民主政治中的"相信"，不是领导相信人民，而是人民相信领导。领导不但要通过自己的语言，让人们相信自己，更要通过行为来取信于民。反过来，在民主和法治的社会，人民是不需要领导相信的。因为领导的权力是人民给的，一切权力属于人民，是我国社会主义的本质特点。人民是权力的主人，领导是人民的公仆。世界上只有主人相信公仆的理由，岂有公仆相信主人的逻辑？主人不相信公仆，就可以叫公仆走路，再换一个公仆而已。因为公仆是主人聘请和委托的。公仆为主人服务并要对主人负责，主人随时有权撤换公仆。正如马克思所说："它把行政、司法和国民教育方面的一切职位交给由普选选出的人担任，而且规定选举者可以随时撤换被选举者。"[1] 而这种"随时有权撤换公仆"的达摩克利斯剑，正是社会主义民主条件下的公仆战战兢兢为人民服务的制度保障。从这个角度来看，群众的知情权，是我国宪法保障的公民的基本权利。这个权利的行使不是政府"要不要"尊重的问题，而是公众有知情的权利，政府必须保障公众的知情权、参与权并接受群众的监督，这是依法行使国家权力的前提条件。因此，政府要走出"塔西佗陷阱"，最基本的做法就是还权与民，把属于社会和民众的还给人民，充分保障人民的知情权和参与权。

在这个问题上，还要注意不要拔高政府"说明力"的作用。政府公信力不高主要不是政府说明力不强，而是对政府行为的透明度和公众知情权的保障不够。政府为什么要做，如何做，公众看得清清楚楚，有时不需要解释，甚至不需要说明。如果一定要说有什么"力"的话，那就是政府保障公民知情权的力度。一个具有公信力的政府是做出来的，不是解释出来的。做事不地道，公私不分，化公为私，权力不规范不透明的政府，再如何解释也不可能获得公信力。在"塔西佗陷阱"的条件下，甚至所有的解释都会成为加剧"塔西佗陷阱"的阻推剂。因此，政府是否具有公信力要从保障公民的知情权、提升政府行为的透明度着手，而不在于政府有没有

[1] 《马克思恩格斯选集（第3卷）》，人民出版社1995年版，第13页。

说明力或如何强化政府的说明力。正如有的学者所说，“在新的舆论环境和社会格局下，政府部门得学会在互联网的‘杂音’中执政，领导干部得学会在网民众目睽睽的‘玻璃房’里工作。”❶ 把政府公信力的缺失归结于说明力不够是一种误导，它会将政府改善公信力的努力变成负能量。更不能迷信说明力。所谓谎言重复一千遍就是真理的说法，早已成了历史。在现代全媒体时代，谎言成功的概率越来越低，甚至任何谎言都不可能持久。而掩盖谎言的任何一种做法都会进一步加剧“塔西佗陷阱”。同样，如果人民的知情权得不到保障，纵然政府有再大的解释力，都无法使公众恢复对政府的公信。❷ 这是一个民主和法治的政府是否能够保障公民基本权利政治道义，因为它是“针对政治活动主体即国家、集体，以及与政治活动相关的阶级、集团中的政治成员而言的，并且主要是对这样的政治主体进行道德的约束和制约”❸。

---

❶ 张音、张新苗：“破解‘塔西佗陷阱’的舆论怪圈”，载《人民日报》2012 年 6 月 26 日。

❷ 古罗马时期普布里乌斯·克奈里乌斯·塔西佗在《历史》一书中提到：“……一旦皇帝成了人们憎恨的对象，他做的好事和坏事就同样会引起人们对他的厌恶。”［古罗马］普布里乌斯·克奈里乌斯·塔西佗著，王以铸、崔妙因译：《历史》，商务印书馆 1981 年版，第 7 页。

❸ 阎钢：《政治伦理学要论》，中央文献出版社 2007 年版，第 9 页。

论作为社会进步动力的公平正义

【提要】 当代社会已经进入公平正义竞争的时代。近代以来社会进步的最根本和主要的力量是以民主法治为基础的公平正义的发展。在现代社会中，虽然社会进步有经济、文化、科学技术、思想等各种因素的竞争，但实质是公平正义的竞争。不仅因为这些要素中都在不同程度上包含着公平正义，而且公平正义已经成为一个现代社会最主要的根本的文明指标，它决定了一个社会和国家能否在竞争中胜出。在我国民主法治建设中，公平正义的进步应当被列入国家战略，并成为我国民主法治和社会进步的主要内涵。我国社会进步和民主法治建设的各个方面都应突出公平正义，以公平正义带动其他经济文化等各个领域的进步，并以社会公平正义的发展作为考量我国社会进步的根本指标和要素。

每个时代都有它自己的竞争方式。近代以来，随着民主法治时代的确立，人类逐步进入以公平正义为竞争方式的时代。社会发展中的经济、文化、科学技术的竞争，归根结底是公平正义竞争的某种反映。任何一种社会进步中都有公平正义的影子。当马克思说未来社会“社会上的一部分人靠牺牲另一部分人来强制和垄断社会发展（包括这种发展的物质方面和精神方面的利益）的现象将会消灭”❶ 的时候，所强调的正是民主法治和公平正义的发展趋势。在我国民主法治建设中，正确处理和对待公平正义，不仅是社会正义的需要，也从一个根本的方面决定了我国改革的方向，必须引起广泛的重视。

---

❶ 《马克思恩格斯文集（第7卷）》，人民出版社2009年版，第928页。

一、公平正义：近代以来社会进步的最强大力量

160年前，马克思在批判资本主义生产方式的时候，曾用一种极为赞叹的语言论述过近代资本主义生产方式对社会和历史进步的推动意义："资产阶级在它的不到一百年的阶级统治中所创造的生产力，比过去一切世代创造的全部生产力还要多，还要大。自然力的征服，机器的采用，化学在工业和农业中的应用，轮船的行驶，铁路的通行，电报的使用，整个大陆的开垦，河川的通航，仿佛用法术从地下呼唤出来的大量人口，——过去哪一个世纪料想到在社会劳动里蕴藏有这样的生产力呢?"[1] 对于近代生产力的这种难以想象的、近乎伟大的进步作用，恐怕没有人比马克思的评价更高了。而对于造成这种巨大进步作用的分析，我们通常归之于科学技术。诚如马克思所说："科学是一种在历史上起推动作用的、革命的力量。"[2] 但是，人们忽略了为什么近代科学能够发挥如此之大的作用这一问题。事实上，以理性著称的古希腊文明，科学技术就曾受到过高度的关注。而科学技术在一百年的时间里创造出"比过去一切世代创造的全部生产力还要多，还要大"的生产力，显然是科学技术本身所不能解释的。

这就不能不回到马克思所说的资本主义生产方式。160年前，被马克思称为"劳动为富人生产了奇迹般的东西，但是为工人生产了赤贫。劳动创造了宫殿，但是给工人创造了贫民窟"[3] 的资本主义生产方式，还有另外一面，这就是它通过制度的形式，最大限度地调动起社会生活中几乎每个方面的积极性和社会创造力，正如美国历史学家克里斯蒂安所说"18世纪英国和欧洲创新速度与日俱增的主要原因就在于，在一个日益增长的全球资本的竞争力量的世界里，……在西欧出现了一种创新文化，也就是一种激励企业家主动寻求并利用高效率新技术的社会氛围"[4]。而这正是"仿佛用

[1] 《马克思恩格斯选集（第1卷）》，人民出版社1995年版，第277页。

[2] 《马克思恩格斯选集（第3卷）》，人民出版社1995年版，第777页。

[3] 《马克思恩格斯全集（第42卷）》，人民出版社1979年版，第93页。

[4] ［美］大卫·克里斯蒂安著，晏可佳等译：《时间地图：大历史导论》，上海社会科学院出版社2007年版，第461～462页。

法术从地下呼唤出来的大量人口"，并创造出惊人的劳动生产力的原因。恩格斯在1884年关于英国状况的研究中，深刻地论述了英国社会生产力获得惊人发展的根源："……世界上没有一个国家能在势力和财富上同英国匹敌；这种势力和财富并不像罗马时代那样仅仅集中于专制君主一个人手里，而是属于民族中有教养的那一部分人。英国不为专制而恐惧，不用进行反对王权的斗争已经有一百年了。英国无疑是地球上（北美也不除外）最自由的，即不自由最少的国家。因此有教养的英国人就具有在某种程度上说来是天生的独立自主权利，在这一点上法国人是夸不了口的，德国人就更不用说了。英国的政治活动、出版自由、海上霸权以及规模宏大的工业几乎在每一个人身上都充分发展了民族特性所固有的毅力、果敢的求实精神，还有冷静无比的理智，这样一来，大陆上的各民族在这方面也远远地落在英国人后面了。……如果有人问，贡献最多的是哪一个民族，那谁也不会否认是英国。"❶

概括恩格斯论述的英国社会进步的根源，可以用四个字来概括：公平正义。当然，这是160年前的公平正义，虽然不完善，但它相对于当时的封建专制，无疑是最大的进步。英国著名法学家戴雪在《英宪精义》中所概括的英国法治的三个方面，集中体现了英国近代社会发展中的法律正义，在今天仍有深厚的价值。其一，正当程序。人民非依法定程序，并由普通法院证明其违法，否则不能遭受财产或人身方面的不利处罚。其二，法律面前人人平等。每一个英国人不论地位或阶级，均在普通法律之下，均受普通法院的管辖。其三，权利先在。英宪是英国各法院由涉及私人权利的个案判决所得之结果，即英宪是法院保障人权的结果而非保障人权的来源。❷ 为什么法律上要强调正当程序？就是公平正义的要求。不仅因为程序正义是看得见的正义，而且因为程序正义能够减轻法律强制所带来的压抑，最大限度地保障自由。正如美国大法官杰克逊指出："程序的公平性和稳定性是自由的不可或缺的要素。只要适用公平，不偏不倚，严厉的实体法也可以忍受。"❸ 英国历史上，早在1354年爱德华三世第二十八号法令中就有

❶ 《马克思恩格斯全集（第3卷）》，人民出版社2002年版，第558页。
❷ ［英］戴雪著，雷宾南译：《英宪精义》，中国法制出版社2001年版，第4页。
❸ 宋冰编：《程序、正义与现代化》，中国政法大学出版社1998年版，第375页。

了正当程序的规定："未经法律的正当程序进行答辩，对任何财产和身份的拥有者一律不得剥夺其土地或住所，不得逮捕或监禁，不得剥夺其继承权和生命。"❶ 而法律平等是正当程序的观念和价值基础，如果没有法律平等的理念和实践，就谈不上正当程序，正当程序只是法律平等的展开。如果说法律平等提供了正当程序的一种价值合理性，则权利在先则强调的是一种实践理性。权利在先是程序正义能够得以实现的实践基础。所谓"宪法是对民主事实的确认"就是从这个意义上说的。"英国法里面，很多的原则，很多的程式是英国人民为自由而斗争的成果。"❷ 没有权利的民主事实，正当程序根本没有显露出来的机会。

显然，近代资产阶级革命创造的资本主义生产方式，还有另一面，这就是通过民主法治实现的公平正义。资本主义生产方式的每一次重大进步，背后都伴随着公平正义的胜利，其中最主要的就是确立法律对权力的控制。比如，13 世纪产生的英国议会制度改革，表面上是议会和王权的斗争，实质却是法律对王权的胜利，开始是征税权，后来发展到人身权、立法权，议会一步步地将权力从国王手中争取过来，最终将国王关进法律的"笼子"。哈耶克曾深刻地指出："立法的发明，很可能是人类曾有过的成就中影响最为深远的一种成就——比火的使用、文字和火药的发明所具有的影响更为深远，因为在所有这些成就中，是立法最大限度地将人类的命运交到了人类自己的手中。"❸ 此后 300 多年间，当其他国家频频陷于内战之时，英国再未发生重大的社会动荡。由于社会发展比较稳定，较少流血冲突，没有疾风骤雨式的革命，社会发展便有可能通过纳入正常渠道——法制轨道来解决，保障并维护了社会和市场的繁荣，工业革命后英国一跃而起，成为 18 世纪的世界工业强国。它人口不到世界的 1%，但 1870 年的工业产值在世界工业总产值中所占比例高达 32%，成为当时世界头号强国。

而在英国革命中，议会对王权的限制所体现的历程正是现代民主法治

❶ ［英］丹宁勋爵著，李克强等译：《法律的正当程序》，群众出版社 1984 年版，第 1 页。

❷ ［美］爱德华 · S. 考文著，强世功译：《美国宪法的"高级法"背景》，生活 · 读书 · 新知三联书店 1996 年版，第 3 页。

❸ ［英］弗里德利希 · 冯 · 哈耶克著，邓正来译：《自由秩序原理》，生活 · 读书 · 新知三联书店 1997 年版，第 77 页。

的实质：限权和法治。虽然正如顾准所说它是在不经意间形成的："13 世纪初期英国的大宪章，虽然不过是国王和诸侯间的一个协议，然而多种历史事变的凑合，使在其之上长出来的议会制度始而是一株不牢靠的随时可以摧毁的幼芽，继而经过克伦威尔确立了权威，……然后发达起来成为一种复杂精巧的、适合广土众民国家实行民主政治制度——迄今为止，还没有找到一种可以替代它的制度，虽然它极不完善。"❶ 而所谓至今"还没有找到一种可以替代它的制度"，是因为权力的制衡是人类最伟大的发明，人们只能完善它，而不能没有它。18 世纪英国法学家布莱克斯通在《英国法律评注》中有过经典的概括："英国政府的真正长处确实就在于此，其中所有部分都彼此制约。在立法机构中，人民制约贵族，贵族也制约人民，相互都有拒绝另一方已决定之事的特权，而国王则制约双方，以保证行政权力不受侵犯。但这同一个行政权又由两院限制在一定范围内……"❷ 而权力制约是保障权力不腐败的最主要的手段。"在一切国家，在一切时代，不论盛行什么政治制度，在或长或短的一段时间后，只凭权力、财富、智力发展和他们所享有的各种社会有利条件来进行享受的结果，上层阶级会变软弱和衰退。"❸ 现代法治最本质的内涵就是限权。正因为英国资产阶级革命中，通过法律将王权关进笼子的种种努力，最大限度上实现了社会的公平正义，最终不经意地"用法术从地下呼唤出来的大量人口"，有效地促进了英国的工业、科技和社会的全面进步。马克思在总结资产阶级革命的意义时深刻地指出："1648 年的革命和 1789 年的革命，并不是英国的革命和法国的革命，它是欧洲范围内的革命，它们不是社会中某一阶级对旧政治制度的胜利，它们宣告了欧洲新社会的政治制度。"❹ 而作为这个新社会政治制度核心的民主法治原则及其公平正义理念，则不仅属于欧洲，也属于全世界。

---

❶ 顾准著，陈敏之、罗胜银编：《顾准文集》，福建教育出版社 2010 年版，第 226 页。

❷ 钱乘旦、陈晓律：《英国文化模式溯源》，上海社会科学院出版社 2003 年版，第 130 页。

❸ ［法］基佐著，沅芷、伊信译：《法国文明史（第 1 卷）》，商务印书馆 1993 年版，第 54 页。

❹ 《马克思恩格斯全集（第 6 卷）》，人民出版社 1961 年版，第 125 页。

二、当代社会已经进入公平正义竞争的时代

如果说近代以前国家和社会竞争的主要方式是军事或武力，则近代以后以资产阶级革命为代表的民主法治，公平正义越来越成为社会竞争的主要形式。一个国家之所以比另一个国家落后，科学技术固然是一个方面，但民主法治及其导致的制度的落后及公平正义的缺失，越来越成为遏制社会进步的主要阻力。人类历史证明，能在最大程度上激发每一个人的活性和创造力的社会，其最理想的社会结合方式只能是民主。这一点，早在古希腊时代就有了充分的认识。雅典政治家伯里克利公元前431年在阵亡将士葬礼上的演讲词中就自豪地讲到过民主的优越性："我们的制度之所以被称为民主政治，是因为政权在全体公民手中，而不是在少数人手中。解决私人争执的时候，每个人在法律上都是平等的；让一个人担任公职优先于他人的时候，所考虑的不是某一个特殊阶级的成员，而是他具有真正的才能。任何人，只要他能够对国家有所贡献，就绝对不会因为贫穷而在政治上湮没无闻。……在我们私人生活中，我们是自由而宽容的；但是在公家的事务中，我们遵守法律。这是因为这种法律使我们心悦诚服。"❶

让伯里克利感到自豪的正是民主法治下的公平正义。因为只有在民主法治条件下，公平正义的社会发展才属于每个人。马克思在《共产党宣言》中追求的共产主义目标"每个人的自由发展是一切人自由发展的前提"的基本精神，其实正是古希腊民主的传神表述。马克思早年是一位精研希腊文献的哲学博士，其著作中热诚的民主倾向，无疑来源于雅典民主的启示。同时，只有民主法治才能保证社会实现长久的公平正义，而这正是社会稳定发展的基础。近代社会的进步，"令许多传统论者吃惊的是，只要民主政治运用得当，就会增强国家而不是削弱国家"❷。美国经济学家陈志武曾概括了经济发展的四个要素：资本制度、资源、劳动力和国土大小。这四个

---

❶ [英] 戴维·赫尔德著，燕继荣等译：《民主的模式》，中央编译出版社1998年版，第19页。

❷ [美] 大卫·克里斯蒂安著，晏可佳等译：《时间地图：大历史导论》，上海社会科学院出版社2007年版，第463页。

要素只要具备其中任何一个，都会促进经济的发展，但从社会经济长久稳定可持续发展的要求看，民主法治的意义更大。勤劳决定碗里是否有饭吃，而民主和法治决定生活品质。[1] 陈志武这里所讲的资本制度，其核心内容就是体现公平正义的民主法治。民主法治不仅关系到经济能否实现可持续发展的目标，而且关系到其他三个要素的使用是否合理和科学。民主法治意味着将资源、劳动力和国土以一种最合理、最科学的方式结合起来。

民主法治的公平正义力量，早在历史上就充分体现出来。顾准在希腊城邦制度的研究中，就深刻地指出了希腊民主政治所激发的强大竞争力。正如他所概括的，在古希腊的希波战争中，"虽然薛西斯动员了整个东方世界的全部人力物力，包括腓尼基海军，也包括小亚细亚诸希腊城邦，甚至包括新近归附的希腊本土北部、中部的希腊诸邦的力量，以泰山压顶之势扑向雅典和斯巴达所领导的希腊南部诸邦联军，结果竟以彻底失败告终。这次战争的结果，充分证明了创造和发展的希腊文明优于停滞不前的东方文明，虽然前者的历史远不如后者的悠久。也证明了城邦制度固然会在各城邦之间造成互不团结，然而城邦内部的民主制度，不仅在和平生活中发展了各个人的创造能力，在存亡危急关头也把千万人团结成一个人，对敌人作坚决的斗争，一旦外敌侵犯使这些城邦结集起来成为坚定的抗敌同盟，它就完全可以战胜在专制主义统治驱迫之下的貌似强大，实际上是离心离德的帝国军队。"[2]

而如果没有公平正义，甚至科学的合理性都会受到怀疑，"人类造就的科学技术的发达，有可能可怕地灭绝人类本身"。所以，还在1750年，卢梭以《论科学与艺术是否败坏或增进道德》获得法国第戎科学院有奖征文一等奖，其主题就认为科学和艺术进展的最后结果无益于人类。19世纪末、20世纪初人们面对科技的进步和社会矛盾冲突的加剧，曾普遍对科学的进步是否必然导致社会的进步产生过疑虑。爱因斯坦等著名科学家就曾对原子能的军事应用抱有深深的遗憾。另外，科技进步本身要由社会的进步来体现。科学的产生并变成伟大的实践力量，需要有良好的社会环境和社会

---

[1] 陈志武："经济增长的四个要素"，载网易，2007年6月10日访问。

[2] 顾准著，陈敏之、罗胜银编：《顾准文集》，福建教育出版社2010年版，第172页。

制度，没有相应的制度保障，科学的效力不但得不到有效的发挥，有时还会产生相反的结果。正如列宁所说："如果数学上的定理一旦触犯了人们的利益（更确切地说，触犯了阶级斗争中的阶级利益），这些利益也会遭到强烈反对。"[1] 制度对于科学技术的阻遏作用，在中国封建社会的晚期更加突出。1860 年鸦片战争中八里桥一役，8 000多人的英法联军仅以死伤 5 人的代价就战胜了 3 万多名当时清帝国最精锐的铁骑，在人们感叹清军武器落后的历史时，往往忽略了一个事实：中国人其实早在欧洲人之前 200 年就发明了机枪。清初发明家戴梓发明的"连火铳"，威力和优越性超过当时世界强国的同类火器。遗憾的是，当时不仅发明得不到重视，甚至科学家还受到诬告，差点丢了命。制度及其导致的社会公平正义的缺失形成了多么鲜明的对比。

诚然，早期资本主义有掠夺的一面，但资本主义生产方式的优点——实现了法律对国家的统治，却是不容否认的巨大的历史进步。这就是戴雪所说的"巴力门主权运行的结果必是法律主治"[2]，或是美国思想家潘恩所说的"法律是国王"的优越性。由于长期阶级斗争观念的影响，我们过多地强调资本主义生产方式中的掠夺性和剥夺的一面，往往忽略了与资本主义生产方式相伴的另一面是民主和法治的时代。必须指出，当资产阶级把王权关进笼子的时候，意味着自己也必须受到法律的支配，从这个意义上，资本主义生产方式在诞生之初，就不仅"在它的内部培养出了自己的掘墓人——无产阶级"[3]，而且把它自己也逐步关进了笼子。正如大卫·休谟所说："在设计任何政府制度和确定该制度中的若干制约和监督机构时，必须把每个成员都假定为是一无赖，并设想他的一切作为都是为了谋求私利，别无其他目的"，并说："必须把每个人都设想为无赖之徒确实是条正确的政治箴言"。[4] 此后，美国联邦党人更是强调"政府本身若不是对人性的最大耻辱，又是什么呢？如果人都是天使，就不需要任何政府了。如果是天

---

[1] 《列宁全集（第 25 卷）》，人民出版社 1988 年版，第 47 页。

[2] ［英］戴雪著，雷宾南译：《英宪精义》，中国法制出版社 2001 年版，第 7 页。

[3] 《列宁全集（第 60 卷）》，人民出版社 1990 年版，第 459 页。

[4] ［德］马丁·路德者，徐庆誉、汤清译：《路德选集（上）》，基督教文艺出版社 1968 年版，第 446 页。

使统治人，就不需要对政府有任何外来的或内在的控制了”[1]。这些经典表述，均强调了把权力关进笼子的合理性和重要性。由此，国家才能在最大程度上用“法律保护脆弱的人不受专断，它提供一种安全感与可靠感，以防人的未来陷入不祥的黑暗之中”[2]。同样，“大多数人服从法律不是因为害怕惩罚，而只因为它是法律，而且他们觉得没有义务服从那些不是法律的规定”[3]。所有这些都是社会公平正义的要求。而对这种公平正义的维护及由此导致的社会进步，正是近代以后民主法治成为世界潮流的主要原因。

从这个意义上，近代以后人类的历史，就是一部公平正义史。当议会主权、平等而自由的选举、权力的分立和制衡、言论权的保障、司法独立、政党制度等一系列体现民主法治的需要，代表公平正义的制度被创造出来的时候，正是人类社会越来越文明的过程。而现代社会中这种公平正义的竞争更为突出。现代社会基本上是一个公平正义不断丰富，并被不断超越的过程。社会发展的程度越高，公平正义的作用就越大。而资本主义生产方式则是开启了公平正义竞争的新的时代。无疑，资本主义生产方式并没有消除不公，但民主法治能够逐步地化解和克服这种不公，并通过公平正义的竞争来消除这种不公。而包括马克思主义在内的许多思想家、学者对资本主义不公的批评，无疑也是促进资本主义生产方式不断转型并有利于公平正义的超越和实现的一种形式。19 世纪中叶前的世界强国无疑是英国。19 世纪末和 20 世纪初，英国先后被美国和德国超过，但 20 世纪，英国仍然是欧洲工业强国，虽然其昔日风光已经一去不复返，但其民主法治的公平正义实践和理念仍然影响着人类文明的进步。1940 年春夏之间，英国的伦敦大街标语案更是一个绝好的说明。一个民主和法治的国家，为了使保障公民的基本权利这种公平正义的原则不受破坏，即使是在国家生死存亡的时刻也不放弃。这正是民主法治的力量和自信之所在，也是从工业时代走向信息时代的过程中，英国仍然走在欧洲和世界前列的原因。20 世纪 90 年代，在评价文明水平的 16 个指标中，英国有 11 个指标达到知识文明水

---

[1] ［美］汉密尔顿、杰伊、麦迪逊著，程逢如、在汉、舒逊译：《联邦党人文集》，商务印书馆 1995 年版，第 264 页。

[2] 耿占春：“法无戏言”，载《南方周末》2012 年 2 月 23 日。

[3] ［英］C. D. 詹姆斯著，关贵森等译：《法律原理》，中国金融出版社 1990 年版，第 4 页。

平，属于知识文明发达阶段的国家。英国的人口仅占世界人口总数的 1%，而英国开展的科研项目却占世界的 5.5%，科学出版物占全世界的 8%，仅在科学领域就产生了 70 多位诺贝尔奖获得者。这无论如何都离不开民主法治的贡献。为此，恩格斯 19 世纪末对英国政治的评价事实上仍然有效。

不难发现，民主法治不仅带来社会的进步，而且与民主法治相伴的公平正义日益成为一种竞争的力量。20 世纪以来，国家之间表面上是科技、经济和工业的竞争，但其背后民主法治的力量日益突出。严复当年在英国留学时，感受最深的就是发达国家的“公义日隆”。回国后他的经典名言“西方的强大不在于坚船利炮，而在于思想”的观点至今仍具有令人汗颜的力量。以此来透视现代社会的进步，民主法治和公平正义的竞争已经不容否认。现代社会的竞争更多的是民主法治和公平正义的竞争，这种竞争已经渗透到社会生活的方方面面，看不到这一点是极为短视的。甚至决定当代社会命运的几场战争，在一定意义上也带有强烈的民主法治和公平正义的竞争。1905 年，日俄战争宣告结束，君主立宪的日本打败君主专制的俄国。1914 年，“一战”结束，专制的德国战败；1945 年，“二战”结束，法西斯德、日、意败给美、英、法等民主国家。其中，发动两次世界大战的德国最为典型。“一战”前的德国发展举世瞩目，“在大约三十年的时间内，德国经历了英国用一百多年才完成的事情——将一个农业占统治地位的落后国家转变为一个现代高效的工业技术国家”，从而谱写了整个世界近现代史中“最令人惊异的篇章”[1]。战前的德国已经取代了英国“世界工厂”的地位。特别是在科技方面的成就，当时 42 个自然科学诺贝尔奖，有 1/3 是

---

[1] 敦刻尔克退兵、英国海岸遭狂轰滥炸之际，当英国首相关于“我们决不投降”的豪言壮语和全民的抵抗意志共同形成一道风景线的时候，伦敦街头，忽然跑出一帮“道德家”，自称主张普济众生，反对“为本国一己之利投入战争”。他们印刷标语，集会演讲于后。“一小撮人”的胡言乱语，令民愤鼎沸，千夫所指，于是警方出面干预，战时法庭理所当然升了大堂。“且看纳粹夺去二子的波怀恩，如何收拾这帮浑蛋!”已成为报界通栏标题。人们普遍谈论大牢苦役和行刑队。然而审判帷幕降下之时，波怀恩法官话语沉重，竟令公众失望之至——“这是一个自由的国家。据我理解，我们的战争，只是保护这个自由。我要说，被告幸而生在这个能自由表达他们主张的国家。我被迫宣布他们无罪”。见司马心：“伦敦大街标语案：这也是一场战争”，载《随笔》2011 年第 1 期。

颁发给德国人的。[1] 但是，由于政治体制僵化，德国社会两极分化严峻，社会公平缺失，矛盾尖锐。对内镇压工人运动，进行“文化斗争”，对外称霸欧洲大陆，是典型的国家恐怖主义。正如有学者指出：“在列强矛盾中，有资产阶级民主国家与封建独裁以及法西斯专制国家之间的区别，被列宁界定为军事封建帝国主义的德奥意日俄就特别具有侵略性，并对邻国造成威胁。”[2] 这样的国家，最后只能靠民族主义来解救危机，“只要涉及民族，似乎就没有任何妥协可言；就必须无条件地去做必须要做的事情”[3]。而没有公平正义的民族主义不能挽救君主专制灭亡的命运。

“二战”中纳粹的战败更为明显。“二战”的胜利不仅是反法西斯阵营的军事胜利，更是反法西斯国家民主力量的胜利。二战中以希特勒为代表的协约国，是野蛮的法西斯主义的专制和独裁力量，是民主国家的最大敌人。甚至连纳粹自己也承认，德国法西斯主义的主要敌人就是民主国家。1938 年 12 月，因德美关系恶化而应召回国的德国驻美大使狄克霍夫在写给有关部门的一份报告中明确提到：“一旦发生欧战，美国必然支援民主国家，问题只是何时参战。”[4] 1939 年 3 月 27 日，德国驻美代办汉斯·托姆森也电告德国外交部 ：“几周美国政府的言论和措施比以往更清楚地表明，罗斯福总统旨在现有的一切手段消灭国家社会主义德国，使欧洲新秩序化为乌有。民主国家是国家的第一道防线，如果这道防线崩溃，在罗斯福看来，美国作为大国的角色就会结束。”[5] 为此，美国学者伊斯曼在第二次世界大战期间明确主张美国应当提前准备与英国并肩作战，如果仅仅在经济上援助英国，那就无异于“替身作战”，还很不够，在他看来，“二战”乃人类历史上唯一的民主主义与极权专制之间的较量。[6] 所以当丘吉尔看到企盼已

---

[1] 景德祥：“不可拯救的帝国——兼论 1871—1918 年间德国的科技与政治现代化”，载《科学文化评论》2006 年第 1 期。

[2] 刘行仕：“两次世界大战的联系与深刻的历史启示”，载《咸阳师范学院学报》2005 年第 3 期。

[3] 李伯杰：“‘一个麻烦的祖国’——论德意志民族的德国认同危机”，载《清华大学学报（哲学社会科学版）》2010 年第 2 期。

[4] 杨晓杰：“试论纳粹德国战败的美国因素”，载《军事历史研究》2002 年第 2 期。

[5] 杨晓杰：“试论纳粹德国战败的美国因素”，载《军事历史研究》2002 年第 2 期。

[6] 郭世佑：“‘百年宪政’的认识误区”，载《炎黄春秋》2013 年第 5 期。

久的美国终于正式参战时，欣喜之际发出高声欢呼："我们已经赢了这场战争！"[1] 其所表达的就是民主国家对专制独裁的胜利之情。

21 世纪以后，人类社会由于科技的发展，走入更加迅速的快车道，人类从蒸汽时代、电气时代、电子时代已经进入了计算机时代、信息爆炸时代，科学技术的每一种新的革命，几乎都创造出一种新的生活方式和社会观念，同时也伴随着公平正义的进步。公平正义的发展已经成为不可阻挡的历史潮流。"当 1516 年托马斯·摩尔梦想着他理想中的国度乌托邦进行领导人选举的时候，他并没有想到他的家乡在四个世纪之后所有的政府部长都需要由全体人民选举产生。同样，当 1914 年 7 月，让·饶勒斯还在设想一个自由、民主、和平团结的欧洲的时候，人们没有预料到这一切不到 80 年便在旧大陆成为现实。"[2] 但是，公平正义的实现不是自发的，它需要人们的争取和努力。比如，政党分肥虽然得到了一定程度的控制，但即使在今日美国，官僚仍"不是由选举产生的。既然选民无法使官僚直接对他们的行为负责，那么，我们怎么能肯定官僚们不会滥用权力或对老百姓的需求漠不关心呢？"[3] 因此，继续深化民主法治，完善公平正义，仍然是当代社会的主题，并成为当代社会竞争的主要内涵。

三、以公平正义促进我国社会的全面进步

如果说，公平正义已经成为当代世界竞争的主要内涵，那么，在我国民主法治建设中似乎还没有引起足够的重视。这与我们长期以来有意无意地突出科技的进步作用有关。1988 年，邓小平在会见外国元首的时候，第一次提出了"马克思说过，科学技术是第一生产力"的[4]著名论断，并成为我国科学技术和生产力关系的经典表述。此后，"科学技术是第一生产力"成为我国极为流行的价值观。但事实上，马克思并没有讲过"科学技术是

[1] 杨晓杰："试论纳粹德国战败的美国因素"，载《军事历史研究》2002 年第 2 期。

[2] ［法］雅克·阿塔利著，王一平译：《未来简史》，上海社会科学院出版社 2010 年版，第 145 页。

[3] ［美］希尔斯曼著，曹大鹏译：《美国是如何治理的》，商务印书馆 1995 年版，第 220 页。

[4] 《邓小平文选（第 3 卷）》，人民出版社 1993 年版，第 274 页。

第一生产力”。而且从马克思的相关思想看，也有较大的出入。[1] 比较接近的论述是“科学是一种在历史上起推动作用的、革命的力量”[2]。这段话长期被我国作为科学技术是第一生产力的重要依据。但从严格意义上说，这段话并不能作为科学技术是第一生产力的依据。因为马克思所强调的是科技在历史上的革命作用。但科学可以有革命作用，也完全可以没有革命作用，有些科学就从来没有革命作用。比如，哥德巴赫猜想就没有发生过这样的革命作用。中国历史上类似的遗憾太多了，战国时干将莫邪的铸造铁兵器技术、东汉华佗的麻沸散、三国时诸葛亮的木牛流马、马均曾的指南车、张衡的地动仪、明朝时郑和巨舰的制造技术等，在一定意义上，它们都是当时的顶尖科学技术，但丝毫未能对历史的进步起到推动作用。此外，从马克思的革命立场说，他更强调阶级斗争的革命作用。正如马克思所说：“至今一切社会的历史都是阶级斗争的历史。”[3] 此外，即使科学在历史上有革命的作用，但根据马克思的基本理论也绝不是第一位的。正如马克思所说：“在一切生产工具中，最强大的一种生产力是革命阶级本身。”[4] “至少从中世纪起，欧洲历史的动力是新兴资产阶级为争取社会的和政治的统治而同封建贵族所作的斗争。”[5]

由此，在我国的社会进步中，亟须明确科学技术在我国社会发展中的地位及其与公平正义的关系。根据马克思的基本思想，生产力是劳动者、劳动资料、劳动对象和生产关系的总和。生产力可以分为物质生产力和社会生产力两种。物质生产力包括劳动者、劳动资料、劳动对象等有物质外壳的现象。社会生产力指生产关系、生产方式等不具备物质外壳的现象。生产力内的矛盾主要有两种，第一种是人和自然的矛盾，它主要表现为物质生产力的内部，体现人和自然的关系。科学技术属于这一层面的生产力。第二种是人和社会的矛盾，表现为物质生产力和社会生产力即生产关系的矛盾。我们通常所称生产力和生产关系的矛盾，就是指这一层面的矛盾。

---

[1] 笔者查阅了《马克思恩格斯全集》50卷，都没有发现原话。

[2] 《马克思恩格斯全集（第25卷）》，人民出版社2001年版，第597页。

[3] 《马克思恩格斯选集（第1卷）》，人民出版社1995年版，第272页。

[4] 《马克思恩格斯选集（第1卷）》，人民出版社1995年版，第194页。

[5] 《马克思恩格斯选集（第3卷）》，人民出版社1995年版，第334页。

由于生产关系的重要性，生产力的矛盾突出地表现为物质生产力和生产关系的矛盾。解决了生产力内生产关系和诸生产力要素的矛盾，生产力就发展，否则，生产力就受到阻碍。“各种经济时代的区别，不在于生产什么，而在于怎样生产，用什么劳动资料生产。”❶ 因此，“社会的物质生产力发展到一定阶段，便同它们一直在其中运动的现存生产关系或财产关系（这只是生产关系的法律用语）发生矛盾。于是这些关系便由生产力的发展形式变成生产力的桎梏，那时社会革命的时代就到来了。”❷

而人类近代以后的历史一再表明，社会生产力的作用具有决定意义。中国改革开放30多年的历程也证明，社会的进步如果只注重物质生产力的发展，就只是一种片面的进步。法国历史学家早在200多年前就指出：“一项重大的社会改良、一项巨大的物质福利上的进步，如果不伴随着智力发展和精神上的相应的进步的话，它能在人民中间出现吗？这种改良就显得是不牢靠的、无法理解的、几乎是不合理的了。”❸ 新中国成立60多年，我们社会中“假、大、空”长盛不衰，就与此有关。看一下中国近年落马的贪官，几乎每个人都具有两面性。民主法治公平正义，就是要遏制这种两面人现象。古人早就说过：“口能言之，身能行之，国宝也；口不能言，身能行之，国器也；口能言之，身不能行，国用也；口言善，身行恶，国妖也。”❹ 而“国妖”形成的根源就在于公平正义的缺失。建设和谐社会，我们必须推进物质生产力和社会的同步发展。而推进社会的进步，必须把公平正义放在首位。党中央提出的和谐社会中把公平正义放在民主法治之后，地位如此之高，原因就在于此。在我国建设民主法治的过程中，公平正义的社会进步意义无论如何拔高都不会过分。正如温家宝总理所说：公平正义比太阳还要光辉。为此，在我国社会发展中，必须把公平正义纳入社会发展的总体战略中去。

首先，社会的进步不能全部甚至主要归结于物质生产力。社会的进步需要物质生产力的发展。但人类社会的进步不能都以物质生产力来衡量。

---

❶ 《马克思恩格斯全集（第23卷）》，人民出版社1972年版，第204页。
❷ 《马克思恩格斯文集（第2卷）》，人民出版社2009年版，第597页。
❸ ［法］基佐著，沅芷，伊信译：《法国文明史（第1卷）》，商务印书馆1993年版，第9页。
❹ 杨朝明注说：《荀子·大略篇》，河南大学出版社2008年版，第354页。

2004年以来关于中国改革道路是否合理的争论，其实质就是社会的进步应当以什么来衡量的问题。[1] 随着改革开放的深入，人们的幸福指数、社会的和谐越来越成为社会进步的标志。《人民论坛》2012年年初有“公众最期待哪些改革”的调查，排在前三位的是“收入分配改革”（占65.9%）、“政治体制改革”（占33.6%）、“医疗改革”（占22.4%）。[2] 可以说，所有这些都与人民群众的切身利益有关。诚然，物质生产力的进步会创造更多的物质财富和机会，但社会的进步却不是这些物质和财富的简单增加，而是这些增加的物质和财富能够实实在在地改变人们的生活。只有当这些物质和财富能够实实在在地改变人们生活，提升人们生活质量的时候，这样的生产力才是社会的进步，这就需要公平正义。同时，有些东西未必与生产力有关，但却是一个社会不可或缺的内容，如有些科学未必有促进生产力的功能，不仅短期没有甚至长期也没有，不能因此而取消它。如哥德巴赫猜想，提出于1742年，几百年来，一代又一代数学家们在不断地论证它，但它并没有生产力的意义。艺术文化活动也如此，如果片面强调生产力，这些精神财富也都会因为不是生产力受到歧视和排斥。

其次，要确立公平正义的社会进步观。现代社会的进步一再证明，公平正义也是生产力，而且是更重要的生产力。民主法治时代的社会生产力应当体现出公平正义的性质，并通过公平正义推进物质生产力的发展，形成物质生产力和公平正义的良性循环。确立公平正义的社会进步观，就是要求通过制度建设，使社会的进步体现出社会的公平正义和人性化发展。从公平正义看，要求社会发展是通过“没有破坏没有掠夺和污染”“没有恐惧歧视和眼泪”实现的；从人性的关怀看，生产力发展的结果能体现人和自然之间“秀美的山川怀抱家园，清澈的河流源远流长”的温情。这是公平正义社会进步观最大的优越性。

用公平正义社会进步观来推进社会进步，必须关注一些基本方面。从目标来说，公平正义社会进步观的最终目标是人的全面而自由的发展。马克思说过，“代替那存在阶级和阶级对立的资产阶级旧社会的，将是这样一

[1] 肖勤福：“改革必须惠及百姓”，载《学习时报》2012年3月19日。

[2] 高源：“公众最期待哪些改革”，载《人民论坛》2012年3月14日。

个联合体，在那里，每个人的自由发展是一切人的自由发展的条件。”❶ 从这个意义说，社会生产力越发展，人类就越自由。人类自由度越大，生产力发展的程度就越高。而当年马克思批判资本主义法是法的“动物形式”❷，就因为法的“人类内容”应当是包含和体现自由的法：“哪里的法律为实际的法律，即实现了自由的存在，哪里的法律就真正地实现了人的自由。”❸ 因为自由是人的本质的要求，也是公平正义最基本的表现。此外我国宪法已经明确规定了公民诸多的自由。因此，最终通过人的自由表现出来的生产力的发展，必须把宪法的实施和公民基本权利的保障作为基本目标。2011年，全国人大委员长宣布，中国社会主义特色法律体系已经建成。这就意味着，中国民主法治建设的问题，主要是严格、严肃地实施宪法和法律的问题。而宪法和法律的实施越严格，则马克思所设想的人的自由的实现就越大。

从价值诉求来说，公平正义应当成为衡量社会进步的基本尺度。真正的社会进步必然要通过公平正义表现出来。人们只有在一个公平正义的社会，才能真正实现人与人的信任、友爱和互助。而社会的进步必须与公平正义相联系，否则，这样一种进步就是不可靠的，甚至是令人怀疑的。1936年6月，法国著名作家罗曼·罗兰应高尔基邀请，和妻子玛丽亚一起访问苏联。当时的苏联，正是社会主义事业蒸蒸日上的时候，但当罗曼·罗兰抵苏后的第4天，就在日记中写下了对当时“社会主义苏联”公平正义严重

❶ 《马克思恩格斯选集（第1卷）》，人民出版社1995年版，第294页。

❷ 马克思批评资本主义法：“他们所要求的并不是法的人类内容，而是法的动物形式，这种形式现在已经丧失其实现性，变成了纯粹的动物假面具。”《马克思恩格斯全集（第1卷）》，人民出版社1995年版，第249页。

❸ 《马克思恩格斯全集（第1卷）》，人民出版社1995年版，第176页。

缺失的批评，遗憾的是人们只能在几十年以后才能看到。[1] 权力的腐败必然导致公平正义的缺失。同时，在现代民主法治条件下，由于信息、交往的普遍化，“地球村”里的事务已经一清二楚，公平正义社会进步的尺度意义更加重要。所谓“货比三家”，即人们通过比较鉴别，不难知道什么是正义，什么是公平。任何社会都不能用任何方式来坚持不公平不正义。由于信息的全球化，当代世界竞争的公平正义性日益突出。一个公平正义的社会必定会取代公平正义不够的社会。而这种公平正义的历史尺度观也越来越大地影响着人们对社会的判断和选择，也加大了政府公平正义的社会责任。比如反腐败，几乎每个国家，每个历史朝代都有，故我们不能简单地把反腐败作为公平正义的标志。历史上，反腐败也是维护封建统治的手段之一。网上有一篇北周开国奠基人宇文泰与名士苏绰“用贪官、反贪官”对话[2]的托伪之作，把治国的方略概括为五句话：用贪官来巩固政权，纵贪官来培植死党，除贪官以消除异己，杀贪官来收买人心，没收贪官钱财充实国库。[3] 虽然这一典故的真实性有待考证，但封建社会“用贪官、反贪官”却相当普遍。显然，仅仅反腐败并不等于现代民主法治的特征。反腐败要成为现代民主法治的组成部分，必须具有与以往根本不同的内容。这首先涉及谁来反腐败，怎样反腐。民主法治条件下的反腐败主体，必须是人民大众，而反腐败的方式，也必须与人民意志表达的程度相联系。

从社会发展的手段来说，公平正义社会进步观必须以民主法治为抓手。在现代民主法治中，公平正义是社会的凝聚剂和首要价值。现代法治是以

---

[1] “把过大的权力交给个别人是不明智的。当一个人的权力完全受制于另一个人的权力时，就会出现不可避免的争吵和角逐，就会开始你死我活的斗争。”他根据自己的观察，尖锐地、十分愤怒而又清醒地写道：“共产党的活跃成员利用其他特权（住房、食物、交通工具等）代替金钱，这些特权确保他们能过上舒适生活并拥有特殊地位。除了他们，不受任何良心谴责的人又有多少！有谁会把普遍困难中的享受机会作为自己的过错?！这太‘合乎人性’了！”“对享有特权的政党来说，这种危险几乎是不可避免的……党获得了最高权力集团的权力。而且，对党自身来说，可能不知不觉地形成由久经考验的领导人、忠于党的技术工作者、各种先进生产者以及工人大军、集体农庄庄员大军和士兵大军的精英人物组成的特殊的共产主义特权阶层。”见倪正茂：“俄游杂感”，载《上海联合时报》2011 年 11 月 15 日。

[2] 问剑 2010：“宇文泰与苏绰论‘用贪官，反贪官’”，载中华网，2011 年 12 月 8 日访问。

[3] 史书记载的宇文泰与苏绰对话，载《北周书·苏绰传》，其中所表述的宇文泰与苏绰彻夜长谈的主题内容与“用贪官、反贪官”完全相反。

民主共和为基础的。而民主共和必然要求公平正义。民主是众人之治，人与人之间，社会与社会之间发生的冲突和纠纷，需要公平正义作为润滑剂。这种润滑剂能够化解矛盾，消弭仇恨，实现共和，并将社会凝聚起来。没有公平正义的社会不会有真正的凝聚力，人民不可能和平相处，也不可能有强大的力量。正是由于这个原因，美国法学家罗尔斯强调："正义是社会制度的首要价值，正像真理是思想体系的首要价值一样。"[1] 改革开放以来，中国的经济有了突出的进步，但许多中国人并不感到幸福。相反，GDP 已经进入世界第二的中国，社会问题却越发突出，社会矛盾、社会冲突也越来越多。以环境为例，中国各大水系都已经受到严重污染，不少湖水已成为劣五类[2]，如此严重的环境问题为什么会发生？就有一个发展的公平正义问题。2011 年 11 月 1 日，湖北荆州长江大学数十名教授，在 8 次向国务院及省市政府反映无果的情况下，在荆州区政府门前，跪求区政府取缔或搬走校园旁一严重污染环境的非法小钢厂。区主要领导视而不见，副区长出来了，他不积极处理，反而冷言相讥："非洲没污染，你们可以搬到非洲去。"[3] 且不说社会问题的决策有一个民主、民意的问题，仅教授下跪本身就表明我们社会发展中，公平正义缺失的严重性。

最后，公平正义社会进步观必须通过限政表现出来。一个公平正义的社会必须是公权受到严格限制的社会。所谓法治政府就是一个权力受到严格约束的政府，或者说是限权政府。限权政府说到底是一个弱势政府。这里所谓弱势主要指政府行为的消极性。政府不能有太多的欲望和冲动，政府的欲望越多冲动越大，对社会的危险也就越大。"积极的政府所造成的伤

---

[1] ［美］罗尔斯著，何怀宏等译：《正义论》，中国社会科学出版社 1988 年版，第 1 页。

[2] 国家统计局发布的报告显示，中国地表水污染严重。在国家环境监测网监测的 745 个地表水监测断面中，一至三类、四五类、劣五类水质的断面比例分别为 40%、32% 和 28%。后两者比例之和高达 60%，七大水系中，除珠江、长江水质良好外，松花江、黄河、淮河为中度污染，辽河、海河为重度污染。国家曾投人大量资金进行污染治理的湖泊中，太湖、滇池为劣五类水质，巢湖为五类水质。局部海域污染依然严重。在近岸海域，四类和劣四类海水比例为 24.3%，比上年上升 0.4 个百分点。其中，渤海、东海近岸海域分别为轻度和中度污染。"环境公报数据：揭开中国环境的好消息和坏消息"，载《解放日报》2007 年 6 月 6 日。

[3] 劲松："非洲没污染，你们可以搬到非洲去"，载新浪博客，2014 年 5 月 13 日访问。

害会比好处多，它不仅不会实现真正的社会正义，反而会破坏宝贵的个人自由。”❶ 从我国社会近年愈演愈烈的城市居民和政府重大工程项目的冲突看，根源就在于我们有些地方政府在重大决定中没有处理好“权为民所用”的问题，加上传统强势政府的习惯，社会生活中的大量冲突也就难以避免。而解决这一问题，一要靠社会民主的发展，二要靠法律的权威。从前者看，建设法治政府不能或主要不能靠政府的自我约束，而需要强大的社会民主作为保障和基础。法治政府是社会民主的要求，也是社会民主发展的结果。因此，推进法治政府的一个重要努力，就是发展社会民主。正如党的“十八大”报告所说：“中国特色社会主义是亿万人民自己的事业。……要最广泛地动员和组织人民依法管理国家事务、管理经济和文化事业、积极投身社会主义现代化建设，更好保障人民权益，更好保障人民当家做主。”

从后者看，就是要通过限权将公权纳入法制的轨道。限权政府是守法的政府。政府是执法者，但执法者必须首先守法，而严格执法正是政府必须守法的基本表现。因此，要转变传统的法律观念，我国的大量法律法规不仅针对公民、生产者和经营者，也针对政府管理部门，具有规范和约束国家权力的功能，甚至其主要的目的就是约束政府。政府管理部门管而不管，或管而不当、管而无效都应当依法承担相应责任。特别是，对于已经出现的重大违法犯罪事例如近年越来越严重的食品卫生事件，必须严格明确政府管理部门的责任，该承担责任的必须严格依法追究，这样做，法律才有权威，政府才有公信力，社会才有公平正义。一个公平正义的社会，不仅会产生最强大最持久的生产力，而且会带来最辉煌最和谐的社会幸福和人的全面而自由的发展——马克思当年来源于古希腊的理想和精神，仍然将成为未来社会的目标。正如法国未来学思想家阿塔利在《未来简史》中所写道：“只有当他人获得了全部的尊严与自由，拥有健康的身体和良好的教育，个体才能找到自身的利益。人类的利益将在于每个人都可以幸福地生活；人人都将是利他主义者。”❷

---

❶ ［美］布鲁斯·阿克曼著，孙力等译：《我们人民：宪法的根基》，法律出版社 2004 年版，第 233 页。

❷ ［法］雅克·阿塔利著，王一平译：《未来简史》，上海社会科学院出版社 2010 年版，第 156 页。

论公德的三种形态

【提要】 法学是以权利和义务为基本范畴的科学。从权利和义务来透视，公德就是公权的道德。法学和伦理学最大的不同在于，它明确了公德的主体即公权。故要明确公德的内涵，必须从公权开始。从社会生活看，公权的存在有三种基本形式，相应地有三种形态的公德：国家的权力及其道德、社会的权力及其道德、公民的政治权力及其道德。因为公德与公权相联系，故公德必须体现公平正义，或以公平正义为核心。公平正义是社会制度的首要德性，在现代社会中表现为“所有人的正义”。

党的十八大明确提出并已在全国实施的围绕保持党的先进性和纯洁性，在全党深入开展以为民务实清廉为主要内容的党的群众路线教育实践活动，是在新的历史时期加强党的作风建设，推进我国社会主义精神文明、道德文明的又一个重要举措。“为民务实清廉”不仅是执政党的政治道义，也是新时期我国社会主义精神文明和公德建设的基本要求。但由于种种原因，我国在公德的概念理解上还不一致，影响了公德建设的质量，有必要在进一步推进我国社会主义精神文明和公德建设中，深化对公德问题的理解。

一、公德内涵的解析

我们对公德最通常的理解是社会公德。2001 年中共中央《关于公民道德建设实施纲要》中，公德被称为社会公德，社会公德是公民道德的组成部分，并与职业道德、家庭美德并列。我国《民法通则》第 7 条有“民事活动应当尊重社会公德”的规定。国内出版的教材也明确把道德分为个人道德和社会道德，而后者就是公德。[1]

把公德理解为社会道德，或从社会理解公德，在社会生活中大约有以下几种表现形式。

一是把公德理解为社会生活的道德。有的学者认为："社会公德是全体公民为维护正常生活秩序所必需的公共生活准则，是人们经常接触又简单易行基础层次的道德。"[2] 也有的学者认为，公德是公民在社会交往与社会生活中应该共同遵守的行为准则。[3] 与此相一致，有的主张以个人修养和社会修养来划分公德和私德，个人修养为私德，涉及社会的修养为公德。前者如坚毅、乐天，后者如孝悌、仁爱、守信、谦虚、负责等。[4] 19 世纪中叶的日本思想家福泽谕吉也持这个观点。他认为"与外界接触而表现于社交行为的，如廉耻、公平、正直、勇敢等叫作公德"，"凡属于内心活动的，如笃实、纯洁、谦逊、严肃等叫作私德。"[5] 但是，这样来理解公德似乎并不全面。现代社会中，有哪一个人的生活能离开社会？道德本身就是社会的产物，没有社会何以要道德？鲁滨孙一人在荒岛，不需要任何道德。另外，即使是最具私人性质的家庭，也具有社会的属性。

当然，公德肯定是社会生活的道德，但社会生活的道德未必都是公德。比如，"公民为维护正常生活秩序所需"的道德，就不仅仅是公德，私德也是正常生活秩序所必需的。同时，守信、谦虚、仁爱也是社会生活的需要，但它们显然不仅属于公德。此外，对朋友守信，未必有利于社会的守信；待人谦虚宽厚的人也未必是一个具有公德的人。宽厚的人看到老人倒地未必会上去救护，遇到歹徒在光天化日之下抢劫未必会挺身而出等。《论语》中的温良恭俭让，《大学》中的知止慎独，戒欺求慊，《中庸》中的好学力行知耻，都属于私德。但这些私德也属于社会生活的组成部分或者与人们的社会生活有关。因此，公德离不开社会生活，私德同样也离不开社会生活，简单地将公德归结于社会生活是不够的。

---

[1] 唐凯麟：《伦理学》，高等教育出版社 2002 年版，第 159 页。

[2] 秦苏滨、魏金奎："谈加强社会公德规范的约束力"，载《探索与求是》2003 年第 Z1 期。

[3] 刘继勇："我国社会公德建设面临困境的原因分析"，载《江西社会科学》2003 年第 7 期。

[4] 茅于轼：《中国人的道德前景》，暨南大学出版社 1997 年版，第 15 页。

[5] [日] 福泽谕吉：《文明论概略》，商务印书馆 2007 年版，第 73 页。

二是把公德理解为与公共利益有关的道德，如有的学者认为公德是人们在履行社会义务或涉及社会公共利益的活动中应当遵守的道德行为准则❶；也有的学者有把公德规定为：人们在履行社会整体义务或涉及社会整体利益的活动中应当遵守的道德行为准则。❷ 诚然，公德肯定与公共利益有关。爱尔维修就说过，"公共的福利是最高的法律。"❸ 但并不是所有涉及公共利益的行为都属于公德。比如窃贼偷窃了公共财产算不算涉及公共利益？对家庭、对子女、对朋友的义务属于不属于社会义务？"涉及公共利益"究竟是什么意思？这里的问题就在于不能简单地将公德和公共利益挂钩。我国《民法通则》和《公民道德建设实施纲要》中对公德的解释，都属于这样一种理解。毫无疑问，公德肯定与公共利益有关，但并不是所有涉及公共利益的都是公德。比如窃贼的盗窃行为属于私德，并不因为其盗窃的财物是公物就会变成公德。偷盗行为是一种私人行为，其后果虽然侵犯了公共利益，但私行为的性质并没有变；反过来，如果公德以行为对象为依据，国家机关工作人员对公民的侵犯就会变成一种私行为和私德，这同样不能成立。简单地以行为是否涉及公共利益来理解公德是不准确的。

三是把公德理解为有利于他人的道德。有的学者认为，"在与他人的关系中追求、体现的德性称为公德，如社会公德、职业道德、家庭美德都属于公德"，"公德是利他的德性，私德是利己的德性"❹，并认为"公德具有公度性、他律性和制度性的特点，而私德则具有私人性、自律性和自决性的特点"❺ 等。这些观点在梁启超、刘师培那里都可以看到。梁启超所谓"人人独善其身者谓之私德，人人相善其群者谓之公德"就有这个意思。刘师培也认为，所谓公德即"由公共观念而生者也"，包括"利他心""社会伦理""国家之伦理"等。其实，道德都是内化于心灵外化于社会的行为规范，它们的本质区分是规范的行为不同。而把公德称为他律性、制度性则

---

❶ 朱贻庭主编：《伦理学大辞典》，上海辞书出版社 2002 年版，第 20 页。

❷ 徐小锦、温克勤主编：《伦理百科辞典》，中国广播电视出版社 1999 年版，第 37 页。

❸ 北京大学哲学系外国哲学史教研室编译：《十八世纪法国哲学》，商务印书馆 1965 年版，第 550 页。

❹ 张建英、罗承选、胡耀忠："公德与私德概念的辨析与厘定"，载《伦理学研究》2010 年第 1 期。

❺ 廖小平："公德和私德的厘定与公民道德建设的任务"，载《社会科学》2002 年第 2 期。

显然混淆了道德和法律的界限。同时，道德作为一种行为规范，是社会交往的需要。无论是私人交往，还是社会交往，道德都具有利他和利己的双重特点。道德是通过利他来利己。为什么“路见不平拔刀相助”，就是因为一个公平正义的社会才最有利于人的发展。因此，利他也是利己，而且最高的道德原则是只有利他才能利己。正如南非总统曼德拉所说：“一个人只有通过其他人，才能成为人。”[1] 同时，把有利于他人理解为公德，也不准确。社会关系中的夫妻、子女、父母、同学、熟人及生意场上的客户等都属于私人关系，而在一个人情大于国法的条件下，这些私人关系的不当泛滥对社会的公共秩序的维护绝对是不利的。

四是把公德理解为公共场所的道德，“公共场域决定行为人的德性行为具有公德性，而私人场域决定行为主体的德性的私德性质。”[2] 如市民在街头吐痰或在公共场所大声喧哗等都被认为是公德的缺失。[3] 根据这个理解，公共场所的行为由公德调整，私人场所的行为由私德调整。这也是人们对公德最直观的理解。但把场所作为公德和私德的区分标准，在理论和实践中都值得推敲。从理论上说，道德是规范人的行为的，故道德只应当与人的行为有关，与场所没有关系，场所不会改变行为人行为的性质。只要主体确定，属于某一行为如吐痰、扔垃圾，不管发生在什么场所，都属于私德。从实践上说，不同的场所使道德的性质发生变化，并不符合实际。吐痰在家中属于私德，在公共场所仍然属于私德，它属于私人行为。同样，官员无论在单位收贿还是在家里收贿，都属于公德的败坏，因为是利用公权受贿。道德是行为规范，不是场所规范，不能把公共场所的行为都划为公德的领域。事实上，公民在公共场所既有私行为也有公行为。比如，群众在广场集会，就属于公德。而母亲带着孩子在公园游玩是私行为。即使玩的时候损坏了草地、植物等，仍属于私德的范围，因为它是个人道德的缺陷导致对公共物品的损害。私德有可能对他人带来损害，也可能对社会带来损害，不管私德伤害的对象或引起的后果是什么，并不改变私德的

---

[1] 董谦：“一个老人”，载《深圳晚报》2010年6月12日。

[2] 张建英、罗承选、胡耀忠：“公德与私德概念的辨析与厘定”，载《伦理学研究》2010年第1期。

[3] 黄显中：“公德与私德”，载《光明日报》2003年7月8日。

性质。

以上这几种理解已为人们所熟悉，在一定程度上已为国内学者所概括。❶ 它对我们理解和认识公德无疑具有积极意义。但正如我们已经概括的，上述把公德理解为社会公德并从社会公德所作的各种阐述都带有一定的缺陷。概括起来主要有三个方面：

第一，把公德理解为社会义务更多的是一种伦理学的解读，在民主法治时代显得不全面。事实上，公德所涉及的行为规范并不单纯是一种内在的感受或如康德所述是一种道德律的问题。在民主法治的时代，公德的许多内容离开法学就无法解释清楚。这就是为什么迄今为止，公德的传统理解始终受到质疑的原因。如有的学者认为根本没有必要划分公德和私德，因为“公德与私德只是道德的一体两面，从其本体和根基而言，它们就是一个道德，无所谓公德与私德的区分”❷。但一物两体恰恰是许多事物和现实的特点。如公权和私权也是“权”的两面，西方法学史上，正由于法学将“权”划分为公权和私权，从公权利和私权利的划分引出法律的两大板块：公法和私法，不仅很好地界定了两者的界限，而且构成了法治的一个重大进步，是法学最卓越的成就之一。显然，理解公德要跳出伦理学的学科界限，借鉴法学的成果，这对于我们准确界定公德，划清公德和私德的界限极为重要，也是我们推进公德建设重要的思想理论资源。

第二，现行的社会公德说有将公德和私德相混淆的特点。认真思考一下，作为与社会道德相对的个人道德难道不也属于社会吗？正如有的学者所说：“社会道德是构成个体道德的本质内容，而个体道德则是社会道德在个体身上的内化和个性化。”❸ 离开了社会道德，个人道德根本没有意义。个人道德也是社会道德，社会本身就是由个人组成的。故无论是上述社会活动说、社会利益说、他人说或场所说等严格意义上都没有准确地区分公德和私德。而正因为没有明确的标准，在实践中极易将私德和公德相混淆。比如，我们普遍把公民在公共场所的行为如公民在街头吐痰、地铁口逃票

---

❶ 张建英、罗承选、胡耀忠：“公德与私德概念的辨析与厘定”，载《伦理学研究》2010 年第 1 期。

❷ 廖小平：“公德和私德的厘定与公民道德建设的任务”，载《社会科学》2002 年第 2 期。

❸ 唐凯麟：《伦理学》，高等教育出版社 2002 年版，第 159 页。

或者个人对公共利益带来的损害如公园游玩时损坏了草坪等都认定为属于公德，但其实它们都属于个人义务或道德，它们是公民个人在行使自己的私权利时应当遵循的义务。另外，我们社会往往把官员的情妇、“二奶”现象甚至官员的作风都认为是生活私德问题，不但重视不够而且不当回事，在相当程度上影响了干部队伍的形象和公信力。

第三，我国目前关于公德的大多数观点内容上过于狭窄，还有待于进一步科学化。比如，主流观点把公德主要理解为是一种人际道德。如普及公共文明礼仪知识，营造和爱护身边清洁优美的生活环境，培养市民自觉遵守法规的意识，培养尊重他人、关爱他人、宽容他人的意识等，而公德所涉及的公民对社会、对国家的责任及对权利特别是公民基本权利的义务几乎很少被人注意到。如流行的观点认为“社会公德是全体公民在社会交往和公共生活中必须共同遵守的准则，是社会普遍公认的最基本的行为规范”❶，这个理解显然缺少了国家公职人员的道德，即把公德建设的重点放在公民身上，而不是公权；即使对于公民的道德，也私德和公德不分，未有效地突出公民的社会道德和政治道德，即公民对社会、对国家的责任。所有这些都在一定程度上影响了公德建设的深入。

二、公德是公权的道德义务

法学是以权利和义务为基本范畴的科学。从权利和义务来透视，公德就是公权的道德。法学和伦理学最大的不同在于它明确了公德的主体即公权。故要明确公德的内涵，必须从公权开始。从社会生活看，公权的存在有三种基本形式，相应有三种形态的公德。

（一）国家的权力及其道德

公德是公权的道德，首先指的就是国家权力，是针对国家机关及其公职人员公行为的道德。党中央正在全国开展的以为民务实清廉为主要内容的党的群众路线教育实践活动，在一定意义上就是公德建设。如国家机关的规划、措施或某些重大的国家行为，或国家工作人员实施公务的行为都

❶ 王伟：“关于社会公德建设三题”，载人大复印资料《精神文明导刊》2012年第9期。

受公德调整。从国家层面来说，公务员的待遇、政府大楼的建造、“三公”消费问题等都有一个公德问题，因为“国家本身不是目的，只是为了人民的和平、安全和公众福利”❶。从国家工作人员实施公务行为来说，官员的一言一行都有一个公德的问题。某国大使在中国的出行方式曾引起中国网民的热议，其背后的评判价值正是公德。我们是社会主义国家，我们一切国家工作人员都是人民的公仆。从这个意义上，公德就是公仆之德。而公德建设，涉及国家行为和国家公职人员行为的道德规范问题。

从国家行为看，公德建设首先要解决权为民所授的问题。正如亚里士多德所言：“依绝对公正的原则来评断，凡照顾到公共利益的各种政体就是正当或正宗的政体；而那些只照顾到统治者们的利益的政体就都是错误的政体或正宗政体的变态（偏离）。”❷ 一个国家政权怎么才会照顾到公共利益或把公共利益放在首位呢？政治学的基本原理是谁给我权力，我就为谁服务。现代民主法治国家的行为要有道义，就必须体现权为民所授。权为民所授是现代民主法治国家公德的基础。一个不民主的国家根本就没有公德可言。❸ 我们是社会主义国家，更要强调“权为民所授”。2010 年 9 月，习近平同志在中央党校秋季开学班时明确强调，马克思主义的权力观概括起来就是“权为民所赋，权为民所用”❹。这是因为，“一个不向人民负责的统治阶级，肯定会牺牲人民而去追求他们自己的个别利益与偏好，甚至他们的道德感。他们有关卓越的思想，不是参照人民的利益，而是参照他们自己的利益。他们的美德是阶级美德——他们最高贵的爱国主义与自我奉献行为，只不过是将自己的私人利益牺牲于自己的阶级利益。”❺ 同时，解决

---

❶ ［英］洛克著，瞿菊农、叶启芳译：《政府论（下篇）》，商务印书馆 1964 年版，第 80 页。

❷ ［古希腊］亚里士多德著，吴寿彭译：《政治学》，商务印书馆 1983 年版，第 148 页。

❸ 如安哥拉，世界上没有一个国家比它更穷困。但是从事发展援助工作的人报道说，多斯·桑托斯总统从某一处近海油田开采的每桶石油中攫取 15 美分，每天有 1.3 万美元流入他在巴西的账户。印尼前总统苏哈托，曾信誓旦旦没有贪污国家一分钱，但后来揭露的事实是，苏哈托铁腕三十年，敛财数百亿。前尼日利亚军人总统阿巴查当总统不足五年，窃取的国家财富至少 40 亿美元。近年，腐败总统下台后，为追其侵吞的赃款而进行的大规模调查已不鲜见。

❹ 习近平多次强调“权为民所赋”，有极强现实针对性。崔猛：“习近平留点希望的核心是强化‘权为民所赋’”，载中国共产党新闻网，2011 年 4 月 14 日访问。

❺ ［英］密尔著，胡勇译：《密尔论民主与社会主义》，吉林出版集团有限公司 2008 年版，第 29 页。

了权为民所授的问题，才有可能实现把公权关进笼子的目标。在今天的发达国家，属于道德范畴的国家公职人员行为几乎已很难找到。比如，廉洁、诚实信用和效率，在老百姓看来是一种美德，但对于国家公职人员来说，它们都属于法律义务。比如廉洁，当代发达国家如新加坡等制定了一系列关于国家公职人员廉洁的制度，如财产申报制度、法院宣誓制度、行为跟踪制度、品德专核制度等。为防止国家公职人员在交际和应酬中得到好处，法律明文规定，公务员不能接受馈赠和饮宴的邀请，一经查实，即以贪污论处。这方面的规定极多，本文不再一一罗列。但其基本特点笔者概括为公德入法。

公德入法反映了当代法治国家控制国家公权力的基本要求，也显示了传统道德规范的不足。法国思想家邦雅曼·贡斯当指出："任何现世的权力都不应该是无限的，不论这种权力属于人民、属于人民代表、属于任何名义的人，还是属于法律。"[1] 英国剑桥大学教授阿克顿勋爵有句传遍世界的名言："权力导致腐败，绝对的权力导致绝对的腐败。"当代世界因绝对的权力导致的绝对腐败已不在少数。这是导致国家权力控制日益严格的原因之一。另外，道德的软弱无力，则是公德入法的另一个原因。我们大多数人都熟悉孟德斯鸠关于"不受约束的权力必然腐败"的论断。其实，在这一论断后，孟德斯鸠还对道德有一番评论："道德约束不了权力，权力只有用权力来约束"。道德为什么约束不了权力？德国学者米歇尔·鲍曼指出："道德市场有效运行必须满足三大条件：第一，必须有一个拥有结盟和结社自由的开放社会的存在，给合作性企业带来良好的赢利前景；第二，必须存在中立化的权力关系，使强势群体和企业不能压迫弱势成员；第三，需要一个有效的正式或非正式的社会控制机制的存在，大大提高采取隐蔽违背规范行为的风险水平。"也就是说，在没有权力约束的条件下，公德如果仅仅作为道德是不可能实现的。正是在这个意义上，他甚至强调："道德说教是徒劳的。"[2]

---

[1] ［法］邦雅曼·贡当斯著，阎克文等译：《古代人的自由和现代人的自由》，商务印书馆1999年版，第61页。

[2] ［德］米歇尔·鲍曼著，肖君、黄承业译：《道德的市场》，中国社会科学出版社2003年版，第507页。

（二）社会的权力及其道德

在一个民主和法治的国家，社会属于人民。人民通过行使社会权力来管理社会当然属于公权。早在19世纪40年代，马克思就通过对黑格尔国家优于社会的法哲学批判，阐明了历史唯物主义的社会国家观，明确社会先于国家，社会是国家的基础，社会制约国家，国家服务于社会的思想："市民社会是全部历史的真正发源地和舞台"❶，"市民社会这一名称始终标志着直接从生产和交往中发展起来的社会组织。这种社会组织在一切时代都构成国家的基础以及任何其他的观念上的上层建筑的基础"❷。托克维尔在《论美国的民主》中广泛地论述了公民的社会权力问题。认为"社会是由自己管理，并为自己而管理。所有的权力都归社会所有，几乎没有一个人敢于产生到处去寻找权力的想法"❸。但是，由于传统社会中国家往往成为一种与社会分离并高踞于社会之上的异己力量，为此，马克思在批评资本主义社会时，明确提出要"把靠社会供养而又阻碍社会自由发展的国家这个寄生赘瘤迄今所夺去的一切力量，归还给社会机体"❹。

社会有机体的主体就是社会。国家属于社会，社会属于人民，人民管理社会是人民主权的基本表现。而人民行使社会的管理权对人民主权来说，就不仅是一种权力，也是一种政治道义——是人民当家做主的公德要求。因为在人民民主国家，"人民是一切事物的原因和结果，凡事皆出于人民，并用于人民"❺。中国的《礼记》上也有："大道之行也，天下为公。"这里的"公"很大程度上指的就是社会。社会权力的行使者要有天下为公的道德，这是古人的道德理想，也是今天民主法治条件下，公民的基本义务。今天的社会是人民当家做主的社会，社会的主人是全体公民。公民在行使社会权利的时候，当然要履行社会的义务，这是公民作为社会主人的公德要求。法律强调的是权利，而道德强调的是义务。由于种种原因，我们的社会权利讲得比较多，这固然与权利的保障不尽如人意有关，但一个民主

---

❶ 《马克思恩格斯选集（第1卷）》，人民出版社1995年版，第88页。

❷ 《马克思恩格斯选集（第1卷）》，人民出版社1995年版，第130页。

❸ ［法］托克维尔著，董果良译：《论美国的民主》，沈阳出版社1999年版，第68页。

❹ 《马克思恩格斯选集（第3卷）》，人民出版社1995年版，第57～58页。

❺ ［法］托克维尔：《论美国的民主》，沈阳出版社1999年版，第68页。

和法治的社会，更应当强调公民的义务，这就是公民对社会的责任。公民对社会的义务就是一种公德。公民是社会的主人，社会属于每一个公民，每一个公民都有关心社会发展和进步的道义责任。

不仅如此，在民主法治条件下，公民的社会道义作为与权利对应的义务，已经成为法的一部分，其中包括宪法和法律的规定。我国宪法第二章专门有公民的基本权利和义务的规定，如宪法规定的公民的劳动的义务、受教育的义务、维护国家统一和全国各民族团结的义务，以及公民的守法义务，保守国家秘密，爱护公共财产，遵守劳动纪律，遵守公共秩序，尊重社会公德、保家卫国、依法纳税的义务等。而这一部分义务——凡是涉及社会公德的规范已经不仅仅是道德义务，而且成了公民的宪法和法律责任。这些责任不像权利可以履行也可以不履行，而是必须履行的义务，这就大大提高了公德的社会地位。它保证了公德的普遍性和规范性，使这种有利于社会的道德不再停留于说教，也不再取决于个人的意愿，因而具有极大的现实性和规范性，对于促进整个社会公德意义极大。

同时，公德所体现的法律义务和责任，使其具有比权利更为重要的社会意义。权利可以行使，可以放弃，但法律责任是不能放弃的。而应当行使权利而不行使权利，就是一种放弃责任和义务的行为。我们的社会经常可以听到权利的保障不够，但很少听到履行义务不够的呼声，这就是对公德的一种漠视或者轻视。而对公德的漠视或轻视必然带来对权利的忽略。比如，我国宪法规定了公民大量的权利，包括知情权、参与权、监督权、表达权，行使这些权利的正当性就是公德的要求，是公民参与社会管理的基本道义。公民作为社会的主人，有义务也有责任进行或参与社会管理。公民管理社会有两种方式，即直接和间接的方式。公民直接管理社会情形下，其义务就是公权行使者的道德义务，这属于国家公职人员的公德，上文已经谈到。公民间接管理社会的义务就是积极行使社会管理的参与权、知情权和表达权。一个民主和法治的国家，大多数公众都是通过选举权、参与权、知情权及监督权等来参与社会管理。在这种情况下，一个公民在多大程度上行使这些权利，不仅是一种权利的现实性问题，而且是一种法定义务。正如德国法学家耶林所说：“权利是对社会的义务”，“在社会利益上，每个人都是为权利而斗争的天生的斗士。”[1] 社会属于全体公民，而每一个公民如何对待社会，如何履行自己的社会义务——公德义务，在某种意义上，就决定了社会。有位学者说得好：“你怎么样，中国便怎么样。你是什么，中国便是什么。”这里所强调的就是公民的社会道义。从这个意义上，义务决定了权利，当一个公民把公权利的行使当作一种社会道义的时候，则任何力量都无法阻碍权利的行使。同时，正是作为社会道义的义务，能很好地规范权利的行使，从而实现权利和义务的良性互动。

社会层面的公德之重要不仅表现在它与社会权利的关系上，而且直接体现在社会道德的进步上。梁启超表达过公德是社会和国家基础的观点：“公德者何？人群之所以为群，国家之所以为国，赖此德焉以成立者也。”[2] 这个概括非常重要的一点是指出了公德对于社会和国家的凝聚力意义。一个民主和法治的国家靠什么凝聚人心？靠公德。公德强，人人为社会尽心，社会就有凝聚力。英国伦理学家戴夫林爵士也强调，公德的优越性就在于它为人类社会提供了一种结合剂；没有这种结合剂，社会秩序就会走向崩溃和垮台。[3] 而这种凝聚剂对于现代社会是不能缺少的。因为现代社会“在本质上是向异质者开放的社会结合方式。它不是限于内部和睦的共存共荣，而是相互承认不同生活方式的人们之自由活动和参与的机会，积极地建立起相互关系的一种社会结合”[4]。因此，公德与社会的繁荣和进步有直接的关系。公德越发展，社会越成熟；公德越充分，社会就越坚固。一个有公德的社会才是一个和谐有序的社会。社会是否稳定、权利是否保障、社会风气是否健康在一定意义上都与公德有关；反之，一个没有公德的社会是难以想象的。休谟说得好：“没有个人的联合，人性绝不可能存在；而如果

---

[1] ［德］鲁道夫·冯·耶林著，胡宝海译：“为权利而斗争”，见梁慧星编：《为权利而斗争》，中国法制出版社 2000 年版，第 29 页。

[2] 梁启超：“论公德”，载中广网，2011 年 4 月 12 日访问。以下所引用梁启超观点均来自该文。

[3] ［澳］维拉曼特著，张智仁、周伟文译：《法律导引》，上海人民出版社 2003 年版，第 232 页。

[4] ［日］尾关周二著，卞崇道译：《共生的理想——现代交往与共生、共同的思想》，中央编译出版社 1999 年版，第 120 页。

不尊重公平和正义的法则，那种联合就永远不会有存续的空间。”[1] 在社会生活中，不讲公平正义，背信弃义，讲假话、大话、空话的行为等，都带有对社会公德的破坏作用。而没有公德的行为必然破坏社会的稳定。一个社会，其背信弃义，不讲公平正义的现象越普遍，社会的凝聚力就越差，社会的和谐程度就越低。正是在这个意义上，中国古代的《春秋》直接把国家治乱的根源归结于道德。为什么国家会腐败，文明会衰落？根源就在于人们没有一个正确的国家观念，对自己的责任没有正确的认识。如果说这话是正确的，那就是在公德的层面，一个文明的社会，人人具有维护公德的义务。不讲社会公德或破坏社会公德的人是社会的公敌。

（三）公民的政治权利及其道德

公德的第三个层次即与公民的政治权利相对应的义务，或者说是公民的政治义务。一个民主和法治的国家，国家权力是由人民委托的国家来行使的，人民有权选择自己满意的国家工作人员，这是人民的国家权力。另外，人民虽然把管理国家的权力交给了国家机关，但还保留了一部分主权性权力，这就是宪法规定的各项政治权利，如监督权、知情权、参与权等。这些权利同样是人民主权的另一种表现。为此，笔者不赞同宪法学界有些学者把权利和权力区分为公民所有和国家所有的两种形式。[2] 其实，公民的权利也是一种权力，而且是一种更重要的权力，是人民的主权性权力。人民的主权性权力是一种决定国家权力的权力，因而是最根本的、本源性的权力。杰弗逊说得好：“就我所知，社会的最后决定权只有交给人民自己来掌握，此外，别无更安全的寄托。如果我们认为人民见识不足，判断不周，不能执行他们的权力，补救的办法不是把权力从他们手中取走，而是通过教育，让他们善于判断。”[3] 这就是主权性的权力。但当我们把这种主权性权力变成权利的时候，似乎公民的权利不再是权力，它必须依赖国家权力

---

[1] 转引自哈特：《法律的概念》，中国大百科全书出版社 1996 年版，第 187 页。

[2] “公民权利与国家权力的关系，是一个带根本性的问题”，“公民权利和国家权力都是社会物质财富直接或间接的转化形式，都是社会整体利益的法律表现，完全是同质的东西。但在现实性上，它们又分别代表着构成社会整体利益的两个不同部分，因而具有不同的甚至是对立的外化形式和角色功能。”见童之伟：“公民权利国家权力对立统一关系论纲”，载《中国法学》1995 年第 6 期。

[3] 转引自［美］科恩著，聂崇信、朱秀贤译：《论民主》，商务印书馆 1994 年版，第 172 页。

才能实现，这显然大大贬低了公民权力的主权性质，也不利于我国民主法治国家的建设。

公民的政治权力是公民作为国家主人的根本标志。亚里士多德就非常强调公民的这样一种权力。他认为“真正的公民必定在于参与行政统治”[1]。公德在这个层面就是公民主权性权力的义务。“国家有难，匹夫有责”很形象地体现了公民道义对国家的责任。公民对国家的责任是一个民主和法治国家公民的应有道义。这种道义在政治和法律生活中表现为公民的政治义务。法学家郭道晖提出应当区分公民权和公民的权利[2]，是必要的，但公德所强调的是一种道德义务。在现代民主政治中，公民义务是相对于公民权利的概念。公民义务突出的是人民群众的国家主人翁地位及其延伸出的义务，是国家主人应当具备的国家意义上的政治责任。这种责任不仅是保证人民主权的需要，也是保证一个社会始终充满活力和朝气之必不可少的力量。正是从这个意义上，马克思把公民称为“公人”，是参与政治共同体即参与国家公共事务的人，是“政治人”，他们参与国家事务的政治权利是公权利。[3] 公民的公权利包括生命、自由、人身安全和选举权、参与权、监督权、知情权及言论、出版、集会、宗教自由等，受到国家的保护，而公民行使这些权利则是一种政治道义——公德的要求。

在民主法治条件下，公民的政治道义即公德具有极为重要的意义，孟德斯鸠将它理解为“个人在与国家、与他人的关系中表现出来的品德，亦即爱祖国、爱平等”，他把爱祖国与平等称为政治美德，“它以公共利益为目的，其主要内容是爱责任、爱君主、爱祖国、爱法律，核心是爱祖国、爱法律，这种美德是推动共和政府的枢纽”[4]。在公民权利和公民道义即公德的关系上，公德具有更重要的意义。如果说现代法治史上，权利在先，宪法在后是一个基本事实，公德和权利的关系，则表现为公德在先，权利在后。有公德才有权利和公民的权力。因为公民的公权利是公德的要求。

---

[1] 苗力田主编：《亚里士多德全集（第9卷）》，中国人民大学出版社1994年版，第85~86页。

[2] 郭道晖：《法理学精义》，湖南人民出版社2005年版，第12页。

[3] 《马克思恩格斯全集（第1卷）》，第436~443页。

[4] 北京大学哲学系外国哲学史教研室编译：《十八世纪法国哲学》，商务印书馆1965年版，第17页。

这是一个民主和法治国家的公民作为国家主人履行公德必不可少的法律保障，是公民的政治道义转化而来的宪法规范。启蒙运动中，体现现代民主的公德经孟德斯鸠、卢梭、伏尔泰的宣扬，使体现文明、平等、幸福、民主、自由的价值理念越来越像空气和阳光那样，成为一个个有着正常心智的人所向往和追求的价值标准。公民有义务也有责任参与国家事务，这是保证国家权力用于公共利益的必要条件。这就要求公民参与国家事务的政治道义能够受到严格的保障，这就是公民权利。公民的权利在这里有双重含义。一是针对国家。一般来说，公民有什么权利，国家就有什么义务。公民的权利就是国家的义务。二是针对公民的义务，主要是公德。公民的权利产生于公德的需要，具有保障公德的意义。公德之所以需要权利，就是因为公德需要权利的保障。没有权利保障的公德往往受到遏制甚至难以为继。

公德决定了公民权利。有什么样的公德就有什么样的公民权利。如果人人都讲关系、重权力，不讲原则和公道，以背信弃义、投机取巧、弱肉强食为常态，则这样的社会根本就不可能有公民的权利。梁启超说“吾中国道德之发达，不可谓不早，虽然，偏于私德，而公德殆阙如”就是这个道理，这也是中国封建社会中公德长期得不到发展的一个根源。现代公民权利是民主政治的法律化即宪法的结果。大卫·休谟一反历史上关于政治家是追求公益的道德人预设，指出：“在设计任何政府制度和确定该制度中的若干制约和监核机构时，必须把每个成员都假定为是一无赖，并设想他的一切作为都是为了谋求私利，别无其他目的”，并说：“必须把每个人都设想为无赖之徒确实是条正确的政治箴言”。[1] 这构成了现代法治的公德基础。不难发现，现代民主法治的突出特点就在于找到了克服法治败坏的良方：“野心只有用野心来对抗”，权力只有用权力来制约。这是孟德斯鸠和联邦党人文集中的核心思想。也是现代法治之区别于古代法治的本质内容。洛克说得好：“谁认为绝对权力能纯洁人们的气质和纠正人性的劣根性，只要读一下当代或其他任何时代的历史，就会相信适得其反。”[2] 孟德斯鸠断

---

[1] ［德］马丁·路德著，徐庆誉、汤清译：《路德选集（上）》，基督教文艺出版社 1968 年版，第 446 页。

[2] ［英］洛克著，叶启芳、瞿菊农译：《政府论（下）》，商务印书馆 1996 年版，第 56 页。

言:"一切有权力的人都容易滥用权力，这是万古不变的一条经验。有权力的人们使用权力一直到遇有界限的地方才休止。"❶ 所有这些最后都成为建立现代公民权利的基础。

权利保障公德。公民权利是对国家权力的一种制约。有什么样的公民权利就有什么样的国家义务。从这个意义上，公民权利是民主法治国家约束国家权力的一种制度安排。有了这种制度安排，公民作为"政治人"履行公德，积极参与国家事务，推进社会的公平正义就会受到保障；反之，权利不受保障，公德就没有存活的可能。19 世纪中叶的俄国十二月党人，受启蒙运动的影响，对建立在残忍剥夺基础上的贵族制度的深深厌恶，他们的良心和责任对结束野蛮专制的沙皇统治的强烈使命感，对自由、平等、幸福等不可遏阻的强烈渴望，显示出了一种崇高的道义精神，正是这种道义精神驱使他们义无反顾地走上了挑战沙皇专制的道路，但残暴的专制统治根本不允许这种道义的存在，于是它作为俄国历史上掠过夜空的炫目的流星雨，被一代代人敬仰，同时也映照出那种封建专制社会的"苟富贵，毋相忘""彼可取而代之""大丈夫当如是也"等的落后和愚昧。同样地，现代社会中，公德滑坡，公众对社会生活冷漠，甚至老人倒地无人扶，根本原因就在于公民权利保障的缺失。

公德的主体、范围确定后，公德的内涵就明确了。因为公德与公权相联系，故公德必须体现公平正义，或以公平正义为核心。正如罗尔斯所说："正义是社会制度的首要德性。"❷ 2002 年英国司法改革在提到司法改革的目的时也明确提到了"所有人的正义"，即通过改革"使其有利于被害人、证人和社会公众，以树立起更大的信任度和可信任，使所有的人都能享有公正"❸。该报告虽然没有提出公德的概念，但却揭示了公德的实质：所有人的正义。还在古希腊，这种体现"所有人正义"的公德就受到了广泛推崇，亚里士多德说过："人类不同于其他动物的特性就在于它对善恶和是否

---

❶ ［法］孟德斯鸠著，张雁深译：《论法的精神（上）》，商务印书馆 1997 年版，第 154 页。

❷ ［美］罗尔斯著，何怀宏、何包钢等译：《正义论》，中国社会科学出版社 2009 年版，第 3 页。

❸ 最高人民检察院法律政策研究室编译：《所有人的正义》，中国检察出版社 2003 年版，前言。

合乎正义以及其他类似概念的辨认。”❶ 同样，在当时的雅典，“政治秩序被看成是体现和实现公民本质的工具”❷，也就是公德的要求。雅典政治家伯里克利公元前431年在阵亡将士葬礼上的演讲词中生动地揭示了这种公德的力量：“我们的制度之所以被称为民主政治，是因为政权在全体公民手中，而不是在少数人手中。解决私人争执的时候，每个人在法律上都是平等的；让一个人担任公职优先于他人的时候，所考虑的不是某一个特殊阶级的成员，而是他具有真正的才能。任何人，只要他能够对国家有所贡献，就绝对不会因为贫穷而在政治上湮没无闻。……在我们这里，每个人不仅关心个人事务，而且关心国家事务，即使那些总是忙于自己事务的人也熟知一般的政治生活。”❸ 同样的公德在中国古代文献中也能看到：“大道之行也，天下为公。选贤与能，讲信修睦。故人不独亲其亲，不独子其子，使老有所终，壮有所用，幼有所长，矜、寡、孤、独、废疾者皆有所养，男有分，女有归。货恶其弃于地也，不必藏于己；力恶其不出于身也，不必为己。是故谋闭而不兴，盗窃乱贼而不作，故外户而不闭，是谓大同。”❹

几千年过去了，古希腊的公德即“爱国主义、公共精神，意味着把公共利益置于个人利益或家庭利益之上的英雄意志”❺，在今天发达国家不仅转换成为面向“所有人的正义”，而且有了有效的制度保障。“对于一个社会成员来说，政治的……或民事的自由，正是一种天赋的自由，如果要受到人类法律的限制（而且不再有其他的限制），必须是有利于公众的普遍利益和为其所必需。”❻ 同样，“天下为公”的大道美德，也激励了一代又一代中国人。还在20世纪初，梁启超在《论公德》中，就阐发了相似的观点，他提出“人人相善其群者谓之公德”，而所谓“相善其群”，就是要有利于

❶ ［古希腊］亚里士多德著，吴寿彭译：《政治学》，商务印书馆1965年版，第8页。

❷ ［英］戴维·赫尔德著，燕继荣等译：《民主的模式》，中央编译出版社1998年版，第20页。

❸ 转引自［英］戴维·赫尔德著，燕继荣等译：《民主的模式》，中央编译出版社1998年版，第19页。

❹ 杨天宇注说：《礼记》礼运篇，河南大学出版社2010年版，第322页。

❺ ［英］戴维·赫尔德著，燕继荣等译：《民主的模式》，中央编译出版社1998年版，第54页。

❻ ［英］埃伦：《法律、自由与正义》，法律出版社2006年版，第1页。

社会的进步。正如凯克斯所言:“好社会有凝聚力,能长治久安,主要是因为社会成员在如何相互对待,什么样的生活算得上好,什么是利,什么是害等问题上有相当的共识。这种共识的基础就是共同价值和体现共同价值的道德习俗。道德习俗使得人们对彼此的行为可以有合理的期待……可以彼此信赖依靠。正因为如此,他们之间才有社会维系力。”❶ 这是由理性转化而来的公德。

三、公德和私德的关系

一个社会既有公德也有私德。私德和公德作为道德的两种形式,都有其重要的社会作用。1991 年曼德拉出狱后当选总统,他在典礼上向看守他并折磨他的三位狱警致敬。他是如此回答他的这一举动的:“当我走出囚室、迈过通往自由的监狱大门时,我已经清楚,自己若不能把悲痛与怨恨留在身后,那么我其实仍在狱中。”❷ 这是曼德拉的宽容,也是令人震惊的私德。同样令人震惊的还有美国的李将军。美国南北内战后期,南军败局已定,高傲的南军和人民中出现一种人民战争的呼声,但作为西点军校的校长、视军人的荣誉比生命还重要的李将军选择了投降,他认为战争是军人的事情,如果妇女儿童拿枪参战,是对人民的生命不负责任,也是军人的耻辱。对于不解的人们,他的回答是:“将军的使命不单在于把年轻人送上战场送命,更重要的是去教会他们如何实现人生的价值。”❸ 这是为什么,作为失败者的将军,他的铜像在美国的土地上,和北方的领袖林肯、格兰特将军等人的铜像共在,这是公德的力量。

但是,作为两种不同的道德,它们的社会地位和作用并不相同。在中国,由于封建社会的影响,长期重私德轻公德,或者公德和私德不分。梁启超所谓“公德者,私德之推也”就体现了这一精神。私德好,公德也就好。故道德建设,主要是私德的建设,只要私德到位,公德就没有问题。这种公德观在今天仍有较大影响。如有的学者认为:“私德不讲究的人,每

---

❶ 徐贲:“保护弱者、道德习俗和公共生活”,载《洪范评论》2006 年第 3 卷第 2 辑。

❷ 陈楠:“曼德拉:大爱 90 年”,载《商务周刊》2008 年第 Z2 期。

❸ [美] 费斯著,温登瑰译:“将军投降之后”,载《领导文萃》1996 年第 1 期。

每就是成为妨碍公德的人，所以一个人私德更是要紧，私德更是公德的要本，因此，一定要把自己的私德建立起来，建筑起人格长城来。"❶"一个人私德更重要，私德更是公德的根本。"❷ 都体现了这种观点。但这种把私德看得重于公德的观点无论在逻辑上还是历史上，都难以成立。

历史证明，长期注重私德和伦理文明的中国，并没有发展出健康的公德，正如梁自己所说"公德阙如"。而这恰恰和梁启超公德之"私德之推"的结论不相符。事实上，以私德为重的传统中国发展起来的只是私人社会，它不是现代意义上的市民或公民社会，而是靠人与人的私人关系联结的家族关系人情社会，"在家靠父母，出门靠朋友"，是这个社会的典型表达。在传统中国社会，什么都要讲关系。一个人没有了家和朋友的帮助和庇护，就一事无成。而中国传统的统治者都是靠严格等级秩序的封建伦理或者私德来维护其统治，所谓"教训正俗，非礼不备"（《礼记·曲礼上》）正是私德泛滥的表现。皇帝是一家之长，公权变成了私权，社会关系变成了私人关系："普天之下，莫非王土，率土之滨，莫非王臣。"（《诗经·小雅·北山》）中国几千年的乡村社会为什么没有发展出公民社会？就是因为中国传统社会道德始终是私人道德，它不具有"天下为公"的社会本质，它是家天下，皇天下，"率土之滨，莫非王臣"，而不是公天下。必须指出，传统推崇伦理本位的中国，连最基本的伦理都不能维持。孟德斯鸠早就有过批评："奇妙的是，中国人虽然其生活全靠典礼来指导，但却被认为是世界上最狡猾的人，中国人具有为了买东西的秤、为了卖东西的秤、为非常小心的客户的秤，共三种秤。在中国，欺骗是被允许的。"❸ 黑格尔也说过："中国人政治上讲道义，但却使当时中国人的巨大的不道德成为必然。"❹ 这些无疑是对中国传统道德之公私不分最有力的批评。

从逻辑上看，这种私德为主的观念也与传统中国的道德理想不一致。

---

❶ 陶行知著：《陶行知文集（六）》，江苏教育出版社 1981 年版，第 724 页。

❷ 孙芳兰，李晓红："公民社会的构建与公德意识的培养"，载人大复印资料《精神文明导刊》2004 年第 10 期。

❸ 转引自［日］川岛武宜著，王志安等译：《现代化与法》，中国政法大学出版社 1995 年版，第 22 页。

❹ 转引自［日］川岛武宜著，王志安等译：《现代化与法》，中国政法大学出版社 1995 年版，第 22 页。

《礼运·大同篇》中的“选贤与能，讲信修睦”更多的是一种公德。为什么要选贤与能？因为只有贤人和能人有利于社会、造福于国家；反之，不选贤与能就会变成图谋私利的行为，因为它往往考虑的是一家之私，一族之利，而以家、族之私利替代天下为公，是一种偏离“大道”的不道德行为。同样，讲信修睦也是公众的社会责任。诚如梁启超所说：“人群之所以为群，赖此德焉以成立者也。”一个没有诚信的社会就会变成动物世界。从这个意义上，讲信修睦是人类社会的特点。中国的儒家有过极为生动的概括。但当私德成为道德之源的时候，《礼运》“天下为公”的大道就无法实行。天下为公不可能家天下，家天下也不可能做到天下为公。但中国封建统治者又不可能不家天下，于是，传统中国社会只能将私德无限扩大为公德。比如，孝本来是典型的私德，但在中国封建社会中，孝不仅变成了公德，而且是最大的公德，不孝就是大恶，不孝之人是社会公敌，不孝的行为是天下大乱的根本。另外，对国家和皇帝尽忠，又变成私德，是孝的延伸。在家为孝，出了家门就是忠。孝父母和忠帝王具有相同的意义，使忠孝成为社会所有成员必须遵守的公德。于是，君君臣臣父父子子既是私德又是公德，发达的始终只是家族伦理，而“公德殆阙如”。

现代民主法治的产生为公德和私德的统一奠定了基础，并使理想的道德人格——私德和公德的统一成为可能。在民主法治条件下，公德是道德的基础，公德是道德价值的标杆并具有培育滋养私德的作用。没有公德的基础，私德就没有意义；反过来，私德也有促进和提升公德的作用。概括起来，公德和私德的关系主要有以下几个方面：

（一）公德是道德的基础，是道德的本质

不管是公德还是私德，一产生就具有“公”的性质。从这个意义上，公德是真正意义上的道德。正如马克思所说：“人们按照自己物质生产率建立相应的社会关系，正是这些人又按照自己的社会关系创造了相应的原理、观点和范畴。”[1]“道德、宗教、形而上学和其他意识形态，以及与它们相适应的意识形式便不再保留独立性的外观了，不是意识决定生活，而是生活

[1] 《马克思恩格斯选集（第1卷）》，人民出版社1995年版，第142页。

决定意识。”[1] 这就决定了，相对于私德，公德离社会的需要更近，它直接产生和反映了社会的需要、良知和道义。公德的发展程度，体现了一种社会文明。私德虽然也是社会的反映，但它与社会的联系有某种间接性。比如，有的人衣着得体，有的随便，而得体和随便都有自己的道理。故判断其道德含量，就要考虑其与公德的关系。公德的基本价值要求私德要有利于公德，或要对促进公德有利，否则就难以称其为道德。风行于非洲某些地区的割礼习惯，由于与现代文明道德相抵触，在私德方面做得再好也不会被认为具有道义性。这是公德作为道德基础的第一层含义。

（二）公德有助于私德的提升

一个具有强烈社会责任道义感的人，为了社会责任和道义的实现，会十分关注自己的私德，并会为了强烈的社会责任而刻苦地磨炼自己的私德。在中国古代，强烈的社会和国家责任感被认为是君子成功的一个重要标识。儒家所谓“修身、齐家、治国、平天下”，就是以强烈的国家责任作为私德的最高目标。因此，一个受人尊重的有责任感的人，要时时把国家和民间的疾苦挂心头，做到“风声雨声读书声，声声入耳；家事国事天下事，事事关心”。正因为有这种社会和国家的道义，一个人才能顽强执着、知难而进，“士不可以不弘毅，任重而道远。仁以为己任，不亦乎？死而后已，不亦远乎？”甚至要敢于“知其不可为而为之”。西方的贵族精神同样是以国家责任感为基础的，而贵族最重要的美德就是责任。他们为了保护国家，有一种“舍我其谁”的社会责任感和牺牲精神。第一次世界大战中，有600万英国成年男性奔赴战场，死亡率为12.5%。当时英国著名贵族学校伊顿公学的参战贵族子弟伤亡率则高达45%。英国贵族大都担任军官，死亡率反而远高于一般士兵的原因就在于他们总是视死如归地冲锋在前，对他们来说，责任和荣誉比生命更重要。这种对社会和国家的责任意识正是他们私德的基础。塞缪尔·斯迈尔斯在他的《性格》一书中写道：“绅士生所受的教育就是，无论他拥有了世界上多少财富，都会感到自己必须与他人分享。未能以适当方式回报社会，他就不会心安理得地享用别人提供的饮

---

[1] 《马克思恩格斯选集（第1卷）》，人民出版社1995年版，第73页。

食、衣服和服务 。”❶ 英国最有名的贵族学校，伊顿公学，从新生入学第一天起就以这样的责任感培养学生，他们的互相尊重、团结、独立、友爱、忠诚、勇敢、传统、绅士就来源于这种强烈的社会使命感和责任感。

（三）公德可以豁免私德的不足，而私德却不能弥补公德的缺损

人们有时可以容忍私德有缺陷的人，只要它在公德上受人称道。如罗斯福和丘吉尔都属于私德有缺陷的领袖，但并不影响他们成为伟大的政治家。反过来，私德再完美，公德有缺陷，就属于道德上的邪恶。古代的公孙弘是大孝子，但又是一流的奸臣。四川省成都市政府原副秘书长弓继权是个公认的大贪官，但在亲人眼中则是一位好儿子、好丈夫，类似的例子在国内不少。最典型的是网上一个有趣的道德选择题❷，最后选出的私德最好的竟然是希特勒。显然，私德和公德，公德具有决定的意义。因为希特勒的公德极坏，所以他的私德再好，也洗不掉他恶魔的形象；反之，公德受到人们的赞颂，纵有私德上的不足，也会得到人们的原谅。美国前总统克林顿，“拉链门”事件是私德败坏的证据，但选民则因为其公德而选择了宽恕其私德的不足。同样的例子是美国南北战争时，骁勇善战的格兰特在被提名担任主帅时，有人就以他喜欢饮酒而反对，因为他当军官时因酗酒而受到过训斥。但林肯却说：“是吗？请问格兰特将军喜欢哪个牌子的威士忌？我好给其他将军也送一些去。”这一方面说明林肯的知人善任，另一方面说明了公德比私德更重要。

（四）公德比私德重要

道德的目的和法律一样，都要“保证最大多数人的最大幸福”❸。当公德和私德发生冲突的时候，私德就要为公德让路。不久前，中央情报局局

❶ 肖群忠：“绅士德性论”，载《中国人民大学学报》2004 年第 4 期。

❷ 现在要选举一名领袖，而你这一票很关键，下面是关于 3 个候选人的一些事实：候选人 A：跟一些不诚实的政客有往来，而且会星象占卜学。他有婚外情，是一个老烟枪，每天喝 8 ~ 10 杯的马丁尼。候选人 B：他过去有过 2 次被解雇的记录，睡觉睡到中午才起来，大学时吸鸦片，而且每天傍晚会喝一大夸脱威士忌。候选人 C：他是一位受勋的战争英雄，素食主义者，不抽烟，只偶尔喝一点啤酒。从没有发生婚外情。151143074 随缘：“很厉害的三个故事，敢看吗？如何分辨善与恶，对与错？”，载豆瓣网，2014 年 8 月 27 日访问。

❸ ［澳］维特拉曼著，张智仁、周伟文译：《法律导引》，上海人民出版社 2003 年版，第 199 页。

长彼得雷乌斯将军不得不因婚外情辞职，这是因私德毁掉了公职。大量的公职不但需要相应的公德，而且对可能影响公德的私德也不能宽容。几年前加州选州长的时候，一位候选人被挖出绯闻，后来只能自动退出选举。这是因为公德是众人的事，它与人们的切身利益有关，故比私德更严格。正如人们所说，“如果一个领导干部连自己的父母妻儿都不能善待，怎能期待他权为民所用、情为民所系、利为民所谋呢?”不仅如此，为了公德，有时还必须牺牲私德。这就是我们社会经常讲到的公而忘私。中国古代就有夏禹“三过家门而不入”，人民的好公仆孔繁森公而忘私，“爱的最高境界是爱人民”，他心里装的，不仅没有他自己，而是服务于人民的公德高于私德。“人类高贵的本性就在于一旦物质力量有重大发展，它必然渴望精神力量能与之联合并指导它。只要社会改良除了纯粹物质繁荣之外没有带来其他成果时，只要它没有把人的精神提高到与他的地位同样的水平时，某种次要的东西就会在它身上留有烙印。”[1]

四、几点启示

如果说精神文明是社会主义的重要特征[2]，那么公德就是社会主义的基本表现。公德和社会主义都与“社会”相联系，都有促进社会进步的作用。推进全社会公德的进步，既是社会进步的需要，又要遵循公德建设的规律。从目前我国公德建设的现状看，有三个方面应特别引起重视。

首先，在公德建设的主体上，要从传统的“要你完善”，变成公民的“自我完善”。要改变过去传统“我要你做”的思路，使公德建设成为公民作为一个主人的自为和自觉的行为，使外在的推动变成内在的自我提升，使被动的改造变成主动的完善。公德是公民的社会道义，而社会道义只有当公民是社会的主人时，它才有自我完善的可能和义务。因此，公民道德建设要与社会管理创新结合起来，在社会管理回归社会的过程中大力推进

---

[1] ［法］基佐著，沅芷、伊信译：《法国文明史（第1卷）》，商务印书馆1993年版，第9～10页。

[2] 见1986年中共中央：“关于社会主义精神文明建设指导方针的决议”，载中国文明网，2012年3月21日访问。

公民的社会道德建设。在一个民主和法治的国家，“人民是一切事物的原因和结果，凡事皆出于人民，并用于人民。”❶ 我们的社会，公民们能不能具有社会诚信、互相尊重和邻里修睦的良好的社会风尚，都与公民的社会责任有关，或与一个公民的社会主人意识和地位有关。因为“一个相互尊重和自我尊重的公民所组成的共同体，将会是一个通信自由受到极大尊重而且最为尊贵的社会；无论是对于那些拥有官职的公民来说，还是对于那些平民而言。”❷ 因此，推进公民的公德，就是要进一步推进社会建设，要通过社会管理回归社会，把属于社会的还给社会，使公民真正作为一个社会主人，实现“社会是由自己管理，并为自己而管理。所有的权力都归社会所有，几乎没有一个人敢于产生到处去寻找权力的想法”❸。从而使人民群众行使权利的行为成为社会主人管理社会生活的自觉行为。

其次，在公德建设的手段上，要创造条件大力推进公民的社会和政治参与，通过公民的参与提升公民的公德。在社会生活中，无论是政府的决策还是法律的判决，其正当性都有一个公民的参与问题。群众不认可，老百姓变成了“老不信”，就难有社会公德的提升。国家和社会的事务不是公民的身外事，而是公民的分内事。公民有权参与也有义务参与。公民的广泛参与正是公德最集中的表现，也是公民作为国家主人的政治责任。法律要不要遵守？不良的公行为要不要抵制，看到违法犯罪的行为是不是站出来，所有这些在很大程度上与一个公民的社会与政治参与有关。因为这种政治参与“使得每个人对政府和公平之承诺与他忠实于他所理解的法律的义务直接相关。法治的长时期的健康依赖于这种忠诚，其产生于整个共同体之中，而不仅仅是法律和公共官员。如果不通过使他的正义感与法律的内容相关，使普通公民的道德良心参与其中，这便不能激发他的赞同和协作”❹。正是在这种条件下，我们的社会要正确对待公民的批评，特别是公民对政府的批评。布坎南大法官说得好，公民对政府实行批评之职责就像

❶ ［法］托克维尔著，董果良译：《论美国的民主》，沈阳出版社 1999 年版，第 68 页。
❷ ［英］埃伦著，成协中、江菁译：《法律、自由与正义》，法律出版社 2006 年版，第147 页。
❸ ［法］托克维尔著，董果良译：《论美国的民主》，沈阳出版社 1999 年版，第 68 页。
❹ ［英］埃伦著，成协中、江菁译：《法律、自由与正义》，法律出版社 2006 年版，第179 页。

政府官员实行行政责任一样。[1] 正确对待公民的批评本身就是公民社会和政治参与的要求，正是这种批评弘扬了公民的社会政治道义，促进了社会的合作。哈特所谓“一个法律制度必须展示出与道德或正义的某些具体的一致性，或必须依靠我们有服从法律制度的道德义务这种广为流传的信念”[2]，就包含了公民这种广泛的社会和政治参与。因为只有公民广泛的社会和政治参与，才能使我们的法律制度包括权力的运行充分体现它与道德和正义的一致性，在某种意义上，这种一致很大程度上正是通过公民广泛的社会和政治参与实现的。

最后，在公德建设的布局上，重点是国家权力的公德建设。必须将国家公职人员的道德义务纳入到法治建设中来，使之成为我国民主法治建设的组成部分。权力属于人民不能满足于一些为人民服务的口号。事实上，甚至连俄国的叶卡捷琳娜大帝（1762～1796年）在启蒙运动中也说过“君主应为其人民服务”[3] 这样的动人语言。一个民主法治国家，要从根本上解决权力服务于人民的问题，必须将公德制度化，实现马克思在概括巴黎公社经验时的两大原则：“第一，它把行政、司法和国民教育方面的一切职位交给由普选选出的人担任，而且规定选举者可以随时撤换被选举者。第二，它对所有公职人员，不论职位高低，都只付给跟其他工人同样的工资。……这样，即使公社没有另外给各代议机构的代表规定限权委托书，也能可靠地防止人们去追求升官发财了。”[4] 如果说古代社会中，大部分公德属于伦理规范的层面，那么，随着法治的进步，大多数国家公职人员的道德规范都已经成了法律。这种公德入法的思想，早在亚里士多德那里就有了萌芽，他认为“共和政体”是最优良的政体。其原因就因为它能最大限度地照顾体现公共利益。[5] 中世纪欧洲的不少城市法中的内容就来源于公德，以致美国法家学伯尔曼认为它们实际是“最早的近代成文宪法”。[6] 近

---

[1] ［美］罗纳德·德沃金著，刘丽君译：《自由的法》，上海人民出版社2001年版，第285页。

[2] ［英］哈特著，张文显等译：《法律的概念》，中国大百科全书出版社1996年版，第181页。

[3] ［美］斯塔夫里阿诺斯：《全球通史》，社会科学出版社1992年版，第335页。

[4] 《马克思恩格斯选集（第1卷）》，人民出版社1972年版，第335页。

[5] ［古希腊］亚里士多德：《政治学》，商务印书馆1965年版，第109页。

[6] ［美］哈罗德·伯尔曼著，贺卫方等译：《法律与革命》，中国大百科全书出版社1993年版，第479页。

代资产阶级革命以后，公德入法的努力导致了民主法治的进一步完善。近代发展起来的一系列民主法治制度如普选制、政党制、舆论监督制、代议制度、权力制衡以及无罪推定制等，在某种意义上都是公德的法律化要求。在现代法治国家，公德入法更具普遍性，在一定意义上，可以说当代法治文明，就是一种公德文明。一方面，公权的行使要具有公德性。“律师和法官们在他们的日常工作中本能地感觉到，只有借助全新的道德判断，才能在具体案件中把宪法的抽象道德要求付诸实现，除此之外他们没有选择！”❶另一方面，体现公德的权力行使能够防止权力的僵化，并大大提高权力的道义力量。“没有灵活性地坚守实在法，把法治的美德——恒常性、可预测性、非人身化和自我克制——变得看起来荒唐，拙劣或不人道并不能使死守法律者比破坏法治者更高尚。”❷

我国改革开放已近40年。改革开放以来，我国的综合国力和人民的物质生活发生了翻天覆地的变化。任何一个不抱偏见的人都不能否认这一伟大的成就。但是，社会的进步仅有物质层面的发展是不够的。正如托克维尔所说，“一项重大的社会改良，一项巨大的物质福利上的进步，如果不伴随着智力发展和精神上的相应的进步的话，它能在人民中间出现吗？这种社会改良就显得是不牢靠的、无法理解的、几乎是不合理的了。”❸在我国改革开放35周年之际，重温150年前托克维尔对社会进步的反思，我们必须在公德和社会主义精神文明建设上有一个飞跃，只有这样，才能将我们的改革开放建立在“牢靠”的和“合理”的基础之上。

❶ ［美］罗纳德·德沃金著，刘丽君译：《自由的法》，上海人民出版社2001年版，第4页。
❷ ［美］波斯纳著，苏力译：《法理学问题》，中国政法大学出版社1994年版，第294页。
❸ ［法］基佐著，沅芷、伊信译：《法国文明史（第1卷）》，商务印书馆1993年版，第9页。

要“官德”还是“公仆之德”？

【提要】 官德和公仆之德，虽仅一字之差，却有本质的区别。官德是中国封建文化的标志。用最简单的语言来概括，就是私仆和公仆的区别。我国的干部道德建设，从公仆之德到官德是一种退步。退步的根本原因是我们的公仆制度缺乏，不少地方的干部已经没有公仆意识。中国干部道德建设要回归干部在民主法治国家的公仆定位。中国干部的道德建设，不是官德建设，而是人民公仆之德的建设，而建设公仆之德必须遵循民主法治的基本规律。

五千年的中华文明，创造了丰富多彩的古代文化，其中也包括官德文化。在我国民主法治建设中，对古代的官德文化有一个“取其精化、剔除糟粕”的过程。最近某地隆重推出中国官德研究的作品，本来是一件好事，但将此列为“全市党员干部的反腐倡廉材料和教育读本”[1] 却令人难以苟同，不仅因为官德有中国封建社会的烙印，也因为今天我们的各级干部都属于人民公仆，在公仆之德的形式、手段、内容、目的等方面与官德有着本质的不同。在我国民主法治建设中，如何对待官德，不仅是正确对待传统文化的问题，更是我国民主法治的重要使命，必须充分引起我们社会的关注。

---

[1] “官德缺失与贪腐形影相随 考核官德尚存诸多难点”，载理论网，2012 年 7 月 6 日访问。

一、“官德”是官本位之德

官德是中国封建文化的标志之一。打开中国历史，透过王朝更迭、治乱兴衰的过程，似乎总在向人们昭示一个道理：“有德者有天下”。而有天下的形式，就是当官。天下、官和官德三者有着内在关系。为什么要提倡官德，就是为了得“天下”或占“天下”。封建社会的官德是为“占天下”或“享天下”服务的。秦始皇灭六国后，刻石自颂“六和之内，皇帝之土”，“人迹所致，无不臣者”，皇帝成为最大的官。而官德关乎社会的稳定和政权的更迭，故聪明的封建统治者都懂得“用民可载舟，亦可覆舟”的道理，积极提倡和推行官德。即使是被广泛称颂的孟子的“民为贵，社稷次之，君为轻”也是为了当官。正如有的学者所说，孟子强调的是“能得民众拥戴者为天子，得天子赏识者为诸侯，得诸侯欢心者为大夫。其中绝没有民众的地位比君主尊贵的意思”[1]。这就赤裸裸地揭示了封建官德的实质，它是为了官而讲道德，是一种官本位的道德。讲官德就是为了做官，而做官的目的是出人头地，或者为了“占天下”或“享天下”。

因此，认识和把握官德，必须了解中国的官本位。官德与官本位有密切的关系。官德也好，官本位也好，其要害是“官”。什么是官？在中国封建社会中，官就是权力、特权、地位、财富和人的尊严，官是所有这些优越性的集中体现。只要当了官，就可以在权力的范围内对人发号施令，就可以高人一等，权钱交易，甚至可以垄断一切，随心所欲。官有如此大的优越性，故当官成为整个中国封建社会的人生目标，成为人生最高的价值追求；所谓“学而优则仕”“万般皆下品，唯有读书高”“书中自有颜如玉，书中自有黄金屋，书中自有千钟粟”，就是这种追官心态的表现。另一方面，官也成为中国封建社会一个人社会地位的标志。是否做官和官职大小成为衡量一个人的社会贡献和地位的唯一标准。以此为价值，古代中国的各种职业中，按照由贵到贱的等级，当官成为最好的职业或最佳职业选择。于是，“三年清知府，十万雪花银”“一人得道，鸡犬升天”成为“官”侵

[1] 杨师群：“孟子政治法律思想批判”，载《中国政法大学学报》2010 年第 1 期。

略本性的最好注解和普遍表现。

但是，民可载舟，亦可覆舟。官的侵略本性如果太露骨太张狂，就不利于专制统治。于是，封建统治者就需要有种种理论来为这种侵略本性辩护，减少这种行为的不合理性，甚至还要把这种侵略行为论证为合乎道义的东西。官德就是这样一种形式。

官德从三个方面来论证官本位的合理性。

一是通过官德教育，使人们懂得人有高贵低贱之分，使封建等级制度道义化、正当化。儒家的名言“生而知之者，上也”（《论语·季氏》）、“唯上智与下愚不移”（《论语·阳货》）、“民可使由之，不可使知之”（《论语·泰伯》）就是强调这种等级特权的道义性。他们认为，君臣父子的名分（等级特权）是先验的、永恒不变的，黎民百姓是先天愚蠢的，因此，人们要安于“劳心者治人，劳力者治于人。治于人者食人，治人者食于人”的社会秩序。这是儒家官德的政治作用。

二是通过官德教育，营造民本的社会氛围，可以减少官民之间的对立和冲突。中国历史上，“民为贵，社稷次之，君为轻”“夫天下者，天下人之天下也”都是很具民本内涵的语言，具有很大的迷惑性。乾隆五十年清高宗纯皇帝御制《祭历代帝王庙礼成恭纪》中就明确写道：“夫天下者，天下人之天下也，非南北中外所得私。……万世公论不可欺也！”❶ 一般来说，历史上的封建专制统治大概可以分为两类，即聪明的专制统治和不聪明的专制统治。法国的路易十六曾经说过“我死后哪怕洪水滔天”，这是不聪明的皇帝。而乾隆、康熙则属于聪明的皇帝，他们懂得“夫天下者，天下人之天下也”，有利于封建专制统治。所以，中国历史上出现了一个奇特的现象，中国的民本主义思想家虽然强调民贵君轻，但他们从来不反对君主专制。“人之生不能无群，群而无分则争，争则乱，乱则穷矣。故无分者人之大害也，有分者天下之本利也，而人君者所以管分之枢要也。”❷ 故民本主义的主张，不过是一个选择“仁政爱民”还是选择“暴政虐民”的问题。

---

❶ 全文见乾隆官修：《皇朝文献通考·群庙考·历代帝王篇》。转引自：“比较孙中山《谒明太祖陵文》与清高宗纯皇帝《祭历代帝王庙文》”，载天涯论坛 > 关天茶舍 > 人文，2014 年 10 月 8 日访问。

❷ 杨朝明注说：《荀子》，河南大学出版社 2008 年版，第 161 页。

亚里士多德说“亚洲人天生就是奴隶，他们从不反对专制的统治”[1]，可谓一语中的。这是官德的社会作用。

三是转移矛盾，把官本位封建政治的腐败归结于官员的道德问题。以德治国，以德治吏，是儒家治国思想的重要组成部分，其实质就是把官本位的政治腐败归结于官员的个人道德。因此，要促进社会的文明，关键是提升社会的道德，腐败只是官员的个人品性问题。二千多年来，中国的封建统治者都是从这个角度来提出官德和完善官德。自孔子继承周公“敬德保民”的思想，首次提出“为政以德，譬如北辰，居其所而众星拱”（《论语·为政》）以后，董仲舒更明确提出“国之所以为国者，德也”（《春秋繁露·保位权》）。强调治理百姓要“务德而不务刑”（《春秋繁露·阳尊阴卑》），“渐民以义，摩民以谊，节民以礼，故其刑罚轻而禁不犯者，教化行而习俗美也”（《汉书·董仲舒传》）。朱熹也坚持德治，主张“为政以德，则无为而天下归之”（《四书集注·为政》），等。所有这些说教，都是为了一个目的，就是把封建社会的政治腐败归结于官员伦理道德的缺陷，制度问题变成了道德问题。这是官德的伦理作用。

可见，官德服务于封建社会专制统治和特权政治的作用非常明显。在我国走向民主法治的时代，人民需要的不是为民做主的官，而是人民的公仆。但几千年沉积的官本位文化和官德思想却深深扎根于中国大地，一遇适宜的温度、土壤和环境，它就会死灰复燃。正如马克思所言，“一切已死的先辈们传统，像梦魇一样纠缠着活人的头脑。”[2] 为了进一步推进我国民主法治，必须明确官德和公仆之德的本质区别，不能混同。

二、官德和公仆之德的本质区别

我们是社会主义国家，在社会主义民主条件下，国家公职人员与中国古代社会的官有着本质的不同。用最简单的语言来概括，就是私仆和公仆的区别。古代的官是私仆，今天的干部是公仆。所谓私，所指向的是君王，

---

[1] ［美］乔治·霍兰·萨拜因著，邓正来译：《政治学说史（上册）》，商务印书馆 1986 年版，第 137 页。

[2] 《马克思恩格斯全集（第 8 卷）》，人民出版社 1965 年版，第 121 页。

即服务于一家一姓，官德是私仆对君王的道德承诺。这就使官德与君王的政治统治有着密切关系。它产生于封建君王的政治需要，以君王为核心，调整君王与臣民的关系，是封建政治对官员的道德要求。唐太宗时的魏征是古代官德的蓝本，常常被我们的史书作为称颂贞观之治的依据。但我们常常忽略了，魏征的存在是以唐太宗和长孙皇后的宽容为前提的。而君王的宽容是极为偶然的。“狡兔死、走狗烹；飞鸟尽、良弓藏；敌国破、谋臣亡”已经成为中国古代政治的不二铁律。同时，为君王服务的私仆性质决定了古代的官是一群高踞于群众之上的特殊阶层，它与普通群众有着完全不同的身份和地位，而所有的官德都是为了维护这样一种等级特权。比如经常被我们引用的“当官不为民做主，不如回家卖红薯”的封建为官之道，其要害是维护“为民做主”的官本位地位，体现出一种强烈的救世主精神，与民主政治的公仆有本质的不同。

而社会主义国家公职人员属“公”，其本质是公仆，即人民的仆人。公仆之区别于私仆的本质就在于它不是官，而是人民的勤务员。正如毛泽东早就明确指出的：“我们共产党的一切干部都是人民的勤务员。”❶“我们共产党人不是要做官，而是要革命。”❷ 概括起来，公仆之道和官德有着以下本质的不同：

第一，公仆之德强调人民群众和公仆是主仆关系。虽然公仆作为人民群众的一员与他人在人格上具有平等关系，但由于公仆是受人民委托的公务员，故主人和公仆的关系决定了公仆要听命于主人，并为主人服务。不仅他们的一切权力来源于人民，而且公仆的权力必须服务于人民，并要受到人民的监督。公仆不再是高踞于人民头上的官，而是人民的一员，公仆和人民的关系是平等的。据说当年孙中山当上大总统后，一位扬州老先生到南京看望大总统，并问什么是民主，孙中山回答，在位是总统，下台了就是平民。这位老先生很感动，走的时候感叹地说“我总算看到了民主”。这种朝为大总统、暮为平民郎的思想，是现代民主社会最基本的公仆道德。在社会主义民主条件下，这种干部道德正是社会主义民主的表现。公仆道

❶ 《建国以来重要文献选编（第13册）》，中央文献出版社1996年版，第674页。

❷ 《毛泽东文集（第3卷）》，人民出版社1996年版，第23页。

德越文明，则民主就越充分；民主越发展，则公仆的道德也越文明。在这个意义上，社会主义国家公仆的道德实际上是人民民主的象征，而与古代官德有着天壤之别。

第二，官德和公仆之德的来源不同。从民主政治来说，国家公职人员的道德来源于人民的道德诉求，反映了人民群众的道德趋向。比如，今天的国家公职人员，被称为人民的公仆，就是人民群众的道德——私德的要求。人民把权力交给国家公职人员，他们行使公权，为的是保障和实现人民的利益，故公仆的一切道德都必须反映和体现人民当家做主的性质。所以梁启超曾说："公德者，私德之推"，"蔑私德而谬托公德，则并所以推之具而不存也。"[1] 其强调无私德则公德不立，并进而提出"合公私而兼善之"的道德建设方案。所谓"合公私而兼善之"，就是公德必须源于私德、体现私德、服从私德，只有当国家公职人员公德能够真正实现源于私德、体现私德、服从私德的时候，才能实现道德建设"合公私而兼善之"的和谐结果。所以，公仆在履行公职的时候战战兢兢，敬畏权力，是因为公仆的权力来源于人民，稍有不慎，人民就可以收回权力。为了让公仆全心全意为人民服务，现代民主法治国家最重大的举措之一就是将国家权力纳入法制轨道。

第三，公仆之德强调社会平等，公仆要为人民服务，不享有任何特权。强调公仆之德，突出的是社会平等和维护人民的利益。一切公仆之德都必须以人民的利益为核心，公仆之德来源于人民、服务于人民。故公仆的道德与人民的道德具有一致性，是人民对公职的道德要求。公仆之德对于人民群众之德还有一种依附性。只有符合人民利益，获得人民群众认可的公德才属于公仆之德。而官德则不同。中国古代的官德首先突出的是身份地位上的差别，"为人上者着重修身，以下之效之者速而且广也"。这种上下之分的原因在于"上行则下效"，在于"吏者，师也"。因此，强调官德，突出的是社会地位和身份的不平等，是超越于普遍民众的道德，具有引领社会道德的师范功能。封建社会以吏为师，就是以官德为楷模。它的基本功能就是提倡和主张人与人的不平等，维护封建社会的等级秩序，并赋予

[1] 梁启超："新民说·论私德"，载忆库网，2013 年 1 月 12 日访问。

封建统治者的特权地位以道义性，故强调官德和强调公仆之德的意义截然不同。

第四，公仆之德和官德的形式不同。公仆之德主要是法律，有效地规范和促进了公仆之德。故民主法治条件下的清廉是明确的、清晰的，任何公仆不得以任何理由违反。在今天的发达国家，小到官员接受礼品的价值，细到外出开会的差旅报销、用车等，都有明确的规定。最近媒体报道的德国总统辞职事件，就源于十分简单的不清廉：他让有钱的朋友为他的豪华假期出钱，乘坐了比他预订的飞机舱位更高级别的座位而没有加钱，买车的时候打了个折，再加上他当州长买房时接受了一笔低息贷款。当媒体想报道这些事时，他打电话给编辑，威胁对方不要报道。❶ 正是这样一些小事的规范化和制度化，有力地促进了现代民主法治国家的公仆之德建设。而官德只是道德，而道德总是不可靠的。同样是清廉，古代的官德没有明确的边界，这就导致廉与贪常常混淆，清贪不分。故虽然古代官员常将清廉挂在嘴边，但绝大多数官员都是以贪为基本的生存手段，所谓“三年清知府，十万雪花银”就是封建清廉官德的真实写照。清末有个“申斥”制度，即皇帝对不满意的官员让太监去批评一下，就是连这样的制度，也充斥着行贿送贿的机会。行贿的官员一般被轻描淡写地讲几句就完了，而不行贿的官员就麻烦了。尚书张百熙自恃资格老，一分钱也不送，结果，跪听宣旨时被太监咬牙切齿顿足痛骂，直骂得祖宗翻身，狗血喷头，后来“忧愤成疾，一命归天”。

第五，在道德形成的途径上，公仆之德通过民主法治建设，使公仆之德处在众人的监督之下，形成了不得不道德的结果。而传统官德强调的是慎独和感悟，强调官员内心对清廉的自我觉悟，最终往往成为“假、大、空”。《易》曰：“君子终日乾乾，夕惕若厉。无咎。”“常修为政之德、常思贪欲之害、常怀律己之心”，就是慎独的意思。儒家提出的很多官德诫言如“为政以德”“身修而后家齐，家齐而后国治，国治而后天下平。自天子以至于庶人，壹是皆以修身为本”都是靠平时的自省和觉悟。但是，这种系于个人慎独的自省，从来就难以抵御“黄金屋”和“颜如玉”。所以古代

❶ 郭炘：“多大点儿事就让总统下台”，载《青年参考》2012 年 2 月 22 日。

的官德始终有一个现实性的问题。西汉末学者刘向直截了当地说“治国有二机，刑德是也”，“夫刑德者，化之所由兴也”（《说苑·政理》）。刘向把刑德作为治官的两种办法，是封建社会最典型的传统。二千多年的封建社会，建立起了庞大的官德体系，同时又有了世界上最野蛮的刑法，明代甚至发明了剥皮实草皮刑法来对付贪官，但朱元璋晚年自己也不得不承认失败：“奈何朝杀而暮犯？”就是这种无奈心态的表现。明代吕坤认为“身教”和“持久”是加强官德教育的重要方法，“化民成俗之道，除却身教再无巧术，除却久道再无顿法”（《呻吟语·治道》）。但道德自律离不开一定的制度环境，而什么制度才能保障自律成为现实，却是封建思想家和政治家始终没有找到的答案。

第六，提倡官德的目的与公仆之德不同。在今天的民主法治社会，人民公仆是为了人民利益，当公仆是为了服务于人民。公仆之德就是服务于人民之德，舍此没有其他意义。人民对国家公职人员的一切要求，就是为了要公仆更好地服务于人民。公仆之德就是服务于民之德。而封建社会的官德是为了做官，为了特权，说到底就是为了自己的荣华富贵。孟子说道：“乐民之乐者，民亦乐其乐。忧民之忧者，民亦忧其忧。乐以天下，忧以天下。然而不王者，未之有也。”（《孟子·梁惠王下》）可见，封建社会的官“乐民之乐者”“忧民之忧者”并不是为了老百姓，而是为了“王天下”。故无论是孔子所主张的“杀身成仁”还是孟子的“舍生取义”都有一个“不患无位，患所以立”的问题。“立”什么呢？就是立为政之德。而立为政之德的目的，仍是为了“王天下”。显然，“王天下”和“服务于人民”是完全不同的道德。

第七，官德和公仆之德的治国手段不同。公仆之德是民主法治的要求，故公仆之德与民主法治相联系。正如江泽民所指出的：“干部的优劣和是非功过，群众看得最清楚，也最有发言权。”❶ 民主法治越发展，公仆之德就越完善；公仆之德越充分，民主法治就越成熟。而官德是人治的道德表现，讲官德就是讲人治。中国历史上，按儒家观念“人人皆可为尧舜”，统治者都是品德高尚之人，因此中国古代的政体设计就是德治和人治，国家治理

---

❶ 《十四大以来重要文献选编（下）》，人民出版社 1999 年版，第 1965 页。

的关键是选出贤能之人，依靠他们的道德来治理国家。官员的德行是国家的根本；安邦治国，关键在于官员要有“德行”，权力行使完全靠官员的“自律”，国家的命运、社会的希望，都寄托于官员的道德，“人存政在，人亡政息”，成为封建政治的常态，由此形成了两千多年的官僚专制政体。

第八，官德和公仆之德的理想结果不同。古代官德只是一种道德要求，“为政以德，譬如北辰，居其所，而众星拱之”，强调的是道德的感召力，而较少政治制度的约束和法律的强制性规范。由于这个原因，中国古代绝大多数朝代都陷入了“无官不贪”的局面。即使有个别清廉的官员，也往往成为另类。1781 年，原甘肃布政使、浙江巡抚王亶望监捐案，因甘肃水涝浮出水面。甘肃全省上至总督、巡抚，下至州县官员，几乎全部染指其中，贪污总额高达白银 1 000万两。皇帝感叹其为“从来未有之奇贪异事”。但最后仍不了了之，而具实陈报的浙江学政窦光鼐却被看成是疯子。在现代民主社会中，人民公仆的清廉主要靠制度实现，通过民主法治建设，使不清廉行为没有了动力和机会。这一点，小平同志的讲话至今仍有强烈的现实意义：“我们过去发生的各种错误，固然与某些领导人的思想、作风有关，但是组织制度、工作制度的问题更重要，这些方面的制度好可以使坏人无法任意横行，制度不好可以使好人无法充分做好事，甚至会走向反面。”❶

第九，官德和公仆之德的社会意义不同。邓小平同志指出：“现在不正之风很突出，要先从领导干部纠正起。”❷ 这是民主法治的要求，法治的实质是治权，今天现代民主法治社会的公仆道德建设是为了保障人民的利益，只有把公仆之德纳入法治的轨道，人民的利益才能够得到有效的保障。而古代社会的官德是为了维护封建统治，提倡官德是因为“民可载舟亦可覆舟，”讲官德就是为了让民能够更好地“载舟”，使封建特权和专制统治能够世代延续，两者的社会意义截然不同。

---

❶ 《邓小平文选（第 2 卷）》，人民出版社 1994 年版，第 333 页。

❷ 《邓小平文选（第 2 卷）》，人民出版社 1994 年版，第 125 页。

三、以民主法治促进公仆之德

1871年，当巴黎公社的硝烟还弥漫在巴黎上空的时候，马克思就为公仆之德浓浓地写下了一笔：“为了防止国家和国家机关由社会公仆变成为社会的主人——这种现象在至今所有的国家中都是不可避免的——公社采取了两个正确的办法。第一，它把行政、司法和国民教育方面的一切职位交给由普选选出的人担任，而且规定选举者可以随时撤换被选举者。第二，它对所有公职人员，不论职位高低，都只付给跟其他工人同样的工资。……这样，即使公社没有另外给各代议机构的代表规定限权委托书，也能可靠地防止人们去追求升官发财了。”❶ 100多年过去了，巴黎公社的原则所体现的公仆之德正改变着世界，公仆及其道德越来越成为文明社会的趋势和潮流。

但在我国干部道德的建设中，公仆之道还没有引起重视。我们还在相当大程度上，用官和官德来要求我们的干部，从而把干部道德作为一种个人品性问题。比如，对于国内大量的腐败，至今有人认为是人性问题：“然而面对权力、财色的巨大诱惑，仍有不少官吏心存侥幸、以身试法”❷，这是把犯罪当作是个人原因。把人性恶，慎独修养的不够当作犯罪的根源。其实，官德在封建社会所遭遇的结局再清楚不过地表明，贪污腐败的根本原因在于制度。“三年清知府，十万雪花银”，这是鼓励腐败。面对这一场景，封建社会的官德即使辅之以更具恐怖性的刑法也不能阻止普遍的官场腐败。但官德论却始终把贪污腐败归结于人性恶。强调官德就是要通过慎独与人性之恶决裂，如果德还不够，再辅之刑，这是中国封建社会治官的基本思路。但遗憾的是，这种思路过去没有能够防止腐败，今天同样难以见效。

历史上，西方早期的腐败也盛行人性恶的解释。亚里士多德就说过人性中充满自利、欺诈、贪心、嫉妒等恶习，它“导源于人的罪恶本性”，

❶ 《马克思恩格斯选集（第2卷）》，人民出版社1972年版，第335页。

❷ 付传：“官德建设视角下的传统廉政文化审视”，载《求是·红旗文稿》2012年第9期。

“人人都爱自己，而自爱是出于天赋。”❶ 但是，近代以后，启蒙学者对于腐败有了更加深刻的认识。他们认识到，腐败不是人性的问题，而是权力有没有制约的问题。“权力导致腐败，绝对权力导致绝对腐败。”❷ 因为“如果没有约束，人的情感就不会听从理智和正义的指挥”❸。为此，孟德斯鸠在考察了英国权力制衡的历史后，得出结论：“要防止滥用权力，就必须以权力约束权力。”❹ 而历史上，官德最猖獗的年代，恰恰是官成为中国社会最容易暴富的职业之时。这就是中国传统官德的社会功能。在中国封建社会中，官之所以能够成为士农工商之首，就是因为当官是发财、暴富的最佳捷径。早在2200多年前，吕不韦父子就悟出了一个道理：投资“官市”比种田、经商都强，“其利千万倍”，这无异于是对官德的绝妙讽刺。马克思说得好，“人们奋斗所争取的一切，都同他们的利益有关。”❺ 封建政治讲官德，是为了给官本位一个合法性、正当性，而为官的目的是利。遗憾的是，这种官本位和官德的思想在中国今天仍然大有市场。正如福建省政和县原县委书记丁仰宁坦言：“当官不发财，请我都不来；当官不收钱，退了没本钱。”❻ 就是这种为官意识的表现。

一方面，对于中国干部出现的腐败问题，我们通常的说法是“一手硬一手软的问题还没有根本解决”❼，甚至错把封建官德当成民主法治条件下的公仆之德来建设。在民主法治已经30多年的中国，这是极为荒诞的。无论在手段、形式、目的等各个方面，当我们把人民公仆的道德当作官德来建设的时候，公仆之德就永远不可能建立起来。我们充其量可以塑造一些“当官不为民做主，不如回家卖红薯”的清官，但永远不可能造就华盛顿、林肯、杰弗逊这样的公民英雄。杰弗逊被称为美国独立宣言之父，担任过第三任美国总统，但他晚年甚至连自己的医药费都付不起。美国第16任总

❶ ［古希腊］亚里士多德著，吴寿彭译：《政治学》，商务印书馆1965年版，第55页。

❷ ［英］阿克顿著，侯健、范亚峰译：《自由与权力》，商务印书馆2001年版，第342页。

❸ ［美］汉密尔顿等著，程逢如等译：《联邦党人文集》，商务印书馆1980年版，第75页。

❹ ［法］孟德斯鸠著，张雁深译：《论法的精神》，商务印书馆1961年版，第154页。

❺ 《马克思恩格斯全集（第1卷）》，人民出版社1995年版，第187页。

❻ 丁爱萍：“话说官市投资”，载《法制日报》2002年2月10日。

❼ 顾海良：“改变精神文明建设‘一手硬、一手软’的十点思考”，载《前线》1996年第10期。

统林肯，因为为政清廉，欠下了不少债务，等到林肯被刺，林肯夫人也曾为债务所迫，把她所有的珍宝、皮货、衣装等卖完偿付。另一方面，以官德为旗帜的中国封建社会，却充斥着官场的腐败，一部封建专制的历史，就是贪污腐败的历史，难道这给我们的教训还不够吗？

为此，我们在今天深入学习科学发展观，大力倡导民主法治的时候，必须深思，在中国的民主法治建设中，我们的国家公职人员究竟需要什么样的道德？官德和公仆之德，虽仅一字之差，却有本质的区别。诚然，中国古代的官德需要研究，但研究中国古代官德要解决中国传统高度发达的伦理文明为什么没有发展出符合民主法治的公仆文明？一个世纪前，梁启超就有过深刻的分析：中国“偏于私德，而公德殆阙如”❶。相反，民主法治在近代西方获得发展，恰恰在于抓住了公权及其道德的法治化。历史上，英国人首创的代议制度，美国人创造的成文宪法，澳洲人发明的无记名投票以及与此相关的制度文明，如自由公正的选举、不受外力控制的舆论，限权政府、保护人民的宪法等，严格意义上都是公仆道德的法律化。这是因为，公权具有逐利性、独立性、扩张性和侵略性的特点。民主法治国家的“官”所掌握的公权力是为公共利益的需要设立的，但公共权力机关一旦设立以后，也会产生出独立的利益并积极加以维护和追逐。因此，一个社会能否有效地规范公行为，不但在历史上成为封建社会向法治社会过渡的标志之一，也成为公权及其公仆道德建设的关键。必须强调，我国的干部道德，从公仆之德到官德是一种严重退步。退步的根本原因是我们的公仆观念和制度缺乏，有些地方的干部已经没有公仆意识。❷ 这正是我国干部道德建设亟须解决的根本问题。从这个意义上，中国干部道德建设首先要回归国家公职人员在民主法治国家的公仆定位。中国干部的道德建设，不是官德建设，而是人民公仆之德的建设。而建设公仆之德必须遵循民主法

---

❶ 梁启超：“新民说·论公德”，载忆库网，2013 年 2 月 1 日访问。

❷ 原江西省副省长胡长清在被押赴刑场时，与法警的一段对话很能说明这个问题：胡长清：“我可以载入史册了，到现在为止，我是建国以来被判死刑的最高级干部。”法警：“不是还有五十年代的刘青山、张子善吗？”胡长清纠正道：“他们当时是天津地委书记，比我低，我是副省级。”法警接道：“那我们也可以载入史册了？”胡点点头：“那也是吧。”作为国家工作人员，临死还在斤斤计较自己的级别，可见官本位的影响之深。见宋庆森：“‘官本位’的悲哀”，载《领导文萃》2011 年第 20 期。

治的基本规律。

诚然，在语词上看，古代的官德与今天民主法治对公仆的道德要求有一定的相似之处。但我们今天民主法治社会追求的公仆之德不能停留在这些表面上相似的形式之中，而必须超越它们。首先因为官德与一定的经济基础和社会形态有密切关系。一个时代有一个时代的道德。"现代社会的三个阶级即封建贵族、资产阶级和无产阶级都各有自己的特殊的道德"❶，而官德是所有道德中最具阶级和时代特征的。比如，同样是亲民，古代官员的道德前提是"民可载舟亦可覆舟"，其官德的精神是"当官不为民做主，不如回家卖红薯"的救世主心态，亲民无非是官员的一种救苦救难行为；而民主社会中的亲民，则是公仆的基本义务，是人民实现民主管理和当家做主的基本表现。在民主法制的国家，公仆不仅要亲民，而且要害怕人民和敬畏人民，公仆只有害怕和敬畏人民，才能兢兢业业地为人民办事，这是人民主权的权威要求。诚然，古代的仁人志士们所信奉的"富贵不能淫，贫贱不能移，威武不能屈""以天下为己任""天下为公"等，都有一定的合理之处。但这些道德并不能称之为官德，而是中国传统文化中一些特殊的社会阶层，特别是"仁人志士"所追求的一种人格理想。此外，在封建社会中，这些道德也不具有普遍的社会意义。一部封建史，中国封建官场和专制政治发展起来的都是不择手段甚至连耻辱都不在乎的奸雄道德（如曹操）。因此，我们必须将公仆的道德建设纳入民主法治轨道。只有在民主法治条件下，或者说，只有经过民主法治的过滤，这些道德才有可能成为公仆之德，成为我国民主法治的组成部分。

❶ 《马克思恩格斯全集（第20卷）》，人民出版社1971年版，第102页。

公平正义和司法公信

【提要】 公平正义是司法的本质特点，也是司法公信的前提。没有公平正义的司法不可能有司法公信。人类的司法史既是公平正义不断提高的历史，也是司法公信不断提升的过程。在当代，司法公信首先是民主政治的要求，同时也是社会稳定和人类智慧对司法的要求。社会越进步，司法的公信就越大。促进司法公信，就要打造司法的公平正义。理直气壮地高扬公平正义的大旗，是司法保障宪法实施、提升司法公信必不可少的勇气和智慧。

2013 年新年伊始，传来习近平总书记振聋发聩的讲话："让群众在每个案件中都能感受到司法公信。"[1] 如果说司法公正是社会公正的最后堡垒，那么司法公信则是社会公正的表现。让群众在每个案件中都能感受到司法公正，是司法公信对司法公正的要求，它要求司法理直气壮地高扬司法公正的旗帜，要有勇气和胆魄在司法中敢于坚持司法公正。司法的一切制度设计和行为方式包括口号，都要围绕这个目标，司法公正对司法公信的重要意义无论如何拔高都不会过分。

一、司法公正是司法公信的本质

司法公信哪里来？就来源于司法的公平公正。人类历史上，司法公信总与司法公正相联系。虽然不同的社会对司法公信有不同的理解，但由于

[1] "全国政法工作电视电话会议，习近平作重要指示"，载《文汇报》2012 年 1 月 8 日。

司法公正的存在，给了人们希望。而一个社会只要有希望，它就能够保持基本的社会秩序，社会的道德和伦理价值就能够得以维护，社会也不会引发动荡；反之，如果没有司法公正甚至完全不讲司法公正，则司法就无公信可言。

司法公正之所以能够有司法公信，是由司法公正的一系列要素决定的。

首先，司法公正包含着法的预见性要素。法是人们的行为规范，而一项行为规范是不是有公信力就取决于它有没有预见性。所谓司法公正，就是能够保证法的预见性实现的司法行为。这对人类社会的稳定和文明意义太大了。预见性对人们来说就是希望，有预见性的社会就是有希望的社会。从这个意义上，司法公正就是国家对人们合法希望和追求的肯定。在一个民主和法治的国家，任何一个人的任何合法的希望和追求都应当受到保护。只有在这时候，人们才信任司法，甚至会像爱护眼睛一样去维护司法的公正。一个民主和法治的社会，应当赋予每个人相同的机会，让每个人都有人生出彩的机会。任何一个人都有机会改变自己的处境，实现自己的理想。虽然不同的社会给予机会的方式是不同的，但一个社会只要有这样的机会，就会带来希望，人们就不会放弃努力和奋斗。中国封建社会中所谓“朝为放牛郎，暮登天子堂”，就反映了这种希望。为什么中国封建社会能够成为超稳定的结构？这在一定意义上就与这种希望有关。中国封建社会中的所谓“悬梁刺股”精神虽然不可取，但它所蕴含的社会意义就是赋予了社会一定的希望。正如博登海默所说：“如果我们并不试图给出一个全面的定义，那么我们就有可能指出，满足个人合理的需要和主张，并与此同时促进生产进步和提高社会内聚性的程度，这是维续文明的社会生活所必需的，就是正义的目标。”[1] 而司法不公则会扼杀这种希望。当任何一种努力都无法改变这种现状，甚至连社会公正的最后堡垒司法也不能保证的时候，人们的希望会变得渺茫，而社会的底层人群就会由希望变成绝望。一个绝望的社会不但没有任何活力，而且必然导致大量的社会冲突，影响社会的稳

[1] ［美］博登海默著，邓正来译：《法理学：法律哲学与法律方法》，中国政法大学出版社1999年版，第252页。

定。中国当前愈演愈烈的"拼爹"现象❶，以及所谓"精英外流"现象，在某种意义上正是这种社会矛盾和心理的反映，必须引起警惕。

其次，司法公正体现着法的规范性要素。所谓规范，就是法律化、制度化的行为模式。当人们都能按照这种法律化、制度化的行为模式去行为的时候，人们的人身和财产就受到保护，社会就会有秩序。丹宁爵士说：法院"在所有必须维护法律秩序的地方，是最需要法律秩序的。司法过程必须不受干扰或干涉。冲击司法正常进行就是冲击我们社会的基础"❷。社会秩序所赖以建立的法律秩序，需要司法公正加以保障。在一个缺乏民主法治传统的社会建立法治秩序，法律的权威更有赖于司法的公平正义。对于有理性的现代人而言，确信是由证明过程决定的，承认是由说服效力决定的，而两者都在不同的程序上体现着司法公正。事实上，人们在服从某一决定之前，必然会考虑作出该决定的正当化前提。这种前提主要是程序要件的满足。在公正的程序之中，当事人的主张或异议都可以得到充分表达，互相竞争的各种层次上的价值或利益都可以得到综合考虑和权衡，当事人对其结果的不满被他经历和参与的过程吸收了，相比较而言一种最完善的解释和判断会被最终采纳。反之，没有司法公正，法律秩序就无法维护，正当的理性的社会秩序就会受到破坏。而一个法律秩序无法建立的社会，社会就会越来越趋向于无序化。培根的名言是："一次错误的判决比多次错误的实例为害更大，因为这些错误的实例不过弄脏了水流，而错误的判决则把水源败坏了。"❸ 社会的无序化就相当于水源的败坏。当然，所谓社会秩序的无序化不是没有秩序，而是没有法律能够预见的秩序，即失却了人类理想能够想象和合理的秩序。而这个秩序就是马克思批判资本主义时所说的"法的动物形式"："当特权者不满足于制定法而诉诸自己的习惯法时，他们所要求的并不是法的人类内容，而是法的动物形式，这种形式现在已经丧失其现实性，变成了纯粹的动物假面具。"❹

---

❶ 在2012年的两会上，全国政协委员张卓元提出，一个"拼爹的社会"是没有希望的。一旦阶层固化，贫困将形成代际间的传送，进而出现富者越富，穷者越穷的局面。"经济学家张卓元：一个'拼爹的社会'是没有希望的"，载凤凰网，2014年10月7日访问。

❷ 转引自王利明：《司法改革研究》，法律出版社2001年版，第147页。

❸ ［英］培根著，东旭等译：《培根论说文集》，海南出版社1996年版，第190页。

❹ 《马克思恩格斯全集（第1卷）》，人民出版社1995年版，第249页。

再次，司法公正体现了法的理性精神。西塞罗讲得好，法是最高理性。梁启超也说过，法乃天下之理。依法治国，在一定意义上就是依理治国。不讲理，就是不讲法。在一个民主和法治的国家，法肯定是讲理的，而且真正的良法就是要求讲理，不讲理的法肯定不是良法。司法为什么公正？就因为讲理，不讲理的司法肯定不可能公正。在这个意义上，理是公平公正的代名词。司法在形成社会讲理方面具有关键的作用。司法公正就是要求形成讲理的社会环境，形成任何人都必须讲理，任何时候都必须讲理的社会环境。在这个社会中，只有讲理的人才会受到尊重，而一个不讲理的人必然会受到鄙视。要通过司法理性，使法律之理遍天下，形成有理走遍天下，无理寸步难行的社会氛围，从而成为社会文明的基本标志，这就是现代法治文明。推进司法公正，在一定的意义上，就是推进司法讲理。司法讲理，社会讲理，人人讲理，就会形成以讲理为特点的良好的社会风气。讲理的社会风气是一种文明。理就是文明，讲理是文明的要求，现代文明是理之文明。在我们的社会，有各种各样的理，而各种各样的理，只有通过表达、沟通、交流、协商的方式才能为人所知，并为人所接受。而司法是讲理的最高机关，司法就是由国家特定的机关来主持讲理。讲理的程序和形式由于各国司法制度的不同而不同，但不管什么司法制度，都要靠理来服人，司法机关的公信力建立在理上，不讲理的司法机关不可能有公信力。法是理性的，司法要求体现法的理性，也即通过讲理的方式实现社会的最大理性。正如前最高法院院长肖扬所说："法院是讲理的地方。"法就是理，按照古罗马思想家的说法，法是最高理性。法院讲理，人人讲理，社会就会形成和平的讲理的社会，社会的法律秩序和人们的社会期望就能够在诚实的劳动和社会交往中得到实现。而不讲理的司法，使法的预见性完全丧失，它鼓励的是强权和欺骗。由于司法不公，法律的社会规范被转换成了丛林秩序，人们在法庭上不是论理，而是拼权力，谁权大谁就有理，谁有后台谁就权力大。在这种条件下，法甚至可能成为某种骗局。这样的社会实际是一个讲实力的社会，如果你不去增进"实力"，而仅仅依靠所谓讲法，最后的结局是必输无疑。可见，法不讲司法公信的结果是十分可怕的，不讲司法公信的司法失去的正是法最本质的东西。这样一种司法已根本不是在"司法"，而是在"司权"或"拼权"。在这样一种滥用的权力面前，大多数人的合法权益就无法保障，而即使是权力本身，也充满了风险，因为总有比它更大的权力。

最后，司法公正体现着法的人道性要素，也是社会道德文明的基础。在现代法治文明中，已经形成了一系列饱含司法公信的法治原则，如法的正当性原则、法不溯及既往、罪刑法定、法无明文规定不为罪、法不授权则不为等，这些原则对于限制公权的滥用、保障公民的合法权益起到了重要的作用。美国有一起匿名举报案，警方根据匿名举报抓获了犯罪嫌疑人并查获了犯罪证据，但最后法院认定警方虽然搜出犯罪证据，但匿名举报不符合法定程序，当事人被释放。在这里，程序公正更多地起到保障公平正义的作用。在实体正义和程序正义发生抵触的时候，以程序正义为正义。当然，这并不意味着程序正义就是结果正义。事实上，正当程序的结果也可能不公。世纪之交的美国辛普森案件，就受到许多人的质疑。但是，如果推翻程序正义的结果再来，可能引发更大的不公。这是一种更深意义上的人道主义。

不仅如此，司法公正所体现的人道精神，还直接与社会的精神文明和道德风气相联系。完全背弃司法公正没有司法公信的社会，最终会导致社会良知和道德的崩溃。社会学家称之为失范，由于这种失范，“道德正在经历着骇人听闻的危机和磨难……与这种社会类型相适应的道德逐渐丧失了自己的影响力，而新的道德还没有迅速成长起来，我们的意识最终留下了一片空白，我们的信仰也陷入了混乱状态。传统失势了。个人判断从集体的羁绊中逃脱出来了。”❶ 人是应当讲理的，但一个没有司法公正的社会，司法没有公信力，社会的冲突只能以权力决定胜负。在这个前提下，道德就会被人抛在一边，人人向往和渴求权力，人人以权力为荣。而为了获得权力，人们可以不择手段，甚至可以践踏人类的良知和道德底线。道德和诚信往往成为弱者的标志，谁讲道德谁就是弱者，谁讲诚信谁就吃亏。于是，道德失去了基本的感召力，社会没有诚信和公义可言。人类社会中种种丛林化的生存方式，根本上都源于司法公信的缺失，在于没有一个能够

---

❶ ［法］埃米尔·杜尔凯姆著，渠东译：《社会分工论》，生活·读书·新知三联书店2008年版，第366页。

作为社会公正最后堡垒的司法加以抵挡。公正或正义是人类孜孜追求的崇高理想，是法律制度所内含的最本质的精神和品质，是司法的灵魂。缺失司法公正的社会，最终失去的是人类社会的类本性：善良、理性、正直和道义，这是作为人类社会不可缺失的本质。所谓道德滑坡、精神文明缺失，都是由此产生的，而失去了这些人类的本质，社会就会变成丛林，人也就成了动物，这是人类社会文明的大倒退。因此，维护社会的司法公信，司法作为司法公正的最后堡垒，其重要性怎么拔高都不会过分。

我国改革开放和法治建设30多年，成就巨大，举世瞩目。但由于种种原因，我国司法公正还存在诸多的问题，有些方面甚至已经相当严重。党的“十八大”报告明确提出了司法公正的诸多要求，提出“要推进科学立法、严格执法、公正司法”，“确保审判机关、检察机关依法独立公正行使审判权、检察权”。因此，理直气壮地高扬司法公正的旗帜，全面推进司法公信，是我们在司法领域落实党的“十八大”报告的不二选择。

二、司法公信是公平正义的逻辑结果

人类历史上，司法一产生就与公平正义相联系。没有公正的司法根本谈不上有公信。早在西周时，中国古代就通过法官责任的规定来促进司法公正：“五过之疵，唯官、唯反、唯内、唯货、唯来，其罪唯均。”就是说，法官审判案件，如因依仗官势（唯官）、私报恩怨（唯反）、有意庇护亲属（唯内）、收受财货贿赂（唯货）、受人请托（唯来），而导致审判有误者，都属于错判，并要追究其责任。在某种意义上，人类的司法史就是司法公信不断提高的历史。人类历史上的每一个进步都与司法公正有密切的关系。为什么不成文法要向成文法过渡？中国历史上的铸刑鼎有什么重大意义？它们里面都包含司法公正的秘密。

在当代，司法公正作为司法的本质首先是民主政治的要求。民主政治要求司法公正，是权利保障的基本要求。在人民民主条件下，每一个人都是社会的主人。人与人之间、社会群体之间，都是平等的社会主体关系，没有一个人拥有他人所没有的特权，也不允许任何人可以合法地受到歧视和不平等对待。民主的特点决定了司法必须公正。没有这样一种公平正义，民主的权利保障就难以实现。同时，在一个民主的国家，人民最容易受到的伤害往往来自公权。布鲁纳说得好，“法律保护脆弱的人不受专断，它提供一种安全感与可靠感，以防人的未来陷入不祥的黑暗之中”❶，为了保障人民主权，就需要对国家权力的行使设定严格的规范，限制和防范政府权力的滥用。而司法无疑是最重要的限制和防范政府权力滥用的力量。这样一种制度格局最大的好处是：政治权力在被限制的同时则获得了权威。❷ 麦迪逊关于政府问题首先应有能力管理社会，而后还应有能力管理自身的断言，不仅是民主政府的应有之义，也是现代政治和司法发展的逻辑结果。出于社会管理的需要，政府具有强大的管理职能。但由于权力的逐利性、扩张性和侵略性特点，这种管理社会的职能完全可能被用来谋私。由此，权力成为一柄双刃剑，“在政治权力对社会独立起来并且从公仆变为主人以后，它可以朝两个方面起作用。”❸ 权力运用得当，可以成为促进社会的和谐和稳定、保障人民幸福的强大力量；权力运用不当，就会成为阻碍社会发展、侵犯公民权利的工具。因此，人们必须设计一种能够有效控制政府的制度和机制，这就是司法公正。司法公正是现代民主条件下，人民控制政府的政治要求，并成为法院监督行政机关遵守法律的有力工具。❹

其次，公平正义是社会稳定和人类智慧对司法的要求。社会由各种各样的人组成，人们的社会交往中会产生各种矛盾和冲突。这些矛盾和冲突如何解决，不仅是稳定有序的社会生活的要求，也是人类社会的一种智慧。司法正是顺应了这个目的而产生的。日本法学家棚濑孝雄指出：审判制度的首要任务就是纠纷的解决。❺ 不仅如此，正如卢埃林所指出的，解决争端是法院最为重要的职能，并始终为其他功能的实施创造条件。❻ 这就离不开

---

❶ 转引自耿占春：“法无戏言”，载《南方周末》2012 年 2 月 23 日。

❷ ［美］诺内特、塞尔兹尼克著，张志铭译：《转变中的法律与社会》，中国政法大学出版社 1994 年版，第 65 页。

❸ 《马克思恩格斯选集（第 3 卷）》，人民出版社 1972 年版，第 222 页。

❹ 王名扬：《美国行政法》，中国政法大学出版社 1995 年版，第 566 页。

❺ ［日］棚濑孝雄著，王亚新译：《纠纷的解决与审判制度》，中国政法大学出版社 1994 年版，第 1 页。

❻ ［英］罗杰·科特威尔著，王亚新等译：《法律社会学导论》，华夏出版社 1989 年版，第 89 ~ 91 页。

司法公信。在原始社会，由于缺乏司法公信的司法制度，社会矛盾的冲突及其报复往往使矛盾进一步加剧，并导致冲突无限制地恶性循环。正如黑格尔所说："复仇在内容上是正义的，但在形式上，由于无法把握尺度，常常造成新的伤害，以至于仇恨世代相续，不得解脱。"❶ 司法制度产生以后，大大减缩和限制了这种报复的不公正性。"法规最初的目的，与其说是惩罚犯罪者，不如说是限制和减弱受害一方所实行的报复。"❷ 随着司法制度的不断发展，司法所蕴含的"限制和减弱受害一方所实行的报复"的司法公信的精神越来越充分。另外，社会越进步，司法的公正性就越大。人类社会的进步有多种标志，其中，司法的司法公信就是必不可少的标志之一。如法国封建时代长期实施纠问式诉讼，法官集侦、控、审三权于一身，几乎拥有无限的诉讼权力，而被告人的权利却"被牺牲得干干净净"。❸ 在中世纪的欧洲，刑罚成为政治压迫和宗教迫害的手段。一直到法国大革命前，欧洲大陆的刑罚制度仍以野蛮和残暴而著称，"个人没有丝毫的安全保障足以避免国家在镇压犯罪时的过火行为"❹。在法国启蒙运动所倡导的人权、自由、平等思想的冲击下，法国的改革者承继了法国历史上的国王代理人制度，改造纠问式诉讼制度，将控审分离，"将原由法官行使的权力一分为二：由检察官负责提起公诉，法官的工作限于审判一职"❺，使"法官与检察官彼此节制，藉以保障刑事司法权限行使的客观性与正确性"❻。同时，通过莅庭、提起上诉、抗诉、再审等手段，制约法官，防止法官滥用权力恣意裁判，终于建立了现代刑事诉讼制度的基本框架，有效保障了司法公正。

再次，司法公正是司法公信的象征。司法的权威和公信从哪里来？就来源于司法公正。因为"任何政治体系为了得其继续存在的机会，都企图

---

❶ ［德］黑格尔著，范扬、张企泰译：《法哲学原理》，商务印书馆1961年版，第107页。

❷ 《马克思恩格斯全集（第45卷）》，人民出版社1985年版，第680页。

❸ ［法］卡斯东·斯特法尼等著，罗结珍译：《法国刑事诉讼精义》，中国政法大学出版社1998年版，第83页。

❹ 陈兴良：《刑法价值构造》，中国人民大学出版社1998年版，第257页。

❺ ［德］汤玛斯·魏根特："德国模式刑事诉讼制度——以证据调查为中心"，载《法学丛刊》2000年第117期。

❻ 林丽莹："检察一体与检察官独立性之分析"，载《月旦法学》2005年第9期。

唤起并维持对它的合法性的信仰”。而司法的合法性就是司法公正。人们往往从司法公正来理解司法，并通过司法公正对司法产生崇敬。司法公正意味着法院对法的解释符合宪法和法律，这是合法性的基础。通过对宪法和法律的适用来实现对人民负责，是法院合法性最直观的方面。但这种法律的适用，有时可能有不同的理解。法院的职责就是使这种解释最大限度地体现司法公正，从而使法院的审判具有合法性；反之，轻率地对待法律，甚至完全不把司法公正当回事，法院的审判就会失去合法性。同时，法院对案件的公正审判体现出合法性。法官的审判行为最终当然也要为人民负责，但它是通过司法公正实现对人民负责。司法越公平，它就越对人民负责，其公信力就越大。这就要求法院把司法公正放在首位，法律适用的合法性最终要通过司法公正来体现。

必须指出，司法与行政不同。行政的合法性在于它的法律授权，而司法的合法性则在于它的司法公信。因为法官的权力来源是一种政治安排或政治设计，它不是直接来源于民选，故对于司法公正的认同，就与它的司法性质有关。司法机关越能体现出司法公正，则司法的公信力就越大。而司法之所以有公信力，就是因为它体现了司法公正。司法的力量就在于司法公正之中；反之，只有公正的司法才能受到人们的尊重，正是这种尊重赋予了司法以合法性和公信力。人们之所以尊重司法，就是因为它们通过司法公正所显示的合法性。司法公信是司法的公正性体现，也只有体现司法公正的司法才具有合法性。正如前最高人民法院院长肖扬所说：“依法裁判、公正裁判、维护社会正义，永远是审判工作的出发点和追求目标，审判工作中如果无公正二字，人民就会找不到评理的地方，再完善的法律也毫无价值。对于人民法院来说，司法公正就是形象，就是尊严，就是生命。”❶ 司法公正作为司法公信的合法性要求，还在于法院的审判不与民意直接等同。虽然在当代法治国家，法院的审判也会受到选票的影响，但这种影响是间接的。司法的职业性和独立性决定了，司法的依据只能是宪法和法律。而民意也会受到各种因素的影响，有时并不合理。在这种情况之

❶ 肖扬：“在全国法院队伍建设工作会议上的讲话”，载《最高人民法院公报》2002 年第 4 期。

下，司法就担负着引领民意，捍卫社会良知底线的功能。英国历史上的“伦敦大街标语案”，很好地阐释了司法公信和民意的关系。[1]

此外，司法公信也支持司法公正。司法往往被认为是一种国家权威。任何社会都需要靠权威来维持，因而也需要维持权威。但是真正的权威并不单纯仰仗强力。在一个民主和法治的国家，法律是否被普遍遵守主要不是取决于国家的强制。国家和法只有当它在一定程度上反映了社会的共同意志和普遍利益，在人民内心得到认同的时候，才有充分的实效，这就是司法公信。只有体现司法公信的法才会得到人民内心的拥护。正是在此意义上，波斯纳强调，司法权威的问题也就转换成为司法公信。[2] 司法必须公正，只有公正才配得上司法的美誉。正义女神为什么要蒙上眼睛？就是为了防止不正当的情感干扰司法公正。同样，法学家强调“正义不但要伸张，而且必须眼见着被伸张”[3]，就是司法公信的要求。因为“正义有一张普洛透斯似的脸，可随心所欲地呈现出极不相同的模样。当我们仔细辨认它并试图解开隐藏于其后的秘密时，往往会陷入迷惑”。既然正义的脸面极不相同，人们如何把握实现正义呢？就需要公开，这是司法公信“必须眼见着被伸张”[4] 的理由。特别重要的是，司法是以国家强制力为后盾的，西方代表司法的正义女神手上握着一把利剑，但正义女神不仅有剑，而且有天平。正义之神一手提着天平，用它衡量法；另一只手握着剑，用它维护法，剑必须和天平同时存在。剑如果不带着天平，就是赤裸裸的暴力；天平如果不带着剑，就意味着软弱无力。而天平正是司法公信的要求。只有在正义之

---

[1] 该案发生于1940年春夏之间，敦刻尔克退兵之际，英国举国上下同仇敌忾，但伦敦街头突然跑出一帮“道德家”，反对“为本国一己之利投入战争”。他们刷标语集会演讲，导致民愤鼎沸，千夫所指，于是司法介入。但审判帷幕降下之时，法官令公众失望之至：因为是言论，故法院宣布他们无罪。正当人们普遍怀疑法官如此“宽容”时，战时内阁的内务大臣安德逊指出，这也是一场战争。在英国，仅仅抱有一种意见的行为，决不作为犯罪，不论其意见多么不合舆论。见“伦敦大街标语案：这也是一场战争”，载光明网，2011年7月4日访问。

[2] ［美］波斯纳著，苏力译：《法理学问题》，中国政法大学出版社1994年版，第103～105页。

[3] ［美］伯尔曼著，梁治平译：《法律与宗教》，生活·读书·新知三联书店1991年版，第48页。

[4] ［美］博登海默著，邓正来译：《法理学——法哲学及其方法》，华夏出版社1987年版，第238页。

神操剑的力量和掌秤的技巧并驾齐驱的时候，一种完满的法治状态才能占统治地位。❶

三、以公信为目标促进司法公正

司法公正是司法的灵魂，司法公信是司法公正的必然要求。在当前中国司法公信不高的前提下，提升司法公信基本的选择和出路就是高扬司法公正的大旗，加大司法公正的力度。

第一，在价值理念上要理直气壮地高扬司法公正的旗帜。所谓“高扬”就是要让人们看得见、摸得着，要使司法公信成为司法的“同义语”和“不二选择”。司法没有任何理由畏惧司法公信。司法公信不会妨碍和破坏司法，相反，只有理直气壮地高扬司法公信的旗帜，才有利于司法权威，促进司法公信。近年，由于腐败等因素的冲击，中国司法系统的公信大受损害。这种损害不仅来源于“打官司就是打关系”这种人人皆知的潜规则，而且来源于司法系统对司法公信的忽视。其他不说，仅看一下目前法院系统的口号吧，就使人有眼花缭乱的感觉。除一直在讲的“司法为民”外，又讲忠诚、为民、廉洁、公正的司法理念，还有平和、理性文明、规范的执法理念，同时，又讲依法治国、执法为民、司法公信、服务大局和党领导的社会主义法治理念，还要坚持党的领导与司法机关依法独立行使职权的有机统一、坚持执法工作的法律效果；等等。其他司法机关同样如此，如此多的口号、宣传语言令人有一种无所适从的感觉。另外，在这大量的口号之下，我国司法系统的公信却不见好转。在一些重大案件的适法上，往往出现司法和社会舆论的对立，甚至出现社会舆论一边倒的现象。几年前的彭宇案、深圳梁丽案、广州许霆案及最近的吴英案都出现了这个特点。原因就在于司法系统虽然不否定司法公信，但太多的价值观念冲击，导致应当成为根本司法价值理念的司法公信被忽略了。

可以比较一下。美国建国200多年，在国民价值的主要内容上，连续性超过了变化。美国迄今只有一部宪法和一种政府体系，并能延续不断，为

❶ ［德］耶林著，胡宝海译：《为权利而斗争》，中国法制出版社2004年版，第2页。

世界各国之罕见。诚然，司法系统的有些口号和宣传有时不可缺少，但所有这些口号和宣传，都不能妨碍司法公信，反过来，都应当为司法公信服务。比如，法院系统经常讲司法为民，从法院的权力来源于人民来说，确实有其合理性。但对老百姓来说，他们更需要的是公正。司法为民只有当判决是公正的时候，才有意义。因此，司法为民必须落实到司法公信上，并以司法公信为目标；反之，司法不公正，司法为民讲得再多，反而会成为与司法公信相抵触的东西，这就背离了司法为民的根本精神。

2001 年年初，最高人民法院院长肖扬在与全国部分政协委员座谈时指出：公正与效率是 21 世纪人民法院的工作主题，要把确保司法公正、提高司法效率作为新世纪的工作出发点和落脚点，作为审判工作的灵魂和生命。[1] 应当说这是一个比较合理的论断。司法的旗帜是司法公信，这是人类司法亘古不变的精神。罗马《十二铜表法》就有“人民的安全就是最高的法律”的警语。在一个民主和法治的国家，我们必须坚持司法的司法公信。民主法治越发展，公平正义也越充分。民主法治的程度越高，司法公信也就越强烈。司法系统的一切工作都必须以司法公信为标杆，凡是不利于司法公信的东西必须彻底改革。在这个问题上，除了遵循以外我们别无选择。因为只有坚持了司法公信，我们才能坚持民主法治，才能真正推进社会主义。一个连司法公信都不敢承诺的司法，根本就不配称之为司法。

第二，司法机制上，要以司法公信为核心，促进和维护人民法院依法独立审判。中国的司法体制改革已经多年，如果说已经取得了一些进步，那就是在促进司法公正上有所进步。如果说，还存在许多问题，则主要的问题就在于司法公信的司法机制还没有真正建立起来。比如，司法必须具有中立性，这是人类几千年司法智慧的结晶，古罗马的正义女神为此蒙上了双眼。价值中立是实现司法公信的基本要求。如果法官在进入审判的角色之时，就已经有了相关的价值选择，则司法的司法公信就难以真正实现。近年中国出现的大量冤假错案如佘祥林案、杜培武案、聂树斌案中都可以看到司法机关价值中立缺失的危害。

机制上以司法公信为核心，要在现行法律框架内最大程度地实现宪法

---

[1] 肖扬：“公正与效率：新世纪人民法院的主题”，载《法制日报》2001 年 1 月 3 日。

规定的人民法院依法独立审判原则，防止其他权力对审判权的障碍和冲击。中国的司法不公，根本的原因就在于依法独立审判原则没有获得充分的保障。中国司法制度的改革，要围绕如何实现依法独立审判，保障和体现司法公信展开。比如，检察机关的审判监督，就要准确理解。宪法虽然规定了人民检察院是法律监督机关，但《宪法》第135条明确规定，公、检、法在刑事诉讼中是互相制约的关系。也就是说，检察机关作为法律监督机关有权行使法律监督权，但在刑事诉讼中只能行使制约权，即通过公诉和抗诉制约法院，而不能对法院的审判行为实施监督。因为它不利于法院的依法独立审判。2008年由北京人大开始启动的加强诉讼监督的提法，不符合司法规律的要求，也不符合宪法的规定。事实上，审判是法官的权力，即使是法律监督也要尊重法官的审判权。我们主张检察机关在刑事诉讼中，应当以诉讼制约为主，只有在不存在诉讼制约，或诉讼制约缺失的情况下，才实施和加大诉讼监督。凡是能够通过程序制约的，就应当利用诉讼制约。即使是程序违法，也应当通过程序本身的制约解决。而诉讼程序之外、无法通过诉讼制约实现的活动才需要诉讼监督。不能动辄诉讼监督，或把诉讼制约当作监督。比如，2010年《最高人民检察院关于加强公诉人建设的决定》中仍然把公诉划入法律监督或等同于法律监督："公诉是我国检察机关核心的标志性职能之一，是法律监督的重要组成部分。"也有实务部门的研究人员强调："只有以诉讼监督替代法律监督，才能有效解决实践问题。"[1] 其实，法律监督所面临的挑战，在诉讼监督中一样都不少。法律监督没有解决的问题，诉讼监督更解决不了。如果诉讼监督的对象、范围、手段等没有真正意义上的转型，则诉讼监督无论被强调得多么重要，最后仍然只能在法律监督的框架内徘徊。

第三，在司法体制上，要打破行政化的司法管理模式，在最大程度上发挥现有制度保障司法公正的机制效应。从管理体制上说，行政化的司法管理模式不符合司法的规律。司法公正要求法院判案只能以法律为依据。任何人、任何时候都不能要求法院用法律以外的理由。"法官除了法律就没

[1] 冯仁强："检察机关诉讼监督辨析及范围拓展"，见《中国检察（第20卷）》，中国检察出版社，第132页。

有别的上司。”❶ 但是，行政化的司法管理模式却把法官变成了“官”，通行于行政系统的行政管理理念、行政权威及下级服从上级的行政机制照样在法院系统通行无阻。因此，司法公正首先要保障法官依法独立审判。埃尔曼强调“司法上对法律的拒绝适用以及这种权威的程度和范围可视为司法独立程度的指示器”❷。法官怎么对待法律，能否独立地适用法律，是司法公信的前提。近代以后，启蒙思想家考虑的权力分立和权力制约，在某种意义上就具有破除司法行政化的意义。正如孟德斯鸠所说：“如果司法权不同立法权和行政机关分立，自由也就不存在了。如果司法权同立法权合而为一，则将对公民的生命和自由施行专断的权力，因为法官就是立法者。如果司法权同行政权合而为一，法官便握有压迫者的力量。”❸ 他的著名的政治学牛顿定律就是在这个基础上建立起来的：为保障政治自由，防止权力滥用，必须以权力制约权力。“一切有权力的人都容易滥用权力，这是万古不易的一条经验。有权力的人们滥用权力一直到遇有界限的地方才休止。”因此，“从事物的性质来说，要防止滥用权力，就必须以权力约束权力。”❹

而要破除司法行政化，就必须严格建立依法独立审判的机制。澳大利亚高等法院大法官马森曾强调，司法独立不是法官所享有的特权，司法独立是人民的特权，是为了保护人民的。❺ 这话说得极为准确。因为没有独立的司法，权力不受制约，人民的权利就得不到应有的保障。从我国现行司法制度看，已经建立了四级二审终审制，如果这个制度运行得好，就能够有效实现司法的司法公信。但由于司法行政化的影响，不少法院在审判过程中，并不严格遵循这一制度的本质要求。现实中，一审、二审法院的关系太密切，有些基层法院在一审时，已经与二审法院沟通过，在这种情况下，二审等于一审，法院的内部监督事实上被取消了。为此，法院系统的改革必须打破目前法院的行政化倾向，要从制度设计上使上下级法院之间

---

❶ 《马克思恩格斯全集（第1卷）》，人民出版社1995年版，第180页。

❷ ［美］埃尔曼著，贺卫方等译：《比较法律文化》，生活·读书·新知三联书店1990年版，第258页。

❸ ［法］孟德斯鸠著，张雁深译：《论法的精神（上）》，商务印书馆1961年版，第156页。

❹ ［法］孟德斯鸠著，张雁深译：《论法的精神（上）》，商务印书馆1961年版，第154页。

❺ 刘立宪、谢鹏程：《海外司法改革走向》，中国方正出版社1999年版，第133页。

不存在行政级别上的依赖和业务联系。宪法规定的人民法院依法独立审判、审判的中立性要求等都不支持目前中国法院的上下级行政关系，应加以改变。

第四，在司法实践中，要通过提升审判公正来提升司法公信。在当代世界，任何一种职业中，公信最高的就是法院。而法院之所以有公信就是因为坚持了司法公信。司法公信是司法的灵魂。"为了正义，哪怕它天崩地裂"，我国司法人员应当理直气壮地捍卫古罗马广场上正义女神的这种精神。因为没有公信的司法就没有权威。司法没有权威，社会的司法公信就得不到维护。这方面的例子很多。美国为什么能够在短暂的两百多年中成功地塑造了司法制度的权威？就在于，司法审判得到了人们的极大信任。这种对司法制度的信任直接决定着审判机制在解决纠纷中的地位和频率。正如法国思想家托克维尔所说："在美国，几乎所有政治问题迟早要变成司法问题。因此，所有的党派在它们的日常论战中，都要借用司法的概念和语言。……司法的语言差不多成了普遍语言；法学家精神本来产生于学校和法院，但已逐渐走出学校和法院的大墙，扩展到整个社会，深入到最低阶层，使全体人民都沾染上了司法官的部分习性和爱好。"❶ 法院真正成为解决任何纠纷的最后一道屏障，甚至连总统选举的投票争议也交由法院裁决。

2012 年 12 月 4 日，习近平同志在首都各界纪念中国宪法公布施行 30 周年大会上发表讲话，强调："宪法的生命在于实施，宪法的权威也在于实施，要坚持不懈抓好宪法实施，把全面贯彻实施宪法提到新水平。"❷

司法是宪法实施的关键环节。而中国的司法要真正担当起维护宪法、实施宪法的重任，就必须高扬司法公信的旗帜，将司法公信确立为司法的信仰，以司法的信仰推进依法独立审判，并通过依法独立审判实现司法公正从而确立起司法的权威。只有如此，才能促进司法公信，从而真正把中国的法院打造成为"社会公正的最后堡垒"（培根语）。

---

❶ ［法］托克维尔著，董果良译：《论美国的民主》，沈阳出版社 1999 年版，第 337～338 页。

❷ 习近平："在首都各界纪念现行宪法公布施行 30 周年大会上的讲话"，载新华网，2014 年 10 月 7 日访问。

社会管理应“归还给社会机体”

【提要】 社会管理“归还给社会机体”是马克思主义社会管理的基本思想，不仅要求被政治化的社会管理权还给社会，而且要求通过社会有机体的形成和发展促进社会民主。社会管理“归还给社会机体”本质上是社会民主的要求。社会民主是国家民主的前提，国家民主是社会民主的扩展，是放大了的社会民主。社会管理还给社会有机体，不仅是社会管理权的回归，也是我国社会主义民主法治最重要、最伟大的实践。

社会管理要回归社会，是近年我国比较常见的一个提法，它的正当性和合理性是毋庸置疑的。但在社会管理回归的性质及路径的理解上，大都没有超越社会管理创新的思路❶，即使是主张社会管理要从国家本位向社会本位转型的学者，仍然停留在社会管理创新的思维层面。❷ 社会管理回归社会是马克思最重要的社会政治思想。在我国推进社会管理体制改革的过程中，认真学习马克思关于社会管理“归还给社会有机体”的诸多论述，能够获得大量的启示，这无疑是我们全面推进中国社会管理体制变革，实现社会管理规范化和人道化的理论和实践指南。

---

❶ 《马克思恩格斯选集（第3卷）》，人民出版社1995年版，第55～59页。

❷ 目前中国理论界呼吁改变我国传统国家本位社会管理模式的呼声很高，常见的提法是“党委领导、政府主导、部门协同、社会参与”。见吴鹏森：“社会管理创新的理念和路径”，载《南京师大学报（社会科学版）》2012年第3期。

一、马克思主义论社会管理“归还给社会机体”

社会和国家的关系是马克思较早关注的理论热点之一。早在19世纪40年代，马克思就通过对黑格尔国家优于社会的法哲学批判，阐明了历史唯物主义的社会国家观，明确社会先于国家，社会是国家的基础，社会制约国家，国家服务于社会的思想，即“市民社会是全部历史的真正发源地和舞台”❶，“市民社会这一名称始终标志着直接从生产和交往中发展起来的社会组织。这种社会组织在一切时代都构成国家的基础以及任何其他的观念上的上层建筑的基础。”❷ 并认为对国家和社会理论的理解要从市民社会出发：“从市民社会出发阐明意识的所有各种不同理论的产物和形式，如宗教、哲学、道德，等等，而且追溯它们产生的过程。”❸ 国家产生于社会的需要。“在生产、交换和消费发展的一定阶段上，就会有相应的社会制度、相应的家庭、等级或阶级组织，一句话，就会有相应的市民社会。”❹ 同样，产生于社会需要的国家，必须为社会服务，国家的产生是为了社会。“社会创立一个机关来保护自己的共同利益，免遭内部和外部的侵犯。这种机关就是国家政权。”❺ 因为“家庭和市民社会都是国家的前提，它们才是真正活动着的；而在思辨的思维中这一切却是颠倒的”❻。而社会作为国家之源，总在不同的方面约束和制约着国家。国家必须为社会服务，并以完成社会责任作为国家是否适格的标志。“政治统治到处都是以执行某种社会职能为基础，而且政治统治只有在它执行了它的这种社会职能时才能持续下去。”❼ 这就明确了，在国家和社会的关系上，社会是基础，国家是保障。社会在先，国家在后，国家产生于社会的需要。没有国家可以有社会，国家的目的是社会，国家必须为社会服务。

---

❶ 《马克思恩格斯选集（第1卷）》，人民出版社1995年版，第88页。
❷ 《马克思恩格斯选集（第1卷）》，人民出版社1995年版，第130页。
❸ 《马克思恩格斯选集（第1卷）》，人民出版社1995年版，第92页。
❹ 《马克思恩格斯选集（第4卷）》，人民出版社1995年版，第532页。
❺ 《马克思恩格斯选集（第4卷）》，人民出版社1995年版，第253页。
❻ 《马克思恩格斯选集（第3卷）》，人民出版社2002年版，第10页。
❼ 《马克思恩格斯选集（第3卷）》，人民出版社1995年版，第522页。

但是，由于权力的政治本性，国家往往有异化的可能。“社会为了维护共同的利益，最初通过简单的分工建立了一批特殊的机关。但是，随着时间的推移，这些机关——为首的是国家政权——为了追求自己的特殊利益，从社会的公仆变成了社会的主人。”❶ 资本主义国家就是这样一种异化了的管理机关。在资本主义社会，资本主义国家取代了社会，或者干脆取消了社会，由国家替而代之。“在古代是占有奴隶的公民的国家，在中世纪是封建贵族的国家，在我们的时代是资产阶级的国家。”❷ “现代的国家政权不过是管理整个资产阶级的共同事务的委员会罢了。”❸ 这是从社会产生出来的国家的“异化”。而异化了的国家，有几个突出的特点。一是经济利益上的掠夺。“为了它自己的利益，从来不会错过机会来把越来越沉重的劳动负担加到劳动群众的肩上。”❹ 在这种异化了的国家里，我们看到“两大帮政治投机家，他们轮流执掌政权，以最肮脏的手段用之于最肮脏的目的，而国家却无力对付这两大政客集团，这些人表面上是替民服务，实际上却是对国民进行统治和掠夺。”❺ 二是对社会的全面控制。在取代了社会的国家里，资产阶级国家将所有的社会管理都纳入国家的范围，它“完全同在专制国家中一样，在那里，政府的监督劳动和全面干涉包括两方面：既包括由一切社会的性质产生的各种公共事务的执行，又包括由政府同人民大众相对立而产生的各种特有的职能”❻。

因此，在马克思主义看来，资本主义国家是一种背离了社会目的的国家。社会的进步，在国家和社会的关系上，就必然面临一个从社会到国家，再从国家到社会的演变过程。封建社会、资本主义社会用国家替代和取消社会的现实只是社会管理的不人道形式，随着社会的进步，它必然要被更人道的社会所取代：“在中世纪，市民社会和政治国家是同一的，因此，一切私人领域都有政治性质，社会管理也就必然被囊括在国家的统摄之下，这种同质性和整体性的社会结构是不利于市民社会发育的。随着私人利益

---

❶ 《马克思恩格斯选集（第3卷）》，人民出版社1995年版，第12页。
❷ 《马克思恩格斯全集（第20卷）》，人民出版社1971年版，第305页。
❸ 《马克思恩格斯选集（第1卷）》，人民出版社1995年版，第274页。
❹ 《马克思恩格斯选集（第3卷）》，人民出版社1995年版，第525页。
❺ 《马克思恩格斯选集（第3卷）》，人民出版社1995年版，第12页。
❻ 《马克思恩格斯选集（第7卷）》，人民出版社2009年版，第431页。

和市场经济的产生、发展，社会分裂成政治国家和市民社会两部分，国家获得了和市民社会并列并且在市民社会之外的独立存在。”❶ 而剥削阶级的国家总是想方设法使社会管理政治化：“在它的统治下，资产阶级社会免除了各种政治牵挂，得到了甚至它自己也梦想不到的高度发展。工商业扩展到极大的规模；金融诈骗庆祝了自己纵横世界的欢乐；民众的贫困，在卑鄙无耻的骄奢淫逸的景象对照下，显得格为刺目。看来高高凌驾于社会之上的国家政权，实际上正是这一社会的莫大的耻辱，是一切龌龊事物的温床。”❷ 而社会的进步，必然表现为社会与国家的分离，其实质，就是要“把靠社会供养而又阻碍社会自由发展的国家这个寄生赘瘤迄今所夺去的一切力量，归还给社会机体”❸。

无产阶级国家的出现，是社会管理的进步形态，使社会管理得以回归社会的可能的政治形式。马克思通过总结巴黎公社的经验，深刻揭示了巴黎公社这个无产阶级政权所内含的“还归社会”的性质：“（法国）首都的无产者，目睹统治阶级的无能和叛卖，已经懂得：由他们自己亲手掌握公共事务的领导以挽救时局的时刻已经到来……他们已经懂得：夺取政权（国家权力）以掌握自己的命运，是他们无可推卸的职责和绝对的权利。”❹ 而公社的建立，则是社会管理回归社会的现实形式。“公社——这是社会把国家政权重新收回，把它从统治社会、压制社会的力量变成社会本身的生命力；这是人民群众把国家政权重新收回，他们组成自己的力量去代替压迫他们的有组织的力量；这是人民群众获得社会解放的政治形式，这种政治形式代替了被人民群众的敌人用来压迫他们的假托的社会力量（即被人民群众的压迫者所篡夺的力量）。”❺ 马克思在这里不仅提出要建立无产阶级国家，而且明确提出这个国家的性质属于社会，是“社会把国家政权重新收回”。由此，无产阶级建立国家本身就是国家政权还归社会的一种努力和形式。

---

❶ 《马克思恩格斯选集（第1卷）》，人民出版社1995年版，第132页。
❷ 《马克思恩格斯选集（第3卷）》，人民出版社1995年版，第54页。
❸ 《马克思恩格斯选集（第3卷）》，人民出版社1995年版，第57~58页。
❹ 《马克思恩格斯选集（第3卷）》，人民出版社1995年版，第116页。
❺ 《马克思恩格斯选集（第3卷）》，人民出版社1995年版，第95页。

由于国家政权向社会回归，国家的一切行为都具有了社会的意义。国家是为社会而存在的，国家存在的目的就是为了社会。“公社的伟大社会措施就是它本身的存在和工作。它所采取的各项具体措施，只能显示出走向属于人民、由人民掌权的政府的趋势。”❶ 而社会所作的一切，都是为了实现社会的自由。“他们知道，以自由的联合的劳动条件去代替劳动受奴役的经济条件，只能随着时间的推进而逐步完成（这是经济改造）；他们不仅需要改变分配，而且需要一种新的生产组织，或者毋宁说是使目前（现代工业所造成的）有组织的劳动中存在着的各种生产社会形式摆脱掉（解除掉）奴役的锁链和它们的目前的阶级性质，还需要在全国范围内和国际范围内进行协调的合作。”与这种改变相适应的，就是“自由的、联合的劳动的社会经济规律的自发作用”，“通过公社的政治组织形式，可以立即向前大步迈进。”❷ 显然，马克思理解的公社与其说是一种国家政权，不如说是一种社会组织，这种社会组织存在的基本的目的在于实现社会“自由的和联合的劳动”。

在一个以自由的联合的劳动为特征的社会中，国家的性质和社会管理的主体及其形式势必发生根本的变化。因为在以实现“自由的和联合的劳动”为目的的社会中，社会管理的主体只能是社会。社会是由“自由的和联合的劳动”的利益所组成的，社会没有自己的特殊利益。如果说有利益也只能是“自由的和联合的劳动”的利益。事实上，只有这样一种利益的联合，才能实现社会的自由和幸福。由此，国家的管理及其性质，在这样一种以社会即“自由的和联合的劳动”为主体的社会中，国家管理的职能必然逐渐向社会管理职能转变，并使社会管理逐步失去政治性质和阶级性质。正如恩格斯所说：“政治国家以及政治权威将由于未来的社会革命而消失，这就是说，公共职能将失去其政治性质，而变为维护真正社会利益的简单的管理职能。”❸ 而马克思主义理论中的所谓国家消亡理由，也由此产生：“国家真正作为整个社会的代表所采取的第一个行动，即以社会的名义占有生产资料，同时也是它作为国家所采取的最后一个独立行动。那时，

---

❶ 《马克思恩格斯文集（第3卷）》，人民出版社2009年版，第163页。

❷ 《马克思恩格斯选集（第3卷）》，人民出版社1995年版，第98页。

❸ 《马克思恩格斯选集（第3卷）》，人民出版社1995年版，第227页。

国家政权对社会关系的干预在各个领域中将后成为多余的事情而自行停止下来。那时，对人的统治将由对物的管理和对生产过程的领导所代替。国家不是'被废除'的，它是自行消亡的。"[1] 显然，马克思主义所说的国家消亡，只是传统以阶级统治为特点的政治国家的消亡，而传统的国家职能将大都转化为社会职能——由社会承担起绝大部分社会管理的义务和责任。"在那里，社会是由自己管理自己，并为自己而管理。所有的权力都为社会所有。……人民自己治理自己……人民是一切事物的原因和结果，凡事皆出于人民，并用于人民。"[2] 还在160多年前，法国思想家托克维尔就用他所看到的验证了马克思的论断。

由社会来管理社会，也即全体社会成员共同参与社会管理，是马克思主义自由而全面发展的人组成的联合体实施社会管理的基本标志。人的全面而自由的发展是马克思主义的基本理想。只有当全体社会成员共同全面地参与社会管理的时候，人们才能真正成为社会的主人，才能实现全面而自由发展的目标。"只有通过大工业所达到的生产力的大大提高，才有可能把劳动无例外地分配于一切社会成员，从而把每个人的劳动时间大大缩短，使一切人都有足够的自由时间来参加社会的理论的和实际的公共事务。"[3] 可见，这是一种以社会为基础，最大程度上包含了政治、经济的社会管理。所谓以社会为基础，就是这个社会的所有管理，包括政治经济等方面的管理，都是经由社会参与实现的。所谓最大程度上包含了政治经济，在于社会管理成为国家管理的基础，国家管理也要经过社会管理，即社会的参与。马克思在《法兰西内战》中，对公社的政治、经济、社会职能的概括，就是这样一种将以社会管理为基础的政治和经济形态："它把行政、司法和国民教育方面的一切职位交给由普选选出的人担任，而且规定选举者可以随时撤换被选举者。第二，它对所有公务员，不论职位高低，都只付给跟其他工人同样的工资。" "这样，即使公社没有另外给代表机构的代表签发限权委托书，也能可靠地防止人们追求升官发财了"[4] 这种社会管理，是一种

[1] 《马克思恩格斯全集（第20卷）》，人民出版社1971年版，第305页。
[2] ［法］托克维尔著，董果良译：《论美国的民主》，商务印书馆2009年版，第71页。
[3] 《马克思恩格斯选集（第3卷）》，人民出版社1995年版，第525页。
[4] 《马克思恩格斯选集（第3卷）》，人民出版社1995年版，第13页。

全面的社会管理的回归。随着社会管理“归还给社会机体”的实现，所展现的正是现代法治文明中“大社会、小政府”的民主法治理念。

二、打造“社会机体”是民主的伟大实践

社会管理要回归社会，但这个社会不是一般的社会，而是能够全面有效地承担社会管理职能的“社会有机体”。社会管理回归社会的实质，就是社会有机体即社会民主的形成、发展和成熟的过程。社会民主与社会有机体有着密切的关系。社会有机体就是社会民主的运行机制。社会民主越发展，社会有机体就越成熟。社会民主发展的程度越高，社会有机体就越成熟；反之，没有社会民主的基础，社会就不是一个有机体。因此，社会管理回归社会，是对社会民主的召唤和要求。而社会民主最直接的表现就是对社会的管理。人民通过对社会事务的管理，实现当家做主的权利。从这个意义上，民主首先就是社会的民主，没有社会的民主，就没有国家的民主。正如托克维尔所说：“在小事情上没有学会使用民主的老百姓怎么能在大事情上运用民主呢?”❶ 社会民主在先，国家民主在后，而社会民主的秘密就在于社会是一个有机体。只有当社会是一个有机体的时候，它才能担当起管理社会和国家的使命，也才可能有民主和社会的长治久安。160 多年前，托克维尔曾带着困惑访问美国。为什么美国革命以后出现了国家的长治久安，而法国大革命以后，国家始终处于动荡中？后来发现，美国 13 个州都具有自治的传统。“在美国的乡镇，人们试图以巧妙的方式打碎权力，以使最大多数人参与公共事务。”华盛顿、杰弗逊、汉密尔顿这些开国元勋都有管理地方自治的经验。“在任职之前，他们通常已在其他活动方面作出了成绩。事业上的雄心壮志，不会使他们把终生当官作为目的。乡镇，即日常生活关系的中心，才是人们的求名思想、获致实利的需要、掌权和求荣的爱好之所向。”❷ 而国家民主正是社会民主的扩展，是放大了的社会民主。因此，人民民主首先是社会的民主。从社会到国家，是民主的自然发

---

❶ ［法］托克维尔著，董果良译：《论美国的民主》，沈阳出版社 1999 年版，第 115 页。

❷ ［法］托克维尔著，董果良译：《论美国的民主》，沈阳出版社 1999 年版，第 80 页。

展和逻辑延伸。一个民主的国家首先应当具有广泛的社会民主。只有在社会民主发展到了一定的阶段也即“社会有机体”形成之时，民主才会发展到国家层面，才有国家民主。可见，社会有机体中包含着人民民主的秘密。建设民主和法治的国家，当先从社会始。

社会有机体不仅解决了社会民主的问题，还解决了社会与政府的关系问题。社会有机体作为一个独立于政府和国家的力量，要求政府法治化，故法治政府也是社会有机体的要求。法治政府就是限权政府。社会有机体要求政府只能在自己的权限内行使权力，社会有机体决定政府的权力。社会有机体越发展，政府的权力就越小；社会有机体越完善，权力腐败的可能性就越低。这是因为，政府的权力来源于社会有机体，社会有机体越发达，交给政府的公共权力就越少。同时，社会有机体是一种抗衡公权的力量。政府必须在法律的界限内行使权力，政府的权力受到了严格的限制。这就使法治政府成为一种限权政府。限权政府决定了政府在社会管理中的职责是有限的，我们常说“大社会、小政府”，所体现的就是这样一种限权精神。所谓大社会，强调的是人民群众对社会的管理，所体现的是人人都起来负责管理的社会状况。参与的人数之多，领域之广体现了社会之大。所谓小政府，就是权力受到严格限制的政府。限权政府意味着政府的权力是有限的，政府不能什么都管，也不应当什么都不管，而有所管有所不管的政府才是好政府。而小政府之好就好在凡是社会能管的都由社会自己来管理。只有社会管不了的时候才由政府出面。由此，小政府之小是强调政府管理社会的职能和领域之小之精之重要，并不是说政府没有社会管理职能。而政府及其权限的大小归根结底都取决于社会有机体的发展，并由社会有机体所决定。

从中国社会管理的现状看，社会管理的根本问题，就在于社会管理的主体——社会有机体没有形成，从而导致社会的作用没有充分发挥出来。回顾我国改革开放30多年的历程，“政府垄断社会一切资源，国家权力无所不在、无所不能的一统天下的局面，已有所动摇。但总的来说，权力一体化和国家社会一体化的格局变化不大”❶。即使在今天，社会作为社会管

❶ 郭道晖：《法理学精义》，湖南人民出版社2005年版，第173页。

理的主体仍未形成共识。大多数学者仍然认为“国家（政府）和公民社会（社会组织）是社会管理的两大主体”❶。从根本上说，它反映了我们长期以来对政治和社会不加区分，把政治功能和职责无限推广到社会有关，并导致了社会政治化。马克思主义强调“政治是经济的集中表现”，但国家、政治和社会又是不同的，不能将两者混同。列宁说过：“政治就是参与国家事务，给国家定方向，确定国家活动的形式、任务和内容。”❷ 可见，政治与国家有关，而社会属于国家之外的领域，必须加以区分。应当说，迄今为止，我国在国家、政治和社会的关系上还没有理顺，我们社会中哪怕是最需要社会来进行管理的领域，目前仍由政府主导管理。但由于政府没有那么多的人力和物力，导致我国社会管理中的大量领域出现了管理真空。比较典型的是行业管理，为什么中国的假冒伪劣猖獗？其主要原因就在于最能有效遏制假冒伪劣的力量——行业社会的管理极为滞后，说得严重一点，中国目前甚至没有真正意义上的行业组织。与此相适应，政府几乎包揽了全部的社会管理职能，甚至连消费者打假这种纯属社会管理的事务，政府也没有放手。可以查一下各地的消费者协会，其会长几乎都是工商局的负责人。这样一种社会管理心态，客观上遏制了社会管理的发展和成熟，同时也造成社会管理的效率低下，矛盾突出，并滋生大量的腐败。一方面，一个无所不能的政府兼市场立法、裁判（管理者）和踢球职能于一身，对市场经济的生命线——公平竞争构成了极大的威胁。中国改革开放30多年，至今在一些重要的经济领域仍然奉行垄断，市场的公平性、竞争性受到严重歪曲。另一方面，一个公共性不成熟的社会对于强势政府的不作为和乱作为往往无能为力。如国家一再明令禁止强拆，但中国大地上的强迁及造成的不公仍屡屡冲击我们的社会。长沙青竹湖镇800名村民因当地高尔夫项目而失去土地，开发商征用农地花费的成本为5 000万元，而这里一幢别墅的价格就能卖到5 000万元。由于失去了土地，很多农民仅能靠捡拾垃圾谋生……❸这些现象是社会管理不充分造成的，反过来又会纵容和加剧权力的腐败，并遏制社会管理的发展。因此，发展社会管理，将社会管理回归社

❶ 张明军、陈朋：“社会管理研究在中国：进路与焦点”，载《学术界》2012年第1期。

❷ 《列宁全集（第31卷）》，人民出版社1985年版，第128页。

❸ “探究高尔夫黑洞”，载《文摘报》2011年8月13日。

会，不仅是社会管理的需要，也是中国社会进步的根本途径。

由此，对我国社会来说，社会管理不是政府部门如何转变观念，改变管理方式的问题，而是社会有机体能否形成的问题。“管的越少的政府是越好的政府”，亚当·斯密的这个经济学命题在今天仍具有的法治价值就是要政府从不该管的事务中解脱出来，凡是能由社会管的都由社会来管，凡是属于社会的都还给社会。从法理上说，政府拥有的权力要越少越好，因为任何权力都有“寻租”的趋向，这是社会和谐的应有之义。社会的和谐首先是政府和社会的和谐，这就要求政府和社会之间存在一个边界。政府不能越过边界，只有在边界内的政府才是好政府。历史和实践证明，什么都想管的政府什么都管不好。而政府只有回到边界内，社会才有活力。我国改革开放已经30多年，回顾改革开放的历程，其实就是社会管理不断回归社会的过程。在计划经济体制下，虽然中国地大物博，人民勤劳，但始终摆脱不了物质短缺、饥荒连连，甚至不少地方发生饿死人的现象。改革开放以后，农村和城市的经济管理权逐步从国家转到社会，短短30年，中国的经济面貌发生了根本的变化。如果说我国改革开放以来的进步都可以归结到社会管理的不断回归，则我们今天仍然存在的问题，同样在于社会管理的回归不够。中国人民在经济生活中已经获得了较大的管理权，但在社会生活的其他领域，社会管理的回归还不到位。赵丹去世前，《人民日报》发表了他写的文章《管得太具体 文艺没希望》，其中的一段话至今仍使我们动容：“党领导国民经济计划的制定，党领导农业政策、工业政策的贯彻执行；但是，党大可不必领导怎么种田、怎么做板凳、怎么裁裤子、怎么炒菜，大可不必领导作家怎么写文章、演员怎么演戏。文艺，是文艺家自己的事，如果党管文艺管得太具体，文艺就没有希望。‘四人帮’管文艺最具体，连演员身上一根腰带、一个补丁都管，管得八亿人民只剩下八个戏，难道还不能从反面激发我们警觉吗?!”[1] 即使是经济生活本身，社会管理的回归仍然不够充分，有些领域甚至严重缺乏。所有这些不仅影响了经济管理权的行使，而且也影响了我国社会生活的全面进步。从这个意义上，社会管理回归社会是我国改革开放进一步发展的必然要求，也是我们建设和

[1] 赵丹：“管得太具体 文艺没希望”，载《人民日报》1980年10月8日。

谐社会的关键。

社会管理回归社会也意味着社会结构的法治转型。从发达国家来看，由于形成了成熟的社会有机体，社会结构发生了极大的变化，政府、社会和公民之间形成了三个层次，社会有机体成为政府和公民之间的一个环节或屏障。国家与公民的关系是间接的，国家通过社会有机体与公民个人发生关系。老百姓之间发生纠纷，首先由社会介入，这就是社会管理。只有当社会管理无力解决的时候，国家才进行干预。比较典型的现象就是消费者打假。发达国家相关的行业组织和消费者组织，对消费所涉及的产品实施了极为严格的管理。德国的行业协会每年都有专门的随机性社会测评报告，严格管理产品质量。在今天的欧洲，消费者就是想买假冒伪劣产品都无门。由于社会管理的发展，发达国家出现了一个极为有趣的现象，即使政府功能一度消失，社会照样能有序运转。比利时从2010年6月13日的议会大选起，到2011年英国威廉王子大婚的4月29日，竟然长达300多天没有政府，但比利时人仍然能够若无其事地过他们的日子，经济表现良好，还优于欧盟平均水平。同样的例子是美国和加拿大，也经常发生没有政府的时候，社会并没有因此陷入乱象，大多数人的生活依然井井有条，绝大多数社会服务功能也没有停摆，这都归功于成熟完善的社会管理。因此，社会管理回归社会，就是大力培育成熟的社会组织，发展作为中间层次的社会结构，政府从绝大多数社会管理中退出。这样一种社会管理的结构，不仅能够有效调动社会的主体——公民依法对社会事务管理的积极性，在极其广泛的社会层面实施管理，而且大大减少了政府的行政事务，使得政府能够把有效的财力和人力投入到最重要的领域——维护法律的尊严，从而实现“管得最少的政府是最好的政府”的目标。

在中国，社会管理回归社会还有其特殊的意义。中国有几千年封建专制的传统，封建专制的特点就是剥夺人民主体意识和管理社会的权利。辛亥革命以后，在中国延续了几千年的封建统治被推翻了，但封建社会那种无视甚至害怕人民群众的阴暗心理却并没有完全绝迹。民国初年，袁世凯问他的英文秘书顾维钧，什么是共和？顾维钧告诉他，公众为公共事务操心，就是共和。袁世凯笑了起来，说咱们中国人，自家的院子还可以扫一扫，但垃圾出门就丢，院子外的事，没人操心，怎么搞共和？❶ 其实，袁世凯只说对了一半。历史上的中国人确实缺乏公共意识，但那是封建统治刻意造成的。清律就规定：凡汉人三十人以上集会者，皆以谋反罪处斩。随着社会的进步，中国人为公共事务操心越来越普遍，千千万万的中国人不惜抛头洒血，投身于民族解放和自由的公共事务，“五四运动”“一二九运动”“五卅运动”成为中国人民投身于公共事业的标志性事件。新中国成立以后，人民成了国家和社会的主人，但由于种种原因，我国社会管理的公共性长期没有发展。特别是近些年，由于市场经济的发展不科学，道德和精神文明的滑坡成为不争的事实，不仅导致我国出现严重的自然和社会环境污染，而且我们社会的道德底线也一次次面临挑战。官场溜须拍马，行贿谄媚者步步高升，“假大空”长盛不衰，“武大郎开店”愈演愈烈，公平正义严重缺失。在这种情况下，将社会管理回归社会，推进社会有机体的建设，不仅是反腐败和社会管理的需要，也是培植我国公民精神，推进我国社会道德和精神文明建设的迫切要求。

有人担心中国老百姓的素质差，连自己的事都管不好，能管好社会吗？新中国成立60多年，至今仍然有人认为“我国还不具备成熟的市民社会品质，缺乏基层民主基础”❷。其实，这种担心不但不合理而且荒诞，管理能力和管理素质只有在管理中才能体现出来。如果人民群众文化水平低判断力不够，可以通过教育使之提高管理的能力，而不能剥夺它们的管理权力和管理机会。如果人民群众没有管理社会的机会，管理素质和管理能力又从何谈起？如果说不放心群众的社会管理可以通过说理和实践加以改变，那么还有一种心态就值得警惕了。这就是有些人害怕也不愿意看到人民群众的社会管理，正是这种心态严重阻碍了中国社会管理回归社会，这种现象的根源在于社会管理权及其所带来的利益。从这个意义上，中国的社会管理问题已经不是一个观念问题，而是一个实践问题，即中国的社会有机体如何形成的问题。毫无疑问，这是中国社会主义民主最重要也是最伟大的实践。

---

❶ 张鸣：“袁世凯：中国人从不操心院子外的事，怎么搞共和”，载《南都周刊》2011年第3期。

❷ 黄亚萍：“马克思市民社会理论对加强我国社会管理的启示”，载《山西青年管理干部学院学报》2011年第4期。

三、社会管理回归社会的路径

社会管理回归社会，核心是如何解决政府和社会在社会管理中的定位问题。它不是政府如何在社会管理中出彩，而是社会管理中政府和社会各自所占管理比重的分配问题。换言之，社会管理回归社会，不是政府如何管理的问题，而是该不该管，管什么的问题。从理论上说，社会管理可以有三种管理模式：政府直接管理、政府和社会共同管理和社会直接管理。我国社会管理长期奉行政府直接管理，已经被实践证明是不合理的。但改变国家本位模式，并不简单地是一个社会管理的创新问题。

根据马克思社会管理“回归社会有机体”的思想，我国社会管理首先要解决社会管理的主体问题。从国家本位转化为社会本位，就是社会管理主体的转型，即社会管理主体要从国家转向社会。由社会来实施社会管理，是马克思社会管理回归的最基本理念。而为深刻体现马克思关于社会管理“回归社会有机体”的思想，我国社会管理转型应当奉行三条基本原则：一是“属于”原则，即凡是属于社会的都应当还给社会。以这个原则来看，我国大部分社会管理都应当转变为社会的自我管理。比如，消费者权益保护，就应当由消费者自己来管理，大可不必由政府部门介入。而我国由政府介入的消费者保护实践证明是失败的。改革开放30多年，中国社会的假冒伪劣现象越来越严峻，根本原因就在于应当成为消费者权益保护主体的社会作用没有真正发挥出来。二是“能够”原则，即凡是社会能够管理的都还给社会。比如，社会纠纷，一般应当由国家作为中立者来解决。但社会如果能够建立起发达的民间调解机制，也能够承担起一定的纠纷解决职能。目前发达国家比较普遍的仲裁就是一种社会管理性的纠纷解决机制。三是“创造”原则，即政府创造条件还给社会。比如，医疗鉴定，由于医生和患者属于不同的社会群体，都有自己的利益诉求，就有一个保证医疗鉴定客观性的标准和要求。一般情况下，人们可能更相信政府。但政府通过对某些医疗鉴定机构的认定，赋予其鉴定的资格，也能够把鉴定的职能还给社会。

根据这三条原则，我国社会管理的大部分职能都应当逐步地回归社会。

所谓“大部分职能”，从管理的范围来看，有的研究者提出的深化十大社会管理体制改革中的十个领域，都属于社会管理回归的对象：“利益协调体制、社会保障体制、弱势群体保护体制 、流动人口管理体制、民间组织管理体制、基层社会管理体制、社会服务体制、社会工作体制、社会治安体制、社会应急管理体制”[1]，等；从政府管理部门来说，除了社会难以管理的或无法管理的部门如立法、外交、军事、司法部门等以外，都应当逐步回归社会。所谓“逐步回归”，就是强调回归社会是一个过程。本着先难后易和社会稳定有序、社会经验逐步成熟的原则，可将与民生直接有关的领域先回归社会。而即使与民生直接有关的领域先回归社会也有一个逐步回归和慢慢成熟、成长的过程，决不能一刀切。在这个过程中，凡是不利于社会管理回归社会的做法、习惯和制度等，都应当在这一过程中逐步改变，这属于政府“创造条件”的范畴。

但是，面对如此广泛的回归和转型，我们的社会能够承担起这样庞大的社会管理吗？这就涉及我国社会管理的主体，即社会有机体的成熟和发展。我们要通过民主法治建设，逐步地完成社会有机体的建设，使社会具有承接社会管理的能力。必须指出，新中国成立60多年来，由于某种原因，存在于党和政府之外的社会组织已经不复存在。据统计，法国每万人拥有110个民间组织，日本是97个，美国是52个，而中国仅为3个。即使如此，我国300万社会组织中，有九成处于“非法状态”。[2]即使合法的，也被严格纳入党和政府的管辖范围。工、青、妇、团，包括社会学术团体，甚至连残疾人联合会等都被纳入党和政府的统一领导之下。在这种情况下，我国社会管理回归，首先要解决的问题就是社会组织向社会的回归。所谓社会组织向社会的回归，就是要让社会组织成为独立于政府的吸纳和凝聚民众的社会磁石，让社会组织成为社会的核心。政府除了登记和服务以外，对社会组织不再承担管理和监督的责任。其实，由政府来监督管理社会组织不但不合理甚至荒诞，它颠倒了社会和政府的关系。社会是监督政府的力量。所谓社会管理回归社会，其重要的职能之一，就是社会要代表人民

---

[1] 夏学銮：“社会管理体制如何创新”，载《人民论坛》2011年第10期。

[2] 林衍：“草根型社会组织举步维艰”，载《党的建设》2012年第5期。

监督政府。人民监督政府如果没有社会作为代表，这样的监督就是无力的。

在这个问题上，必须解决一个观念。长期以来人们对社会组织存在一种不健康的态度，社会组织的作用长期被人为扭曲，似乎社会组织是专门给政府找麻烦的。诚然，社会组织有抗衡公权的作用，但这样一种抗衡也是防止腐败的力量。而抗衡公权正是促进和保障政府依法行政的力量。事实上，实施社会管理，保障人民的权利，主要的防范对象就是国家权力。因为只有国家权力才会给公民带来最大和最终的伤害。而社会是人民主权结合的一种形式。人民通过社会权利自我管理，并通过社会权利扩大公民的选举权、监督权和其他政治权利。只有当人民的政治权利能够变成社会权利的时候，人民的选举权、监督权才是一种有力量的权利，也才能有效制止任何一种公权对民主权利的侵犯；反之，没有独立的社会组织，人民民主就会萎缩，民族、国家和社会的生命力就会退化。“如果一个民族死气沉沉，那么无论政府有什么作为，都不会得到舆论的响应。它不能使国民保持清醒，只好与国民一起进入梦乡。因而，在一个思想被禁锢的民族中，一切都无声无息，一切都在沉沦，一切都在退化和堕落。”❶ 因此，进一步完善社会组织管理，把社会组织从长期的禁锢中解放出来，是社会管理回归社会最重要的民主和社会基础。

此外，由社会实施的社会管理，要体现社会共同体的合作理念。社会管理是社会的事务，应由社会共同体实施。政府也是社会共同体之一，承担着特殊的社会管理职能。而所谓特殊，就是政府承担了其他社会共同体不能承担的职责。比如司法、外交和安全，就不能由一般的社会组织来实施，只能由政府实施。但政府作为社会管理的共同体，除了要承担服务社会的重要职责，还与其他社会管理共同体具有平等的社会地位，即都是服务社会的共同体，承担着不同的社会管理任务。如消费者权益组织，它所承担的是消费者权益保护，通过消费者权益保护，清除假冒伪劣，纯洁商品的信誉和市场，维护消费者的合法权益。政府作为管理社会的社会共同体，与消费者权益组织的不同之处在于，政府管理着社会的外交、司法及

---

❶ ［法］邦曼·贡斯当著，阎克文、刘满贵译：《古代人的自由与现代人的自由》，上海人民出版社2003年版，第371页。

社会安全等不属于社会或社会难以管理的领域。比如，外交就不属于社会，而应当由国家统一出面，因为社会群体有不同的利益，外交需要国家代表整体的利益实施。而社会安全管理如警察是强力机构，同样只能由国家实施。社会共同体有许多，凡是结合为组织和社团的都属于社会共同体。其共同的使命是组织和管理社会。即使是学生会，也属于社会共同体，担负着一定的社会组织和管理的职责。因此，所有的社会共同体不管其组织和物质方面有如何大的差别，它们在社会地位上是平等的，其目的都是为了社会的幸福。

社会共同体在管理社会中的平等性决定了社会管理必须有合作意识。"社会管理是以社会为对象的，也是以社会成员为主体的，因此社会管理的基本手段应该是协调，而不是强制。"❶ 但我们社会中常讲的管理更多的是自上而下的管理，缺乏合作也缺乏协调和协商。随着社会管理的回归，管理的理念要从管理向合作转变。回归社会的管理，不是一种居高临下的管理，而是一种人与人、社会和社会之间的合作。社会是由人组成的，以自由的联合的劳动为特征的社会管理本质上就是人的合作。社会合作要求尊重每一个人，发挥人们的主动参与精神，使每一个人的意见表达都能够得到体现并受到尊重。社会共同体的合作精神将成为社会管理民主化的基本标志。民主精神在本质上就是合作精神，发扬民主在一定意义上就是要有合作意识和合作精神。民主精神不够往往表现为合作精神的缺乏。不久前网上曝出湖南衡阳两位局长因为工作事务"互殴"，表明我们社会中有些人，甚至一些官员都非常缺乏民主的合作精神。在这个意义上，体现社会合作的社会管理，将成为我国社会民主发展的一种形式，正如马克思所说："市民社会希望整个地即尽可能整体地参与立法权，现实的市民社会希望自己代替立法权的虚构的市民社会，这不外是市民社会力图赋予自己以政治存在，或者使政治存在成为它的现实存在。"❷ 而推进社会管理的回归，既是社会管理"归还给社会机体"的逻辑结果，也是中国社会主义民主走向成熟的基本途径。因为"不管你怎样寻找，除了人们意志的自由联合以外，

---

❶ 杨雪冬："走向社会权利导向的社会管理体制"，载《华中师范大学学报（人文社会科学版）》2010年第1期。

❷ 《马克思恩格斯全集（第3卷）》，人民出版社2002年版，第147页。

你再也不会在人们中间找到真正的强大力量”❶。随着社会管理向社会的回归，我们的社会不仅会产生最强大和持久的生产力，而且会带来最辉煌、最和谐的社会幸福，因为“它是通过人并且为了人而对人的本质的真正占有，因此，它是人向自由、向社会的（即人的）人的复归。”❷

❶ ［法］托克维尔著，董果良译：《论美国的民主》，沈阳出版社 1999 年版，第 112 页。

❷ 马克思：《1844 年经济学哲学手稿》，人民出版社 1985 年版，第 77 页。

第二部分：权利和监督

权利的起点：公平对待权

【提要】 公平对待权是一项基本人权，是用人道的方式对待人或被人对待的权利。公平对待人，不仅是保障权利的需要，也是维护公平正义的力量。一个公民不能被公平对待，不仅是人格尊严的损害，而且意味着权益的缺损，并必将波及其他的权利损害。公平对待权是权利的起点。一个社会，只有保护了公民的公平对待权，才能完整保护公民的权利；只有一个公平对待他人的社会，才可能充满公平正义。维护宪法和法律的尊严，必须从公民的公平对待权开始。

在中国，法律平等及其权利保障相信对大多数公民并不陌生。但在我们社会生活中仍时常能看到一些堂而皇之的侵权现象。某市广州大道路边，“一名城管一个箭步绕向女摊贩，用力掐住比自己矮了10多厘米的女摊贩，她的女儿坐在摊前小车上，跟妈妈一样哭成了泪人”，而同样是执法，“昨天香港执法人员依法驱赶一座旧楼里的居民，看到其中有一位孕妇，当场宣布停止执法行动，撤了”。❶ 另一个场合，为了讨好上级，有些官员在游览时竟然封山，引发群众围堵。在全国政协十一届常委会第六次会议专题讨论会上，政协委员蔡继明指出“我国在社会财富增长加速的同时，出现了财富向少数人手中集中的倾向，0.4%的人掌握了70%的财富，财富集中度高于美国”❷ 等。所有这些例子都引出一个问题：堂而皇之的侵权何以可能？理论界更多地从权利保障或救济的角度思考，但笔者认为首先要解决

---

❶ 秦淮川：“请为一位母亲留下最后的尊严”，载《西安晚报》2013年3月8日。

❷ 蔡继明：“中国财富的‘集中度’问题”，载《人民政协报》2009年6月19日。

一个权利的起点即公平对待权问题。一个民主和法治的国家，如果公民不能被公平对待，则纵有再多的宪法和法律权利，也难以成为现实。本书试就对待公平或公平对待权作一些探讨，力求丰富我国的公平正义研究并希望对我国公民的权利保障有所裨益。

一、公平对待权是权利的起点

为什么一个人要受到公平的对待？首先因为公平对待权是一种基本人权，罗纳德·德沃金说得好，人人“有权享有尊严”❶。这种人人享有尊严的思想早在古希腊罗马时期就出现了。所谓“人是目的”，“人是万物的尺度”等，就可看作是公平对待权的源头。近代以来，这种尊重人的思想，得到了进一步发展，并发展出完备的人权尊严理论。在康德看来，人性本身就是一种尊严，而“一个有价值的东西能被其他东西所替代，这是等价；与此相反，超越于一切价值之上，没有等价物可替代，才是尊严”❷。人因其尊严“有责任在实践上承认任何其他人的人性的尊严，因此，他肩负着一种与必然要向每个他人表示的敬重相关的义务”❸。而作为目的的人性意义，就要求每一个人都受到公平对待及其尊重：“每个人都有权要求其邻人的尊重，而且他也交互地对任何他人有这方面的责任。”❹ 在法国大革命中，法国革命家宣布：“任何人在其未被宣告为犯罪以前应被推定为无罪”，因为罪刑法定，既然未被宣告为犯罪，理当认为无罪；同样，“意见的发表只要不扰乱法律所规定的公共秩序，任何人都不得因其意见，甚至信教的意见而遭受干涉。”因为意见是言论，任何人不能因为言论受到追究；而“所有公民都有权亲身或由其代表来确定赋税的必要性”，❺ 因为赋税来源于公民的财产，必须征得公民的同意，这就是公平对待。我们在美国《独立宣

---

❶ 转引自韩德强：“论义务本位和权利本位的尊严观”，载《文史哲》2006年第1期。

❷ ［德］康德著，苗力田译：《道德形而上学原理》，上海人民出版社1986年版，第87页。

❸ ［德］康德著，李秋零译：《康德著作全集（第6卷）》，中国人民大学出版社2007年版，第474页。

❹ ［德］康德著，李秋零译：《康德著作全集（第6卷）》，中国人民大学出版社2007年版，第473页。

❺ 以上均引自王德禄、蒋世和编：《人权宣言》，香港三联书店1989年版，第14~15页。

言》中能够看到同样的公平对待精神。“人人生而平等，……政府的正当权利，则是经被统治者同意授予的。任何形式的政府一旦对这些目标的实现起破坏作用时，人民便有权予以更换或废除，以建立一个新的政府。”而美国之脱离英国独立，一个主要的原因在于作为宗主国的英国不能公平对待它们。“我们曾恳求他们天生的正义感和雅量，念在同种同宗的分上，弃绝这些掠夺行为，因为这些掠夺行为难免会使我们之间的关系和来往中断。可他们对这种正义和同宗的呼声也同样充耳不闻。因此，我们不得不宣布脱离他们。”❶

可见，公平对待权就是用人道的方式对待人或被人对待的权利，是人性的要求和人的尊严之所在。所谓人道的方式就是正义的、合理的，符合人性的，而不是不公平的、不合理的或违背人性的。一个民主和法治的国家，任何一个人都有被公平对待的权利，因为他不仅是一个公民，而且是一个人。从这个意义上，公平对待权其实又是一种道德和法律义务。公平对待权要求他人公平地对待人。任何一个人都必须公平地对待他人，要把他人作为与自己一样的人来对待。我应当怎样被对待，我就应当怎么地对待别人。中国古代孔子的名言“己所不欲，勿施于人”，墨子所说的“兼相爱交相利”就表达了这样一种公平对待他人的思想，但孔、墨讲的是道德。在民主和法治的国家，公平对待很大程度上成了法律，成为人权保障的基本内容。人民当家做主的国家和社会，应当尊重每一个人，保障每一个人的合法权益。而尊重和保障每一个人的合法权益，就要求人们被作为人来对待，而不是被当作奴仆或臣民来对待，或者就是要尊重一个人性的存在或要求对方把自己作为一个人性的存在，要求对方用对待人的方式对待人们或对待自己。一切不人性的、不把人作为人对待的行为都属于不公平对待，是对公平对待权的侵犯。

正是这样一种体现人性和人的尊严的要求，使公平对待成为权利的起点。权利公平大致上可以分为程序的和实体的，前者如起点公平、机会公平、程序公平、结果公平，后者如政治、经济、文化领域的公平，或分配

---

❶ ［美］戴安娜·拉维奇编，林本椿等译：《美国读本》，生活·读书·新知三联书店 1995 年版，第 52 页。

公平、规则公平、人事公平等。但无论是程序还是实体，对待公平或公平对待都是第一位的。因为没有公平对待，程序公平和实体公平及其权利实现都不可能。比如，程序上的机会平等强调每个人有相同的机会，但相同的机会只有当每一个人都能受到公平对待的时候，才有可能。实体公平也如此。如果一个人不能被公平对待，他对于实体公平没有表达的权利，则实体公平就难以实现。从上面的案例看，农民工在画廊边上休息遭到毒打，是有些人根本不把农民工当作“人”。如果说农民工遭受的不公平对待只发生在公民之间，而封山浏览则发生在权力和民众之间，是官员不能公平对待不特定的民众。把这些现象放大，就会发现，其中的问题就在于公平对待权受到了侵犯。公平、正义、平等讲得再多，如果做不到公平对待，则所有的公平正义和平等都会走样。反之，如果每一个人都能够受到公平对待，而且必须受到公平对待，则程序正义和实体正义才有可能。因此，公平的真正起点是公平对待。公平对待权的重要性和法理意义在于保证公平之旅开始。正如有的学者所说，“只要切实保障了‘参与各方在规则权上的平均或相等’，实际上就实现了公平本身。也就是说，保障人们追求公平的权利的平等，才是最大的公平。”❶

公平对待的这种起点意义，可以从我国的权利保障中找到依据。比如，我国宪法规定了法律平等和人格尊严，民法规定了名誉权、健康权、姓名权等人格权，就业法、妇女权益法规定了反对性别歧视，但如果我们的公民在社会生活中不能被公平对待，这些权利就难以实现。德沃金区分了两类平等权利：“自由主义平等概念支配下的每一位公民都有一种受到平等关心和尊重的权利。这一抽象的权利可以包括两种不同的权利。第一种权利是受到平等对待的权利……第二种权利是作为平等的人受到对待的权利。这不是一种平等分配利益和机会的权利，而是在有关这些利益和机会应当如何分配的政治决定中受到平等地关心和尊重的权利。”❷ 德沃金的两种权利都与公平对待权有关。为什么选举权得不到落实？为什么监督权苍白无

❶ 夏光志：“权利平等是最大的公平——也谈对公平问题的看法”，载《学习时报》2006 年 9 月 5 日。

❷ ［美］德沃金著，信春鹰等译：《认真对待权力》，中国大百科全书出版社 1998 年版，第 358 页。

力？为什么人格尊严得不到尊重？就因为作为一个公民或作为自然人，未能受到公平对待。如果有选举权的人不能自由地选举，如果享有监督权的人没有手段实施监督，如果享有人格尊严的公民经常面临生存权的威胁，则公民所有的这些权利都会变得虚幻不居。而公民丧失或被破坏的公平对待权无疑是一切权利的前提。一个公民不能被公平对待，就意味着他不能合法地用权利来保护自己，哪怕这些权利是白纸黑字写进了宪法和法律。因此，维护宪法和法律的尊严，必须从公民的公平对待权开始。一个社会，只有保护了公民的公平对待权，才有可能保护其他权利；如果不能保护公平对待权，就什么也不能保护。公平地对待公民，人人能够得到公平的对待，是一个民主和法治国家公民的人格要求和正义之体现，只有在这种条件下，民主法治的土壤才能开出和谐正义之花，结出丰硕的幸福之果；反之，"如果不以'正义'为引领，则要么无法实现，要么经济越富强，社会矛盾越多"❶。

作为权利起点的公平对待，由三个基本要素组成，即它必须具有平和、力量和保证的特征。公平对待作为权利的起点，是平和实现的，就是强调公平对待的平和性、自愿性，因为它是一种人性的尊严。公平对待不是靠威胁或暴力，威胁和暴力也不可能引出公平对待。平和包含着理性，故平和就是讲理，只有讲理和理性才会有和平。公平对待权就是理性的对待。理性包含着对人的尊重，而非理性的东西往往不可能尊重人。理性派法学家黑格尔说得好，"法的命令是：做一个人，并尊敬他人为人。"❷ 美国90多岁的女特工、第二次世界大战期间功勋卓越的铂尔，在回忆往事时曾提到，在接受训练的时候得到的指示是：一旦被俘，要保持48小时的沉默，以便同伙有时间逃掉。❸"48小时的沉默"，所包含的就是一种理性和公平的对待。只要你在规定的时间里坚持了立场与原则，就能够获得谅解。酷刑和痛苦，担心和惧怕，都有一个能够期盼的期限，有可以张望得到的彼岸。一个文明的社会，不能用英雄来要求每一个人，更不能要求每一个人遇到挑战都要向伽利略那样坦然面对火刑。所以，"48小时的沉默"就成为

❶ 徐显明："有一种追求叫正义"，载《人民日报》2011年3月7日。

❷ ［德］黑格尔著，范扬、张企泰译：《法哲学原理》，商务印书馆1961年版，第46页。

❸ 东方小四："48小时的沉默"，载《看世界》2012年第11期。

一种宽容的理性，是一个人人都能够获得或做到的对人的尊重。这里所隐含的就是公平对待权。

公平对待权的第二个要素即力量来源于人性之美。公平对待权不是强迫，没有强制，而是通过对人的尊重来打动人。用马克思的说法就是“用爱来交换爱”“用信任来交换信任”❶，用我们古人的话来说就是“敬人者人恒敬之”“爱人者人恒爱之”。这种人性之美其实是一种人际尊严，即社会生活中人与人之间的互相尊重。人们在尊重别人的时候，也维护了自己的尊严；如果践踏了别人的尊严，自己也会承受屈辱。❷人们生活在社会中，人与人之间会有种种交往。而人的交往必须体现出对他人的尊重，即必须把人当人对待。张千帆在《宪法学导论》中称之为“要求人际层面的平等权获得充分尊重。”在我国，这种人际尊重在20世纪90年代初的消费者权益保障案中被表达出来。❸后来大大促进了消费者权益保护法中人格尊严的规定（第14条）。这里的人格尊严就是人际尊严，即人与人之间的公平对待问题。商店保安岂能因为怀疑就可以逼迫顾客接受难以接受的解衣开包检查？20世纪50年代美国也发生过一起类似的案件。美国加州两名警察获悉有人贩毒，进入嫌犯的住宅后，问及卧室桌上的两粒胶囊时，嫌疑人马上吞入腹中。警察立即将他送入医院，将一种呕吐药强行灌入被告人胃中，被告人被迫将胶囊吐出后，警察以此作为罪证。虽然两个案件时光相差40年，但性质相同，即都是用一种不尊重当事人，不公平对待当事人

❶ 《马克思恩格斯全集（第17卷）》，人民出版社1965年版，第68页。

❷ “我的一个美国朋友名叫乔治逊，是个黑人。有一次，乔治逊乘坐加利福尼亚飞往华盛顿的班机。他身边坐着一位白人女性，衣着华贵。乔治逊刚坐下来，就听到那位女士嘟囔了一句：‘真讨厌，黑鬼。’乔治逊没有介意，还谦逊地对她微笑。那位女士更不高兴了，对空姐大声喊道：‘真是倒霉死了！我实在受不了和一个黑鬼坐在一起，请再给我找一个位子！’几分钟后，空姐回来了，很有礼貌地对她说：‘对不起，经济舱已经没有空位了，只有头等舱还有一个空位。我们已经得到了机长的许可，考虑到有这样的特殊情况，为了不让乘客和一个讨厌的人坐在一起，就破一次例。’然后，空姐转向乔治逊说：‘先生，如果你不介意的话，请你去头等舱。’这时，周围的乘客站了起来，使劲地鼓掌，还有人大声叫好。人们在尊重别人的时候，也维护了自己的尊严。”引自文艳霞：“座位的尊严”，载《文苑》2009年第1期。

❸ 1991年12月23日，女青年倪某和王某到国贸中心惠康超级市场购买商品，在买完并交完货款准备离开时，惠康超级市场的两名男服务员将二人拦住，反复逼问是否拿了别的东西，并将二人推进一间仓库，强行要求其摘下帽子，解开衣服，打开包，进行检查。二人感到自己的人格受到侮辱，十分屈辱，哭泣不已，负辱遵从检查。经查二人无辜，才予放行。

的方式来获取某种证物。他们的前提都不是把人当作一个应当尊重的人，而是把人当作一个违法者或罪犯。在违法和犯罪事实被证明之前，他们都已经被作为偷盗者或罪犯对待了。这是一种不公平。事实上，在违法或犯罪事实被证明前，他们都是应当被尊重的合法的人。由此引申出刑事诉讼中的刑讯逼供，其根本的错误就是不人道地、贬损性地对待一个人。强调人际尊重，就是要尊重每一个人，公平对待每一个人。要把人作为人来对待。哪怕是通过不公平对待取得了相关违法犯罪证据，也没有道义性，不值得肯定。因为这种做法在一开始就把当事人的人格、尊严和人身权利当作可以舍弃的东西，并将之纳入强力方案，这和现代人权的基本精神是背道而驰的。法律特别是诉讼的宗旨是救济被伤害了的权利，而不应当造成新的伤害。

公平对待权的第三个要素是保证，即强调公平对待的社会和法治保障。公平对待不仅是理性和人性的需要，而且必须有制度的保障。比如，正当程序就是一项体现公平对待权的制度。程序性正当程序是指：“要求一切权力的行使在剥夺私人的生命、自由或财产时，必须听取当事人的意见，当事人具有要求听证的权利。”❶ 其实质就是公平对待。早在 11 世纪的西欧就有了正当程序的规定。神圣罗马帝国皇帝康拉德二世就曾颁布过诏令：“不依帝国法律以及同等地位贵族的审判，不得剥夺任何人的封邑。”❷ 1215 年英国大宪章规定的正当程序，同样规定了这样一种公平对待：“凡自由民除经其贵族依法判决或遵照国内法律之规定外，不得加以扣留、监禁、没收其财产、褫夺其法律保护权，或加以放逐、伤害、搜查、或者逮捕。”今天的西方法治国家，正当程序已经成为法治的基本原则。20 世纪 60 年代的米兰达案等就是公平对待权的司法化表现。正如美国大法官杰克逊所说：“程序的公平性和稳定性是自由的不可或缺的要素。只要适用公平，不偏不倚，严厉的实体法也可以忍受。”❸

必须强调，作为权利起点的公平对待，适用一切权利。但在社会生活中，更需要公平对待权的往往是社会生活中的弱者或弱势群体。所以人们

---

❶ 王名杨：《美国行政法（上）》，中国法制出版社 1995 年版，第 383 页。

❷ 焦洪昌、李树忠：《宪法教学案例》，中国政法大学出版社 1999 年版，第 62 页。

❸ 宋冰编：《程序、正义与现代化》，中国政法大学出版社 1998 年版，第 375 页。

公开呼吁“公平对待农民工”[1]，学者们则强调要公平对待私营企业[2]，要公平对待所有企业[3]，等等。但公平对待权并不意味着强势群体不需要公平对待。事实上，不公平对待他人的人并不幸福而且充满危机。一个不能公平对待他人的人其实将自己与大多数受到不公平对待的人对立起来了。不公平对待在某种意义上成了这些人的“原罪”，随着时间的积累，这种不公平对待隐藏的危机会越来越严重，而危机越严重，他们就越需要不公平对待，从而进一步激发社会危机。此外，在社会生活中，强势和弱势并不是不变的。有的时候，强势也会成为弱势。比如，一个人处于强势的时候，他不需要公平对待，因为强势会帮他获得一切想要的。但当他处于弱势的时候，他才呼喊公平对待，因为他感到强势正在利用不公平对待侵害自己的合法权益。因此，公平对待权其实是对每一个人的公平保障，是社会安全和自由的长久可靠之选。其实质意义就在于：再强的人，不能利用自己的优势获取非法利益；同样，再弱的人，其合法的利益不会受到侵害。虽然公平对待的呼喊更多地来源于公平对待权更容易受到侵害的群体，但公平对待权的意义却具有恒久的社会性，是一个和谐幸福和正义的社会必不可少的制度保障。

二、公平对待权优于平等权

公平对待权与平等权有相似之处。两者都有一个“平”，都强调平等。但平等权强调的是“一切人，或至少是一个国家的一切公民，或一个社会的一切成员，都应当有平等的政治地位和社会地位”[4]。也就是说平等观念或平等权的产生是因为存在社会制度设计造成的不平等现象而产生的不合理性和不人道性，它所针对的是特权和等级观念与制度。而公平的“平”有公开、公众、公理的意思，公平就是强调公开、公众和公理基础上的平等。这样一种平等更多强调的是对人的尊重，要用人道的方式对待人，按

[1] 高俊才：“公平对待农民工的意义及建议”，载《中国经贸导刊》2005 年第 3 期。

[2] 杨小凯：“公平对待私营企业”，载《光彩》2000 年第 2 期。

[3] 春雷：“要公平对待所有企业”，载《金融信息参考》1998 年第 8 期。

[4] 《马克思恩格斯选集（第 3 卷）》，人民出版社 1972 年版，第 142 页。

照马克思的说法，它强调的是“一种人的关系”，是“人的现实的实现”，和“人的一种自我享受”。[1] 因此，公平对待权强调的是一种平等的“人权”或是人应当具备的把人作为人来对待的权利，是一个人作为人在社会生活中应当受到人的对待的社会要求。从这个意义上，公平对待权比平等权更深刻。因为一切不公平对待都是对人的不尊重，是用非人的方式对待人。故公平对待直接与正义相联系，公平就意味着正义，正义也就是公平。而平等未必有正义。绝对和庸俗的平等带来的恰恰是正义的破坏。而真正的平等，必须是一种公平对待意义上的平等，平等只有具有了公开、公众、公理上的价值，才具有“人生而平等”的人道内涵。

公平对待有三个特点。一是由精神的独立和行为的自由所体现的人格尊严。公平对待要求每一个人不依附或受制于任何人，能作为社会的正式成员被公平地对待并同时能够公平地对待他人，而由这种公平对待带来的对人的尊重，能够在最大程度上激发起公民的政治和社会热情，不仅能够最广泛深入地参与各种社会和政治活动，而且能够以一个主人的身份参与其中，并能在最大程度上享受到这种公平参与带来的物质和精神上的欢愉和权利保障。二是由公平对待及其参与实现的社会资源、物质基础分配的保证。由于公平对待及其参与，使社会能够给予每一个公民应有的、能够保证人的尊严的机会和物质待遇，使其在经济上不仰仗别人，不乞求别人，同时有实现理想和改变自己处境的希望。因为只有如此，他才可能享有独立的人格和尊严，也才能保持其身体的健康和生活的愉快，正常地行使其各项权利。三是在法律生活中，这种体现人权的“自我享受”的人的尊严，不仅要求人都受到公平对待，还要求公平对待一切人，因此，公平对待既是权利也是义务，是现代法治的基本精神。人都受到公平对待，意味着自然人可以做法律许可的一切事情；而公平对待一切人，意味着自然人做了法律所不允许的事就不会有自由。前者体现出法律对自然人合法权益的保障，后者则能够有效防止个人、团体和权力对社会的危害。显然，公平对待权的内涵和范围更广，意义也更深刻，概括起来主要有以下几个方面：

（一）公平对待是衡量平等的尺度

从内容上看，平等权强调的是无差别。梅因写道：“我以为人类根本平

[1] 马克思：《1844年经济学哲学手稿》，人民出版社1985年版，第81页。

等的学理，毫无疑问是来自‘自然法’的一种推定。‘人类一律平等’是当时法律命题之一，它随着时代的进步已成为一个政治上的命题。”❶ 而公平对待权则要求尊重人，即在人与人之间要体现人格的尊严，要用尊重人的方式来对待人。而为了实现人格的尊严，有的时候反而要强调差别。比如，同样是诉讼，富人和穷人就不一样。而能否为穷人请一个律师就与穷人的人格尊严有关，就需要不同但却是公平的对待。北欧有些国家甚至交通罚款数额都因人而异。它根据的是当事人的年平均收入，于是，同样超车，对于高收入人群和低收入人群罚款就有很大的差别。从平等权看，似乎不公平，但从公平对待权来看，则具有正义性。为什么有些表面上不平等的现象能够得以存在？一个重要的原因就是它符合公平对待权的要求。同样，有些表面上平等的东西之所以受到广泛质疑，就是因为它违背了公平对待权的原则。此外，社会差别的存在也使公平对待权成为平等权的尺度。法律面前人人平等，是强调没有差别。但有的时候，社会需要差别。这就在法律平等和社会差别之间出现了落差，这个落差需要一个尺度，有了这个尺度，这种社会差别不但不会使人感到不平等，反而会使人们更深刻地感受到平等的价值之所在。公平对待权就是这样一个尺度。一种社会差别是不是应当存在，关键不在于一刀切，而在于是否公平对待。比如，高考按成绩从高到低录取，体现了一种法律平等，人人都要遵循这种分数的排列顺序。但现行高校还有许多加分制度，就值得用公平对待权量一量。这些加分制度是否符合公平对待的要求，只有符合公平对待权要求的加分制度才值得肯定。

于是，平等需要一把衡量的标尺，这把标尺就是公平对待。古希腊著名哲学家亚里士多德早就提出了这样一种平等观。他认为有两种平等：“一类为其数量相等，另一类为比值相等。‘数量相等’的意义是你所得的相同事物在数目和容量上与他人所得者相等；‘比值相等’的意义是根据各人的真价值，按比例分配与之相衡称的事物。”❷ 在这个基础上，他强调社会范围内的平等，即正义，是一种比值的平等，社会平等只有在比值平等的基

---

❶ ［英］亨利·梅因著，沈景一译：《古代法》，商务印书馆1996年版，第53页。

❷ ［古希腊］亚里士多德著，吴寿彭译：《政治学》，商务印书馆1983年版，第234页。

础上，才是一种体现公平正义的平等。“现在的人们大都承认（政治权利的分配）应该按照各人的价值为之分配这个原则是合乎绝对的正义（公道）的。”❶ 此外，平等权具有的某种相对性，还会使一些不平等的东西能够打着平等的旗号。1896 年发生的普莱西诉弗格森案，仅仅因为霍墨·普莱西在乘坐东路易斯安那铁路公司的火车时因坐在白人车厢而被法院裁决有罪，当人们用平等权质疑时，法院的答复虽隔离但却提供了平等的服务。❷ 此后，所谓“隔离而平等”的信条变成了种族隔离的法律基础，成为“合理合法”的事。及至 20 世纪 50 年代的布朗案，才纠正了这一不公平。

（二）平等的本质内涵是公平对待

平等与公平正义有关，只有体现了公平正义的平等才值得推崇。而公平对待则是公平正义的起点，如果没有公平对待，就根本不可能有公平正义和平等。而从平等的要求来看，平等不是要否认和消灭人和人之间的自然差别，它也不可能否认和消灭这一差别，它所要求作的只能是消灭或减轻制度所造成的人与人之间由于不合理的制度和习惯造成的差别。正如卢梭所说：平等“这个名词绝不是指权力与财富的程度应当绝对相等；而是说，就权力而言，则它应该不能成为任何暴力并且只有凭职位与法律才能加以行使；就财富而言，则没有一个公民可以富得足以购买另一人，也没有一个公民穷得不得不出卖自身”❸。也就是说，“人们尽可以在力量上和才智上不平等，但是由于约定并且根据权利，他们却是人人平等的”❹。显然，平等的本质特征不在于人们财富和权力的多寡，而在于每个人在社会生活中是否受到公平的对待，而这种公平对待的后果在财富和权力的多寡上往往并不平等。平等的本质内涵是公平对待。

---

❶ ［古希腊］亚里士多德著，吴寿彭译：《政治学》，商务印书馆 1983 年版，第 235 页。

❷ 普莱西诉弗格森案（Plessy v. Ferguson）的判决霍墨·普莱西（Homer Plessy）是一位 30 岁的鞋匠，他有 7/8 的白人血统，仅有 1/8 的黑人血统，但按照路易斯安那州的法律他也属于黑人，火车上应该坐到有色人种车厢去，而他在 1892 年乘坐东路易斯安那铁路公司的火车时却坐在了白人车厢并拒绝离开，因而被捕入狱，作出裁决的是地方法院的法官弗格森。普莱西上诉到路易斯安那州高级法院，州高级法院仍然裁决他有罪，理由是虽是隔离的客车，但却提供了平等的服务，因而并不违反第 14 条修正案的平等保护条款。

❸ ［法］卢梭著，何兆武译：《社会契约论》，商务印书馆 1990 年版，第 69 ~ 70 页。

❹ ［法］卢梭著，何兆武译：《社会契约论》，商务印书馆 1990 年版，第 34 页。

同样地，一种结果上并不平等的现象能够为人们接受，就是因为它体现了公平或公平对待。这种公平对待的理念，在西方法律思想中，有悠久的历史，使它成为一种和神、创世者相联系或相并列的神圣的东西。如作为创世者神迹纪录的《圣经》中就有“唯愿公平如大水滚滚，使公义如江河滔滔”的思想。由此引出当代西方英美法的三大概念私产神圣、契约精神、意志自由也都与公平对待有关。所谓私产神圣就是要求公平对待合法的私产，这是作为私有权的“有必要的特权”，任何人都要尊重，法律上称之为“对世权”，不能动辄受到侵犯，这是体现在财产权上的公平、公正和公义。同样，契约精神也是一种公平对待的精神，要遵守契约、履行契约，维护契约的权威，维护契约的权威是公平、公正、公义的要求。在文艺复兴时期，人们甚至不惜用生命维护契约的神圣。意志自由强调公平地对待当事人，当事人可以保持沉默，在被告还没有与原告对质、还未为自己辩护之前不能被定为有罪。而不经当事人申辩、没有对质程序就剥夺一个人的自由和财产，就是一种不公。因此，私产神圣、契约精神、意志自由的实质精神是公平对待任何一个人，把人当作人对待。

（三）公平对待是更深刻的平等

在很多时候，平等并不能使我们满意，是因为这种平等缺少了公平对待。公平对待是平等背后的正义。某年冬天特冷，且持续地下着厚雪，但学校并没有放假，还要求学生继续上学。一位中国学生的家长感到这么冷的天送孩子去上学委屈了孩子，与学校联系，希望学校同意，让孩子在大雪天留在家里。但学校不同意。家长问原因，老师告诉家长是为了让学生在这么寒冷的天能够在学校更好地生活，因为学校有空调、有比较好的饮食。家长知道这个原因后，就说我家这些条件都有，我家孩子就不来了吧。但学校老师严厉地拒绝了：“不，不能这样做，任何学生都必须来，为的是不让穷孩子的人格受到伤害！”如此对待学生，所体现的就是公平对待，它是人格的尊重，也是平等的深化，是一种人性之美。因为公平对待直接包含着正义的精神。比如许多国家都有针对不同群体的特殊政策，如美国对印第安人的优惠政策，我国对少数民族的特殊优惠政策，都是一种体现公平对待的政策，虽然它也会使某些人产生不平等的感觉。此外，如商家对某些职业人士在产品和服务的价格上优惠等，也会使人有不平等的感觉。

为什么在一个“人生而平等”已经成为空气般存在的社会，会有这种“明显”的不平等存在？原因就在于它们体现了公平正义。这也是罗尔斯著名的正义二原则所强调的，因为这样做的目的，是在社会竞争中，将好的机会向所有人开放，不把弱者拒之门外，使他们有机会参与竞争。[1] 显然，这种表面上不平等的差别，不是否定平等，而是有利于缩小差别，从而有利于更好地实现平等。

当然，有人也把后者称为实质平等，而实质平等的本质正在于公平对待。正是从这个意义上，我们强调，人与人的差别并不一定都是不合理的。合理的差别，包括自然的和社会的差别，不但不应当取消，而且法律还确认和保护它们，因为这种确认和保护有利于社会的进步。例如，法律对有不同贡献的人作出不同的奖励性规定，不仅不是不平等的，而恰恰是最公平的；再如，社会为了减轻财富占有上的贫富差别，在税收法中对高收入者规定较高的税率，也是合理的和不违背社会公平原则的，所有这些表面上的不平等，正是由于公平对待的精神，使现代社会的平等更加合理和人性化。

（四）公平对待是平等权的前提，成为平等的起点

通常认为平等有三个要素，即权利、机会和能力。大多数人都认同“权利永远是第一位的，没有权利方面的平等，就没有长久的真正的平等”[2]，但问题是，这样一种权利义务的平等不是天生的，它取决于社会不同力量的政治博弈，故平等观念和权利只是一种结果，而这种结果的真实前提则是社会生活中的每一个人都能否被尊重，并受到公平对待。为什么中国封建社会中的“民本”始终没有产生民主政治？一个根本原因，就是中国封建统治者从来没有把人当作人看待。虽然中国古代早就有所谓“天下为公”的说法，但天下始终只是君王的天下，暴君和开明君主的区别只在于在对付百姓的时候，后者相对不残暴而已。一个不受公平对待的人根本就不可能有权利义务的平等。公平对待权在先，平等权在后。一个不能受到公平对待的人，很难会享受到平等权。美国革命后，“人人生而平等”

---

[1] ［美］罗尔斯著，何怀宏等译：《正义论》，中国社会科学出版社 1998 年版，第 57 页。

[2] 万军等：“社会主义平等观笔谈四则——马克思恩格斯的平等观”，载《科学社会主义》2006 年第 2 期。

成为社会的最强音，但甚至到20世纪60年代的美国仍然存在强烈的种族歧视。华盛顿、杰弗逊这些伟人不是不知道黑奴的存在违反“人生而平等”的价值，而是公平对待一切人的社会和经济基础以及环境没有形成。

由此，公平对待权成了争取平等权的手段。有了公平对待权，人们才可能利用公平对待的权利去争取平等权和其他权利。如果人们在生活中没有公平对待的机会和场所，人们的利益诉求就无法表达，平等和其他的权利也就无从谈起。公平对待权是实现平等的现实起点。要争取平等的社会环境，首先要有人人受到公平对待的社会和法治环境，而平等权则是公平对待权的逻辑结果，是人们运用公平对待权争取得来的。此外，平等权的多少，也与公平对待的质量和范围有关。人们在多大程度上受到公平对待，人们就能在多大的范围上实现平等。公平对待的性质、质量和程度决定了平等权的质量和性质。反过来，平等权也能促进公平对待，平等权的宪法和法律化，能够在一定程度上促进人们的公平对待。比如，由于经济的保障，人们的社会地位大致平等，就能在相当大的程度上促进人们的公平对待，各种特权思想和行为根本没有存在的可能。如前文提到了一个行政首长到某风景地观光，当地行政部门封山，不让其他游客进山这种现象在法律平等比较规范化的国家是根本不可能出现的。因此，平等权和公平对待权具有一种互相促进的作用。

三、公平对待权在我国社会生活的体现

公平对待的精神已经从三个方面包含在我国社会生活中。首先，我国宪法和法律规定的政治权利、社会经济文化权利中，一定意义上都包含了公平对待的精神。如宪法赋予公民对政府进行监督、批评和控诉的权利，公民有宪法规定的言论、出版、结社自由、集会示威游行自由等政治权利及司法救济权。此外，我国《民法通则》《就业促进法》《妇女权益保障法》《刑法》和《警察法》中都有公平对待的相关规定，虽然它们没有直接用公平对待权的表达形式。又如，我国《刑法》第20条第一款对正当防卫的规定：“为了使国家、公共利益、本人或他人的人身、财产和其他权利免受正在进行的不法伤害，而采取的制止不法侵害的行为，对不法侵害人造

成伤害的，属于正当防卫，不负刑事责任。”这里所谓“采取的制止不法侵害的行为”就具有公平对待性，因为它具有公平对待的性质，故具有正当性，属于正当防卫。我国《警察法》第33条规定：人民警察对于超越法律法规规定的人民警察职责范围的指令，有权拒绝执行，并同时向上级机关报告。这里所体现的同样是一种公平对待。因为人民警察的职责是执法，警察有执法的义务，也有抵制不合法或违法的职责，警察对没有法律依据的执法指令有权拒绝，等等。

其次，我国宪法的开放性规定，还为公平对待权预留了较大的实施空间。如我国《宪法》第5条规定，“一切法律、行政法规和地方性法规都不得同宪法相抵触。”这种开放性的规定，就有利于促进更多形式和各类的公平对待。根据不抵触原则，只要有利于法律平等和人格尊严的保障，都属于法律平等和人格尊严的范畴，应当获得保护。反之，凡不利于法律平等和人格尊严保护的行为，就与宪法规定的法律平等和人格尊严原则相抵触。宪法的开放性结构，更有利于公民的权利保障。事实上，宪法作为根本法只能规定最重要的公平形式，而不可能面面俱到。同样，不能把我国民法对人格权要素的概括生命健康权、姓名权、肖像权、名誉权、隐私权、婚姻自主权及弱势群体的特别保护权等视为全部的人格权要素。民法规定的只是民事权利的人格权，而且即使是民事权利的人格权形式，民法也不可能穷尽。宪法对于基本权利的开放性规定，是公平对待权得以存在的重要前提。

此外，公平对待权在我国司法实践中也有所体现。高法2001年2月发布的《关于确定民事侵权精神损害赔偿责任若干问题的解释》第1条规定：自然人因下列人格权利遭受非法侵害，向人民法院起诉请求赔偿精神损害的，人民法院应当依法予以受理：（1）生命权、健康权、身体权；（2）姓名权、肖像权、名誉权、荣誉权；（3）人格尊严权、人身自由权。高法的这个司法解释，将人格尊严单独列出，表明人格权不仅只有民法通常所理解的形式，人格尊严还有其他的形式。这实际上为公平对待权和其他的人格权留下了空间和范围。当然，司法如何更好地保障社会的公平对待权还有一个实践问题，但有一点是明确的，就是司法要有利于社会公平对待。最高人民法院发布的案例中已经有这方面的大量案例。如江苏省高级法院

2004年的一份判决所运用的正当程序原则，就体现了公平对待权："行政复议法虽然没有明确规定行政复议机关必须通知三人参加复议，但根据正当程序的要求，行政机关在可能作出对他人不利的行政决定时，应当专门听取利害关系人的意见……"❶ 显然，由于宪法的平等权在中国还难以被用来诉讼，故用好、用尽现有的公平对待规定，保障公民的平等对待，有强烈的现实意义。其实，英国早在200年前就有过公平对待的判例。当时英国某地闹饥荒，大家排队去领面包，一个人因为要插队，排队的人一怒之下把他打死了。后来法庭在审理这个案件的时候，法官判定打死人的那些人无罪。法官的理由是，如果判定打死人的人有罪，那么，就会助长社会上不排队的不良风气。因为有了这个判例，所以英美法国家的人都知道要排队，不然被人打死白死。所以英国人号称是世界上最喜欢排队的民族之一：即使只有两个人，他们也要排队。遵守秩序无疑也是公平对待权的基本形式。所以，德国法学家耶林说："若无权利，人将归于家禽。"❷ 这正是司法在公平对待权上的责任。

进一步完善公平对待权，在我国理论和实践中有着强烈的现实意义。社会和谐的前提是公民、自然人、法人能够被公平对待。正如亚当·斯密所说："正义犹如支撑大厦的重要支柱，如果这根柱子松动的话，那么人类社会这个雄伟而巨大的建筑必然会在顷刻之间土崩瓦解。"❸ 但从我国来看，这一问题仍然十分严峻。在立法方面，虽然宪法和法律明确规定了公民的选举权，但选举权作为一项权利能否真正有效地实施，仍取决于公民的选举权是否受到公平对待。❹ 我国《选举法》规定中国实施直接选举和间接选

---

❶ "江苏省高级人民法院行政判决书（2004）"，载《最高人民法院公报》2005年第3期。

❷ ［德］鲁道夫·冯·耶林著，胡宝海译：《为权利而斗争》，法律出版社1994年版，第22页。

❸ ［英］亚当·斯密著，蒋自强等译：《道德情操论》，商务印书馆2004年版，第106页。

❹ 选举权可以概括为两个方面，一是有没有选举权。在人类民主法治史上，也经历了相当长的过程。例如1832年的议会，只允许英国大约1/8的成年男性有选举权。在1867年在宪章运动的推动下，使选民人数从100万扩大到200万，但仍不到全国成年男子的1/3。1884年议会进行第三次改革，把选举权扩大到乡村地区，使全国3/4的成年男子获得选举权。直到1918年，英国才实现普遍男性选举权，同时超过30岁以上的妇女也获得了选举权（帕尔墨·科尔顿：《现代世界史》，中册，商务印书馆1992年版，第786页）。二是选举权的内容。即自由而平等的选举如何可能。从当代发展中国来看，普遍存在这个问题。

举并用。但从公民选举权的公平对待权来看，直接选举和间接选举并用的选举与公民应当具有的公平对待仍有差距。宪法既然已经明确规定中华人民共和国的公民都有选举的权利，为什么大多数公民的选举权只能局限于选举区县的人大代表选举？为什么中国的公民不能在更大的范围、更大的对象上发挥自己的选举权利？这里都包含着公平对待权的保障问题。当公民不能受到公平对待的时候，他就无力保护自己，他的权利就会受到侵犯。一个权利得不到保障的公民，肯定不会受到公平对待。而促进公民的公平对待，从实质意义上说，就是促进和保障公民的各项权利不受侵犯。没有哪一个人在权利特别是基本权利受到侵害甚至剥夺后还能被公平对待。而没有公平对待权，则一切方面的权利公平都会受到损害。公平对待权的重要性就在这里。

此外，中国社会实践中的不公平对待仍然普遍存在。如有关部门的奖励和补贴在民营企业和国有企业之间相差极大，甚至在税收政策上，民营企业也难享“国民待遇”[1]。同样，身份方面不公平对待也极为突出，按照中国法律，除了被剥夺政治权利的人，公民的社会地位和法律地位是平等的，但不少地方在公务员招考录用上出现了“权位传递”现象。广东东源县法院院长徐周定亲自主持法院党组会议，“一致决定”录取自己儿子为工勤人员。在此之前，徐已经录用自己儿媳为法院打字员。正如媒体所说“徐家三口上演‘父子兵’、‘夫妻’店”[2]。温州公路管理处近年招聘50余位领导干部亲属入职，网上还曝出33人的名单。[3] 这些现象导致社会生活中“官二代、富二代、穷二代”的阶层固化日益严重，有些大学生、研究生因为就业难自杀。《南方周末》2009年3月19日报道，石家庄女大学生刘伟，因毕业找不到工作，自杀身亡。所有这些都与公平对待的缺乏有关。正是因为缺乏公平对待权，“中国社会主要群体的声音越来越弱，他们对于社会的影响越来越小。相反，强势的利益集团正在形成。如果不采取果断措施，中国很可能滑向“权贵资本主义”（吴敬琏语）或者“资本—官家主

---

[1] “‘不对等国民待遇’正被‘复制’到文化领域”，载《报刊文摘》2010年8月9日。

[2] “岗位都被‘七大姑八大姨’占了”，载浙江培训认证网，2012年6月27日访问。

[3] “‘权位传递’新动向”，载《报刊文摘》2012年9月5日。

义”（历史学家吴思语），“中国共产党就会有执政合法性危机。”❶ 所有这些，都是对我国公平对待权缺乏的担忧，必须引起重视。

四、结 语

如果说平等是权利的基础，则公平对待是平等的起点。强调公平的权利固然重要，但更重要的是建立起一个人人都能受到公平对待的民主法治环境。因为有了公平对待才可能有人的尊严，而人的“尊严是最能使人高尚、使他的活动和他的一切努力具有更加崇高品质的东西，是使他无可非议、受到众人钦佩并高出于众人之上的东西”❷。而在这种尊严之下，没有权利可以长出权利；权利有不足，可以加以完善；权利受到破坏，能够及时得到救济和补偿。反之，如果没有公平对待的社会环境，则不但不可能有权利产生，即使已经确立的权利也难以得到保障。从这个意义上，当代社会生活中，人们的公平对待权是否能够得到尊重，是衡量一个社会文明程度的标志。建设社会主义和谐社会，有很多路径，但最基本、最重要的就是要建立起每一个人都能公平对待他人，而每一个人又能够被公平对待的社会环境。人们在社会中公平对待他人和受到公平对待的程度，反映了一个社会的文明程度。社会生活越进步，人们在社会生活中受到的对待越公平。同样，人们在生活中的对待越公平，社会发展的程度就越高。故促进社会的公平对待，不仅是实现社会平等的要求，也是我国民主法治的组成部分。因为在这样一种公平对待中，才能实现如马克思所说：“人终于成为自己的社会结合的主人，从而也就成为自然界的主人，成为自身的主人——自由的人。”❸ 而正是这样的人，才能“合理地调节他们和自然之间的物质变换，把它置于他们的共同控制之下，而不让它作为盲目的力量来统治自己；靠消耗最小的力量，在最无愧于和最适合于他们的人类本性的条件下来进行这种物质变换。”❹

---

❶ 吴永平：“起点公平与底线公平：和谐社会的两大基石”，载《资料通讯》2007年第6期。
❷《马克思恩格斯全集（第1卷）》，人民出版社1995年版，第458页。
❸《马克思恩格斯选集（第3卷）》，人民出版社1995年版，第760页。
❹《马克思恩格斯全集（第25卷）》，人民出版社1974年版，第926页。

构建刑事追诉和法律监督相统一的中国检察权

【提要】 检察学研究中的主流一元论把检察制度统一于法律监督，存在诸多无法克服的矛盾；检察学研究中的二元论，一定意义上具有否认法律监督的倾向。从监督和制约透视中国检察权之争，要超越传统的“一元”和“二元”之争。中国检察权包含法律监督和刑事追诉两大权能。法律监督和刑事追诉统一于检察权，但又在检察权下适度分离，体现了监督和制约的内在特点，也是完善中国检察制度，优化检察机关职能配置，全面贯彻落实宪法原则和党的“十七大”“完善监督和制约机制”的需要。

近代资产阶级革命中，欧陆国家通过对纠问式诉讼方式的批判而建立起来的检察制度，主要是一种权力制约的司法制度。当时，将原由法官行使的权力一分为二：由检察官负责提起公诉，法官的工作限于审判一职，通过莅庭、提起上诉、抗诉、再审等手段，制约法官，使“法官与检察官彼此节制，藉以保障刑事司法权限行使的客观性与正确性”[1]，体现了权力制约的精神。另一方面，大陆法系的检察制度中又在相当大的程度上包含了法律监督的内容，经过苏联和社会主义国家的发展，以法律守护人为特点的法律监督成为当代检察制度的另一个重要特点。作为大陆法系检察制度组成部分的中国检察制度已经形成监督和制约并存的特色。但由于种种原因，中国检察权和法律监督的性质及其理论特点等始终没有形成共识，在一定程度上影响了中国检察制度的发展。因此，从法理上明确中国检察

---

[1] 林丽莹：“检察一体与检察官独立性之分析”，载《月旦法学杂志》2005 年第 124 期。

权和法律监督权的概念及其关系，不仅是中国检察学基本概念、基本范畴科学化的需要，也是完善中国检察制度的基础性工作。

一、一元说及其缺陷

中国检察权和法律监督权究竟是什么关系？目前国内的主流观点是一元说，即主张法律监督和检察权是同一个东西，法律监督权就是检察权，或检察权就是法律监督。近年有些学者又提出法律监督是检察权的功能。[1]

一元说的合理性在于强调了检察权和法律监督权的统一性。这当然是对的。宪法明确规定：我国人民检察院是国家法律监督机关。如果检察权和法律监督是不同的权力，如何坚持宪法的这一规定？检察机关行使检察权不是法律监督，则检察机关又如何实施法律监督？但是，强调检察权和法律监督权的统一，还有一个如何统一的问题。目前的主流一元说强调统一于法律监督，即检察机关的所有职权都在法律监督上得到统一，或所有的检察职能都具有法律监督的性质："法律监督的方式和手段的多样化、多元化与法律监督本质和职能的唯一性、统一性并不矛盾。各种检察职能包括诉讼职能和非诉讼职能统一于法律监督，都是法律监督的实现方式和途径，共性寓于个性之中，个性体现共性。"[2] 但是，这种将中国检察权和检察职能统一于法律监督的观点，在理论和实践中都面临较大的质疑。除了法学界近年一直反对的既当运动员又当裁判的问题外，这种统一于法律监督的主张实际上改变了中国检察机关的性质，检察机关成了法律监督院。而检察机关通过刑事追诉制约警察和法官的法治功能被忽略甚至取消，与近代以来检察权的法治功能和我国宪法关于公、检、法在刑事诉讼中"互相制约"的规定不一致。更重要的是，检察机关的许多职能并不能等同于

---

[1] 这种观点认为，检察机关是法律监督机关，对一切国家机关职权行为实施法律监督，法律监督职能是检察机关的根本职能，其他各项检察职能均从属和派生于法律监督职能。见粟劲、李放：《中华实用法学大词典》，吉林大学出版社 1988 年版，第 1646 页；也有的直接将检察权和法律监督权相等同。见王松苗："厉行法治，法律监督应如何定位"，载《人民检察》1998 年第 9 期；孙谦、童建明：《中国检察制度论纲》，人民出版社 2004 年版，第 55 页；韩大元："检察机关性质的宪法文本分析"，载《国家检察官学院学报》2005 年第 3 期。

[2] 孙谦：《中国特色社会主义检察制度》，中国检察出版社 2009 年版，第 349 页。

法律监督，因为法律监督和传统检察权行使的对象、内涵等有极大区别。

首先，从对象看，现行法律关于法律监督的对象主要限定于特殊的主体即国家机关或国家公职人员，或者主要是司法领域的国家机关工作人员。根据《人民检察院组织法》第5条的规定，人民检察院的职权所涉对象有两个层面，即国家机关或国家机关工作人员或普通公民、社会团体等，其中涉及监督的三项均为国家工作人员。如第三款对于公安机关的侦查活动是否合法，实行监督；第四款对于人民法院的审判活动是否合法，实行监督；第五款对于刑事案件判决、裁定的执行和监狱、看守所、劳动改造机关的活动是否合法，实行监督。而该法第一项没有涉及法律监督，是因为叛国案、分裂国家案以及严重破坏国家的政策、法律、法令、政令统一实施的重大犯罪案件的罪犯包括非国家公职人员。同样，该法第二款对于直接受理的刑事案件进行侦查，也没有用监督一词，是因为侦查对象是职务犯罪的主体，行为性质是犯罪，对于犯罪行为只能实施追诉，而对刑事案件进行侦查，则是刑事追诉的基本方式。为什么法律监督的对象只限于国家公职人员？原因就在于从1978年宪法到1979年《人民检察院组织法》，再到1982年宪法，我国宪法和法律在法律监督的问题上已经有了重大进展。在《共同纲领》和1954年《宪法》中，检察机关法律监督的对象是整个社会，学界通常称之为一般监督。但随着我国民主法治建设的发展，这种以整个社会为监督对象的一般监督既不合理也不现实。正是基于这样的事实，1979年《人民检察院组织法》将人民检察机关维护、保障宪法和法律统一完整实施的法律监督对象限定于国家公职人员。这个规定，不仅有利于人民检察院在实践中有效地实施法律监督，而且在理论上也具有充分的合理性。通过监督限制和控制公权正是现代法治文明最本质的特点之一。而普通公民的私权则不存在受监督的问题。

其次，从行为看，法律监督所针对的是违法行为，而行使检察权所针对的是犯罪行为。根据《人民检察院组织法》第5条的规定，人民检察院的法律监督涉及公安机关的侦查活动、人民法院的审判活动及对于刑事案件判决、裁定的执行和监狱、看守所、劳动改造机关的活动是否合法。而只有当对象涉及犯罪时，才行使检察权。而法律监督的对象，只是保障其依法行政或依法审判。换言之，如果刑事司法机关的国家工作人员出现重大刑事案，则人民检察院就不适用“监督”，而是行使检察权实施追诉的问题。此外，从法理上说，“监督犯罪”是一个不准确的概念。监督意味着监察、督促，具有防止和纠正的意思。如检察机关对侦查行为的监督，就具有预防、纠正其违法的作用。人民群众对政府的监督，也具有防止和纠正的意思。但犯罪行为却不适用监督。犯罪行为固然应当预防，但却不是纠正的问题，而是如何追究的问题，这是维护法律尊严的基本要求。

再次，从手段看，法律监督是预防和纠正性的，而检察权是追究性的。《人民检察院组织法》第 5 条有五个条款，其中第一款、第二款用的是“行使检察权”，第三款、第四款、第五款规定的是法律“监督”。为什么前者用“行使检察权”，后者用法律“监督”？一是因为行使检察权的对象和法律监督的对象不同。前者涉及的是刑事案件或严重刑事案件，而后者涉及的是合法性问题。对于刑事案件，需要人民检察院行使追诉权。而所谓合法性监督，则主要是一种规范化的问题，如公安机关在侦查中有不合法的现象，人民检察院有权予以纠正。二是两者的现实度不同。行使检察权的对象是结果型的或已经发生的刑事案件，行使检察权的目的在于依法追究犯罪行为，维护社会主义法治，保障公民的权利；而合法性监督的对象只是可能性，究竟是不是发生了违法现象或有没有不合法，并不一定。合法性监督的目的是防止、发现和纠正不合法现象。

此外，从我国宪法和法律规定的法律监督和检察权行使的机理看，法律监督体现了监督的一般特点，而检察机关的刑事司法权体现的则是制约的特点。宪法和法律规定，人民检察院是法律监督机关，但在刑事诉讼中与其他司法机关处于一种互相制约的关系。由此，我国检察权除了有追究犯罪的特点外，还有制约其他司法机关的特点。故从检察机关约束控制公权的角度看，我国人民检察院的法律监督和刑事追诉职能是约束和控制国家权力的两种形式。法律监督是约束公权的外部形式，人民检察院通过实施法律监督，预防和纠正国家机关及其工作人员的违法行为，这也包括了司法机关工作人员的违法行为。人民检察院的刑事追诉职能，是约束公权的内部机制。人民检察院通过行使检察权，对其他司法机关的司法行为进行制约，保障其他司法权的依法行使，从而起到保障公民合法权益，维护宪法和法律权威的作用。

显然，在这种情况下，将检察机关的检察权特别是刑事追诉权与法律监督权直接画等号极为困难。法律监督和检察机关刑事追诉权行使的对象、行为、手段及机制都不同，法律监督权和检察权如何统一起来？以检察职能的公诉为例，从检察权的历史和实践看，它是一种制约法官的权力。检察机关通过公诉权制约审判权，防止审判机关滥用刑事审判权，它体现的是孟德斯鸠权力制约和分权制衡的理念，“在政治宽和的国家里，一个人，即使是最卑微的公民的生命也应当受到尊重。它的荣誉和财产，如果没有经过长期的审查，是不得剥夺的；他的生命，除了受国家的控诉之外，是不得被剥夺的。——国家控诉他的时候，也必定要给他一切可能的手段为自己辩护。”❶ 监督不能发挥制约的功能。因为制约和监督的机理是不同的。制约具有客观性、普遍性、内在性、同时性和对等性。在自然和社会中，到处都存在着制约。而只要存在制约，就会影响另一个被制约事物的发展。制约各方力量的对等性通常又能决定制约发挥作用的大小。所谓制衡，就是制约各方势均力敌的结果。而监督是人类社会特有的，自然界不存在监督。而且，从机理上说，监督是外在的、滞后的、具有地位优越性等特点。监督的外在性决定了它具有滞后性，因为监督不是通过权力抗衡实现约束，而是通过更优越的地位，影响和约束被监督者。制约和监督的不同机理，决定了它们的不同功能，不能互相通用。最常见的就是我们可以说互相制约，但却不能说互相监督。因为制约是同时的、对等的，你制约我，我也反过来制约你。而监督却不行，监督者通常比被监督者有更优越的地位。比如人民监督政府，就是因为政府的权力来源于人民，人民的监督具有巨大的优越性。

还有一种观点，认为法律监督是检察权的功能。❷ 这种将实体权和它的功能分离的说法，实际上提出了一种没有实体权的法律监督功能，这是违背“体、用”常识的。举一个简单的例子，杯子之所以能够喝水，是因为

❶ ［法］孟德斯鸠著，张雁深译：《论法的精神（上）》，商务印书馆1994年版，第75～76页。

❷ 有的学者认为“法律监督是对检察机关行使权力所要达到的功能和目的的一种整体描述和定义，它解决的是检察权的功能问题，不解决检察权的构成和内容问题。”见万毅：“法律监督的内涵”，载《人民检察》2008年第11期。

有杯子的实体。如果一个物没有杯子的实体，它怎么能有喝水的功能？中国近代史上，也曾有过体、用分离的理论和实践，所谓“中学为体，西学为用”就是典型，历史证明是失败的。以此来透视中国的法律监督，同样面临这个问题。中国检察部门的法律监督之所以长期得不到有效的发展，一个重要的原因，就是法律监督权的权能建设长期没有引起重视。而没有法律监督权能的法律监督又怎么可能？于是，当我们把检察权等同于法律监督权的时候，法律监督权也就消失了。即使是检察实务中常用的检察建议，由于没有起码的、应有的法律规定，不能不在相当大程度上影响中国检察机关的法律监督效能和质量。

中国检察制度重建已经30多年。检察机关强调维护宪法的权威无疑是合理的和正当的。但维护宪法规定的法律监督的权威，必须尊重科学，仅凭感情捍卫不了科学问题。正如列宁所说：“一切科学的（正确的、郑重的、不是荒唐的）抽象，都更深刻、更正确、更完全地反映着自然。”❶ 我们应当重视法律监督，但如果无视法律监督和检察权的差别，片面强调法律监督的一元论，恰恰会构成对法律监督的损害。

二、二元说及其缺陷

上述法律监督和检察权的不同，似乎从一个侧面证明了二元论。二元论有不同的主张，概括起来主要有两类，一类主张取消法律监督。如蔡定剑等人就是这个观点，有些激烈的学者甚至主张取消中国检察院体制。❷ 另一类是为了促进和完善法律监督。樊崇义教授在《刑事诉讼法的哲理思维》中提出了检察权和法律监督权“职权二元论”的观点，概括了四个理由，一是目的不同，二是监督和制约的概念和内涵不同，三是出于尊重和遵循诉讼规律的需要，四是诉讼权产生和发展历史的基本要求。❸ 第一种二元论

❶ 《马克思、恩格斯、列宁、斯大林论德国古典哲学》，商务印书馆1962年版，第284页。

❷ 蔡定剑在1991年出版的《国家监督制度》一书中，就提出检察机关要改变法律监督机关的性质；后者则提出取消中国检察体制。见夏邦：“中国检察院体制应予取消”，载《法学》1999年第7期。

❸ 樊崇义：《刑事诉讼法的哲理思维》，中国公安大学出版社2010年版，第349～352页。

以西方主流检察模式来质疑和否认中国检察制度，目前已经很少有市场；第二种二元论，从完善法律监督的角度提出“职权二元论”包含着一定的合理性。因为监督和制约确实是两种完全不同的概念，有不同的机制要求，而且实践中监督和制约不分已经带来了巨大的影响。但“职权二元论”并不等于二元论，也并不能就此得出结论检察权与法律监督权是两种完全不同的权力。

在这个问题上，首先，必须坚持一元论。这是因为否认检察权和法律监督权统一性的二元论，把法律监督和检察权完全分离，与宪法的规定不一致。宪法明确规定，人民检察院是我国的法律监督机关。这就这意味着，人民检察院的检察权，包含着法律监督。人民检察院是法律监督机关，人民检察院的基本权力就是检察权。故当人民检察院成为法律监督机关的时候，人民检察院的检察权也就具有了法律监督的职能。法律监督不是检察权之外的权力，而是包含在检察权之中，由检察院实施的权力。检察机关通过行使检察权发挥法律监督的功能，是宪法赋予检察机关法律监督功能最重要的表现和特征。人民检察院只有通过行使检察权才能体现出法律监督的职能，故人民检察院才能成为法律监督机关。从这个意义上，检察机关、检察权、法律监督是统一的。只有坚持了这种三者统一，才能正确理解我国宪法和法律关于检察机关是法律监督机关的规定，“才能理解各种检察职能之间的内在联系，发挥检察职能的整体效能，坚持检察改革的正确方向。”❶

其次，把法律监督和检察权对立起来，容易导致取消法律监督的后果。我国宪法和法律中的法律监督，是检察机关的重要特点。人民检察院通过行使检察权实现法律监督，是宪法和法律对检察机关的基本定位。如果检察机关行使检察权不是法律监督，检察机关又如何成为法律监督机关？从这个意义上，否认检察权具有法律监督的性质，也就是否认中国检察机关是法律监督机关。诚然，法律监督具有与传统的检察权如公诉、抗诉等不同的性质，但这并不等于法律监督就不是检察权。中国检察机关的检察权由于宪法和法律的规定，实际上被赋予了新的权力属性，这一新的属性都

❶ 孙谦：《中国特色社会主义检察制度》，中国检察出版社2009年版，第42页。

属于检察权，而不是检察权之外的属性，更不能由此否认检察权的属性。因此，一般意义上，我们主张对传统检察权和法律监督权加以区分，但这种区分是在坚持检察权统一性原则下的区分。在这个原则下，中国检察权是包括法律监督权和传统检察权即刑事追诉权的二元性权力。法律监督是中国检察权的属性。而检察权和法律监督权上的二元论，可能包含着否认法律监督的倾向。法律监督权和检察权既然完全不同，故检察机关的职能建设必须坚持检察性、诉讼性，有些学者正是从法律监督和检察权的二元论出发，认为检察机关应回归诉讼本位，“以公诉为核心构建中国检察制度”❶，有的学者从公诉的形式特征出发，提出公诉权和法律监督权根本对立，检察权只能享有公诉权，检察机关只能是国家公诉机关而不能是法律监督机关❷，有的学者提出“人民检察院是国家的法律监督机关的规定是宪法的一处硬伤，检察机关不应当是一个独立履行法律监督职能的司法机关”❸ 等，其理论上的根源就在于片面地强调检察权和法律监督权的二元性。

最后，法律监督和检察权完全对立起来，在理论和实践中也存在诸多问题。如果中国检察机关的检察权不具有法律监督的属性，中国检察机关又怎么能成为法律监督机关？检察权是检察机关的基本权力，中国检察机关是法律监督机关，也就意味着中国检察机关的检察权具有法律监督的权能。只有当中国检察机关的检察权具有法律监督权能的时候，中国检察院才是法律监督机关。中国检察院作为法律监督机关当然离不开检察权。中国检察机关一切法律监督活动都与检察权的行使有关。法律监督是中国检察机关实施检察权的结果。离开检察权实施的监督活动，就不是法律监督。把检察权和法律监督权完全分离甚至对立起来，使法律监督成为检察权以外的活动，则它就不是法律监督。法律监督是人民检察院行使检察权的活动。脱离检察权的法律监督，违背宪法和法律对检察机关的基本定位，也

---

❶ 陈卫东：“我国检察权的反思与重构——以公诉权为核心的分析”，载《法学研究》2002年第2期。

❷ 龙双喜、冯仁强：“宪政视角下的中国检察权——兼议法律监督权与公诉权的关系”，载《法学》2004年第11期。

❸ 郝钟银：“检察权质疑”，载《中国人民大学学报》1999年第3期。

不符合法律监督的基本属性。此外，把法律监督和检察权完全分离，看成是两种完全不同的权力，也会滋生出一系列问题，如人民检察院实施法律监督的合理性何在？凭什么中国检察院是法律监督机关？为什么要让检察机关实施法律监督？这些问题当然可以讨论，但这些问题的背后，是我国现行宪法结构和国家政体合理性的根本问题，不是一时能解决的，需要持久和缜密的研究思考和探索。而在这些思想和探索的结果还未能根本改变现行宪法结构和国家政体之时，我们必须尊重现行宪法，捍卫现行宪法。因此，在宪法已经明确规定中国检察院是法律监督机关以后，理论和实践中更需要做的，是如何发挥检察机关的法律监督职能，如何进一步促进人民检察院的法律监督，而不是削弱法律监督。实践证明，只有强调两者统一，才有助于法律监督，从而也有助于我国宪法的贯彻实施。

诚然，从监督和制约的角度看，传统检察权和法律监督权具有极大的不同。但我们不能就此形而上学地认为“检察权只能是公诉权，检察机关只能是国家公诉机关”。历史上，检察权的产生和发展过程经历了从监督到制约的过程，作为检察制度源头的法国国王代理人制度就是一种监督制度，是法国国王监督地方领主的制度，只是在历史的发展过程中，这种监督制度才逐渐被公诉制度及其所内涵的制约所替代。但法国大革命后产生的检察制度本质上仍是一种控权制度，即对警察和法官的双重控制，控制的手段有监督和制约，这成为近代大陆法系检察制度的基本特点。由于历史条件的影响，当代法治国家检察制度中制约和监督的手段在运用的强弱上有所不同。苏联曾创造过权力最大的检察机关，其地位仅次于最高苏维埃。[1]今天的俄罗斯检察机关，仍然有极大的法律监督权力。此外，即使在英美法系的美国，检察官也有许多与公诉无关的职能，如州检察长可以提供建议给州政府官员、议员，以影响州的公共政策，还可以发布意见书的形式执行准司法职能，在某些地方，检察官还积极从事保护消费者的活动。[2]美国的独立检察官和特别检察官是其他国家没有的，但其他国家没有，是不

---

[1] ［德］K. 茨威格特、H. 克茨著，潘汉典、米健、高鸿均、贺卫方等译：《比较法总论》，法律出版社2003年版，第430页。

[2] ［美］威廉·蓬汉姆著，林利芝译：《英美法导论》，中国政法大学出版社2003年版，第124页。

是意味着美国的独立检察官或特别检察官就不合理呢？显然，问题不在于一个国家的检察制度究竟是什么，而在于它是否科学，是否能够发挥科学的权力制约和监督的功能。

当然，检察权又不能简单地等同于法律监督。我们反对将检察权和法律监督权完全分离，并不等于承认检察权和法律监督权的完全同一。反过来，我们不同意上述“同一”论，也不等于我们承认检察权和法律监督权问题上的二元论。检察权和法律监督权本质属性上的一元论和二元论各有其优点和缺点。中国检察权本质属性研究要采纳两者的优点，同时又要克服两者的缺点，故要超越一元和二元的争论，这是我国检察权和法律监督权之争问题上必须实现的思想和理论飞跃。

三、超越“一元”和“二元”：统一说

一元说和二元说虽然是两种学说，但理论上的不足导致它们有着共同的趋向，即都在某种意义上包含着否认法律监督的可能。一元说虽然强调法律监督，但把法律监督作为检察权的根本，一切检察活动都在不同的层面、方面体现着法律监督，实际上否认了法律监督的独立意义。事实上，检察机关的检察活动，并不都是法律监督。且不说国外的检察活动，即使是中国检察机关的检察活动，也有许多与法律监督无关。把法律监督说成是所有检察活动的本质特点和根本表现，不符合检察活动的基本特点。特别是这种包罗检察机关一切活动的法律监督，实际上否认了检察机关独立实施法律监督活动的可能性，这是中国检察机关法律监督之路越走越狭窄的一方面；另一方面，二元论也包含着否认法律监督的趋势。有些主张二元论的学者表面上并不否认法律监督，但中国的检察制度如果严格按照西方公诉型检察体系来建构，最终只能请法律监督“离开”。这一点，有些学者在不自觉之中说到了：“检察机关的司法机构色彩应逐渐弱化，法律监督应当逐渐淡化并在条件成熟时最终退出检察机关的职能范围。”[1]

显然，一元论和二元论无论是实践中还是理论上所具有的否认法律监

[1] 陈瑞华：“司法权的性质”，载《法学研究》2000 年第 5 期。

督的可能，与我国宪法所确立的国家政体及检察机关的政治定位不一致。在我国检察制度的改革中，既要采纳它们的合理之处，又要避免它们的不足。为此，我们主张统一论。所谓统一，就是既采纳了一元论的积极方面，又吸取了二元论的合理部分；同时，也要舍弃它们的不合理方面。为此，我们主张，宪法和法律赋予人民检察院的权力就是检察权，这是检察权问题上的一元论。检察权是人民检察院最基本的权力。思考人民检察院法律监督权和检察权的关系，不能偏离这个定位。人民检察院主要的和基本的职权都是检察权或属于检察权。人民检察院通过行使检察权实施法律监督。法律监督权是检察权的重要权能和组成部分。人民检察院的权力通过检察权统一起来。强调人民检察院是法律监督机关，包含着人民检察院通过行使检察权实施法律监督的目的。法律监督是行使检察权的必然结果，没有检察权就没有法律监督，法律监督通过检察权的行使体现出来。

另外，人民检察院的检察权又有不同的权能，这是检察权问题上的二元论。从制约和监督的机制来区分，大体上可以分为追诉权（制约权）[1] 和监督权。检察机关传统的追诉性权力，都属于制约权，如侦查、公诉、抗诉等，因为它们都包含着制约的要素。比如公诉，不仅制约法官，也制约警察。反之，如不属于追诉性的权力，就不属于制约权。而法律监督则属于检察权的新型权能，即法律监督权。[2] 法律监督权是检察权的监督性权力。目前检察机关普遍行使的检察建议、纠正意见书都是比较典型的法律监督权。《刑事诉讼法》第169条规定：“人民检察院发现人民法院审理案件违反法律规定的诉讼程序，有权向人民法院提出纠正意见。”这就是法律监督。理论上，还有些学者提出了弹劾权[3]、行政诉讼权、公益诉讼权、法律监督令、“双规”、巡查等，这些属于不属于法律监督或能不能成为法律

---

[1] 卞建林认为，公诉的基本属性是国家追诉权，国家追诉的方式就是公诉，因而在实质意义上，公诉权是一种国家追诉权，其基本属性是国家追诉权。卞建林：《刑事诉讼法学》，科学出版社2008年版，第656页。

[2] 这方面，四川大学杨宗辉教授也表达了相似的观点：“诉讼过程中任何代表了侦查、起诉、审判、刑罚执行等具体诉讼职责的权力都不能属于法律监督权。”见杨宗辉、周虎：“检察权结构探微”，载《法学评论》2009年第1期。

[3] 向泽选认为“司法弹劾是法律监督的手段，检察机关就是弹劾机关，通过司法弹劾来完成法律监督，”见向泽选：“职务犯罪侦查的法律监督属性”，载《中国检察官》2006年第9期。

监督还有争议,[1] 但至少表明，法律监督的内涵、手段等在理论和实践中已经引起了广泛的重视，有待于进一步完善。

从追诉和非追诉来区分检察权的两种权能，能够较好地区分检察机关的诉讼职能和法律监督职能，也能化解法学界长期质疑的检察机关既当运动员又当裁判员的角色问题。当检察机关是追诉者的时候，检察机关行使的是侦查权、公诉权、抗诉权，这时候，检察机关和公安机关、人民法院的关系是制约关系，人民检察院通过行使检察权发挥诉讼制约的职能。换言之，当检察机关在行使追诉权的时候，不适用法律监督。人民检察院应当通过检察权即刑事追诉权来实现对公安机关和人民法院的权力制约，保障公民的合法权益，维护法律的权威。检察机关行使追诉权，进入追诉程序，所体现的是权力的制约，不适用法律监督权，是尊重人民法院依法独立审判的需要。但刑事诉讼中也有非追诉行为，也有追诉程序中的制约无法涉及的现象，比如，公安人员、审判人员违法吃请，收受贿赂，有关部门或有关领导的不当干扰等，这些行为都会间接地影响审判结果，为此，检察机关应当对这些行为实施法律监督。正是从这个意义上，《刑事诉讼法》第 8 条规定："人民检察院依法对刑事诉讼实行法律监督。"反之，如果把检察机关的法律监督理解为对所有诉讼行为包括审判活动的监督，就会与宪法和刑诉法关于公、检、法在刑事办案中"互相制约"的规定相抵触，也无法化解法学界长期质疑的检察机关既当运动员又当裁判员的角色冲突，更无法化解它与宪法规定的"人民法院依法独立审判"之间的矛盾。

显然，坚持检察权是检察机关的基本权力，法律监督是中国检察权的基本属性，是贯彻和实施宪法关于法律监督规定的基本要求。人民检察院是宪法规定的法律监督机关，人民检察院通过行使检察权实施法律监督，是宪法赋予检察权的基本职能，也是坚持中国特色检察制度，加强法律监督的需要。因此，主张法律监督是中国检察权的属性并不会降低法律监督

[1] 关于行政公诉的性质目前有不同的理解。有的学者认为行政公诉属于制约。（樊崇义、陈国庆、种松志编：《检察制度原理》，法律出版社 2010 年版，第 170 页。）我们赞同这个观点。主要在于从什么关系来理解行政公诉。如果从检察机关和行政机关的关系看，行政公诉具有监督性。但如果从检察机关和审判机关的关系看，则行政公诉就具有制约性。这个思路同样可以拿到刑事诉讼中来。在公诉中，检察机关和犯罪嫌疑人的关系是监督关系，但检察机关和审判机关的关系则是制约关系。

的权威。相反，由于中国检察权具有双重国家权力——刑事追诉权和法律监督权，才有可能更好地发展法律监督、完善法律监督。法律监督和检察权不分的一元论表面上强调了法律监督，事实上却淡化了法律监督。中国检察制度建设的大量事实证明，法律监督要发展和完善，就必须与检察机关的刑事追诉职能保持一定的距离。同时，法律监督作为中国检察机关的权力，也必须与检察权相一致，它是检察机关通过检察权实施的法律监督，“是国家权力机关法律监督的一种特殊形式。”[1] 这就为法律监督的发展和完善限定了一定的空间，也即法律监督的发展和完善，必须在检察权的框架内实施，否则它就可能不是法律监督，法律监督的专属性也会受到破坏。

明确中国检察权具有法律监督和诉讼制约两大基本权能，通过完善监督和制约机制来推进检察制度建设，是尊重司法规律的要求，有利于促进中国检察制度的科学化和合理化，也是科学配置中国检察机关检察职能的基本要求。在这个问题上，主张法律监督的人们不能一听二元论就火冒三丈。其实，有不同观点的二元论，特别是主张坚持法律监督的二元论，比如樊崇义教授的“职权二元论”，也是推进法律监督的力量。检察权的法律监督和刑事司法职能有着极大的不同，这种不同并不因为我们的价值偏爱就会缩小甚至消除。正确的做法是正视这种差别，明确这种差别，在差别上做文章。在某种意义上，中国检察制度建设，不是消融传统检察权和法律监督权的差别，而是科学完善地利用这种差别，使之更好地为检察机关的法律监督和刑事追诉活动服务。相当长时间里，中国检察学界有一种混同检察权和法律监督权的倾向。如果说以前是由于对两者的性质不了解还情有可原，那么在经过多年的理论研究，在制约和监督已经有了较为清晰和明确的概念和内涵的情况下，就不应该再在这个问题上持非理性的态度。

四、展　　望

监督和制约是约束权力的两种方式。中国检察权，由于刑事追诉权和法律监督权的统一，为形成制约和监督相统一的新型检察制度创造了条件。

[1] 王桂五主编：《中华人民共和国检察制度》，法律出版社1991年版，第166页。

刑事追诉权是追究犯罪，但近代之所以实施侦控审分离，就是为了实现对警察和法官的权力制约。刑事追诉权的法治特征是制约。我国宪法和法律也明确规定公、检、法在刑事办案中“互相制约”的原则，正是这种法治特征的表现。人民检察院通过刑事追诉权的制约功能，实现对其他刑事司法机关及时、有力和对等的制约，是防止其他刑事司法机关违反法律，侵犯公民权利，是维护法律权威的需要。同时，我国检察权所包含的法律监督，体现了法治的监督特征。人民检察院可以通过法律监督权，发现和纠正国家工作人员特别是刑事司法人员的违法现象，保证和促进国家工作人员依法行政、依法司法。法律监督是我国权力机关赋予检察机关的特殊权力，其目的是纠正违法，保障宪法和法律统一完整的实施。由此，我国检察机关才成为国家的护法机关。

我国检察权所具有的制约和监督相统一的双重权力控制机制，不仅是我国人大制度下检察制度的特点，也是我国检察制度的极大优越性。但是，由于我国理论和实践中长期监督和制约不分，法律监督和刑事追诉相混同，导致我国检察权的优越性未能有效发挥。因此，进一步推进中国检察制度建设，实现检察机关的职能配置优化，一个重要的思路，就是以党的“十七大”“完善制约和监督机制”为指南，以现有检察制度中的制约和监督制度为基础，促进中国检察制度已经形成的法律监督和刑事追诉制约机制更加完善、更加合理。由此，才能不辜负当代检察官作为“法律守护人”的义务，真正实现“既要追诉犯罪，又要保护受压迫者，要援助一切受国家法律保护的人民”的神圣使命。[1]

---

[1] 林珏雄：《检察官论》，学林文化事业有限公司1999年版，第33页。

我国监督法治的若干思考

【提要】 监督是权力运行的独特方式——授权行为的逻辑结果。在社会主义民主条件下，监督法治是民主政治的要求和体现。民主越发展，监督法治也越发展；民主越成熟，监督法治就越完善。由于种种原因，目前我国监督法治还不够完善，突出表现为法律性、约束力和程序性的缺乏。完善中国监督法治，需要从三个方面着手：一是观念上，要进一步解放思想，明确我国监督法治的民主法治内涵。监督法治的实质是人民监督政府，要创造条件使人民群众更好地行使监督权。二是制度上，要克服若干不利于监督法治的现象，如制度的设计者存在既想监督又怕监督的心理，在权力约束的形式上否认制约的有效性，在不同的约束权力手段上，将监督和制约相混同，容易导致既没有制约也没有监督的后果。三是在监督法治的建设手段上，要推进民主和法治的互动，以选举权促进和充实监督权，充分保障公民的监督权，把保障舆论监督提高到维护宪法尊严的高度，同时夯实监督法治的民主基础，使监督法治成为一种有社会力量约束和保障的民主机制。

英国学者米尔恩曾指出：“维持一种实在法体系，有赖于那些对它的管理和执行负有责任的人如法官、警察和法律界人士的诚笃。如果他们到了腐败的地步，那么法律的作用就会遭到削弱。人们就无法指望得到平等保护，也无法指望利用法律所提供的种种便利。”[1] 诚笃的产生需要诸多的条

---

[1] ［英］米尔恩著，夏勇译：《人的权利与人的多样性》，中国大百科全书出版社 1995 年版，第 35 页。

件。其中，监督法治承担着不可或缺的作用。在一个民主和法治的国家，正是由于监督法治的存在，才使“破坏和滥用准则是有限制的，因为法律的卫护者和执行人最终发现自己也不能摆脱法律的裁判决。”❶ 因此，促进和完善监督法治，无疑是我国民主法治建设的重要使命。

一、监督法治和监督的规范化

什么是监督法治？简单地说，就是在民主条件下，通过程序实施的，有制度保证的规范化的约束公权的机制。它有几层含义：

一是民主性。监督是人类社会所特有的社会现象，是委托、授权行为的一种延伸，体现着委托和授权以后的政治、法律安排，同时也显示了权力的所有者、委托人和权力的受托人、行使者之间的关系。虽然在封建社会，也有君王将有关监督权力委托给某位大臣或将军，让他们来监督将军和百官，如中国历史上的监军及御史制度等，但它们不是监督法治。因为封建时代的监督具有很大的人治特点。监督法治之和民主相联系，是因为民主要求监督法治。在一个民主和法治的国家，政府的权力来源于人民的委托和授予，这就有一个服从于人民，为人民谋福利的问题。而要保障人民的利益不受侵犯，就必须有良好的制度，保障国家权力用于人民。

二是公权指向性。在一个民主和法治的国家，监督法治有其特殊的对象，这就是公权。不仅因为民主基础上的监督具有保障民主的要求，更在于权力具有独立性、逐利性、扩张性和侵略性的特点。没有约束的权力必然腐败，这已经成为近代以来最基本的共识。英国哲学家霍布斯说：“全人类共同的爱好，便是对权力永恒的和无止境的追求，这种追求至死方休。”❷ 法国思想家孟德斯鸠则更直截了当地指出：“一切有权力的人都容易滥用权力，这是万古不易的一条经验。有权力的人们使用权力一直到遇有界限的地方才休止。”❸ 思想家们对权力本质属性的透彻了解，使得监督法治成为民主政体不可缺失的权力行使机制。

---

❶ ［美］柯特勒著，刘末译：《美国八大冤假错案》，商务印书馆 1997 年版，第 313 页。
❷ ［英］霍布斯著，黎思复、黎廷弼译：《利维坦》，商务印书馆 1986 年版，第 72 页。
❸ ［法］孟德斯鸠著，张雁深译：《论法的精神（上）》，商务印书馆 1982 年版，第 154 页。

三是制度性。监督法制既是民主的要求，就不能停留在监督的一般口号上，而必须通过民主把监督的机制、范围、程序制度化，使之成为一种具有强制性的权力运行规范。没有这种严格规范的制度，人民的权利就难以保障。“十月革命”后，列宁多次提到监督。他指出，苏维埃一切权力属于人民，但“现在有一种使苏维埃代表变为‘议会议员’或变为官僚的小资产阶级趋势。必须吸引全体苏维埃代表实际参加管理工作来防止这种趋势”。[1] 他还强调：“应当使工人进入一切国家机关，使他们监督整个国家机构。”[2] 但由于忽略了监督的法治化，苏联的监督产生了变异。早在1936年，法国著名作家罗曼·罗兰就在他日记中进行了深刻批评：“把过大的权力交给个别人是不明智的。当一个人的权力完全受制于另一个人的权力时，就会出现不可避免的争吵和角逐，就会开始你死我活的斗争。”[3]

监督法治的这三层含义，是监督所具有的民主政治和监督机制的基本特点所决定的。从民主政治的要求看，监督具有地位优越性的特点。监督法治是人民主权的要求，故监督法治的政治前提是人民的授权行为，有授权才有监督。授权使监督具有更优越的政治地位。这里所谓优越性主要是指政治上的隶属或附属关系。这在中国的文字中也表现出来。《说文解字》中的监督是两个字：“监，临下也”；“督，察也”。将两者合起来，就成了自上而下察看的意思。而这个“上”主要表现为地位的不同。古代文献中有“古之遣将，上设监督之重，下建副二之任，所以尊严国命而鲜过者也”[4] 的说法。古代派兵打仗，在最高统帅旁边设若干监督官员的目的就在于监察和督促元帅按皇帝的命令用兵。而监督者之所以能够对最高统帅的决策产生影响，是因为它代表皇帝或是皇帝的化身，其地位的优越性是无可争议的。有趣的是，在英语中，“监督”（supervision）作为一个复合词，同样具有上对下的观察、指导和控制的意思，与汉语中“监督”的含义大体相同。监督语义中隐含的监督者具有更优越地位的含义是监督者和被监督者不同的政治地位决定的。为什么人民可以监督政府？就是因为人民是

---

[1] 《列宁选集（第4卷）》，人民出版社1972年版，第592页。

[2] 《列宁全集（第38卷）》，人民出版社1986年版，第140页。

[3] 倪正茂：“俄游杂感”，载《联合时报》2011年11月15日。

[4] 《辞海》，上海辞书出版社2000年版，第2041页。

民主国家的社会主人，国家的一切权力属于人民，政府只是人民的“打工者”或“公仆”。主人监督“公仆”即合乎逻辑又有其社会政治的需要。反过来，政府却不能监督人民。世界上岂有“公仆”监督主人的道理？同时，公民之间也不存在监督的问题。民主法治国家的公民都是社会的主人，他们之间的关系是平等的。平等的公民之间不需要也不存在监督。

从监督的机制看，监督具有单向性的特点。❶ 监督者地位的优越性必然导致监督的单向性，即只能由一方监督另一方，被监督方无权反过来监督对方，因为两者的地位是不同的。比如，我国人大有权力监督其他国家机关，但其他国家机关没有权力监督权力机关，这是由监督者和被监督者不同的地位决定的。❷ 正是由于这个原因，所谓“互相监督”的提法是不准确的。单向性是监督的重要特征，也是监督和制约的重要区别。监督只能由有监督权的一方所实施，被监督者在被监督时，不可能也无权对监督者进行“互相监督”。否则就会监督制约不分，并把监督和制约混为一谈。❸ 我们在实践中有时有“互相监督”的假象，其实这是混淆了不同层次的监督。比如，国家行政机关在行使市场监管权的时候，有监督各市场主体守法的权力；但受到国家行政机关监督的市场主体，作为一个公民，又有权监督国家机关及其工作人员的行为。虽然这里的“互相监督”只是表面现象，其实，它们所体现的监督内涵都不相同。它们不是在同一主体之间、相同内涵的监督，故不属于同一种类的监督，也不应当理解为是“互相监督”。与单向性相一致，监督还有外在性、间接性等特点。监督是一种外在的约

❶ 在这个问题上，是不是有特例，也是一个有争议的问题。如中国共产党和民主党派的关系，被概括为“长期共存，互相监督”，这里的监督就不应当有地位上的差别。但我们感到，党派关系用监督来概括并不全面。在发达国家，在野党和执政党之间有一个监督的关系，但这里所体现的是人民和政府的关系。政党之间用制约更好。这个问题可参见蒋德海：“‘长期共存，互相监督’的法理思考”，载《毛泽东思想邓小平理论》2008年5月。

❷ 郭道晖教授曾分析了两种制约，即权力的位价制约和权力的平衡制约，前者就是权力监督。强调的是监督权力的单向性和是监督者与被监督之间的不平等地位。郭道晖：《法理学精义》，湖南人民出版社2005年版，第176页。

❸ 张康之：“马克思主义的视角：制约=监督”，载《中国人民大学学报》2000年第2期；又如，洪浩在《检察权论》中认为西方三权分立的政体中，法律监督权作为制衡制度或的一种手段贯穿于立法、执法、司法权的过程中。这显然是把制约和监督相混淆了。洪浩：《检察权论》，武汉大学出版社2001年版，第131页。

束，“是监督者对于被监督者施加的一种外部力量”，[1]“监督制度的一项基本原则，即‘不能自己监督’”。[2] 所谓间接性（不同时性），是指监督通常不具有立竿见影的效果。如人民监督政府，政府是不是受到监督的影响，或是不是由于监督而立马改变某些决定，还取决于各种因素。监督本身并不是一种导致被监督行为必然改变的因素。这种不同时性在时间上就表现为某种滞后性或纠正性的特点。

应当说，监督的上述特点既有优点，也有缺点。其地位优越性就是一种优点。如2012年2月17日，德国总统武尔夫在柏林总统府声明辞去总统职务，而辞职的原因，是因为让老关系给予房贷利息优惠，但由于试图干预媒体报道，引发媒体和公众愤怒而不得不辞职。相似的例子是古滕贝格因博士论文抄袭而辞职一事。尽管古滕贝格是德国总理默克尔阵营的新秀，然而因为博士论文“未充分交代引用来源”，而被迫放弃博士头衔，搭上的还有其政治生命。[3] 为什么德国的政治人物如此不堪一击？就在于监督的地位优越性。在今天的发达国家，具有地位优越性的舆论监督已经被称为国家三权之外的“第四权”，在维护民主法治、保障公民基本权利方面，发挥了极为重要的作用。20世纪70年代以来，西方国家诸多反腐败斗争，都有舆论监督的贡献。

但监督也有缺点。如外在性、不同步性就是一种不足。监督可以约束腐败，但监督无法遏制和防止腐败。同时，监督是靠监督者地位的优越性来体现的。如果地位不够优越，或人家不认可不理睬这种优越的地位，则监督的作用就难以发挥。此外，单向性、外在性及其滞后性也存在一定的不足。比如，我国检察机关的法律监督，就常受到“你监督人家，谁来监督你”的质疑。外在性也包含着不足，比如公款吃喝，大家都知道不合理、不合法，但即使在中央“八项规定”之后，仍有大量的公款吃喝从地上转到地下，山珍海味五粮茅台仍然我行我素，这从一个侧面体现了监督的滞后性和“软性”特点。

由此，在一个民主和法治的国家，要将监督的优点发挥到最大而又能

---

[1] 叶青、黄一超主编：《中国检察制度研究》，中国社会科学出版社2003年版，第131页。
[2] 钟海让：《法律监督论》，法律出版社1993年版，第3页。
[3] 吴黎明：“德国人的‘政治洁癖’让人感慨”，载《中国青年报》2013年1月12日。

够最大程度上减少监督不足的机制，就需要法治的保障，这就是监督法治。如果说监督是民主政治的需要，则监督法治是民主政治规范化的需要。监督法治就是规范化的监督。规范化的监督能够极大地体现法治的优越性。概括起来，监督法治有如下三个特点：

一是法律性。规范化的监督要求监督和被监督者的关系具有明确的法律规定。监督不是任意的，不是谁想监督就可以监督。这种宪法和法律或其他规范性文件的明确规定，是监督者威权地位的效力来源。我国宪法明确规定中华人民共和国公民对于任何国家机关和国家工作人员，有提出批评和建议的权利；但我国宪法却没有规定国家工作人员可以监督公民，或公民之间可以监督。我国宪法和人民法院组织法还规定，人民检察院是国家的法律监督机关，有权进行侦查监督、审判监督、狱政监督等。又如，我国纪检系统的监督，是由党的章程和相关决定规定的。此外，我国宪法和法律还明确规定了人大的权力监督、上级法院对下级法院的监督、上级行政监察机关的监督及群众对管制分子的监督等。

二是约束力。监督法治还意味着监督是具有约束力的行为。这里的约束力有两个含义。其一是法律的强制性，因为法律是国家制定的，“是一个理性存在为约束另外一个理性存在而制定的规则”[1]，“它们具有命令的性质”。[2] 因此，在监督法治的条件下，应当尽可能将监督制度法律化，而法律化的监督就具有强烈的可操作性和约束力。如我国人大代表可以对政府机关依法提出质询，而政府机关不能想理睬就回应一下，不想理睬就束之高阁，而必须依法在一定的时间内向质询人作出回答。其二是从民主对于法治的约束力意义上。民主是法治的基础，监督法治来源于民主的需要。民主基础上产生的监督法治，不仅是民主的要求，而且是一种保障民主的力量。因此，监督的约束力有多大，监督法治能否成为现实，都与社会主义民主政治的发展相联系。从这个意义上，监督的约束力也是民主的要求。当监督具有法律制度保障的时候，被监督主体是否接受和如何应对监督都会成为一种法律责任，这必然大大提升被监督者接受监督的认可度和自

[1] ［英］约翰·奥斯丁著，刘星译：《法理学的范围》，中国法制出版社2002年版，第13页。
[2] ［英］约翰·奥斯丁著，刘星译：《法理学的范围》，中国法制出版社2002年版，第40页。

觉性。

三是程序性，即通过法律法规规定监督的程序，使得监督条件具备就能启动程序。如果说司法程序的“内在目的是查明真相与解决争执”，[1]则监督程序具有启动监督和实施监督的特点。监督通过程序发生效力，没有程序的监督往往是无力的。如我国上级人民法院对下级法院的监督，是通过审判程序进行的；我国人大对其他国家机关的监督，是通过工作报告、任免国家机关领导人或人大代表的质询等程序进行的。程序与手段相联系，一定的程序往往必须辅之以一定的手段。如我国人大代表对国家机关的监督，有质询的手段；上级法院对下级法院的监督，有审判的手段等。手段的有效性一定程度上体现了程序的效能和合理性，故如何完善监督程序，使监督的手段合理化、规范化，就成为提升监督效力和力量的重要方面。

在当代社会，监督法治是现代社会约束权力，保障公民基本权利必不可少的方式之一。虽然西方历史上更多采用的是权力的制约，但近现代以后，监督的法治也逐步发展起来。伏尔泰之“我不同意你的观点，但誓死捍卫你讲话的权利”成为监督法治最重要的标志。在理论上，人们越来越认识到监督的重要性。公共选择学派认为，人们必须破除凡国家、政府都会尽心尽责为公众利益服务的观念，在任何不合理的选举规则下产生的政府以及政府官员为满足不合理的个人追求而采取的行动，都将把经济状况和社会福利引入恶化，故确立了应把政府置于有效监督之下的观点。[2]罗伯特·达尔的双边控制论则认为只有多头政治才是合理的，民众有了有效的参与和充分的议政，监督是提高多头政治民主化程度的基本要求。[3]塞缪尔·亨廷顿的政治腐败论也引出了加强监督的结论，[4]安妮·克鲁格、弗雷德·麦克切斯内等人则从政府寻租角度进一步强化了当代监督的重要性，

---

[1] [美] 迈克尔·贝勒斯著，张文显等译：《法律的原则》，中国大百科全书出版社1996年版，第37页。

[2] [美] 丹尼斯·缪勒著，杨春学等译：《公共选择》，商务印书馆1992年版，第146页、第167页。

[3] [美] 罗伯特·达尔著，张岱云等译：《多元主义民主的困境》，求索出版社1989年版，第7页、第12页。

[4] [美] 塞缪尔·亨廷顿著，李盛平译：《变革社会中的政治秩序》，华夏出版社1988年版，第65页、第69页。

等等。历史上，早在1809年，瑞典议会就建立了行政监督制度，指派行政监察员，受理公民对行政官员滥用权力及各种渎职行为的申诉和控告。20世纪50年代以后，发达国家都加大了监督法治建设，英国、法国、挪威、丹麦、澳大利亚、日本等20多个国家以及美国的一些州、加拿大的一些省都有相关的监督法治建设，即使在美国这样典型的三权分立国家，监督仍然普遍存在“法官由行政机构任命，总统甚至对国会通过的法律有使其停顿的否决权，国会则对行政机构实施某种监督权”；[1] 等等。当然，发达国家的监督法治，主要涉及资本主义国家三权分立情况下的权力监督，与我国社会主义条件下的监督法治并不一样，但其监督的特点、机制和手段等与我们具有相似之处，应予借鉴。

二、我国监督法治的缺陷

在现代民主法治国家规范权力运行的机制中，监督是一种重要的权力约束机制。我国是社会主义国家，由于我国人大授权性制度的特点，在权力的运行方面，更多地采用了集权的权力运行模式，采用这一权力运行模式，是因为它“有利于发挥社会主义制度的特点和优越性，发展人民民主，促进社会主义经济发展，维护国家统一，民族团结，人民安康，社会和谐，实现中华民族伟大复兴。”[2] 改革开放以后，由于改革开放和市场经济的发展，这样一种高度全面、系统化的权力模式大大促进了我国社会的进步，国民经济有了迅速的发展。在短短几十年里所取得的经济和社会成就举世瞩目。但这样一种集权的权力运行模式也带来了一系列问题，尤其是腐败和两极分化的发展，成为我国这样一种领导模式的严峻挑战。

为了有效解决权力运行中的腐败问题，我国出台了大量的制度和措施，其中最主要的就是加大对权力运行的监督。目前中国可以说是世界上监督制度最多的国家。从党内监督看，有纪检部门的监督、党的上级部门的绩效考核、党内巡访制度等多种形式的监督；从党外监督看，有党派监督、

[1] ［澳］维特拉曼著，张智仁译：《法律导引》，上海人民出版社2003年版，第257页。

[2] 胡锦涛：“发展社会主义民主政治”，见《十七大以来重要文献选编（上）》，中央文献出版社2009年版，第236页。

舆论监督（包括媒体、网络等）、人大监督、政协监督、审纪监督、监察监督、法律监督机关的监督及司法审查（行政诉讼）的监督等。所有这些监督，都在一定程度上发挥了独特的约束权力的作用。可以说我国已经形成了一个较为多元的党内、党外对权力进行自我监督或相互制约的监控体系。如政党组织中的自我监督功能主要由党的纪检系统承担，它根据党的章程和党的纪律，行使对一切党员包括党的最高领导干部的监督权；同时，政府组织中的自我监督功能主要由政府的监督部门承担，它根据行政法则和行政纪律对国家的公务员实行监督和检查；此外，还有法律监督机关对政府执行机关及其公务人员的法律监督等。与审计职能相适应，国家审计对权力的制约和监督主要是对国家诸权力中的财权的制约与监督。财权主要是指掌握、控制、支配国家预算资金、国有企业经营资金、国家专项资金等公共资金的权力。应当说，作为党和国家的监督制度，我国在制度上已经十分充分，而且还在不断增加，如不久前新成立的预防腐败局，也属于监督的范围。

但严格按照现代法治和监督的理念来思考，我国目前的监督制度也存在一些不足，并在一定程度上影响了监督作用的发挥。概括起来主要有以下三个方面：

第一，现行监督制度存在某些合理性和合法性的争议。我国目前的监督可分为党内监督和党外监督两种。从党内监督来看，比较突出的是纪委的监督。但中国法学界一直对纪委监督的各种手段特别是限制人身自由措施如“双规”的合法性存在争议。“因为‘双规’实际上限制了公民的人身自由，而这在法律上是没有依据的。根据法律规定，限制公民人身自由的行为只能由执法人员依法进行。‘双规’只是执纪，而纪检人员并没有司法权。法律高于纪律。‘双规’绝不能突破法律的底线。这是法治的基本要求。”[1] 事实上，我国宪法对此有明确规定。《宪法》第37～40条关于公民人身自由、人格尊严、住宅不受侵犯和通信自由的规定，都禁止宪法以外的任何规定侵犯公民的上述自由权利。宪法是根本法，是我国一切行为的最高依据。“一切法律、行政法规和地方性法规都不得同宪法相抵触。一切

---

[1] 盛大林：“‘双规’不能突破法律底线”，载网易博客，2011年12月12日访问。

国家机关和武装力量、各政党和各社会团体、各企业事业组织都必须遵守宪法和法律。一切违反宪法和法律的行为，必须予以追究。任何组织或者个人都不得有超越宪法和法律的特权。”党的纪律包括党章同样要遵守宪法，不得与宪法相抵触。

从党外监督来看，问题同样突出。如党派监督虽然被拔得很高，但实践中却难以落实。新中国成立初期，毛泽东提出共产党和各民主党派“长期共存，互相监督”，奠定了中国党派监督的基础。但1957年反右运动，55万名知识分子被打成“右派”，❶其中民主党派是主要对象。20世纪80年代国家平反“右派”后，还留下六个没有平反的“右派”，都是民主党派人士，如章伯钧、罗隆基等人。改革开放以后，由于党派监督的思想理论和制度问题没有解决，导致中国党派之间的监督难以令人满意。而且从法治原理透视，党派监督并不合理，党派之间的监督也缺乏合法性依据。我国宪法和法律都没有党派监督的规定。比如，“民进”监督“民盟”的依据是什么？或者“民盟”凭什么监督“民进”？当然，中国民主党派有监督共产党的义务，但那是人民群众和执政党关系的放大，因为共产党是执政党。从这个意义上，监督的合法性依据是人民和国家的关系。因为共产党是执政党，而共产党的权力来源于人民，故才有了监督的合理性和合法性。否则，党派监督就难以成立。此外，人民政协的民主监督，也存在不少问题。根据政协章程，民主监督是人民政协的三大职能之一。❷由于渠道、程序、规范等诸多原因，我国人民政协的民主监督职能在所有三大职能中是最弱的。每年“两会”上，从地方到中央，政协的提案极多，但属于民主监督的很少，大多属于参政议政方面的内容。当然参政议政有与民主监督相似的地方，但总体上来说，参政议政以发现问题，提建议为主，民主监督则以批评为主。无论是年中还是“两会”期间，真正属于政协启动的民主监督极少。由于民主监督的渠道、对象不明等问题，人民政协虽有民主监督

---

❶ 1957年，全国“打出”的右派达3 178 470人，加上中右分子1 437 562人。两者相加，共461万多人（郭道晖：“毛泽东发动整风的初衷”，载《炎黄春秋》2009年第2期）。除了正式被划定的右派外，还有一批没有正式戴右派帽子的右派，他们并未列入党委核定的右派名单，但其待遇等同正式划定的右派，照样送去劳动改造，照样忍受二十几年甚至更长时间的非人待遇。

❷ “政治协商、民主监督、参政议政是人民政协的主要职能”，见《十四大以来重要文献选编》，人民出版社1997年版，第1288页。

职能的规定，却较少有民主监督的事实，而极为活跃的参政议政又反过来映衬出民主监督的不足。此外，我国检察机关的法律监督也长期饱受争议。由于检察机关长期将公诉、抗诉作为法律监督，中国检察机关的法律监督事实上没有真正发展起来。故强调法律监督最多的检察机关，恰恰是法律监督最弱的。有的学者撰文概括了法律监督的五个现实困境：不愿监督、不忍监督、不敢监督、不会监督和不能监督，[1] 由于这个原因，法学界长期有所谓取消法律监督的观点。[2]

第二，对监督的理解存在某种片面化和形式主义。从约束权力的原理看，监督和制约都具有约束权力的功能。但由于监督和制约的特点不同，它们在当代民主法治建设中的地位和作用有很大的不同，不能不加以区别，更不能混同。但长期以来，我们一直将制约和监督相混同，这一做法无论在理论上还是在实践中都带来很大的负面影响。我国社会长期有一个说法，即“没有监督的权力必然腐败”[3]。这个观点表面上正确，实际上却将制约和监督相混同。我国反腐败的实践证明，监督具有反腐败的作用，但监督却无法防止腐败。近年我国揭露出的不少贪官，不是没有监督，而是没有制约。反思我国干部制度中的“一把手”制度，就有这方面的问题。“一把手”容易腐败的根源就在于制约机制的缺失，而主要不是权力监督问题。我国目前一把手面临的最主要问题恰在于现有制约机制的制衡性和对等性不够。要实现权力制约的目标，就必须改革我国社会的“一把手”制度。实践证明，“一把手”制度所内含的制约缺乏是造成腐败的根源之一。

中国目前的腐败，从根本上来说，是没有从监督和制约的双重制度设计来防止“一把手”腐败的问题。在中国现行的行政管理和监督体制下，各单位的“一把手”在其管辖范围内，很容易获得“绝对”的权力。正如霍布斯说：“全人类共同的爱好，便是对权力永恒的和无止境的追求，这种

---

[1] 曹良德：“诉讼监督的现实困境与破解对策”，载《法制与社会》2011 年第 34 期。

[2] 蔡定剑在 1991 年出版的《国家监督制度》一书中，就提出检察机关要改变法律监督机关的性质；也有学者主张取消检察机关的法律监督权，把检察机关并入司法部。郝银钟：“检察权质疑”，载《中国人民大学学报》1999 年第 3 期；还有的主张取消现行的检察院体制，认为中国检察机关的设置只是根据列宁的一篇文章产生的，没有经过科学的认证，混淆了国家司法权和行政的区别等。夏邦：“中国检察院体制应当取消”，载《法学》1999 年第 7 期。

[3] 林贵春：“不受监督的权力必然腐败”，载中国共产党新闻网，2006 年 7 月 19 日访问。

追求至死方休。”[1] 另外，“权力容易使人腐化，绝对的权力绝对使人腐化”，“当一个公民获得过高的权力时，则滥用权力的可能也就更大”。[2] “一把手”最大的特点就是党政、财经、人事等大权集于一身。在这种体制下，“一把手”的话往往具有最大的效力，开会决策“一言堂”，经费开支“一支笔”，凡事一个人说了算。民主集中制最后变成由大家开会讨论，“庶政公诸舆论”，最后由一把手拍板，即“大权统于本人”的制度。与这种“一把手”体制相适应，往往出现以“一把手”为核心的关系网。“一把手”为了更好地行使权力，往往要培植听话的干部。于是，许多重权在握的“一把手”在其任职期间，往往会利用各种机会提拔一大批“忠”于自己的干部，并把大量“不听话”的干部排除出去。于是，围绕“一把手”，往往会形成一个个小圈子、小集团。在这种情况下，监督往往形同虚设，而腐败往往不是一个人、一闪念的个人行为，容易演变成团伙性甚至集体性的腐败。中国近年曝光的许多大型腐败就与此有关。而许多腐败行为之所以长久得不到解决，就是因为腐败行为有小圈子、小集团的保护。邓小平曾深刻地总结了这一制度教训：“制度好可以使坏人无法任意横行，制度不好可以使好人无法充分做好事，甚至会走向反面。”[3]

第三，监督的类型局限于内部的自我监督。虽然我们已经建立了党内党外多元的监督体系，但监督制度和机制本身也要受制于党的领导。在党的领导的原则之下，我们现有的监督机制虽然具有多元监督的形式，但仍以自我监督为主。因此，我国现行的多元监督是以党内监督为主的多元监督制度，多元最后要集中到一元，监督的效果最后仍要由党的领导来决定。这就使我国的权力监督难以摆脱自我监督的特点。而自我监督显然是不够的。权力具有独立性、逐利性、扩张性和侵略性的特点，将权力的约束主要局限于自我监督，不符合近代以来政治学权力制约的基本原理。自我监督的实质是自律，但防止权力的滥用仅靠自律，难以从根本上防止腐败。人类腐败的实践反复证明，即使原本是德才兼备的人，只要权力不受制约，也完全有可能因私欲而去搞腐败。这就是孟德斯鸠所说“不受制约的权力

[1] ［英］霍布斯著，赵雪纲译：《利维坦》，商务印书馆1986年版，第72页。
[2] ［法］孟德斯鸠著，张雁深译：《论法的精神（上）》，商务印书馆1982年版，第14页。
[3] 《邓小平文选（第2卷）》，人民出版社1994年版，第333页。

必然腐败”的原因。显然，我们反腐败不能把希望寄托在自律上。自律的前提是人的先天品质，而事实上没有一个人的先天本质是一成不变的。故我国法治建设中，以为只要把好选人用人关，只要有良好的道德品质就可以万事大吉的思想是十分有害的。在一个权力没有得到有效控制的体制空间，仅靠个人的道德维系来抵御巨大的物质和精神诱惑，不但不合实际，而且是极为错误的。列宁曾经指出，要防止滥用权力，完全依靠掌权者的“信念、忠诚和其他优秀的精神品质，这在政治上是完全不严肃的”。[1]

同时，由于内部监督、自我监督为主，虽然我国建立了从上到下的监督组织和监督制度，但社会中最重要的监督力量——人民群众的监督受重视不够。我国是社会主义国家，人民当家做主，一切权力属于人民，这是我国的立国之本。人民群众作为国家和社会的主人监督政府，是防止国家权力腐败的重要力量。但由于种种原因，我国人民群众监督制度没有得到应有发展，这不能不在极大程度上削弱我国现行监督法治的有效性，特别是，由于缺乏相应的监督法治保障，公民的监督权和诽谤之间的界限常被混淆，公民在行使这些权利的时候，宪法和法律的预见性、法律的现实之间有较大的距离，这显然不利于我国民主法治的发展。

三、完善我国监督法治的若干思考

由于以上原因，我国虽有多元化的监督形式，但党和人民群众对监督的现状仍然难以满意。2009 年以来，温家宝也在各种重大场合反复强调“要创造条件让人民监督政府”。[2] 这就要求，进一步完善我国现有监督制度，将监督制度的建设纳入民主法治的轨道。本着这个精神，笔者以为我

---

[1] 《列宁全集（第 43 卷）》，人民出版社 1987 年版，第 92 页。

[2] 2009 年 2 月 1 日温家宝在伦敦接受英国《金融时报》主编巴伯的专访时提出：“一个政府不应该怕人民，应该创造机会让人民监督和批评政府。”三星映月：“温总理为何再次强调创造条件让人民监督政府”，载人民网—强国社区，2014 年 10 月 8 日访问。“温家宝在十一届全国人大三次会议上的政府工作报告（摘登）”，载《人民日报》2010 年 3 月 6 日。2011 年 1 月 24 日下午国务院总理温家宝前往国家信访局，强调要拓宽人民群众向政府提出意见和建议的渠道，创造条件让人民群众批评和监督政府。“温家宝到国家信访局就政府工作听取来访群众意见”，载新华网，2014 年 10 月 8 日访问。

国监督法治亟须解决以下问题：

（一）要进一步解放思想，明确我国民主监督的现代法治内涵

一个民主和法治的国家，为什么要监督？就是为了保障人民的权利。因此，监督法治的实质是人民监督政府。马克思主义经典作家曾深刻论述了监督的政治根源："以往国家的特征是什么呢？社会起初用简单分工的办法为自己建立了一些特殊的机关来保护自己共同的利益。但是后来，这些机关，而其中主要的是国家政权，为了追求自己特殊的利益，从社会的公仆变成了社会的主人。"❶ 为此，马克思强调："报刊按其使命来说，是社会的捍卫者，是针对当权者的孜孜不倦的揭露者，是无处不在的耳目。"❷ 这就明确地说明了监督法治的治权性质。不仅如此，这种法治的治权性质又是我国社会主义民主的要求并由人民的诸多主权性要素来体现的。"政治权利就是公民具有参与政府、国家'意志'之形成的可能性。确切地说，即意味着公民可以参与法秩序的创造。"❸ 人民的主权性要素越丰富，社会主义民主的真实性就越强。社会主义民主越发展，人民的主权性要素越充分，监督法治的力量就越真实。因此，推进和完善监督法治的一个根本和主要的方面就是要保障人民群众的每一项主权性要素，特别是监督权。监督政府是人民的基本权利，也是人民作为国家主人最重要的主权象征。不能把监督的理解泛化。比如，人民群众之间就不存在互相监督的问题，更不存在政府监督人民的问题。前者因为人民群众在公共事务中都是平等的，人民之间没有互相监督的法理依据。当然，群众对破坏社会生活和环境的经济活动或其他活动也有表达的权利，但这种监督也主要通过监督政府实现，因为政府有管理的义务。后者因为政府和人民是公仆和主人的关系。政府虽然有管理社会公共事务的权力，但不能把这种管理权理解为国家和政府监督人民。

（二）克服三种不利于监督法治建设的现象

（1）制度的设计者存在既想监督又怕监督的心理。如前所述，由于种

---

❶《马克思恩格斯文集（第3卷）》，人民出版社2009年版，第110页。

❷《马克思恩格斯全集（第6卷）》，人民出版社1961年版，第275页。

❸［奥］汉斯·凯尔森著，沈宗灵译：《法与国家的一般理论》，中国大百科全书出版社1996年版，第98页。

种原因，我国长期把内部的自我监督作为监督的主要形式，其主要原因之一，就是有些领导干部想让群众监督却又害怕人民群众监督。比较典型的是网络反腐。近日，新华网、人民网、光明网等各大中央重点网站和新浪、搜狐等主要商业网站，均在显著位置推出“网络举报监督专区”。网民可在该专区向中央纪委监督部、中央组织部等部门的网络举报平台提供违法违纪线索。但该举报措施又声明：“借检举诬告陷害他人，将会受到严肃处理。”❶ 这个短短的声明条款很能够反映某些领导害怕群众监督的心理。反腐是人民群众民主监督的权利，人民群众有权反腐败。在一个民主和法治的国家，应当创造条件，让人民群众更好地行使监督权，而不是让人害怕行使监督权。这个“网络举报监督专区”的措施虽然表面上欢迎人民群众举报，但一个“借检举诬告陷害”的规定，确定吓退大量的举报人。其实，群众举报也不存在诬告陷害的问题，受理举报的反腐败机关如果认为没有价值，完全可以不启动反腐程序。

（2）在权力约束的制度建设上否认制约的有效性。我们只讲监督，很少讲制约，有人甚至把监督和制约看做马克思主义与西方资本主义的一种对立。❷ 其实，权力的制约和制衡不过是西方主导的权力制约模式。我国不搞三权分立，但并不意味着我国的权力可以不受制约。在今天的发达国家，大都建立了严格的国家权力制约机制，实现了有效的权力制约。我们必须超越所谓制约“姓资”还是“姓社”的争议。制约不姓资，资本主义可以用制约，社会主义的权力运行同样需要制约。因为权力是一把双刃剑，“在政治权力对社会独立起来并且从公仆变为主人以后，它可以朝两个方面起作用”。❸ 权力运用得当，可以成为推动社会进步、促进人民福祉的强大力量；运用不当，则会成为阻碍社会发展、侵犯人民权利的专制工具。因此，任何权力的行使必须受到制约。同时，从理论上说，防止权力滥用以监督为主，也不符合内因是根据，外因是条件的辩证原理。近代政治学家的告

---

❶ “网络反腐败推‘举报监督专区’”，载《文摘报》2013年4月25日。

❷ 曾爱英：“论西方的权力制约模式与马克思主义的权力监督思想”，载《湖北经济学院学报》2006年第9期。还有的学者认为：“权力制约作为一条普遍规律在西方宪政模式中的典型形态就是三权分立与制衡，在社会主义国家则体现为以人民主权为基础的权力划分和不同权力执掌主体的相互配合和监督。”李龙、汪习根：“宪政规律论”，载《中国法学》1999年第4期。

❸ 《马克思恩格斯选集（第3卷）》，人民出版社1972年版，第222页。

诫及大量的反腐败事实告诉我们，腐败产生的根本原因是权力不受制约。建立反腐败机制，必须将权力的制约放在制度建设的第一位。实践证明，我国目前以监督为主导的权力约束模式难以从根本上防止权力的滥用。国内愈演愈烈的腐败及近年发生的重大舆论监督，如重庆彭水诗案和安徽省五河短信诽谤案，都是这方面的典型案例。[1] 这就要求超越目前以监督为主的权力防范模式。

(3) 把监督和制约相混同。从我国民主法治建设的现状看，监督和制约长期不加以区别。如郭道晖教授在论述高位权力对低位权力的监督时指出："行政首长负责制中的上下级之间的监督和监察，总体上是单向的，但也容许下级对上级行使权力进行反向监督。"[2] 这里就用错了监督。在这个问题上，中外都有类似问题。如麦迪逊就认为："根据制衡原则，行政和司法部门应当首先监督立法部门。"[3] 这显然用错了监督。事实上，行政上下级之间不是监督与被监督关系，而是命令和服从的关系。下级对上级的领导方式和处理可以投诉，但属于行政系统的内部救济，不属于监督范畴。另查百度网，对"为什么要加强对政治权利的制约和监督"有一个"最佳答案"，但这个最佳答案同样对制约和监督不加区分。监督和制约相混同，最大的后果是把制约当监督，或把监督当制约，结果往往既没有制约也没有监督。这是我国监督法治不完善的一个原因，应予克服。

(三) 建设监督法治，推进民主和法治的互动

(1) 以选举权促进和充实监督权。按照现代民主的理论，民主政治发展到今天已经变成一种"某些人通过争取人民选票取得作决定的权力"[4] 的方法，是"为了达到政治——立法与行政的——决定而作出的某种形式的

---

[1] 自2006年以来，从重庆的彭水诗案到山西的稷山文案，从河南的孟州书案到安徽的五河短信案，再从海南的儋州歌案到上海的灵宝帖案，无一不是国家机关滥用公权侵犯公民舆论监督权的行为。

[2] 郭道晖著：《法理学精义》，湖南人民出版社2005年版，第176页。

[3] [美] 斯科特·戈登著，应奇等译：《控制国家——西方宪政的历史》，江苏人民出版社2001年版，第319页。

[4] [美] 约瑟夫·熊彼特著，吴良健译：《资本主义、社会主义与民主》，商务印书馆2004年版，第394页。

安排”。❶ 我国学者王昭光则把这样一种民主称为“选主”的程序，虽然未必准确，但却反映了选举权与监督权的密切关系。首先，选举权先于监督权。在民主法治国家，人民的监督源于人民的授权。政治学的常识告诉我们，权力只对授予者负责。谁给我权力，我就对谁负责。“如果你不是权力之父，没有授予和罢免权力的权力，凭什么监督权力，怎么能够有效地监督权力?”❷ 正因为政府的权力来源于人民的授权，故人民有权监督政府，有权通过权力的监督防止公权的滥用。从这个意义上，监督权产生于选举权。人民若没有选举权，就没有监督权。而人民之所以没有监督权，根本上就因为没有选举权。故选举权比监督权更重要、更根本。其次，选举权优于监督权。选举权之优，在于它能够决定和左右权力的去留。诚然，选举不一定能选出智慧最优道德最好的人，但它却能够使坏人无法横行。由此，监督权能够在选举权之后发挥作用。再次，选举权内含着监督权，监督权是选举权的某种延伸，真正的选举权造就了监督权。正因为人民有选举权，才使得监督权成为可能。从这个意义上，“民主的成败取决于选举是否运行良好,”❸ 监督的成效则取决于选举的质量。真正、现实有效的监督往往与选举权有关。有质量的选举权决定了有质量的监督。反之，选举权没有质量，则监督也往往苍白，甚至根本不可能有监督。因此，提升监督质量的秘密，在完善选举制度。完善选举制度就是要使人民民主内涵的监督力量体现出来，真正解决权为民所赋的问题。权为民所赋，人民才具有监督权力的力量。反之，完善监督制度不从选举制度着手，就难以真正有效地解决监督的苍白无力。

（2）把保障舆论监督提高到维护宪法尊严的高度。舆论监督是监督法治最普遍的表现，因而成为现代社会最典型的特点之一。在历史上，正是舆论监督把古代法治和现代法治区分开来。封建社会可以有法治，但绝没有舆论监督。舆论监督之所以是现代法治的文明形式，首先在于它体现了现代法治治权的本质精神，是宪法尊严的主要特征。舆论监督一开始就是

---

❶ ［美］约瑟夫·熊彼特著，吴良健译：《资本主义、社会主义与民主》，商务印书馆2004年版，第360页。

❷ 杜子：“权力只对权力的来源负责”，载《杂文报》2010年11月10日。

❸ 张千帆：“独立参选人激活地方人大选举”，载《新世纪》2011年第22期。

为了治权，也只有针对权力才需要舆论监督。法国的革命思想家罗伯斯庇尔说得好，舆论监督是“鞭挞专制主义的最可怕的鞭子”。[1] 从这个意义上，宪法的尊严能不能实现，就要看舆论监督是否受保障。社会主义民主越发展，舆论保障的机制就越发展；社会主义民主发展越充分，监督法治的机制就越完善，宪法的尊严就越强。在我国民主法治建设中，舆论监督的重要性无论如何拔高都不会过分。不仅因为舆论监督是民主法治的起点，而且在于现代民主法治的一切文明要素都建立在舆论监督之上。没有舆论监督，不仅民意不能得到真正的表达，而且涉及民主法治的一切文明的制度都不可能健康地建立起来。

（3）夯实监督法治的民主基础，使监督法治成为一种有力量的社会机制。法治的基础是民主。法治有没有力量，关键在于民主建设。由于种种原因，作为我国民主建设基础的社会组织长期没有得到相应的发展，在相当大的层面影响了我国的民主基础。以社会组织为例，我国目前存在于党和政府之外的社会组织很少。据统计，法国每万人拥有110个民间组织，日本是97个，美国是52个，而中国仅为3个。即使如此，我国300万社会组织中，有九成处“非法状态”。[2] 而即使是合法的，也被严格纳入党和政府的严格管控范围。这在相当大程度上遏制了我国监督的发展。在一个民主和法治的国家，保障社会组织健康有序的发展，是民主和法治政府的基本义务。法治政府不是万能政府，而是限权政府。受到限权的政府之外，是一个广阔的和活跃的民主基础或社会自治。按照科恩的看法，“民主的实质是社会成员参与社会的管理，它就是自治”，“自主是自治作为一种道德理想时的用语”。[3] 由此，“民主体制的长期活力靠的是民主的人民的自治能力”。[4] 这无疑是监督法治得以生长的土壤，需要全社会，包括党和政府的精心呵护。

---

[1] ［法］罗伯斯庇尔著，赵涵舆译：《革命法制和审判》，商务印书馆1986年版，第58页。

[2] 林衍：“草根型社会组织举步维艰”，载《中国青年报》2012年3月28日。

[3] ［美］科恩著，聂崇信、朱秀贤译：《论民主》，商务印书馆2004年版，第273页。

[4] ［美］文森特·奥斯特罗姆著，毛寿龙译：《复合共和制的政治理论》，上海三联书店1999年版，第28页。

将深层次反腐纳入我国反腐战略

【提要】 我国反腐败已经30多年，但腐败现象不但没有得到有效遏制，在不少方面还在发展。主要和根本的原因在于，我国反腐败未能涉及深层次的腐败。深层次腐败是一般腐败现象的内在根源，后者只是深层次腐败的外在表现。反腐败必须介入深层次腐败，而且要以深层次腐败为重心，这是发达国家反腐成功的基本经验。如果只停留在外在现象而不涉及深层次腐败，我国腐败不但不可能遏制和根除，反而会越来越严峻。

说2013年是我国的反腐年并不过分。看看媒体上不断曝光的贪腐的“老虎”和“苍蝇”，就可以知道我国党中央反腐败的决心。在各种不同类型的腐败中，深层次腐败是一种更为严峻的腐败。一个民主和法治的国家要保证政治清明、人民幸福、社会稳定，对各种腐败都不能手软。特别是深层次腐败，由于它在整个反腐败中具有根本性或根源性的作用，更必须提到重要地位。但由于种种原因，我国反腐败斗争中，深层次腐败虽然屡屡提起，但迄今重视不够，这不但不合理，也严重影响了我国反腐败斗争的深入，应引起高度关注。

一、深层次腐败及其特点

改革开放以来，腐败从来没有像今天这样受到整个社会的关注。除了人民群众日益增长的对腐败的痛恨以外，腐败仍不见遏制甚至有“越反越腐”的倾向，导致人们在相当大程度上对腐败感到无奈。难道真的像有些人所说的，腐败是一种挥之不去的人性弱点？显然不是。其根本和主要的原因，是我国反腐败忽略了最本质的腐败：深层次腐败。

近代以来，孟德斯鸠的权力学说已经为人们熟知。在我国，也时常可以看到人们在研究和论述中引用诸如“不受制约的权力必然腐败”的观点。其实，“不受制约的权力必然腐败”首先是一个深层次的政治学原则。权力的获取和运行是政治学的核心内容，所谓“不受制约的权力”，是近现代政治学研究所要克服的一种政治现象。为什么这种腐败现象能够存在？为什么权力能够不受制约？可能会有多种因素，但根本的原因在于政治运行和发展中，没有一种权力能起到与之抗衡的作用。没有制约的权力必然腐败，揭示了政治学的一个至理名言：要防止权力的腐败，必须从政治的角度来设计权力的获得和运行，否则，就难以避免权力的腐败。其次，政治学的研究深刻提示了腐败发生的根源是政治性的。腐败为什么会发生？权力为什么会滥用？就是因为权力不受制约。当然，政治道德有时也会起一些作用，如华盛顿能够适时退出权力，令人敬仰。但对绝大多数权力来说，防止其腐败最根本有效的手段是对权力的制约。所谓“没有制约的权力必然腐败”所强调的“必然”，有其充分的依据。霍布斯说得好：“全人类共同的爱好，便是对权力永恒的和无止境的追求，这种追求至死方休。”❶另一方面，“权力容易使人腐化，绝对的权力绝对使人腐化”，“当一个公民获得过高的权力时，则滥用权力的可能也就更大”。❷因此，防止权力腐败的根本或主要的方法就是权力制约。权力制约所形成的某种抗衡，是防止腐败最有效的手段。同样，当某一种权力大到其他力量根本无法与之抗衡时，就会出现权力不受制约所引发的腐败。所谓绝对的权力导致绝对的腐败，就是从这个意义上说的。再次，从深层次腐败和其他腐败的关系看，所有的腐败都有深层次的政治学根源，即权力不受制约。或者说，所有的腐败可能本质上都源于深层次腐败。比如，行政权和司法权的滥用，虽然分属行政和司法两个领域，但腐败的本质都一样，都是权力不受制约造成的，具有腐败的深层次特点。由此，涉及行政和司法领域的反腐败，就不能停留在行政和司法本身，而必须深入政治学、政治架构等一系列深层次的问

❶［英］霍布斯著，赵雪纲译：《利维坦》，商务印书馆1986年版，第72页。
❷［法］孟德斯鸠著，张雁深译：《论法的精神（上）》，商务印书馆1982年版，第14页。

题。同样，所有其他领域的腐败，也都有这个特点。因为，当深层次腐败的根源没有找到之时，行政权、司法权及社会权等各方面的权力腐败就都不可能根除。

不仅如此，深层次腐败作为一个领域，与其他领域的腐败如社会、文化、经济等领域的腐败相比，具有更为深刻、更为根本的特点。应当说，我们反腐败已经涉及社会生活的各个方面，如征地拆迁，矿产资源开发，学校乱收费，医药购销和医疗服务，食品药品制假售假，国有企业领导人员侵占国家、集体利益和侵害职工群众权益，基层干部吃拿卡要、收受财物，执法不公、为黑恶势力充当“保护伞”，基层干部作风粗暴等。诚然，对这些方面的腐败群众感受最深，影响极坏。但为什么在党中央和国家反腐部门的屡屡打击之下，这些方面的腐败现象仍然存在，而且越来越严重？根本的问题就在于腐败有表面的和深层次的之分。经济、文化、社会、司法等领域的腐败只是表面的，而造成这些腐败挥之不去的原因才是深层次的。而如果深层次腐败的根源不解决，经济、文化层面的反腐败就难以获得根本解决。

所谓深层次腐败，从学理上说，主要是与政治活动有关的腐败。现代政治是民主政治，民主政治有一套规则、制度、程序和行为规范等。17～18世纪欧洲运动以来，由于启蒙思想家的先进政治文化的广泛传播和普及，有力促进了西方资产阶级民主政治的产生和发展，民主政治形成了独有的理念和行为方式，包含自由、平等、正义、法治等思想、制度和行为的形成及其不断发展而呈现出的政治状态，并被称为政治文明。[1] 有的学者认为政治文明的特质在于先进的制度，特别是民主政治的制度安排。[2] 从这个意义上说，所谓深层次腐败，就是违背民主政治的理念和程序，为获取公共权力所实施的贿选、瓜分或垄断政治资源的行为，其内容涉及公共资源获取的制度、程序、原则及手段等诸方面，其结果不利于自由、平等、正义、法治的行为。如果说经济腐败、行政腐败损害的是经济秩序和行政秩序，

---

[1] 许耀桐：“政治文明的若干基本问题探析”，载《中国人民大学复印报刊资料政治学》2003年第3期。

[2] 胡伟：“关于政治文明若干问题的思考”，载《上海交通大学学报（哲学社会科学版）》2003年第2期。

则深层次腐败损害的是民主政治的秩序，即对自由、平等、正义和法治秩序的破坏。从我国深层次腐败的形式看，主要涉及如下方面：如基层民主选举，人民代表大会制度，政治协商制度，国家干部制度，精简政府机构，提高行政效率，地方各级国家机关的设置、变化情况，市、区、县与省、市、自治区的关系等。这些领域发生的权力滥用、以权谋私就属于深层次腐败。

与其他领域的腐败相比，深层次腐败有五个显著特点：

第一，政治性。深层次腐败的权力属于公共政治权力。王沪宁在1989年就论述过类似的主题。[1] 比如，选举中的贿选，就属于深层次腐败。选举权是民主政治的重要保证。保障自由平等的选举，是民主政治是否真实可能的前提。贿选的存在，必将影响民主的平等性和真实性，它涉及国家公职人员是否可能利用公职为社会服务，涉及自由平等的民主政治秩序是否可能。在现代民主政治下，深层次腐败往往与政党活动有关。20世纪90年代西方政党活动中的金钱政治，就是典型的深层次腐败。当时，意大利米兰市的清洁公司甚至为获得打扫市立养老院的合同都要向有关政客支付回扣。此事案发后被称为米兰贿赂案，并引发了一连串腐败案，波及意大利10多座城市。据都灵市艾纳乌迪研究中心的估计，意大利各政党每年的非法收入10万亿里拉，近15年里，共吞噬了150万亿里拉（约合1 250亿美元），相当于全国国债总和，该案使意大利政坛包括联合执政的4个政党在内的8个政党卷入政治丑闻，社会党、共和党、自由党的领袖先后辞职，拥有百万党员的执政党天民党宣布解散。[2]

第二，根源性。深层次腐败影响和决定其他公共权力的滥用。深层次腐败是其他腐败的源头。深层次腐败必然会通过其他各种形式如立法的、行政的和司法的形式表现出来，并进一步引发其他领域的腐败，如立法腐败、行政腐败、司法腐败……如为推动或阻止通过一项法案，议员可能成为被贿赂的主要对象，“要叫国会拨款，是要花很多钱的，要争取众院委员会的多数，每人就算给一万元吧，一共是四万；参院委员会的多数，每人

---

[1] 王沪宁：“论中国产生政治腐败现象的特殊条件”，载《上海社会科学院学术季刊》1989年3月。

[2] 林喆：《权力腐败与权力制约》，法律出版社1997年版，第2页。

也要那么多，算它四万；再额外孝敬孝敬这些委员会的一两位主席，又得稍微破费一些，就算每人一万吧。还有那些国会外围活动分子，七个男的，每人三千；一个女的，还得送她一万元；众议员和议员当中还有些德高望重的人物，东一个西一个，这些德高望重的议员就得多花几个钱”。[1] 而深层次腐败中贿选的存在，就使当选者在获得国家权力以后，具有利用公权以权谋私的机会。而且贿选的目的就是谋私，因此，只要存在贿选现象，必然有其他领域的腐败。在没有建立有效的权力制约监督机制的社会，深层次腐败的影响会遍及各种公共权力。从这个意义上，保证政治清明，严格维护民主政治的原则和秩序不被破坏，无疑是最关键的反腐败措施，具有根本的反腐败意义。

第三，非经济性。深层次腐败与经济利益没有直接关系，有时还需要投入大量的经济利益。中国北洋政府时期的曹锟就是通过贿选当选的。即使在现代发达国家，仍有大量的黑金政治存在。合法化的政治捐款就是一种变相的腐败。美国学者波斯纳曾指出，美国的政治捐款是一种“准贿赂”。不仅如此，美国法律包括司法还保护这种“准贿赂”。2012 年 1 月，美国最高法院在某案中裁决，公司给政党的竞选捐款不受数额的限制。当然，所有这些付出都是有目的的，就是获得各种公权。故深层次腐败表面上不像经济腐败那样具有直接的经济性，它大都与一些政治安排或决定有关，而这些政治安排和决策在以后会对经济、文化等各方面产生决定性的影响。从这个意义上，虽然深层次腐败表面上不具经济性，但如果发生腐败，它所产生的经济后果往往是直接的经济腐败的倍数，而且具有连续不断的特点。如果没有良好的制度加以约束，深层次腐败的灾难是难以想象的。19 世纪中后期，美国的深层次腐败就曾给美国社会带来灾难性的后果。如纽约的民主党组织坦慕尼协会是地方核心小集团政治腐败的典型，在其老板特威德当政期间，共榨取财富达 2 亿美元。1860 ~ 1900 年，全国市政部门的债务由 200 万美元猛增至 14 亿美元，其中绝大部分流入城市老板及

---

[1] 转引自肖金明：“论深层次腐败及其控制——政治文明不能忽略的论题”，载《法学论坛》2004 年第 3 期。

其党徒的腰包。[1]

第四，制度性。深层次腐败往往与制度有关或容易形成制度性腐败。所谓制度性腐败，是指由于深层次腐败不受重视引发的具有制度、机制等特点的腐败，它不是个人品质缺点等引起的，而是制度、体制、机制造成的。由于制度的特点，腐败成为一种常态，而清廉反而成了稀罕物。在这种情况下，腐败成为一种想不腐败也不行的腐败，或好人也不得不腐败的腐败形态。类似的深层次腐败，曾在不少国家出现过，如法国、西班牙、日本、英国和德国等，而今天的发展中国家和地区如秘鲁、印度、巴西等以及中国台湾地区也时有曝光。20 世纪 80 年代，中国台湾地区贿选成风，选票交易明码标价。民进党内贿选时兴整批包销，要同时买 5 名候选人，约 5 000新台币，在台湾南部，三票一起批发，出价 1 万新台币，零售一票两三千新台币，腐败几乎成了制度。

第五，规模性。由深层次腐败引发的腐败往往是系统的、整体的，它不是一个人的腐败，而是一群人、一批人、各个部门，大部分领域，一个系统或整个系统的前赴后继的腐败。这种腐败造成腐败的丑恶、罪恶感消失，甚至出现有人堂而皇之地为腐败正名的现象，腐败现象不但变得合理，甚至变得正当化、人道化了。如20 世纪初美国的文化中，就有人主张商人的精神是利润精神，而不是爱国主义精神；能使我的生意兴隆的，就是好的；阻碍它的便是坏的；贿赂是不好，但如果它对我的生意是必需的话，就不那么坏。甚至还有人提出："贪污与违法精神是美国精神。"[2] 我们社会中20 世纪 90 年代初也有所谓"腐败不可避免论"，近期又有所谓"要允许中国适度腐败，民众应理解"的说法，引发网民热议[3]，这都从一个侧面说明了中国腐败的严重性。

以上深层次腐败的特点，使深层次腐败造成的后果极为严重。国外有学者认为深层次腐败是引起对政府信任危机的主要原因和第二大国家问题。

---

[1] 转引自张淑华："美国社会转型时期的政治腐败与反腐败"，载《泰山学院学报》2007 年第 1 期。

[2] 杨洪常："关于政治腐败效应的争论——国外政治腐败研究的文献评述"，载《四川大学学报（哲学社会科学版）》2000 年第 2 期。

[3] "环球时报社评：要允许中国适度腐败，民众应理解"，载新浪网，2014 年 10 月 8 日访问；"环球时报为腐败辩护居心何在?"，载新浪博客，2014 年 10 月 8 日访问。

更有甚者，甚至称深层次腐败盛行的国家“实际上是盗贼统治的国家”。[1]深层次腐败必然带来巨大的损害，最主要的就是瓦解政治体制的合法性，使人民丧失对政治体制的认同和信任。这是因为，深层次腐败是所有腐败的总根源。一切腐败行为都有深层次腐败的影响。由于这个原因，对深层次腐败的治理是促进政治文明最有效的手段。它能够把深层次腐败造成的损害降到最低点。反之，如果深层次腐败不受重视，随着深层次腐败的发展，不仅会导致国家腐败泛滥，最终往往导致社会动荡。2011 年前后发生在中东等地的社会动荡，不少都与该国的深层次腐败有关。连续执政 23 年的突尼斯前总统本·阿里弃国出逃；连续 30 年担任埃及最高统治者的埃及前总统穆巴拉克被迫辞职，并于当年 6 月被开罗刑事法庭判处终身监禁；此后，在北非、西亚乃至整个中东诱发的社会动荡，猛烈地冲击这些地区的社会稳定。导致上述社会动荡的成因比较复杂，但认真反思这些国家社会动荡，其深层次腐败导致的全面腐败及政府失去公信力，无疑是深层次的原因。

二、我国反腐严峻的根源是深层次腐败没有引起重视

早在 20 世纪末，针对我国腐败现象，就有学者提出“要把反腐败斗争进行到底，并取得斗争的胜利，必须找到存在腐败的根源”。[2] 人们已经认识到，“腐败不单纯是一个经济问题，涉及许多深层次的问题”。[3] 近年，深层次腐败问题更多地受到人们关注，有的学者认为：“经过 30 多年的改革，我国社会各领域的腐败现象不断得到治理，但一些重点领域的体制改革相对滞缓，是导致难以根治腐败的重要原因。”这里所谓重点领域改革滞缓导致腐败，即深层次腐败。如有的学者说：“随着我国反腐斗争的逐步深入，学界对腐败原因探讨较多，而对腐败根源研究甚少。殊不知，腐败根源不

---

[1] ［新西兰］杰瑞米·波普著，清华大学公共管理学院廉政研究室译：《制约腐败——建构国家廉政体系》，中国方正出版社 2003 年版，第 19 页。

[2] 宋玉学：“对我国当前社会存在的腐败问题的深层次原因初析”，载《大庆社会科学》1993 年第 12 期。

[3] 周芙蓉、张云龙、刘刚：“速度、力度、透明度——向深层次反腐败‘亮剑’”，载《山东人大工作》2013 年 1 月。

仅是滋生腐败的一个深层次因素，更是深入研究和全面认识腐败的极其重要方面。”[1] 因此，必须“运用马克思主义原理实事求是地探讨严重腐败的深层次原因”[2] 或“要进一步加强公众参与反腐败斗争的深层次建设”等。[3] 胡锦涛在党的“十七大”报告中也提出过：“改革攻坚面临深层次矛盾和问题。”

但由于种种原因，我国反腐败斗争中，深层次腐败并没有引起应有重视。一个主要原因与人们对深层次腐败的理解有关。有的学者指出：“腐败在不同的国家有不同的意义，不仅不同文化和种族对它所作定义与解释不一样，而且同一文化下的不同集团可能对它的看法也不同，因此不可能提供一个普遍能够运用或接受的定义。”[4] 在这种情况下，在一些国家被视为深层次腐败的现象，在另一些国家就可能不属于腐败。网上有一个广为传播的对话。某人和德国人聊天，他问：你们的议会有外国人吗？回答：外国人不能担任议员。又问：你们国家的官员可以把老婆孩子送国外，独自在德国当官吗？答：如有这样的官，媒体要乐晕了。再问：你们官员可以偷偷在国外存款吗？答：如果发生这样的事情，政府就下台了。该德国人反问：有这样的国家吗？某说：我不敢回答。[5] 显然，这里就有深层次腐败的理解问题。

第二个原因是人们往往将一般腐败与深层次腐败画等号，也影响了深层次反腐的深入。如有的学者将深层次腐败理解为：“为了获取私人（包括亲属、私人派系）的金钱或地位等利益而偏离公共角色正规职责的行为；或是公共角色违反规则而发挥某种私人影响的行为。包括贿赂、裙带关系、贪污等。”总体上说，国内学者对深层次腐败和一般腐败没有区分。即使是明确提出深层次腐败的学者，在论述深层次腐败的概念时，所涉及的现象

---

[1] 李晓明、朱媛媛：“腐败根源深层次因素的寻找——重在从人的本能视角观之”，载《苏州大学学报（哲社版）》2009 年第 5 期。

[2] 王文广：“严重腐败的深层次原因探析”，载《科教文汇》2005 年 6 月。

[3] 陈云生：“进一步加强公众参与反腐败斗争的深层次建设”，载《人大工作通讯》1996 年第 4 期。

[4] 杨洪常：“关于政治腐败效应的争论——国外政治腐败研究的文献评述”，载《四川大学学报（哲社版）》2000 年第 2 期。

[5] “德国人反问：世界上有这样的国家吗？”，载影响力中国网，2013 年 2 月 1 日访问。

也都属于一般腐败，或不属于严格意义上的深层次腐败。[1] 同样，较早提出深层次腐败概念的王沪宁，把腐败理解为“公共权力的非公共运用”，并认为通俗地说就是“以权谋私”。[2] 当然，这种理解有其合理性。因为所有的腐败，最根本的就是权力不受制约，有其政治上的根源。但经济领域、行政领域的腐败又不能简单地与深层次领域的腐败画等号。不能因为在经济、行政等领域进行了反腐败，深层次领域的腐败问题就解决了。特别是，深层次领域的腐败具有腐败总根源的意义。不把反腐败之火烧到腐败的深层次，其他领域的腐败就难以彻底根除。

深层次腐败不受重视的第三个原因，与人们对腐败发生原因的理解有关。迄今为止，人们对我国腐败多发问题的认识，往往归之于转型的原因。如有些观点认为：“由于我国处于体制转换、社会转型、思想嬗变的时期，影响反腐败深入开展的各种因素仍然存在，反腐倡廉建设面临诸多新情况新问题，腐败易发多发的情况还没有根本改变，反腐败斗争形势依然严峻、任务依然艰巨。”[3] 这种把腐败的多发、普遍化简单地归结于体制和社会转型不但不合理，而且不严肃。必须看到，我国体制、社会转型已经30多年，特别是我国经济领域的改革早就完成。同样，从社会领域看，民主法治早已经深入人心，计划体制也早已不复存在，与市场经济相一致的社会管理目标已经很清楚。为什么我国各个领域的腐败仍不见减少反而越来越多？显然，转型并不是腐败发生的必然的或主要的原因。其次，我国目前出现的许多腐败现象并不是新问题，而是老问题。比如，领导干部中“一把手”违纪违法问题仍然相当突出，腐败呈“前腐后继”的状态，腐败出现了隐蔽化、迂回化、期权化、智能化的趋势。如果有什么新的特点，就是腐败越来越严重、越来越普遍化。其中，社会阶层固化，基层管理部门和基层干部违纪违法案件增多，“小官大贪”“村官成霸”“干部涉黑”等问题凸显。在有的地方和领域，干部想要做到洁身自好、独善其身甚至是孤立的、危险的。于是，同流合污、沆瀣一气越来越多，个别地方甚至出现清正廉

---

[1] 肖金明：“论深层次腐败及其控制——政治文明不能忽略的论题”，载《法学论坛》2004年第3期。

[2] 王沪宁：《政治的逻辑》，上海人民出版社2004年版，第167页。

[3] 单扬：“全球反腐败大势对我国反腐倡廉的几点启示”，载《理论视野》2012年第9期。

洁的干部遭到“逆淘汰”的不正常现象。尤其是司法领域，深层次腐败导致的司法公正缺失，使法律的权威难以确立，基本社会秩序受到破坏并变得无序化。正如培根所说：“一次错误的判决比多次错误的实例为害更大，因为这些错误的实例不过弄脏了水流，而错误的判决则把水源败坏了。”❶所有这些现象，不是新问题，而是早就存在，由于长期得不到治理，变得越来越严重而已。而腐败长期得不到治理的根本原因是深层次腐败没有引起重视。

还有一种观点，认为腐败严重是因为我国反腐败立法的不足，故将问题推给立法滞后。有人说，我国立法的“‘缺’、‘粗’、‘疏’是目前我国反腐败立法现状的典型写照”。❷其实，“立法滞后”并不准确。仅以立法而言，我国30年立法的成就谁都无法否认。但恰恰是反腐败领域的立法，十分滞后。为什么在我国社会生活的主要领域都已经覆盖法律的情况下，独独反腐败立法如此“滞后”呢？可见，我国反腐败立法中的“缺”“粗”“疏”，不是中国的立法机构或法学家缺乏立法的技术和智慧，而是某些“不缺”“不粗”“不疏”的立法受到深层次因素的干扰。毫无疑问，由于深层次腐败不受重视，我国反腐败不涉及政治领域或相关层面，导致我国民主政治的发展滞后，促进反腐败立法的声音和主张难以形成主导力量，这本身就是一个深层次问题。深层次腐败与国家和社会的民主化程度有关。没有政治组织包括政党民主化的充分发展，政治组织之间缺乏有效的制约，必然会引发深层次腐败。故“在现代化进程中缺乏有效的政党的国家腐败现象往往较为普遍，因为腐败与政治组织的有效程度成反比”。❸而“国家同公民社会无论哪一方的力量过于强大而造成力量失衡，都会导致腐败”❹。显然，在一个民主和法治的国家，如果没有民主政治的充分发展，就难以形成政治文明。而没有政治文明的发展，严密的反腐败立法就不可能。在这种条件下，必然造成仅有的法律难以实施。所谓执法必严、违法必究，

❶ ［英］培根著，东旭等译：《培根论说文集》，海南出版社1996年版，第190页。

❷ 单扬：“全球反腐败大势对我国反腐倡廉的几点启示”，载《理论视野》2012年第9期。

❸ ［英］K. 吉利斯皮、G. 奥克鲁利克著，阮良能译：“政治腐败与反腐败：研究评介”，载《现代外国哲学社会科学文摘》1992年第4期。

❹ 迈克尔·约翰斯顿：“在第六届国家反贪污大会发言”，转引自袁照远：“转型期政治腐败成因及社会可承受度分析”，载《湖北民族学院学报（哲学社会科学版）》2005年第5期。

等于纸上谈兵。法律没有刚性，法律的权威也得不到尊崇，也不可能做到法律面前人人平等，正是深层次腐败的后果。以下是我国深层次腐败的几个典型的方面，必须引起严重关注。

1. 基层民主中的腐败现象

我国村委会选举中暴露出来的问题都属于深层次腐败。所谓“乡干部上位靠酒肉，村干部上位靠拳脚”，一定程度上揭露了基层民主秩序受到的破坏。有学者概括了目前在山东农村选举中的问题有四个，如价值目标与实际操作存在冲突。多地方政府将选举与维稳联系在一起，维稳又与官员的政绩考核联系在一起，由此，面对选举许多地方都如临大敌，不惜行政成本，使得本来应是很隆重和喜庆的选举，成了一种让人感到有压力甚至恐惧的事情。同时，上级干预选举、选举过程的许愿承诺、宗族垄断、贿赂都比较普遍。❶

2. 干部选拔机制的腐败

民主推荐、民意测评、民主评议是可能存在腐败的。由于群众的意见只是参考，故在民主推荐结果的运用上往往存在较大的随意性，符合主要领导人意图时就采用，不符合时就以“不能简单地以票取人”为借口置之不理等，最后导致民主推荐、民主测评等成为摆设，结果还是“少数人选人，在少数人中选人”。政绩考察的手段与政治文明差距较大。定性评价的较多，定量评价的较少，人际关系所占比重较大，考察的真实性较差，包含较大的人为操作空间。有的干部群众口碑极差，竟然能够顺利通过。而一些敢于坚持原则的干部，因为得罪人，反而考核不及格，出现了逆淘汰。用人权力运行不规范，讨论决策机制不健全，由一把手说了算，许多用人行为在一种“潜规则”下运行，处于“无形”状态，决策者“权力无限大、责任无限小”。监督制约机制不健全。就上级党组织而言，怕干预过多影响下级的积极性。班子成员怕反对意见提多了影响团结，往往是事不关己、高高挂起，少说为佳。就普通群众而言，难以知情，有的根本不了解，也就谈不上监督，导致干部工作的“暗箱”“操作”成为可能。在干部选拔任

---

❶ 苏爱萍：“我国基层民主选举实践：成就、问题与发展走向——以山东省村委会换届选举为样本”，载《山东社会科学》2012 年第 9 期。

用过程中，谁是责任主体，还没有明确界定。集体责任和个人责任、“一把手”和班子成员的责任、主要领导和分管领导以及经办人员之间的责任界定模糊。这就会出现用人失察失误、失真失实的问题，并且不知道追究谁的责任，“都负责都不负责”。

3. 社会生活中的买官卖官现象

由于干部选拔机制中存在腐败的可能，故跑官要官、行贿买官、拉票贿选、作假骗官，屡禁不止。河南滑县原县委书记王某某几年内卖了400多顶官帽，其中一次就调整了100多名干部；浙江平阳县县委原常委、组织部长董某某，两年卖出副科以上官帽279顶，成为当时著名的“卖官大户”；山西长治县原县委书记王某某1999年2月到4月两个多月批发“官帽”432顶，其中副科以上278顶；河南平顶山市委常委、政法委书记李某某在任舞钢市委书记期间，有一次5天时间调动干部157人，每人少则数千元，多则上万元……[1]江泽民指出：“历史上的腐败现象，为害最烈的是吏治的腐败，由于卖官鬻爵及其带来和助长的其他腐败现象，造成‘人亡政息’、王朝覆灭的例子，在中国的封建社会是屡见不鲜的。”[2] 但由于深层次腐败问题没有解决，虽然党中央已经将干部选拔机制中的腐败提高到了“亡党亡国”的高度，但“不跑不送，降职使用；光跑不送，平级调动；又跑又送，提拔重用”仍猛烈冲击我国执政党的合法性基础。

4. 政治道德的堕落

政治道德就是从政的道德。在一个民主和法治的国家，一切政治行为都必须有利于人民，政治要服务于人民的公共利益。但在深层次腐败不受重视的环境下，政治行为极易成为政治骗子以权谋私的工具，并导致政治道德的堕落。在这种条件下，担任公职不再是一种奉献，而成为以权谋私的工具。而腐败猖狂之处，往往是政治道德堕落最快的地方。腐败越严重，政治公德的堕落就越大。大到最后，没有人再以腐败为耻辱，就会冲击社会公平正义的底线，导致投机钻营、背信弃义、逢迎拍马之徒猖獗，而敢讲真话坚持真理的正直不阿的老实人，却往往被视为迂腐，甚至还要付出

---

[1] 初正坤：“买官卖官现象评析”，载《理论与实践》2002年第1期。

[2] 《十四大以来重要文献选编（下）》，人民出版社1999年版，第1967页。

血与生命的代价。我国社会近年“假、大、空”不衰、“两面人”现象普遍正是这一现象的反映。看一下中国近年落马的中国贪官，几乎每个人都是两面人：除了经济上、生活上的腐败以外，往往还有许多苦心编织的荣誉光环和一大串廉政名言，大贪官成克杰曾说过：“想到广西还有一百万人没有脱贫，我这个当主席的是觉也睡不好呀。”浙江省原纪委书记王某某，东窗事发前两天还在反腐倡廉大会上慷慨陈词：“反腐倡廉是全社会的事。公开是监督的前提，阳光是最好的防腐剂。”[1]《荀子》说得好：“口能言之，身能行之，国宝也；口不能言，身能行之，国器也；口能言之，身不能行，国用也；口言善，身行恶，国妖也。”而“国妖”形成的根源正是政治道义的堕落。

以此来透视我国社会生活中的大量腐败，不难找到答案。中国人民的智慧和胆魄已经通过高速发展的经济奇迹得到了体现。高度智慧的中国人民，不可能解决不了腐败问题。面对发达国家已经基本解决的或解决得比较好的腐败问题，也不是没有良方。主要原因在于深层次腐败长期不受重视，这不但不合理也必然影响我国反腐败战略的深化。

三、推进深层次反腐的若干建议

深层次反腐是针对腐败成因或根源的反腐。深层次反腐也会涉及经济、文化、行政、司法等方面，但它不应当局限于经济、文化等层面，而应当以发生腐败的领域、行业和行为为线索，顺藤摸瓜，以期从源头解决腐败发生的可能和机会。而这就要求我们反腐战略面临较大的转变：

第一，深层次腐败纳入反腐需进一步解放思想。

为什么我国反腐长期不涉及深层次腐败？一个很重要的原因是我们不能局限于社会主义制度优越性的认识。诚然，中国特色社会主义制度及我国以人民代表大会制度为根本制度的政治制度，有很大的优越性，能够在很大程度上避免西方资本主义社会的黑金政治，但并不意味着我国的公共

[1] 千年飞山：“还有多少贪官台上留‘好口碑’，倒台留‘好骂名’?”，载人民网强国论坛，2010年5月25日访问。

政治就没有深层次腐败。只要是公共权力，就存在腐败的可能。因此，我国反腐败不能因为社会主义制度的优越性就不涉及深层次领域。相反，正因为社会主义政治文明的优越性，我们更不能对深层次腐败掉以轻心。腐败作为一种公共权力的滥用，它会渗透一切领域。再优越的制度也不能完全无视腐败。由于深层次腐败在经济文化和社会中的特殊地位，决定了我国反腐败不能将深层次领域排除在外。正如党的“十八大”报告所说，要“深化重点领域和关键环节改革，健全反腐败法律制度，防控廉政风险，防止利益冲突，更加科学有效地防治腐败”。通过在将反腐败斗争引入深层次腐败，促进“党风廉政建设和反腐败斗争取得新成效”。而实践中，“一些干部领导科学发展能力不强，一些基层党组织软弱涣散，少数党员干部理想信念动摇、宗旨意识淡薄，形式主义、官僚主义问题突出，奢侈浪费现象严重；一些领域消极腐败现象易发多发”❶ 等现象，在根本上都与深层次腐败有直接和间接的关系，必须予以正视。

不仅如此，将深层次腐败纳入反腐败，也有利于促进我国政治生态的文明化。英国思想家约翰·斯图亚特·密尔在分析一国政治体制何种程度如何选择的时候，看到了特定的生态环境对于这种选择的制约性关系，但是他又强调，人可以发挥其主观能动性，选择较好的政治体制。他打比方说，“水往低处流”这是一个规律，人们无法改变这个规律，但是，水车“是做成的，而不是长成的”。政治生态也是如此。我们固然无法改变不受制约的权力必然腐败以及绝对的权力导致绝对腐败的规律，但可以做成水车将水引往高处惠及人类；正如有的学者所指出的，阿克顿“权力腐败”的名言也有简单化之嫌，因为权力不仅可以导致腐败，也可以使人高尚。虽然我们不能改变不受制约的权力必然腐败的规律，但可以通过制度建设，防止权力的腐败，并让权力使人高尚。这个制度就类似于水车或笼子。我们可以通过建造“水车”，把它引至高处，或把权力关进笼子，从而促使权力服从公共利益的目标。

第二，以深层次腐败作为反腐重心，深化我国反腐败斗争。

---

❶ 胡锦涛：《坚定不移沿着中国特色社会主义道路前进 为全面建成小康社会而奋斗——在中国共产党第十八次全国代表大会上的报告》，人民出版社2012年版，第5页。

我国反腐败已经30多年，虽然打出不少贪官，但人民群众仍然不能满意。其主要原因之一是未能铲除产生腐败的大量深层次的腐败问题。比如在我党已经将腐败提高到“亡党亡国”高度的情况下，我国的腐败仍然出现前赴后继化、群体化、规模化、普遍化，甚至有人公然为腐败张目等现象，这就是深层次领域腐败的结果。必须正视这一现象，并通过将反腐重心移到深层次腐败来推进下一步的反腐。从历史上看，大多数国家都经历了从深层次腐败到政治清明的过程。19世纪下半叶的美国也充斥着深层次腐败。1905年，法国人绘制了一幅美国政治地图，对45个州的政治状况进行了区分，政治清明的州只有6个，部分腐败的州有13个，完全腐败的州达到25个。❶ 除了政党分赃制与党魁势力的膨胀是造成深层次腐败的重要原因之外，社会转型时期经济的起飞导致致富渠道多样化，而政府职能的扩张则为官员腐败提供了更多机会，以权钱交易为特点的寻租深层次腐败日益泛滥。同时，在工业化过程中崛起的新兴垄断资本集团掌握着远远超过政府的强大经济资源，这为他们通过行贿政府官员为己牟利提供可能。同时，腐败使整个社会陷入拜金主义的物质迷狂中，政治参与和政治监督下降到最低点，这又从另一个侧面纵容了腐败。但是，此后的50年间，美国各种社会与政府改革运动风起云涌。19世纪60年代兴起文官改革运动，改革公职人员任用制度，变政党分赃制为功绩制，提高公职人员的道德文化素养。80年代以农民为主力的人民党运动爆发。90年代，一些新闻记者和文学界人士将揭露黑幕的影响扩及全国。至20世纪初，各种改革的涓涓细流汇入进步主义运动的大河，一场群众性全面社会改革运动席卷全国，终于有效遏制了深层次腐败。

从我国看，反腐败已经成为我们的基本国策。特别是新一届中央领导集体在开局之年高调反腐的讲话和举措，都显示出我国中央领导和全国人民的反腐决心。但从当代政治文明的发展看，反腐败不能停留在“打老虎”和“打苍蝇”的层面。一方面，我们已经处于全球化的时代，反腐败已经不是一个国家的内部事务。“国家与民主旧有的孤立状态正在迅速被打破。

---

❶ 转引自张淑华：“美国社会转型时期的政治腐败与反腐败”，载《泰山学院学报》2007年第1期。

新时代以电影、电台、电视、录像、卫星、移动电话、互联网、家用传真机、电子邮件、电话会议为特色，它们可以到达最遥远的国家和最偏远的村庄。想要阻挡这一全球交往革命，事实上是不可能的。任何一个先前与世隔绝的农民和社区现在也能加入全球网络。"❶ 在这种情况下，"民族的片面性和局限性日益成为不可能"。❷ 另一方面，全球村的交往，也迫使各个国家提升政治文明的程度。一个政治不廉洁的国家在当代世界的生存空间日益狭小，而反腐败是现代政治文明的基本表现。人类所要解决的政治问题具有相似性，这就是遏制公权特别是政治领域公权的腐败。从这个意义上，我国反腐败已经成为当代政治文明的组成部分。我国反腐败必须实现向纵深发展，这是中国特色社会主义能够屹立于世界的基本前提。必须承认，当代发达国家已经建立了比较有效的反腐制度。为什么我国反腐制度建设中却长期视而不见？不是这些制度不好，也不是这些制度没有效果。而是因为我国的深层次腐败没有引起重视，导致能够决定这些措施实施的制度和程序难以启动。比如，重庆一位律师全国人大代表，在长达 7 年的时间里，每年写提案，要求国家出台高官财产公示法。但这一提案始终不被重视。为此，我们不能回避深层次领域的腐败，而且义无反顾地必须以深层次腐败为重心，借鉴各国在惩治深层次腐败方面的经验，大力推进深层次领域的反腐败，通过深层次领域的反腐扩大反腐成果。必须指出，在反腐败的对象和内容上，没有也不应当有什么禁区。只要有利于我国反腐败，有利于我国政治清明的反腐败举措，都应当用起来或拿过来。只有这样才能有利于我国反腐败的全面深入。

第三，立法、行政和司法同步推进深层次反腐。

虽然我国反腐败立法还没有明确将深层次腐败作为反腐的主要形式，但相关法律已有针对深层次腐败的规定。如宪法中有公民政治权利保障的规定，可视为针对深层次腐败的根本规定。《选举法》第 43 条保障选民自由行使选举权和被选举权的规定，明确了用暴力、威胁、欺骗、贿赂等非法手段破坏选举或者妨害选民自由行使选举权和被选举权

❶ ［美］霍华德·威亚尔达主编，董正华、昝涛、郑振清译：《非西方发展理论：地区模式与全球趋势》，北京大学出版社 2006 年版，第 13 页。

❷ 《马克思恩格斯选集（第 1 卷）》，人民出版社 1995 年版，第 276 页。

等现象依法给予行政处分或者刑事处分的规定，此外《村民委员会组织法》第15条作出了规定："以威胁、贿赂、伪造选票等不正当手段，妨碍村民行使选举权、被选举权、破坏村民委员会选举的，村民有权向乡、民族乡、镇的人民代表大会和政府或者县级人民代表大会常务委员会和人民政府及其主管部门举报，有关机关应当负责调查并依法处理，以威胁、贿赂、伪造选票等不正当手段当选的，其当选无效。"我国《刑法》中也有"侵犯公民人身权利、民主权利罪"的规定，这是对深层次腐败后果的刑事概括。

但由于种种原因，我国惩治深层次腐败的立法还存在较大的不足，导致我国不少深层次领域存在的腐败不但可能，甚至难以遏制。如在基层民主、地方人大和全国人大选举、政协委员的协商或其他政治资源的分配中，都存在深层次腐败的现象。有的学者将其归结为监督机制不完善、边界模糊、过程机制缺位、惩罚威慑不足等缺陷，导致我国基层民主中的贿选已经比较普遍。[1] 由于法律规制的不完善，有些深层次腐败已经比较严重。如以我国选举中的贿选来说，有学者认为贿选和授予人大代表头衔也正成为一些黑恶势力与地方当权人物相互勾结的新途径。[2] 而媒体也确实报道过类似的案例。此外，干部选拔中的行贿受贿也日益严重，这都加剧了其他领域的腐败。

为进一步推进和深化反腐败，建议国家进一步加大措施。

1. 立法保障

通过立法进一步规范可能引发深层次腐败的行为，避免和防范深层次腐败。如关于贿选，建议在刑法"侵犯公民人身权利、民主权利罪"一章中增设"破坏村民委员会选举罪"，即在村民选举过程中，以暴力、威胁、欺骗、贿赂、侮辱、诽谤、伪造选举文件、虚报选举票数、故意损坏选举设施、扰乱选举秩序等手段破坏选举或妨碍村民自由行使选举权和被选举权，情节严重的，处3年以下有期徒刑、拘役并剥夺政治权利；情节较轻

---

[1] 骆苗、祝军："村民自治中的"贿选"问题研究——基于制度分析的视角"，载《中国青年政治学院学报》2012年第5期。

[2] 王晓敏："从'贿选'事件频发看如何完善人民代表大会制度"，载《理论探讨》2002年第5期。

的，可以单处剥夺政治权利。此外，对贿选进行明确的法律界定，通过立法解释或司法解释的形式取代没有法律效力的民政部的通知。对其他领域的深层次腐败，要进一步规范化。比如，我国人大代表和政协委员的推选，属于重要的政治资源分配，应当体现公平、公正、公开的原则。从我国不少地方看，人大和政协委员的推选，实权人物的权力作用比较大，“人大代表”和政协委员的头衔成了一些实权人物可以随意发售以捞取好处的“红帽子”，也成为一些人提高政治社会地位、实现身份转换的途径和获取并保护更大利益的“保护伞”“护身符”。这使得贿选乘虚而入。大量的贿选事件表明，缺乏责任意识的“哑巴代表”和“老好人代表”往往成为一些官员升迁需要的贿赂对象。

2. 行政保障

必须加大国家对深层次腐败的干预。如关于基层民主，目前不少地方存在贿选，甚至有暴力的倾向。相关法规虽然规定村民可以向五个机关举报贿选行为，即乡人大、乡政府、县人大常委会、县政府、县民政局。由于五个机关职责不明，处理效力不清，要么互相推诿，要么不同机关作出不同的处理结果，无法决定哪一个机关的处理决定效力优先。[1] 同时，这些机关很难对贿选实施严厉的调查取证、钱物追缴等工作，也难以找到惩处贿选违法行为的条款。建议地方政府加大对基层民主的保障。在村委会、乡镇的选举中，政府必须派出观察员或其他代表，对于有违规违法的个人，通过司法机关依法追究其法律责任；对于选举程序有缺陷的，宣布选举无效。基层民主是我国最基础的民主，它对于培植我国公民的民主人格、法治精神极有意义。我国各级政府要从经济型转向民主型，推进和保障民主是各级人民政府最根本的责任。人民政府的最主要职责是保障人民当家做主，发展经济是人民和社会自己的分内事。但是，长期以来，我国各地政府都把发展经济作为主业，忽略了对基层民主的保障。甚至对基层民主中的各种违法行为听之任之，这不仅是法治政府定位的缺失，甚至是一种不作为。社会民主也是如此。社会管理要回归社会，我国各级政府要采取措

[1] 宋春红等：“村民自治中贿选现象的成因及其遏制措施”，载《黄冈师范学院学报》2004年第8期。

施保障社会的自我管理，促进社会的自我管理，保障社会民主的发展和社会管理向社会的回归。

3. 司法保障

我国司法应在现有法律法规的前提下，全面介入深层次腐败的处理。目前我国涉及深层次腐败的法律法规比较抽象，但并不是不能操作。如我国《刑法》中的“侵犯民主权利罪”就应当能够被用来打击贿选和其他侵犯基层民主权利的行为。最高人民法院和最高人民检察院应在现有法律的基础上，结合深层次腐败中各种问题或倾向，就相关司法保障提供有力的解释，以推进深层次领域的反腐。此外，司法公正本身就是推进深层次反腐所要解决的问题。司法机关也应当通过司法体制改革，积极有效地遏制深层次腐败，减少深层次腐败，从而大大促进司法机关在办案中实现公平正义。

立法、行政和司法反腐能否进一步推进，需要民主建设加以保障和互动。我国反腐败能不能涉及深层次腐败或在多大程度上涉及深层次腐败都与民主建设相联系。为此，要大力推进民主的发展。要真正实现“少数人拔人”到“权为民所赋”的转变。不仅要让群众更多地参与，而且要通过民主机制的转变，真正实现“社会的最后决定权只有交给人民自己来掌握”（杰弗逊语）的目标。恩格斯说过：“老的政党注定要灭亡，老的套语变得没有意义了，老的口号已被推翻，老的万应灵丹已经失效了。各个阶级的有思想的人，开始看到必须开辟一条新的道路，而这条道路只能是走向民主制的道路。”❶ 而民主建设如此重要，以致爱因斯坦说：要是没有这种民主“就不会有莎士比亚、歌德、牛顿、法拉第、巴斯德和李斯特。……大多数人会过着被压迫和被奴役的生活，就像在古代亚洲的庞大专制帝国中所过的生活那样。只有在自由的社会中，人才能有所发明，并且创造出文化价值，使现代人生活得有意义”。❷

必须强调，党的“十八大”以后，深层次反腐问题已经受到高度关注。“十八大”报告明确指出：“反对腐败、建设廉洁政治，是党一贯坚持的鲜

❶ 《马克思恩格斯全集（第25卷）》，人民出版社2001年版，第521页。

❷ 许良英等编译：《爱因斯坦文集（第3卷）》，商务印书馆1979年版，第48~49页。

明政治立场，是人民关注的重大政治问题。这个问题解决不好，就会对党造成致命伤害，甚至亡党亡国。”“当前中国反腐形势很紧迫，社会对腐败问题已经到了不能容忍的地步。”可以说，中共“十八大”已经把对反腐败的认识提升到前所未有的高度，也是我国推进深层次反腐的最大动力。让我们为之共同努力。

论宪政和宪法的关系

【提要】“宪法是对民主事实的确认”，这一命题包括宪法和宪政的基本关系：先有宪政，后有宪法。宪政是民主基础上的限权政治。而民主的实质就是治权和限政。宪法是民主宪政的法律化和制度化。没有民主宪政的事实，就不可能有宪法。实施宪法、完善宪法，关键是推进民主宪政的实践。

2012 年是我国 1982 年宪法制定 30 周年。制定宪法的目的是实施宪法，实现宪法之治——宪政。但是，由于许多理论和实践上的原因，我国社会对宪政似乎仍有相当大的不理解甚至抵触。其实，在历史和逻辑上，宪政是宪法的前提。“宪法是对民主事实的确认”这一命题包括了宪法和宪政的基本关系。在我国 1982 年宪法制定 30 周年之际，重温和深刻认识这个基本事实，不仅有利于全面贯彻实施宪法，也是建设社会主义和谐社会的必需。

一、民主法治的历史：先有宪政，后有宪法

一般认为，宪政与限权有关。“宪政的根本原则是限政与法治。宪政的核心特征就是对国家权力的法律限制”[1]，“宪政论的基本问题就是立宪和限权的问题”。或者说，“宪政意指法律化的政治秩序，即限制和钳制政治权力的公共规则和制度”。但是，宪政却不能简单地等同于限权。事实上，出

---

[1] 贺卫方等：《公共论丛：市场逻辑与国家观念》，生活·读书·新知三联书店 1995 年版，第 22 页。

于对其他权力的担心，即使是最专制的权力也有一定的限权措施。比如中国封建社会中的御史制度。宪政与民主相联系，宪政的限权是民主政治的要求。从这个观点来看，可以说，西方古代社会就有了宪政。[1] 公元前2世纪，罗马历史学家波利比乌斯（Plybius）就已根据制衡原则解释了罗马共和国的政制。为此，美国法学家斯科特·戈登说："古代雅典可能是世界历史上第一个建立稳定、有效的民主政治的国家，并且值得赞扬的是，它开创了一种通过制衡的方式控制权力的制度结构。"[2] 此后，加斯帕罗·孔塔里尼在他对文艺复兴的威尼斯的政府体系的分析中运用了制衡的概念。强调"民主秩序的基本要素可以在更早的政体中发现"。[3] 而近代宪政，无疑是这种包含着民主限权的政治行为的进一步发展。

众所周知，近代史上第一部宪法性文件，英国1668年通过的《人身保护法》，就是限制国王权力的法。[4] 1688年英国议会发动"光荣革命"[5] 并于1689年通过了《权利法案》。该法明确规定：未经议会同意，国王不得颁布法律或终止法律的效力，不得征收和支配税收，在和平时期不得招募和维持常备军；臣民有向国王请愿的权利；议员有在议会期间自由发言的权利；议员的选举是自由的，国王不得干涉等。英国革命后，连"威廉和玛丽都不可能否认他们的王冠是国会授予的"。[6] 孟德斯鸠在考察英国政制的时候指出：英国政制的特质在于它解决了权力的问题。在英格兰，保护社会成员免遭相互的和外敌的侵害所必需的国家权力是强有力的；公民是由国家保护的；但他们也受到免遭国家侵害的保护；他们拥有一定的政治自由。这种政治自由就来源于英国封建社会后期限权政治的发展。正如有

[1] 中国封建社会中也有限权的事实，中国封建社会中的君主为了维护其封建专制统治，在两千多年的时间里逐步建立了控制各级官吏、防止削弱、分散其统治权力的御史制度。但中国封建社会中的限权是君王限制臣下权力的措施，而不具有人民限制国家权力的含义。

[2] ［美］斯科特·戈登著，应奇等译：《控制国家——西方民主的历史》，江苏人民出版社2001年版，第82页。

[3] ［美］斯科特·戈登著，应奇等译：《控制国家——西方民主的历史》，江苏人民出版社2001年版，第352页。

[4] 阎照祥著：《英国史》，人民出版社2003年版，第201页。

[5] 宗传军："英国宪法形成过程"，载《人大研究》2004年第4期。

[6] ［美］爱德华·麦克诺尔·伯恩斯、菲利普·李·拉尔夫著，罗经国等译：《世界文明史》，商务印书馆1995年版，第270页。

的学者所说，“探究 17 世纪革命的原因，也不妨追溯到都铎时期的议会”。[1] 而这一时期的议会能够成为革命的原因，就在于议会已经扮演了民意的角色，而民意正是宪政所依赖的限权基础。因为都铎时期下议员的属性是代表全体国民的“社会贤达、民族精英”，但他们事实上却成为“某些地方选民的代言人”。当时下院辩论时，议员经常声明，自己所言并非“一己之见”，而是代表“一方民众”，挟选区或选民以自重。1584～1585 年议会中，某议员提交议案时特别强调，该议案乃是应某些地区民众之吁请而提出。1593 年议会税方案出台后，许多议员代表“家乡父老”抱怨负担过重。虽然“都铎时期的议员虽非地方民意代表”，“但是无论政府还是地方民众，都对他们抱有期望，期望他们了解和反映本地社情民意，期望他们能够代表和争取本地的利益”。[2] 而当苏格兰的詹姆斯于 1603 年成为英格兰的詹姆斯一世后不久，就出现了国王和议会有争议的分歧。这种冲突在查理一世统治时加剧了，而在 17 世纪 40 年代的长期内战中达到了顶点。直到 18 世纪，英国政治才摆脱了国王和议会的相互倾轧。1689 年，威廉接受阐明国会至高无上的基本原则的权利法案。这一法案规定：国王不能中止法律；除国会同意，不得提高税收或保持军队；若没有法律手续，不可逮捕和拘留臣民。历史学家指出：“1689 年的这一法案一劳永逸地确立了国会的最高权力，并在这情况下，结束了几乎早在半个世纪就已开始的英国革命。”[3]

同样，法国大革命的过程，也体现了民主宪政的这种博弈过程。事实上，任何一种民主的政治博弈都具有不确定性，因为它是不同政治主张、利益的博弈，它不仅涉及政治的正义理念，而且首先涉及不同社会群体的利益。法国革命就明显具有这个特点。法国大革命由四场革命组成：贵族革命、资产阶级革命、民众（城市市民）的革命和农民革命。这场革命的结果如何，能否实现自己的目的，可以说谁都无法预料。“在加入到后来才证明是一场革命的事业之前，演员们丝毫也无法预知这场新戏剧的情节将

---

[1] 刘新成：“‘乡绅入侵’：英国都铎王朝议会选举中的异常现象”，载《中国社会科学》2008 年第 2 期。

[2] 刘新成：“‘乡绅入侵’：英国都铎王朝议会选举中的异常现象”，载《中国社会科学》2008 年第 2 期。

[3] ［美］斯塔夫里阿诺斯著，吴象婴、梁赤民译：《全球通史》，上海社会科学院出版社 1992 年版，第 327 页。

如何发展。”[1] 而革命的最终结局，正如恩格斯所说，是一种合力的结果。恩格斯曾指出：“历史是这样创造的：最终的结果总是从许多单个意志的相互中产生出来的，由其中每一个意志，又是由于许多特殊的生活条件，才成为它所成为的那样。这样就有无数互相交错的力量，有无数个力的平行四边形，由此就产生出一个合力，即历史结果。”[2] 这也印证了一位美国学者的论断：“革命是发生（happen）的，而不是制造（make）的。社会革命是多种社会力量在某一历史时刻复杂交织的结果，革命的最终后果超出了任何单个参与主体的意图。”[3] 法国革命的历史告诉我们一个事实：法国革命后形成的宪法，无非是对革命过程即民主宪政事实的一种确认。法国大革命本质上是一场民主宪政的革命，它唤起了社会的各个阶层，而最终的结果是由合力造成的对国家权力的控制和对人民权利的保障，而革命后的《人权宣言》及宪法的诞生，无非是对这一民主博弈结果的确认。因为民主博弈的过程具有不确定性，但民主博弈却达成了一些必须坚持和确认的东西，将这些应当确认和坚持的东西明确下来并加以宪法化，就是为了减少博弈的忽然性，从而保证民主政治的方向不会被改变。因此，如果说政治博弈的过程和结果具有不确定性，则宪法正是为了保障民主政治的博弈方向不被改变，或者说，民主政治博弈虽然仍然具有不确定性，但它仅仅是结果的不确定性，而其民主自由的方向将获得确立，永远不再具有忽然性。这是宪法最大的优越性。

为此，1789 年法国《人权宣言》明确指出：“凡权利无保障和分权未确立的社会，就没有宪法。”而保障公民基本权利最根本的途径就是将国家权力纳入到法律的支配之下，从而减少和杜绝腐败的可能。为此，托马斯·杰弗逊指出：宪政“民主政体提供了一个处理政治发展的合理方法，而传统政治下的政体则是专制、反抗、革新的不合理循环，这样没完没了地反复下去”。[4] 而“英国政府体系在随后的 18 世纪纪得到广泛的赞扬，不是由于

---

[1] ［美］汉娜·阿伦特著，陈周旺译：《论革命》，译林出版社 2007 年版，第 17 页。

[2] 《马克思恩格斯选集（第 4 卷）》，人民出版社 1995 年版，第 697 页。

[3] ［美］西达·斯考切波著，何俊志、王学东译：《国家与社会革命》，上海人民出版社 2007 年版，第 8 页。

[4] ［美］查尔斯·A. 比尔德著，朱曾汶译：《美国政府与政治》，商务印书馆 1987 年版，第 4 页。

它作为一种‘美好的制度’的抽象性质，而是由于经验的证据表明它能为多种值得向往的目标服务；又当美国人开始为他们自己设计一部宪法时，没有比这更好的模式可以效仿的了。他们设计了在构造的细节上与英国有着巨大差异的一种政治制度，但它却是由对政治权力的目的、危险的同样的基本观点所指导的”。❶

同样，美国革命，也是民主宪政的事实不断发展壮大的过程。托马斯·潘恩在独立战争最坚苦的时候，潘恩发表了《常识》，并在该书的影响下，他用“常识”做笔名，以“American Crisis”为题，先后发表了一系列文章。这些文章以激昂而夸张的文字，宣扬独立事业的光荣、艰巨和伟大，抨击英国及其军队的“残暴”和“无能”，鞭笞反对独立、支持英国的“托利派”的“阴险”和“懦弱”，鼓舞爱国者的热情和斗志，声称美利坚人必将赢得战争的最终胜利。潘恩所做的正是民主宪政最重要的标志：言论自由，他的言论切合当时革命阵营的精神氛围，有力地推进了美国民主进程。他甚至号召英国本土居民以美利坚人为榜样，发动革命，推翻那些带领他们“从疯狂走向绝望”的国王和大臣，以获得自由。❷

不仅如此，民主宪政的实践又反过来完善宪政，这就导致宪法的产生。宪法无非是民主宪政的制度化。英国从光荣革命到1832年的第一次议会改革前，贵族一直是议会的实际控制者，普通群众基本没有选举权。议会制度在选区划分、选举权、选举活动、议员结构上既不民主也不合理。比如英国下院半数议员的当选归功于富人或王室的支持，多数议员只有不到千名选民的支持。没有足够钱财的人是不能当选议员的。郡议员的年收入要在600英镑以上，选邑议员年收入也不得低于300英镑。候选人还须承担选举的费用，天主教徒、教友派信徒和犹太教徒也不能当选议员等。总之，在绝大多数选区，只有贵族子弟或贵族的亲信才有可能当选议员。贵族通过选派议员的绝对优势完全可以达到掌控议会的目的。为此，早在英国革命前的17世纪，平等派在《人民公约》中提出了成年男子选举权和议员分配实行比例代表制的要求。18世纪60年代的威尔克斯事件，成为英国历史

❶ [美] 斯科特·戈登著，应奇、陈丽微等译：《控制国家——西方民主的历史》，江苏人民出版社2001年版，第285页。

❷ 李剑鸣：“‘危机’想象与美国革命的特征”，载《中国社会科学》2010年第3期。

上议会改革的真正开端，由此发轫，逐渐形成了要求改革的民众抗争高潮。1829年12月14日，托马斯·阿特伍德等人组建了“伯明翰政治同盟”，类似的政治组织很快遍布英国各地。中产阶级和工人阶级在改革运动中联起手来。此后，政治同盟和其他改革组织也加大活动的力度。很多原本对改革犹豫不决的人开始支持改革。但在遭到威廉四世的拒绝后，反对派以辞职抗议。与此同时，改革者发出警告：“要么册封更多的贵族，要么一个都没有。”军人出身的激进主义者琼斯扬言，他准备率领他的农村朋友去赢得胜利。5月12日，即威灵顿授命组阁的当晚，伦敦墙上出现了“阻公爵，取黄金”的标语，人们纷纷从银行兑现黄金。英国自内战之后就没有再发生革命，然而“五月危机”表明，英国又一次到了爆发暴力革命的关口。在英国有可能爆发如同法国革命的最后关头，英国统治者达成了妥协，终于导致议会法的改革。1832年改革法第一次对英国议会选举制度进行了重大调整，标志着从贵族寡头制度向西方民主制度的转变，“奠定了一个现代工业国家扼守渐进和非暴力的道路”。因此，议会改革法是一种必要的和巨大的进步。❶

必须强调，宪法对宪政的依赖，还与宪政的经验有关。宪法来源于什么？就来源于人们的宪政经验和实践。宪法作为理念化和制度化的宪政，绝不是凭空想象出来的。正如孟德斯鸠所说：“政治自由只在宽和的政府里存在。不过它并不是经常存在于政治宽和的国家里；它只在那样的权力不被滥用的时候才存在。但是一切有权力的人都容易滥用权力，这是万古不易的一条经验，有权力的人们使用权力一直遇到有界限的地方才停止。”❷请注意，孟德斯鸠的理论学说，来源于“万古不易的一条经验”。同样，洛克对此也作了认识论上的总结：“人心在一切思想、推论中，除了自己的观念而外，既然没有别的直接的对象，可以供它来思维，因此，……知识只与观念相关”，“知识，就是人心对两个观念的契合或矛盾所生的一种知觉”。❸ 宪法作为对宪政事实上的确认，它的观念基础正是宪政的经验。17

❶ 以上史料均引自刘新成：“民主的悖论——英国议会选举制度改革”，载《世界历史》2010年第2期。

❷ ［法］孟德斯鸠著，张雁深译：《论法的精神》，商务印书馆1994年版，第154页。

❸ ［英］洛克著，关文运译：《人类理解论（下册）》，商务印书馆1959年版，第515页。

世纪的英国革命和美国革命，1789 年的法国大革命都在革命后颁布和实施了宪法，之所以如此做，就是经验之所然。用洛克的语言就是："从经验得来。"❶

二、宪法是对民主宪政事实的确认

宪政意味着限权，但国家不会自己设定对权力的限制。限权的根本原因和动力是民主政治。民主宪政就是民主基础上的限权。民主需要限权，有了民主才可能限权。民主需要限权是因为，近代以来的民主政治是代议制民主，人民把国家权力委托给政府行使，需要保证国家权力能够始终为人民服务。限权就是防止权力扩张滥用权力。故限权是民主政治必然和基本的措施。民主才可能限权是因为限权是一种政治力量的制衡，它不仅要求正当性，而且要求民主制衡力量现实性。这就要求民主限权必须有一种现实的政治力量，这就是民主。列宁说得好："真正承认这些权利的保证在哪里呢？在于人民中那些意识到并且善于争取这些权利的各阶级的力量。"❷ 19 世纪末，英国著名法学家戴雪也表达了相似的观点："每个人的个人权利不是宪法的产物，而是宪法所赖以建立的基础。"❸ 这里所透露出来的一个基本思想是：限权的立法后于限权的政治。先有限权的民主宪政，才有限权的宪法。宪法不过是限权的民主宪政发展到一定阶段的产物。所以毛泽东说："世界上历来的宪法，不论是英国、法国、美国或者是苏联，都是在革命成功有了民主事实之后，颁布一个根本大法去承认它，这就是宪法。"❹

为什么有了民主宪政的事实，还需宪法来确认？因为宪政是一种限权的政治运作方式。这里的权是国家权力。一种限制国家权力的政治运作方式之所以要通过宪法确定下来，是宪政的经验要求。经过宪法确认的宪政其最大的优点在于它能够克服实践宪政中的某处任意性和主观性，找到实现民主的最佳途径，使民主法治成为一种具有稳定性和普遍性的国家体制，

❶ ［英］洛克著，关文运译：《人类理解论（上册）》，商务印书馆 2009 年版，第 74 页。
❷ 《列宁全集（第 12 卷）》，人民出版社 1987 年版，第 50 页。
❸ 转引自沈宗灵："依法治国　建设社会主义法治国家"，载《中国法学》1999 年第 1 期。
❹ 《毛泽东选集（第 2 卷）》，人民出版社 1991 年版，第 735 页。

并同时使民主和宪政成为法治的最高形态。从民主法治发展的过程看，宪法之治无疑是最高层次的法治。宪法之治是限权和控权政治的制度化，也就是说，限权和控权不仅成为一种政治要求和习惯，而且成为有根本法加以保障的政治制度，任何人、任何时候不得以任何理由加以破坏。从而保证了宪政的持久性。同时，宪政是在实践中产生的，而实践需要理论的总结，宪法则是宪政实践的理论化和规范化，甚至是某种艺术化。宪法基础上的宪政不仅要实现限权或控权的目标，而且能够有效实现控权和保权的统一，既体现限权的防止滥用，又能够最大程度上实现国家管理的效能。因此，宪法之治是法治发展到一定阶段的产物，“是一个比法治或法治国更高的抽象概念”❶。同时，宪法通过对宪政要素的概括总结，可以把最根本的宪政要求制度化、规范化，从而在最大程度上保证宪政目标的实现。比如，宪政要求限权，要求有政治上的反对力量加以制衡，而保证不同政治力量的制衡，就成为宪法最重要的内容。正如19世纪上半叶挪威主要的政治家所说：“反对派是如此重要，以致如果不存在反对派的话，我们就不得不造就一个反对派，以便控制国家。”❷

因此，宪法就是对宪政事实的确认。宪政事实就是民主政治。没有民主政治的事实，就不可能有民主的宪法。我们经常讲议会主权的确立完成了英国革命。但须知，英国议会主权获得确认经历了几百年的历程，并在这一过程中形成了有限王权。正因为王权有限，国王不能随意征税，需要通过合法手段、经过合法组织的同意才能征税。这就是一种宪政或民主政治的事实。而当国王起而反抗这种事实时，便与议会发生冲突，由此爆发英国革命，结束了绝对主义王权的统治。同样，在法国大革命前，绝对主义王权强于英国的法国王权也受到了限制。法国大革命的序幕就是由高等法院揭开的。高等法院不仅是司法机构，还是贵族参政、议政的机构，有巴黎的和地方的两种。巴黎的高等法院曾多次驳回国王的财政预算，认为：“王国政府不能随心所欲地设立税收和征税，它必须事先得到最高法院的同

❶ ［美］丹尼尔·S. 勒夫著，姚建宗译：“社会运动、宪政与人权”，见《宪法比较研究文集(3)》，山东人民出版社1993年版，第274页。

❷ ［美］埃尔斯特、［挪］斯莱格斯塔德著，潘勒等译：《宪法之治与民主》，生活·读书·新知三联书店1998年版，第154页。

意。最高法院是阻止政府为所欲为的制约。”[1] 1788 年，为对抗路易十六不合理的增税方案，巴黎高等法院庄严地发表宣言《民族权利和君主制根本法》，明确提出制约王权，得到各地民众的热烈响应。这一运动被称为法国史上的“贵族革命”，它是 1789 年法国大革命的先声，而法国革命正是民主政治集中爆发，正是通过法国大革命，确立了法国的民主宪政事实，才有《人权宣言》及其宪法。

同时，宪法也限制民主。经过宪法确认的宪政民主，是一种合理的民主，它通过对宪政民主的规范化，不仅保护民主也限制民主。“宪政是对政府的法律限制。宪政还意味着政府权威与权力同国民权利与自由之间的制衡。”[2] 因为任何权力都有腐败的可能。限权的民主是宪政的需要。但限权政治与民主一样都可能被滥用。托克维尔将之称为“多数人暴政”。古代希腊最伟大的思想家苏格拉底就是死于“多数人暴政”之手。在相当长的时间里，在民主政治的故乡——希腊罗马及其整个欧洲，在相当长的时间里，民主是一个贬义词。一直到法国大革命以后，亲身经历法国大革命的托克维尔于 19 世纪 30 年代，他漂洋过海到美国待了 8 个月，专门考察美国的民主才有所改变。他所写的《论美国的民主》深入讨论了美国民主是如何克服多数人暴政的问题。这本书中讲到了法律制度、法学家精神，讲到了自治传统、乡镇自治、司法独立、法律人共同体等。特别提到了美国的宪法。他强调，正是由于这部宪法，美国的国家权力受到了严格的限制，导致新大陆成为令人向往之处，“就在于人在那里可以自我奋斗。只要你去追求，就能获得幸福和自由”。[3] 应当说，今天的民主与古代的民主已经本质不同。如果说古代的“多数人暴政”属于无限民主，今天的民主则是有限民主。有限民主就是宪法民主。宪法不仅保护民主，也限制民主。宪政就是宪法限制民主的一种形式。在内容上，宪政民主是受到法律限制的民主。也就是说，民主也不能随心所欲。其次，在民主的程序上，民主有严格的程序约束。如发达国家老百姓对总统不满意，不能马上一人一票把总统赶下台，

---

[1] ［法］米歇尔·卡尔莫纳著，曹松豪、唐伯新译：《黎塞留传（上）》，商务印书馆 1996 年版，第 207 页。

[2] J. McKay, *A History of Western Society*, Houghton Mifflin Company, 1987, p. 524.

[3] ［法］托克维尔著，董果良译：《论美国的民主（上）》，沈阳出版社 1999 年版，第 210 页。

而必须遵守投票的程序。

此外，宪法还有助于宪政的规范化和有序化。民主、宪政是不同政治力量的博弈，而民主宪政与封建专制最大的不同在于，参与政治博弈的主体是最广大的社会群体：人民。封建政治的政治博弈只是封建统治者的政治游戏，中国封建社会中，刘邦、项羽之争，曹操、刘备、孙权三国之争，无非是封建君王的政治角逐，人民群众只是看客，或者只是这种政治游戏的客体。一个君王在政治游戏中的胜利，对于广大人民群众，只是换了一个王朝而已。而民主政治的实质是民主的博弈。它不仅涉及最广泛的社会群体，而且改变了政治的游戏规则，使那种以谋略、暗杀、厚黑为特点的政治行为变得公开、道义、公平，使得政治行为成为一种必须具备道义的行为。换言之，封建政治是厚黑在先、正义在后，政治博弈胜出就代表了正义。而民主政治是正义在先、胜出在后，只有具有政治上的正当性、正义性才能够胜出。即使胜出以后，结果也大为不同。封建政治提胜者为王、败者为寇，胜者可以胡作非为。而民主政治即使胜出，也必须遵守规则，仍然保持正义和道义性，如果前后不一，则绝不可能有长期当政的可能。

宪政作为一种民主政治的法治模式，始于中世纪晚期，确立于近代资产阶级革命。民主宪政的结果使限权具有了无可置疑的正当性。正如汉密尔顿所说："野心必须用野心来对抗。人的利益必然是与当地的法定权利相联系。用这种种方法来控制政府的弊病，可能是对人性的一种耻辱。但是政府本身若不是对人性的最大耻辱，又是什么呢？如果人都是天使，就不需要任何政府了。如果是天使统治人，就不需要对政府有任何外来的或内在的控制了。"❶ 民主宪政的发展，使宪法成为根本法，从而使民主法治进入了一个新的时代。"从那时以来，立宪主义被广泛地当作模范的政治制度加以信奉，在采用这种制度的国家中，它被颂扬为控制国家的权力和保护公民自由的统治形式，而在尚未采纳这种制度的国家中，它则鼓舞着政治改革者们。"❷ 17～18 世纪，以《权利法案》《独立宣言》和《人权宣言》

---

❶ ［美］汉密尔顿、杰伊、麦迪逊著，程逢如、在汉、舒逊译：《联邦党人文集》，商务印书馆 1995 年版，第 264 页。

❷ ［美］斯科特·戈登著，应奇、陈丽微等译：《控制国家——西方民主的历史》，江苏人民出版社 2001 年版，第 352 页。

为代表的宪法性文件，全面确立了民主宪政的正当性，人类的民主法治进入了一种新生态。这个新生态的基本特征，可以用美国学者柯特勒的观点来概括："破坏和滥用准则是有限制的，因为法律的卫护者和执行人最终发现自己也不能摆脱法律的裁决。"❶

三、宪法得不到实施的根源是什么？

20世纪以后，由于民主宪政的发展，颁布宪法已经成为民主国家最基本的形式要求。但是，第二次世界大战以后的大部分国家，在颁布宪法的时候，之前并没有民主宪政的事实。于是出现了一种奇怪的现象，不少国家颁布了宪法，但宪法即始终得不到有效实施，出现了有宪法无宪政的现象。中国辛亥革命以后几经颁布宪法，但中国政坛长期有宪法没有宪政。那些承认宪法的统治者"大多数是以讨好人民开始发迹，以蛊惑家开始，以专制者告终"。❷他们打着共和立宪旗帜，但权力被窃取后，很快就演变成一个新的封建王朝，"你方唱罢我登场"，复辟闹剧不断上演，制宪丑闻接连不断，军阀混战经月累年。陈独秀曾尖锐地指出："中华民国的假招牌虽然挂了八年，民国仍然卖的是中华帝国的药，中华官国的药，并且是中华匪国的药。"❸ 正是由于这种原因，毛泽东针对当时的宪政运动强调："现在的宪政运动是争取尚未取得的民主，不是承认已经民主化的事实。"❹ 这是极为深刻的概括。

为什么有宪法没有宪政？其实就在于作为宪法基础的民主宪政的力量和事实没有形成。在一个民主和法治的时代，没有宪法的统治是不合法的。美国思想家托马斯·潘恩早就指出："政府如果没有宪法，就成了一种无权的权力。"❺ 于是，民主法治时代的国家都需要颁布宪法。但是，如果赋予国家合法性的宪法没有民主宪政的事实基础，这部宪法就难以真正实施。

---

❶ ［美］柯特勒著，刘末译：《美国八大冤假错案》，商务印书馆1997年版，第313页。

❷ ［美］汉密尔顿、杰伊、麦迪逊著，程逢如、在汉、舒逊译：《联邦党人文集》，商务印书馆1995年版，第5页。

❸ 陈独秀："实行民治的基础"，载《新青年》第7卷第1号。

❹ 《毛泽东选集（第2卷）》，人民出版社1991年版，第735页。

❺ 马清槐译：《潘恩选集》，商务印书馆1981年版，第250页。

中国辛亥革命以后的历史，从民国到新中国成立前，当权的政治强人都不否认人民主权。当时所有的宪法文本都写上了人民主权。但嘲弄民主、绑架民主的事却屡屡发生。袁世凯可以公开撕毁《中华民国临时约法》，曹锟可以用饿肚子加5 000大洋的方式逼迫议员们“选”自己当上大总统。

显然，宪法与民主宪政不能等同。民主宪政必然产生宪法，宪法应当是对民主宪政的确认。但没有民主宪政同样可以有宪法。这时的宪法就可能具有其他的意义。历史上，国民党反动统治在大陆期间所颁布的宪法（1946年《中华民国宪法》）就不具有民主宪政的意义，而且还具有强烈的反民主性质。正如有的学者所说：这部宪法“不过以根本法的形式确认了以蒋介石为首的四大家族对人民的专制独裁统治，而且维护官僚资产阶级、地主阶级和帝国主义的利益，广大人民依然处于毫无权利的地位”。[1] 同样，国民党在大陆的反动统治及其灭亡正是由于反对民主宪政，不愿意放弃一党专制的特权造成的。这正好印证了法国思想家西耶斯在总结法国大革命教训时的名言：法国大革命为什么爆发？就是因为愚蠢的贵族们不肯放弃特权。[2] 这一历史教训，应当永远记取。

在我国，由于种种原因，宪法至今不能被适用，中国立法及主流宪法学界有所谓宪法是立法依据的说法。[3] 其实，这个提法并不符合我国宪法。《宪法》第5条明确规定：“一切法律、行政法规和地方性法规都不得同宪法相抵触。”必须明确，“为依据”和“不抵触”是两个完全不同的概念。

---

[1] 魏定仁：《宪法学》，北京大学出版社1994年版，第67页。

[2] 法国大革命中，代表贵族利益的巴黎高等法院公开宣布：“任何制度在人道和仁慈的掩盖下，企图在人与人之间建立义务平等，消灭必要的差别，它必将导致秩序的破坏，社会的覆灭将由此而生。”见［法］西耶斯：《论特权　第三等级是什么》，商务印书馆1991年版，序言第3页。

[3] 如《村民委员会法》第1条：“为了保障农村村民实行自治，由村民群众依法办理自己的事情，发展农村基层民主，促进农村社会主义物质文明和精神文明建设，根据宪法，制定本法。”《法官法》第1条：“为了提高法官的素质，加强对法官的管理，保障人民法院依法独立行使审判权，保障法官依法履行职责，保障司法公正，根据宪法，制定本法”。不少学者也主张立法要以宪法为依据。郑禄认为，“其他法律所规定的公民的具体的权利和义务，均可以在宪法上找到相应的依据”。见郑禄等编著：《〈中华人民共和国宪法〉最新释义读本》，湖南人民出版社1999年版，第107页。又如喻中认为“在法律中表明‘根据宪法，制定本法’，已构成了中国法律领域内的新传统”，见柳经纬、蒋德海、喻中等：“《物权法（草案）》怎样彰显宪法精神”，载《社会科学报》2007年1月4日。

事实上，中国立法中有不少法并无“为依据”的规定❶，但并不意味着这些法就可以与宪法相抵触。而且对于“为依据”本身也有不少争论，❷ 有些教授认为坚持“为依据”是“维持法律形式统一和端正人们的宪法与民法关系观念”的需要。❸ 但这一理解本身并不符合宪法的规定及其逻辑。❹ 在这情况下，中国宪法出现了非常不合理的现象：它不能在司法实践中适用，又不是立法的依据。那么，中国宪法的根本法意义又在哪里呢？

2011 年，吴邦国委员长宣布，中国社会主义特色法律体系已经建成。这就意味着，今后中国民主法治建设的问题，主要是严格、严肃地实施宪法和法律的问题。宪法是根本法。在法的渊源中，宪法具有最高的效力。我国宪法也明确规定了宪法的最高效力。目前要做的不是由谁来重新设计一个国家结构或规划，而是必须立即、无条件地贯彻和落实宪法，全面、有效地停止违宪的行为。❺ 任何人都没有权利遏制宪法的实施。宪法是最高法，在中国，理应拥有最高的权威。认真看一下我国目前民主监督所面临

---

❶ 如《治安处罚条例》第 1 条：“为加强治安管理，维护社会秩序和公共安全，保护公民的合法权益，保障社会主义现代化建设的顺利进行，制定本条例。”《合同法》第 1 条：“为了保护合同当事人的合法权益，维护社会经济秩序，促进社会主义现代化建设，制定本法。”

❷ 2006 年，围绕物权法要不要写上“以宪法为依据”，引发了法学界强烈的讨论。民法学界的“私法优位论”“宪法民法同位论”对“宪法根本法”观点带来很大的挑战。刘卉整理：“对话——民法学与宪法学的四个话题”，载《检察日报》2006 年 6 月 5 日。2006 年 11 月 16 日，梁慧星教授在《社会科学报》公开发表《不宜规定“根据宪法，制定本法”》，引起了进一步的争论。在上海法学会的一次讨论会上，华东政法学院童之伟教授、上海交大周伟教授都提出立法要捍卫“以宪法为依据”，而对于现在有些法没有写上“以宪法为依据”，周伟教授提出基本法应写上“以宪法为依据”，非基本法可以不写；等等。但问题在于，中国宪法明确规定了不抵触，基本法写上“以宪法为依据”与宪法相抵触。同时，从法理上说，基本法要以宪法为依据，非基本法不依宪法为依据也是站不住脚的。

❸ 童之伟：“再论物权法草案中的宪法问题及其解决路径”，载《法学》2006 年第 7 期。

❹ 笔者在 2003 年就较系统地论述过这个问题。可参见蒋德海：“析宪法制约权力的内涵”，载《探索与争鸣》2003 年第 3 期。

❺ 我国家改革中现在有所谓“顶层设计”问题，其实并不科学。国家根本问题从来不是一个设计的问题，而是政治博弈的结果。美国独立战争后，美国的顶层设计不是学者提出来的，而是 13 个州的代表开展政治博弈的结果。同样，英国的议会主权，也是英国革命的逻辑结果。当 1689 年，英国议会选派代表有意识地把王冠和早已拟好的《权利法案》一起呈现给威廉和玛丽时，女王不得不承认“我的权力来源于议会”。这不是设计，而是一种民主的抗衡。可以说，近代以后国家的顶层设计本质上是一个民主的过程，是由人民及其政治家通过政治博弈解决的。马克思说“真正的宪法取决于现实的力量对比”，就是从这个意义上讲的。《马克思恩格斯全集（第 30 卷）》，人民出版社 1974 年版，第 307 页。

的种种遭遇，其实就是宪法的权威能不能实现和遵守的问题。因此，创造条件保证人民的民主监督权，首先就要维护宪法的权威。宪法是法治法，是规范和保障法治的法，也是民主法治能否实现的根本保障。一个民主和法治的国家，我们应当像爱护眼睛一样维护宪法的权威。任何人、任何时候都不能用任何理由违反宪法和法律，任何人用任何理由违反和破坏宪法和法律都应当受到追究。否则，“当正直的人对一切人都遵守正义的法则，却没有人对他遵守时，正义的法则就只不过是造成了坏人的幸福和正直的人的不幸罢了”。[1]

保证宪法的实施，就应当让宪法活起来。而要让宪法活起来，关键是民主宪政建设。放眼世界，当代已有140多个国家颁布了宪法，但大多数国家仍有一个民主宪政的实现问题。而实现宪法的关键，则在于人民的民主权利能否得到真正的保障，就是要实现“人民是所有公正的权力的起源”。[2]马歇尔在开司法审查原则先河的“马伯里诉麦迪逊案”（1803年）中指出：“宪法是人民意志的表现，所以它适当地控制着政府的一切权力。”[3]显然，要让宪法活起来，必须使宪法真正体现人民的意志。而这就取决于民主的充分发展。

---

[1] ［法］卢梭著，何兆武译：《社会契约论》，商务印书馆1997年版，第49页。

[2] ［美］斯塔夫里阿诺斯著，吴象婴、梁赤民译：《全球通史—1500年以后的世界》，上海社科院出版社1996年版，第330页。

[3] 美杰罗姆、巴伦等著，刘瑞祥等译：《美国宪法概论》，中国社会科学出版社1996年版，第9页。

人民监督政府需要什么样的条件
——温总理“创造条件让人民监督政府”的法理思考

【提要】 在一个民主和法治的国家，民主监督既合理又正当。但合理正当的民主监督却离不开相应的条件。在观念上，民主监督不是取决于被监督者是否愿意；在政治上，取决于权力授予制度是否真实；在法律上，取决于公民基本权利保障是否合理规范；在司法上，取决于违宪机制的确立。只有在观念、政治、法律和司法四个条件都具备的时候，民主监督才会成为现实。

自从1945年毛泽东和黄炎培的“窑洞对”提出“让人民监督政府”以来，已经60多年过去了。最近几年，温总理在各种重大场合反复强调“要创造条件让人民监督政府”❶。在新的历史条件下，重温总理对这一主题的反复强调，不仅是人民监督政府思想理论上的一种深化，更应有它深刻的民主法治内涵，应全面贯彻到我们的民主法治实践中去。

---

❶ 2009年2月1日温总理在伦敦接受英国《金融时报》主编巴伯的专访时提出，“一个政府不应该怕人民，应该创造机会让人民监督和批评政府”，参见三星映月：“温总理为何再次强调创造条件让人民监督政府”，载人民网—强国社区，2014年10月8日访问；“温家宝在十一届全国人大三次会议上的政府工作报告（摘登）”，载《人民日报》2010年3月6日；2011年1月24日下午国务院总理温家宝前往国家信访局，强调要拓宽人民群众向政府提出意见和建议的渠道，创造条件让人民群众批评和监督政府，参见：“温家宝到国家信访局就政府工作听取来访群众意见”，载新华网，2014年10月8日访问。

一、监督的法理意义

在现代民主法治国家，监督既是公民的基本权利也是规范权力运行的重要机制。从民主国家的公民权利来看，监督的权利本质是公民转让出部分权利后保留下来的权利，属于人民主权的性质，具有极为重要的意义。❶作为保留下来的人民主权，保留这部分权利的目的是保证转让出去的权利能够服务于保障公民基本权利的目的。正如美国学者萨托利所说："'一切权力属于人民'这种民主形式有限制公共权力的作用，它可以使那些掌权者有所收敛地使用公共权力。"❷ 从这个意义上，监督权是人民当家做主的集中表现。如果没有监督权或监督权苍白无力，人民当家做主就会成为空话。因此，推进人民民主，保障人民的监督权极为重要，它不仅是人民民主的应有之义，也是人民民主的象征和标志。

另一方面，从权利的性质看，监督又是民主授权的必然结果。民主的授权行为内涵和产生了监督。一切权力属于人民，人民通过代议制机构将权力赋予政府，当然要监督政府权力的行使。故监督是授权行为的延续和发展。有授权就有监督，授权也必然产生监督。授权行为与监督行为存在着一种内在的联系。在历史上，凡存在授权行为的地方，都有监督发生。在封建专制时代，君王往往将有关权力委托给某位大臣或将军，但同时又委派代表君王的监督者。在人民民主条件下，民主政府的权力来源于人民的授权，同样有一个政府服从于人民，为人民服务的问题，要受到人民的监督。监督的这一性质表明，监督与授权有必然联系。有没有监督权利或

---

❶ 近代史上，关于人民主权的转让学说主要有两种，洛克认为个人的生命权、财产权和自由权是不能让渡的。进入社会后，政府对这些权利只能加以保护，无权侵入。而卢梭则要求个人将所有自然权利全部让渡给政府，再由政府确定个人权利。卢梭的这个观点，被认为是他理论中的专制成分。后来民主法治发展和实践的方向是洛克的观点。正如美国《独立宣言》所说："我们认为下面这些真理是不言而喻的：人人生而平等，造物主赋予他们若干不可转让的权利，其中包括生命权自由权和追求幸福的权利。"可参见：申建林："论洛克政治思想的哲学基础"，载《政治学研究》1998 年第 3 期；胡云乔："洛克和卢梭的契约政府理论比较"，载《北京大学学报（哲学社会科学版）》2001 年第 6 期。

❷ ［美］萨托利著，冯克利、阎克文译：《民主新论》，东方出版社 1993 年版，第 77 页。

监督的权利有多大，本质上取决于授权的性质和大小。有授权才有监督，没有授权就没有监督。授权的性质怎样，监督也就有多大的力量。故要提升监督的质量，一个重要的思路就是要完善和健全人民的授权制度，保证国家的根本权力掌握在人民手中。这一点，美国宪法之父杰弗逊讲的极为精辟："就我所知，社会的最后决定权只有交给人民自己来掌握，此外，别无更安全的寄托。如果我们认为人民见识不足，判断不周，不能执行他们的权力，补救的办法不是把权力从他们手中取走，而是通过教育，让他们善于判断。"❶

同时，监督的力量在于授权的权力运行之中。授权行为也是一种权力的运行，而且是第一权力运行。因为只有保障了权力的授权，监督才有可能。从这个意义上，监督的力量就在于授权之中。如果没有授权或授权不具有本质意义，则监督就不可能。从前者看，秦皇汉武的权力不是来源于人民的授权，故没有谁能够监督他们。从后者看，虽然有授权，但这种授权如果只具有形式意义，就难以保证监督的力量。如中国辛亥革命以后的民国政府，虽然将"中华民国一切权力属于人民"写进宪法，但由于军事强人操控了议会，这样一种形式上的授权也难以产生有力量的监督。反过来，只要授权的权力运行始终有效，则就不可能没有监督。故考虑监督的有效性，要从监督之外寻找。没有力量的监督不是监督出了问题，而是监督缺乏授权的意义。正像有首诗所说"要想写好诗，功夫在诗外"。监督也是如此。监督的力量不在监督之中，而在监督之外或监督之后。监督要有效能就取决于授权的力量。如果授权机制不再有效，则监督大多也不可能有力量。如果始终没有授权发生，则监督就无从谈起。

再次，权力的运行必须有监督。授权产生监督，只是提供了一种可能，即人民有权监督。权力必须有监督，是权力运行的性质之所在和本性的要求。因为权力具有独立性、逐利性、扩张性和侵略性的特点。监督权力的运行，就是防止权力滥用，约束权力的一种方式。在一个民主的法治的国家，将监督纳入权力的运行，不仅是人民主权的应有之义，也是保障权力不谋取私利、依法规范运行必不可少的机制。对于国家工作人员来说，人

---

❶ 转引自［美］科恩著，聂崇信、朱秀贤译：《论民主》，商务印书馆 1994 年版，第 172 页。

民群众的监督不是为了挑刺，而是为了保障公民的基本权利和促进政府权力的依法运行。监督是权力依法运行的保障，强大的民主监督，是法治政府的基本象征。一个民主和法治的政府，要习惯于经常地、耐心地听取人民的监督话语，特别是一些带刺的声音，才有利于完善和促进政府工作，真正使国家机关成为人民的政府。

在现代民主法治国家，监督已经成为人民约束权力的一种主要方式。虽然西方的历史传统中较多强调制约，但随着近代民主法治机制的逐步完善，发达国家的权力运行中，更多地溶进了监督的要素。一方面，监督理论在现代西方有进一步发展之势。公共选择学派认为，人们必须破除凡国家、政府都会尽心尽责为公众利益服务的观念，在任何不合理的选举规则下产生的政府以及政府官员为满足不合理的个人追求而采取的行动，都将把经济状况和社会福利引入恶化，故确立了应把政府置于有效监督之下的观点。❶ 罗伯特·达尔的双边控制论则认为只有多头政制才是合理的，民众有了有效的参与和充分的议政，监督是提高多头政制民主化程度的基本要求。❷ 塞缪尔·亨廷顿的政治腐败论也引出了加强监督的结论❸，安妮·克鲁格、弗雷德·麦克切斯内等人则从政府寻租角度进一步强化了当代监督的重要性等。

另一方面，西方发达国家在20世纪50年代后也加大了对政府部门的监督。即使在美国这样典型的三权分立国家，监督仍然普遍存在："法官由行政机构任命，总统甚至对国会通过的法律有使其停顿的否决权，国会则对行政机构实施某种监督权。"❹ 历史上，早在1809年，瑞典议会就建立了行政监督制度，指派行政监察员，受理公民对行政官员滥用权力及各种渎职行为的申诉和控告。这项制度自实施以后，监督的效果很好，享有较高的声誉。21世纪50年代后，英国、法国、挪威、丹麦、澳大利亚、日本等20多个国家以及美国的一些州、加拿大的一些省都引进了这项制度。特别是，

❶ ［美］丹尼斯·缪勒著，王诚译：《公共选择》，商务印书馆1992年版，第146～167页。

❷ ［美］罗伯特·达尔者，尤正明译：《多元主义民主的困境》，求索出版社1989年版，第7页、第12页。

❸ ［美］塞缪尔·亨廷顿著，李盛平译：《变革社会中的政治秩序》，华夏出版社1988年版，第65页、第69页。

❹ ［澳］维特拉曼著，张智仁、周伟文译：《法律导引》，人民出版社2003年版，第257页。

20世纪50年代以后，民主的监督制度在发达国家的进一步发展之势，突出表现为当代发达国家被称为“第四权”的舆论监督，在维护民主法治，保障公民基本权利方面，发挥了极为重要的作用。其监督的机制和手段等都值得我们借鉴。

监督也是马克思主义的基本原则。马克思主义理论非常强调和重视权力的监督。马克思在总结巴黎公社的经验时强调，一切公职人员必须“在公众监督之下进行工作”，这样才能“可靠地防止他们去追求升官发财”和“追求自己的特殊的利益”。[1] 与此相适应，列宁也特别关注监督，并在许多地方强调要加强各种监督包括工人监督、国家监督。列宁说：“应当使工人进入一切国家机关，使他们监督整个国家机构。”[2] 新政权“使所有的人都来执行监督和监察的职能，使所有的人都暂时变成官僚，因而任何人都不能成为‘官僚’”。[3] 加强监督，完善监督，无疑是社会主义民主法治建设最重要的使命。

二、我国民主监督苍白的原因

从理论上说，民主监督既正当又合理。但在中国的实践中却始终是一个问题。1945年7月，当毛泽东与黄炎培等民主人士见面时提出“我们已经找到新路，我们能跳出这个周期率。这条新路，就是民主。只有让人民来监督政府，政府才不敢松懈。只有人人起来负责，才不会人亡政息”[4]时，大多数人似乎都认为我们已经解决了民主监督的问题。但我们解读毛泽东和黄炎培的这段话，不要忘了一个基本事实，即1945年7月毛泽东向黄炎培等民主人士提出“让人民来监督政府”时，所针对的政府是蒋介石的国民党政府。1949年新中国成立后，人民政府从道义上最应当实现“让人民来监督政府”的目标。应当说，新中国成立初期一段时间，国家为实现这一目标也有过相应的举措。1954年宪法就明确规定了公民的诸多权利。

---

[1] 《马克思恩格斯选集（第2卷）》，人民出版社1974年版，第408页、第335页。

[2] 《列宁全集（第38卷）》，人民出版社1986年版，第140页。

[3] 《列宁全集（第3卷）》，人民出版社1972年版，第266页。

[4] 《十六大以来党和国家重要文献选编（上一）》，人民出版社2005年版，第473页。

特别是，1956年中共发动的“整风运动”，毛泽东的一些讲话，都体现了民主监督的精神，对整个社会的民主监督推动作用极大：“现在就有这么一些人，好像得了天下，就高枕无忧了，可以横行霸道了，这样的人，群众反对他，打石头，打锄头，我看是该当，我最欢迎的，而且有些时候，只有打能解决问题。共产党是要得到教训的。学生上街，工人上街，凡是有那样的事情，同志们要看作好事。”“要允许工人罢工，允许群众示威。……这样，有利于解决国家、厂长同群众的矛盾。”❶ 应当说，这些话出自一个执政党的领袖之口，与1945年已经有了截然不同的意义。但遗憾的是，由于国内外形势的变化，党的领袖未能坚持自己所讲的“让人民来监督政府”的理念，而是将广大群众和知识分子响应党的号召对执政党和政府的民主监督行为定性为“向党进攻”，然后运用国家的力量，将310万名❷知识分子及其他社会成员定为右派，将一场轰轰烈烈的民主监督运动变成了大整监督者的“反右派斗争”，后来一直发展演变成为“文革”。让人民监督终于以不让人民监督告终。

改革开放以来，虽然宪法和法律在民主监督上有较大的深化，党的文件也一再强调民主监督的重要性。但人民监督的问题始终没有真正突破。这是自毛泽东提出“让人民监督政府”论断60多年后，温总理一再强调这一原则并提出要“创造条件”的主要原因。无法真正解决的问题很多，有的学者概括为“四不”，如舆论监督遇到的“阻力不小”、舆论监督受到的“压力不轻”、舆论监督得到的“动力不足”、舆论监督达到的“效力不强”。即使是我国宪法明确规定的法律监督，在检察机关内部也承认法律监督五个现实困境：不愿监督、不忍监督、不敢监督、不会监督和不能监督❸，应当说，我国在民主监督问题上出现的所有这些“不”都是真实的，但它们只是我国民主监督欠缺的表象。

---

❶ 以上未标注的引文均见《毛泽东选集（第5卷）》，人民出版社1991年版，第323～326页。

❷ 据《炎黄春秋》2010年第10期，1957年，全国“打出”的右派达3 178 470人，加上“中右”分子1 437 562人。两者相加，共461万多人（据郭道晖文：“毛泽东发动整风的初衷”，载《炎黄春秋》2009年第2期）。除了正式被划定的右派外，还有一批没有正式戴右派帽子的右派，他们并未列入党委核定的右派名单，但其待遇等同正式划定的右派，照样送去劳动改造，照样忍受二十几年甚至更长时间的非人待遇。

❸ 曹良德：“诉讼监督的现实困境与破解对策”，载《法制与社会》2011年第34期。

我们必须思考：为什么执政党的领导人一再强调民主监督的重要性，宪法和法律也规定公民具有民主监督的权利，但人民的民主监督仍然如此苍白呢？问题就出在宪法所规定的监督权出了问题。也就是说，中国的民主监督作为人民的基本权利，虽然已经写进宪法，但如果没有领导人的同意或愿意，则人民的监督权利就无法实施。这是“让人民监督政府”的问题之所在。深入一步思考，如果我们的政府不同意或不愿意接受人民的监督，人民就不能监督政府了吗？显然，这不是真正的民主监督。真正的民主监督不应当存在被监督者是否愿意的问题。因为民主监督是人民主权的一种表现形式。列宁说得好：“真正承认这些权利的保证在哪里呢？在于人民中那些意识到并且善于争取这些权利的各阶级的力量。”❶ 19世纪末，英国著名法学家戴雪也表达了相似的观点：“每个人的个人权利不是宪法的产物，而是宪法所赖以建立的基础。”❷ 以这个基本观点来透视我国公民的监督权，必须重视我国民主监督中的一些基本不足：

第一，监督权所赖以依托的社会力量没有形成，使监督成为一种依赖于领导的开明和没有社会力量支撑和保障的监督，这样一种监督不能不变得极为苍白。新中国成立60年，由于某种错误的观念意识，人民群众监督的性质和质量始终与领导的态度有关。领导让放才放，让收就收，放到什么程度、收到什么程度都与领导的意志有关。另外，我国存在于党和政府之外的社会组织和力量已经不复存在，导致监督失去了社会的依托。据统计，法国每万人拥有110个民间组织，日本是97个，美国是52个，而中国仅为3个。即使如此，我国300万个社会组织中，仍有九成处“非法状态”。而即使合法的，也被严格纳入党和政府的严格管控范围。中国的工、青、妇、团，包括社会学术团体，甚至连残疾人联合会等都被纳入党和政府的统一领导之下。在这种情况下，公民个人想通过社会组织实施监督基本不可能，也难以从社会组织中获得民主监督的支持和庇护，因为所有中国现存的组织都与党和政府有直接和间接的关系，它们或者从政府有关部门获得组织经费，或者由党和政府委派领导人员。特别是一些与民主法治

❶ 《列宁全集（第12卷）》，人民出版社1987年版，第50页。

❷ 转引自沈宗灵：“依法治国建设社会主义法治国家”，载《中国法学》1999年第1期。

相近的社会组织如学会等，直接就成了国家管理学术的一个部门，里面的工作人员都享受公务员待遇。同时，党和政府又掌控了国家的全部监督资源。在中国，群众要行使监督权只有经过这些资源的同意或者通过这些资源，如媒体或上访部门等。如果上访部门由于某种原因不解决或解决不了，则上访案件就会越积越多，导致中国每年的两会都出现严重的“访民潮”。政府掌控民主监督全部资源的事实，也产生了我国特有的“让人民监督”的问题。由于民主监督的工具掌握在党和政府手中，政府想让人民监督，人民才能监督；在多大程度上让人民监督，人民才能监督到什么程度；当然，如果政府不允许监督，则这些领域就不可能有监督。而这种由政府控制的监督，与民主监督的性质和内容存在较大的距离。

第二，选举权缺乏授权性，影响了监督的质量。监督的力量在于授权。人民为什么能够监督政府？就因为政府的权力来源于人民的授予。从我国来看，显然 1953 年就建立了选举制度，而且 1979 年、1982 年、1986 年、1995 年又作了多次修改，但人民授权的性质始终存在较大的争议。虽然两会经常有选举活动，但主管部门不仅能够有效控制选举的进程，甚至选举的结果往往在选举之前已经形成，导致选举只是走过场，故选举制度的人民授权性质常常受到质疑，而且容易使人对选举的结果产生不尊重，人们甚至用一种游戏的态度来对待严肃的选举活动。[1] 另外，由于选举的“含金量”不足，造成人民授权成为一种形式，官员不在乎群众，当然也不怕群众。在这种情况下，作为选举后置权力的监督权就难以具有强大的民主力量。所以当人民群众找到公仆寻求公道的时候，官员能够直呼老百姓是“刁民”，甚至“闹访”。原因在于他根本不在乎你的选举。同时，由于人民授权的选举机制没有形成，我国几千年的官本位思想和特权风气始终得不到改造，人人都想当官，人人都想从当官中获利，人人都想争一份特权并以此为荣，权权交易、“假大空”猖獗，腐败的现象不见好转而且有日趋严峻之势，官员只对上负责不对下负责，导致有些地方出现主人下跪求公仆

---

[1] 2011 年上海复旦大学选杨浦区人大代表时，因学生弃权太多，两名官方候选人均无法得过半数票，加上有大学生恶搞，填上“艳照门”主角陈冠希、日本 AV 女优苍井空等名，令选举无效，要重新选举。chyuju1010：“选举一二事”，载新浪博客，2012 年 8 月 25 日访问。

解决问题❶，还有些地方甚至出现官员在群众的举报中一路走高的怪现象。❷

第三，民主监督缺乏基本的形式和手段。在现代民主法治国家，人民监督政府最基本的形式和手段是媒体。人民通过媒体表达自己的见解，评论和批评政府在施政中的得失，推进政府的依法行政，是法治政府的常态。但在中国，由于长期把媒体片面地理解为是执政党的宣传工具，导致人民群众的民主监督缺乏独立的手段和形式。一方面，所有的媒体都成了“党的喉舌”，即使人民要监督政府，也必须通过“党的喉舌”来进行。在这种情况下，人民监督政府就会转化为执政党的自我监督。监督本来是外在的，是人民监督政府的行为，但当所有的媒体都成为“党的喉舌”的时候，实际上取消了人民的民主监督。有人说，“人民喉舌”定位其实与“党的喉舌”本质上是一致的。❸但这种一致不应当通过实质上取消人民群众所具有的民主监督形式和途径表现出来，而应当通过强化民主监督来体现。同时，即使是一致的，也不应当取消“人民的喉舌”，至少应当并列。特别是，执政党在法理上是应当受到监督的主体，这是民主监督最重要的内容。可以说，党的执政行为不仅需要人民的监督，而且离不开这种监督。如果没有这种监督，就难以保证执政党“权为民所用，利为民所谋，情为民所系”。正如马克思早年所说，“要是当局的措施能造成报刊的不自由，那末，在报刊普遍没有自由的情况下，当局也无力保证尽量坦率而公开地讨论一些专门问题了。在这种情况下，即使有人通过某种方法在报刊上就某些个别事情自由发表了意见，这种意见也不可能引起普遍的反应，因而也就不能说是真正地发表了。”❹。显然，我国社会中片面的“党的喉舌”现象，既不利于反腐败，也不利于维护党和政府形象。另一方面，民主监督又是宪法规

❶ 2011年11月1日，数十名长江大学教授和研究生先后到湖北荆州市的区、市两级政府门前下跪请愿，要求市政府取缔校园附近一家污染严重的小钢厂楚航金属制品公司。“教授下跪，自残尊严为哪般”，载凤凰网，2012年3月15日访问。

❷ 曾在陕西省宝鸡市任市委书记10年的庞家钰，由于贪污受贿、失职渎职，民愤极大。而这样一个贪腐官员却能一边违纪违法一边步步高升，官至陕西省政协副主席。群众困惑：为什么贪官在台上公开为非作恶，而检举人只能做“地下工作”？明明事已败露，为什么贪官仍能不断升官？成克杰、胡长清等人莫不如此。“九年告倒‘三秦第一贪’，艰难举报庞家钰过程”，载腾讯·大秦网，2008年12月29日访问。

❸ 杨自度：“实现‘让人民来监督政府’的伟大理想”，载《廉政文化研究》2011年第1期。

❹ 《马克思恩格斯全集（第1卷）》，人民出版社1956年版，第234页。

定的公民的基本权利，即使是“党的喉舌”也不能侵犯公民的基本权利。不能因为有了“党的喉舌”就不要“人民的喉舌”，更不能用“党的喉舌”取代“人民的喉舌”。这样做，不仅不利于人民群众民主监督权利的发挥，也有违我们党和国家依法治国、依法执政的方略。

第四，监督的法律法规得不到有效保障。在我国，民主监督已经写进了宪法，并有法律法规党纪等多方位的规定。我国现行《宪法》第3条规定：“人民有权通过各种途径和形式，管理国家事务，管理经济和文化事业，管理社会事务”，《宪法》第27条规定“一切国家机关和国家工作人员必须倾听人民的意见和建议，接受人民的监督”；第41条规定：“中华人民共和国公民于任何国家机关和国家工作人员，有提出批评和建议的权利；对于任何国家机关和国家机关工作员的违法失职行为，有向有关国家机关提出申诉、控告或者检举的权利。……对于公民的申诉控告或者检举，有关国家机关必须查清事实，负责处理。任何人不得压制和打击报复。”此外，为了落实宪法关于民主监督权的规定，我国许多法律法规也都规定了对人民民主权利的保障。如《人民检察院组织法》第6条规定：“人民检察院依法保障公民对于违法的国家工作人员提出控告的权利，追究侵犯公民的人身权利、民主权利和其他权利的人的法律责任。”“十七大”修改的党章也赋予人民充分的监督权，《党章》第8条规定，每个党员都必须“接受党内外群众的监督”“不允许有任何不参加党的组织生活、不接受党内外群众监督的特殊党员”；但是，必须承认，上述法律法规包括党纪在我国民主监督中的实施和保障并不理想，甚至在实践中有极大的差距。[1] 2008年还曝出辽宁西丰县原县委书记组织警力进京抓捕记者事件。[2] 不难发现，上述原因的合力，导致我国民主监督苍白无力，也是上文所说监督存在“四不”和五个“现实困境”的原因。中国的民主监督，要走出上述困境，就必须夯实民主监督的基础，从而形成温总理所说的让人民监督的“条件”。

---

[1] 自2006年以来，从重庆的“彭水诗案”到山西的“稷山文案”，从河南的“孟州书案”到安徽的“五河短信案”，再从海南的“儋州歌案”到上海的“灵宝帖案”，都是滥用公权侵犯公民监督权的行为。

[2] “报道涉辽宁西丰县委书记派公安进京抓记者”，载《中国青年报》2008年1月7日。

三、推进民主法治建设，营造民主监督的四大条件

民主监督本质上是一种限制公权的行为。根据近代以来民主法治“权力只有用权力对抗”的原理，民主监督必须具备相应的对抗权力的力量。这就要求在我国民主法治建设中，夯实民主监督的权利基础，形成有利于民主监督的良好社会条件。概括起来主要有四个方面：

第一，观念条件：民主监督是否可能，不是取决于官员是不是有民主意识，而是取决于有没有建立起民主监督的社会和法治机制。监督是民主政治下保障人民权力行使的根本手段。因此，要不要监督，能不能监督，不是取决于被监督者是否愿意，而是民主政治权力运行基本机制的要求。与传统的监督不同，民主监督的主体是人民群众，被监督者的权力来源于人民的授予，人民监督政府不需要政府同意，也与官员是否有民主意识没有关系。但我们社会至今有一些说法，认为民主监督的缺乏主要是“有些党员干部特别是党政主要领导干部缺失民主意识，致使有些保障人民监督权的法律法规没有得到有效执行。”❶ 而主要原因就是有些领导认为舆论监督就是给地方和官员添乱子、找麻烦，就是抹黑、丑化地方形象。这种把民主监督寄托于领导人个人的主观意志，不但不正当，也不合理。民主监督是民主的基本表现，是人民主权的基本要求。人民不仅有权监督政府，而且必须监督政府。正如麦迪逊所说，“如果人都是天使，就不需要任何政府了。如果是天使统治人，就不需要对政府有任何外来的或内在的控制了。”❷ 而且监督有利于社会的进步。美国的“扒粪运动”就成功促成了美国市场经济的转型，奠定了美国经济崛起的基础。因此，民主监督是否可能，与官员愿不愿意接受民主监督没有关系，而是民主有没有力量来约束权力的问题。

还有人认为，只要有“保证人民当家做主”的强烈意识，有有效遏止、清除腐败现象，保持党的先进性、纯洁性的铁的决心，我们就一定能

---

❶ 杨自度：“实现‘让人民来监督政府’的伟大理想”，载《廉政文化研究》2011 年第 1 期。

❷ ［美］汉密尔顿、杰伊、麦迪逊著，程逢如、在汉、舒逊译：《联邦党人文集》，商务印书馆 1980 年版，第 264 页。

够……实现毛泽东同志‘让人民来监督政府’的伟大理想。”❶ 这同样是一种片面认识。人民能否监督政府，监督的效能怎么样，不是取决于有没有保证人民当家做主的意识和反腐败的决心，而是取决于人民监督的权利是否真实，取决于人民在监督权行使的时候能否获得有效的政治和法治的保障。如果这种政治和法治的保障制度没有建立起来，监督的决心再大也没有作用。河南沁阳市8位农民发传单称村支书有经济问题，竟然被挂牌示众并判刑。❷ 其根本原因就在于我们的民主监督，作为“一种结合的形式，使它能以全部共同的力量来维护和保障每个结合者的人身和财富，并且由于这一结合，而使每一个与政体相联系的个人又只不过是在服从自己本人，并且仍然像以往一样自由”❸ 的机制没有建立起来。

观念条件还要求进一步解放思想。我国长期把民主监督的手段媒体称之为“党的喉舌”，并用“党的喉舌”替代人民的喉舌，不符合马克思主义的基本思想。马克思把媒体定位为“公民的头脑”和“理智的力量”。马克思在《摩塞尔记者的辩护》一文中写道：“这个具有公民的头脑和市民的胸怀的补充因素就是自由报刊。在报刊上治人者和治于人者同样可以批评对方的原则和要求，然而并不是在从属关系的范围内进行这种批评，而是作为公民——已经不是作为个人，而是作为理智的力量，作为合理的观点的体现者——在权利平等的情况下进行这种批评。”❹“报纸从理性上，同样也从感情上来看人民的生活状况。因此，报刊上所说的不仅是用来进行批评（这种批评从自己的角度来观察现存的关系）的理性的语言，而且还是生活本身的热情的语言，是官方的发言中所不能有而且也不应当有的语言。”❺ 从这样的定位出发，马克思认为媒体的社会功能就是人民的喉舌：“但是要知道，报刊不仅有权利而且有义务严密地监督人民代表先生们的活动。”❻“报刊按其使命来说，是社会的捍卫者，是针对当权者的孜孜不倦的揭露

❶ 杨自度：“实现‘让人民来监督政府’的伟大理想”，载《廉政文化研究》2011年第1期。

❷ 杨涛：“公民参与监督 政府才会更守法”，载《学习月刊》2010年第16期。

❸ [法] 卢梭著，何兆武译：《社会契约论》，商务印书馆1997年版，第23页。

❹《马克思恩格斯全集（第1卷）》，人民出版社1956年版，第231页。

❺《马克思恩格斯全集（第1卷）》，人民出版社1956年版，第231页。

❻《马克思恩格斯全集（第5卷）》，人民出版社1958年版，第203页。

者，是无处不在的耳目，是热情维护自己自由的人民精神的千呼万应的喉舌。”❶ 马克思对媒体的上述观点，已为当代世界民主法治的发展所充分证实。林肯就说过：“我们政府的基础是公共舆论，谁能够改变公共舆论，谁就能够改变政府。”❷ 在当代发达国家，民主监督成为当代最重要的社会价值，它不仅成为现代社会人们必不可少的一种民主法治信念，而且成为一种宪法权利和国际性的人权宣言，受到国内法和国际法的全面保障。当代世界大多数国家的宪法都规定了民主监督权。大量的国际文件和国内的文件也都明确规定了民主监督。在一定意义上，当代发达国家的媒体，正越来越强烈地体现和实践着马克思所称“公民的头脑”和“理智的力量”，发挥出人民当家做主的强大力量，并由于这一功能的实现，真实地展现着马克思当年预言的实现：社会主义代替资本主义，是不以人民意志为转移的客观规律。而我们作为社会主义国家，更有理由全面完整地实现马克思主义关于媒体是“公民的头脑”和“理智的力量”的思想原则，真正使媒体成为“社会的捍卫者”和“热情维护自己自由的人民精神的千呼万应的喉舌”。

第二，政治条件：监督是否可能，取决于权力是否由人民授予。选举权是监督权的前提。马克思指出：“选举是现实的市民社会对立法权的市民社会、对代表要素的现实关系。……是市民社会对政治国家的非间接的、直接的、不是单纯想象的而是实际存在的关系。”❸ 监督权与选举权有紧密的关系。概括起来，选举权和监督权的关系有三个特点。一是选举权先于监督权。在民主法治国家，人民的监督源于人民的授权。正因为政府的权力来源于人民的授权，故人民有权监督政府，有权通过权力的监督防止公权的滥用。从这个意义上，监督权产生于选举权。人民若没有选举权就没有监督权。二是选举权优于监督权。选举权之优，在于它能够决定和左右权力的去留。诚然，选举不一定能选出智慧最优道德最好的人，但它却能够使坏人无法横行。由于这个原因，监督权能够在选举权之后发挥作用。

---

❶ 《马克思恩格斯全集（第6卷）》，人民出版社1961年版，第275页。

❷ ［美］詹姆斯·博曼著，黄相怀译：《公共协商：多元主义、复杂性和民主》，中央编译出版社2006年版，第1页。

❸ 《马克思恩格斯全集（第6卷）》，人民出版社2002年版，第150页。

监督权成为选举权的某种延伸，甚至选举权内含着监督权。真正的选举权造就了监督权。三是选举权决定监督权。真正、现实有效的监督往往与选举权有关。有质量的选举权决定了监督的力量；反之，选举权没有质量，则监督也往往苍白，甚至根本不可能有监督。因此，提升监督的质量和力量，秘密在于完善选举制度，提升选举的含金量。完善选举制度的目的就是要使选举内涵的监督力量体现出来，真正实现权为民所赋；反之，完善监督制度不从选举制度着手，就难以提升监督的力量。

而完善选举制度的根本出路是实施普选，这是一道绕不过的坎。在一个民主和法治的国家，普选是国家公权合法性和力量的唯一来源。这里所谓合法就是人民的同意。人民民主不经过人民的同意就是不合法。所以美国宪法之父杰弗逊在起草独立宣言时就指出：政府之正当权力，是经被治理者的同意而产生的。❶ 普选已经成为当代世界绝大多数国家的民主形式，也是马克思主义的基本主张。“为了防止国家和国家机关由社会公仆变为社会主人——这种现象在至今所有的国家中都是不可避免的——公社采取了两个正确的办法”“一切公职人员毫无例外地完全由选举产生并可以随时撤换，把他们的薪金减到普通的工人工资的水平，这些简单的和‘不言而喻’的民主措施使工人和大多数农民的利益完全一致起来，同时成为从资本主义通向社会主义的桥梁。”❷ 没有普选，就难有真正意义上的民主。事实上，我国选举制度中所有的问题都根源于所有普选的缺失。如代表候选人提名权缺乏有效的竞争，有关部门对选举结果有较大的支配权，选举结果先定性很强等，其原因就在于我们的选举缺乏普选的含金量。

另外，普选却是以毛泽东为首的共产党人在新中国成立之初向中国人民作出的庄严承诺。1949 年被称为新中国第一部宪法的《共同纲领》明确规定了普选在国家政权组织中的性质及时间表。该纲领第 12 条规定：“中华人民共和国的国家政权属于人民。人民行使国家政权的机关为各级人民代表大会和各级人民政府。各级人民代表大会由人民用普选方法产生之。”第 13 条：“在普选的全国人民代表大会召开以前，由中国人民政治协商会

---

❶ 刘杰：《当代美国政治》，社会科学文献出版社 2001 年版，第 363 页。

❷ 《列宁全集（第 31 卷）》，人民出版社 1985 年版，第 41 页。

议的全体会议执行全国人民代表大会的职权。在普选的全国人民代表大会召开以后，中国人民政治协商会议得就有关国家建设事业的根本大计及其他重要措施，向全国人民代表大会或中央人民政府提出建议案。”第 14 条：“凡在军事行动已经完全结束、土地改革已经彻底实现、各界人民已有充分组织的地方，即应实行普选，召开地方的人民代表大会。”但遗憾的是，新中国已经建立 60 多年，我们社会仍然有人用各种理由否认《共同纲领》关于普选的规定，这不但不合理而且不道德。在今天的中国，否认普选的任何观点都已经没有市场，也没有任何理由。尤其是，没有普选的监督是一种无力的监督。人民的监督权失去了普选的依托，就没有授权的性质，也没有力量监督政府。权力只对授予者负责。谁给我权力，我就对谁负责。如果人民不能通过选举授予权力，就不可能对政府有监督力。同样，政府的权力不是来源于人民的授权，也就没有必要对人民负责，当然也不会对人民负责。可见，改革选举制度，尽快实现普选，是人民行使民主监督权的基本政治条件。没有这个条件，把监督拔得再高也难以实现民主监督的目的。

第三，法律条件：完善法律法规，使民主监督权更加合理规范。在一个民主和法治的国家，民主监督是公民最重要的政治权利。美国 19 世纪黑人政治家弗雷德里克·道格拉斯说得好：“在政府之父那里，没有任何一种权利比言论权利更为神圣。”❶ 这是因为，民主监督是通过言论进行的。保障人民的民主监督权，首先就要保障公民的议论自由。在法国大革命前夕，媒体记者曾被戏称为“第四等级”，但后来正是这些“第四等级”却逐渐担负起了监督政府的重要角色。美国最高法院大法官本杰明·卡多索形容言论自由是“几乎一切其他形式的自由不可缺少的条件。”❷ 毛泽东也引用拿破仑的话强调言论自由的重要性：“一张报纸抵得上三千毛瑟枪。”❸ 从我国宪法来看，已经明确规定了公民的言论自由。但是，由于种种原因，我国

---

❶ 蒋德海：“人民政协应成为汇聚和引领民意的强大力量”，载中国人民政治协商会议全国委员会网站，2014 年 10 月 8 日访问。

❷ 余雯：“言论自由是第一性自由”，载《大观周刊》2011 年第 6 期。

❸ 1939 年 12 月 9 日，毛泽东在延安各界纪念“一二·九”运动四周年大会上说：“拿破仑说，一支笔可以当得过三千支毛瑟枪。但是，要是没有铁做的毛瑟枪，这个笔杆子也是无用的。”参见《毛泽东文集（第 2 卷）》，人民出版社 1993 年版，第 257 页。

宪法对公民言论自由的规定，在实践中还受到很多障碍，有些做法甚至与宪法的规定有极大的差距，也违背“法不授予则不为”的公权行使原则。媒体是言论自由的表达形式和手段。宪法既然明确规定了公民有言论的自由，政府唯一能做的就是保障公民的言论自由权利不受侵犯。特别是，作为人民的喉舌，媒体是监督政府的强大力量。政府把媒体统制管控起来，人民拿什么对政府进行民主监督？党的“十六大”“十七大”都提出，要“使公民享有更多的知情权、监督权和参与公共事务的权利”[1]，要“保障人民的知情权、参与权、表达权、监督权”。[2] 媒体是人民行使知情权、参与权、表达权、监督权的主要形式和手段。为了促进和保障人民的民主监督，国家在言论和媒体方面的传统管理方式应依宪改变，不符合宪法规定的一律取消，并通过立法保障媒体成为人民的喉舌，使人民的民主监督有生长的基础。人民是国家的主人，媒体应当成为人民依法管理国家事务和社会事务、管理经济和文化事业，提供最直接和便利的平台，使人民的知情权、参与权、表达权、监督权能够得到最充分、最普遍的实现。只有如此，那种专说好话，不说坏话、哗众取宠、弄虚作假的“假大空”，才会失去市场。

法律保障民主监督，还必须突出对社会团体和社会组织的保障。社会团体和社会组织是民主监督的重要社会力量，它们在保障人民监督政府中发挥着不可替代的作用。长期以来，由于观念上的偏差，我国社会组织的作用长期被人为扭曲，似乎社会组织是专门给政府找麻烦的。诚然，社会组织有抗衡公权的作用，但这样一种抗衡也是防止腐败的力量。而抗衡公权正是促进和保障政府依法行政的力量。事实上，保障人民的民主监督权，主要的防范对象就是国家权力。因为只有国家权力才会给公民带来最大和最终的伤害。为什么在我国人民的监督已经写进了宪法，而且党和政府也完全懂得“让人民来监督政府”的重要性，但人民群众仍然不敢监督、难以监督？根本原因就在于当某些公权对民主监督实施侵权的时候，人民的民主监督缺乏社会的力量支撑。从法理上说，公民的基本权利就是对抗政

---

[1] 《十六大以来党和国家重要文献选编（上二）》，人民出版社2005年版，第923页。

[2] 胡锦涛：《高举中国特色社会主义伟大旗帜为夺取全面建设小康社会新胜利而奋斗——在中国共产党第十七次全国代表大会上的报告》，人民出版社2007年版，第29页。

府的权利。一个民主和法治的国家，一切权力属于人民。选举权、监督权和其他的政治权利是人民在服从政府的同时保留的主权性权利。这些权利的基本目的就是保证政府的权力必须依法行使。人民有权通过选举权、监督权和其他的政治权利抵制政府的违法和不公行为。而社会是人民主权结合的另一种形式。人民通过社会权利自我管理，并通过社会权利扩大公民的选举权、监督权和其他政治权利。只有当人民的政治权利能够变成社会权利的时候，人民的选举权、监督权才是一种有力量的权利，也才能有效制止任何一种公权对民主权利的侵犯。反之，没有社会组织和公民社会，民主监督就会萎缩，民族、国家和社会的生命力就会退化。"如果一个民族死气沉沉，那么无论政府有什么作为，都不会得到舆论的响应。它不能使国民保持清醒，只好与国民一起进入梦乡。因而，在一个思想被禁锢的民族中，一切都无声无息，一切都在沉沦，一切都在退化和堕落。"❶ 因此，进一步完善社会组织管理，把社会组织从长期的思想禁锢中解放出来，是保障民主监督的基本途径，也是人民实施自我管理和抗衡公权滥用必不可少的社会力量。诚如杰弗逊所说"为了慎重起见，成立多年的政府，是不应当由于轻微和短暂的原因而予以变更的。但是，当追逐同一目标的一连串滥用职权和强取豪夺发生，证明政府企图把人民置于专制统治之下时，那么人民就有权利，也有义务推翻这个政府，并为他们未来的安全建立新的保障。"❷ 在今天的发达国家，大都建立了类似抗衡公权的这种监督制度，因此能够有效地防止腐败的发展，值得我们深刻反思。

第四，司法条件：严格保证宪法和法律的实施，司法在保障民主监督权利方面要发挥更大的作用。2011 年，吴邦国委员长宣布，中国社会主义特色法律体系已经建成。这就意味着，今后中国民主法治建设的问题，主要是严格、严肃地实施宪法和法律的问题。宪法是根本法。在法的渊源中，宪法具有最高的效力。我国宪法也明确规定了宪法的最高效力。目前要做的不是由谁来重新设计一个国家结构或规划，而是必须立即、无条件地贯

❶ [法] 邦曼·贡斯当著，阎克文、刘满贵译：《古代人的自由与现代人的自由》，上海人民出版社 2003 年版，第 371 页。

❷ 刘杰：《当代美国政治》，社会科学文献出版社 2001 年版，第 363 ~ 364 页。

彻和落实宪法，全面、有效地停止违宪的行为。[1] 任何人都没有权利遏制宪法的实施。宪法是最高法，在中国，理应拥有最高的权威。认真看一下我国目前民主监督所面临的种种遭遇，其实就是宪法的权威能不能实现和遵守的问题。因此，创造条件保证人民的民主监督权，首先就要维护宪法的权威。宪法是法治法，是规范和保障法治的法，也是民主法治能否实现的根本保障。一个民主和法治的国家，我们应当像爱护眼睛一样维护宪法的权威。任何人、任何时候都不能用任何理由违反宪法和法律，任何人用任何理由违反和破坏宪法和法律都应当受到追究。否则，“当正直的人对一切人都遵守正义的法则，却没有人对他遵守时，正义的法则就只不过是造成了坏人的幸福和正直的人的不幸罢了。”[2]

保证宪法的实施，就应当让宪法活起来。不能用的宪法就不会有力量。宪法是法，法就有它的规范性和法律性，而规范性和法律性必须通过适用来体现。严格意义上，任何否认宪法实施的言论和做法都是一种违宪行为。在我国，长期有所谓宪法是立法依据的观点，其实，《宪法》第5条已经明确规定，宪法和其他法的关系是不抵触关系。[3] 立法不需要以宪法为依据。但所有的法都不得与宪法相抵触。遗憾的是，我国宪法本身并没有规定谁来审查法律法规的违宪问题。但参照国外司法审查的实践，可以先由法院实施违宪审查。何况，我国法律也有比较明确的规定。《中华人民共和国法官法》第3条规定：“法官必须忠实执行宪法和法律，全心全意为人民服务。”第7条规定：“法官应严格遵守宪法和法律。”这两条都可被理解为对违宪问题实施司法审查的依据。反过来，法律明确规定法官要忠实执行和

---

[1] 我国改革中现在有所谓“顶层设计”问题，其实并不科学。国家根本问题从来不是一个设计的问题，而是政治博弈的结果。美国独立战争后，美国的顶层设计不是学者提出来的，而是13个州的代表开展政治博弈的结果。同样，英国的议会主权，也是英国革命的逻辑结果。当1689年，英国议会选派代表有意识地把王冠和早已拟好的《权利法案》一起呈现给威廉和玛丽时，女王不得不承认“我的权力来源于议会”。这不是设计，而是一种民主的抗衡。可以说，近代以后国家的顶层设计本质上是一个民主的过程，是由人民及其政治家通过政治博弈解决的。马克思说：“真正的宪法取决于现实的力量对比”，就是从这个意义上讲的。参见《马克思恩格斯全集（第30卷）》，人民出版社1974年版，第307页。

[2] ［法］卢梭著，何兆武译：《社会契约论》，商务印书馆1997年版，第49页。

[3] 蒋德海：“从宪法不抵触原则透视宪法和其他法的关系”，载《华东政法学院学报》2008年第1期。

遵守宪法，法官对违反宪法的法律法规和行为却不能实施审查，不但不合逻辑，也是一种违反宪法和法律的行为。

人民监督政府，离不开以上四个条件。但在逻辑上，以上四个条件有先后、轻重之分。从民主监督的源头看，观念的改革是最先的。如果我们的社会普遍认同监督取决于政府是否愿意，或者把监督看作是干扰政府工作，则所有的民主监督都会受到压制；政治条件是民主监督的基础，只有当宪法规定的公民的言论权和结社权得到有效保障的时候，民主监督才能成为一种有力的政治力量，约束政府依法行政；民主监督的法律条件是政治条件的法律化，而司法条件则是民主监督的最后保障。这四个条件，只要有一个条件开始成长发育，就会促进我国社会主义民主的发展。从而实现温总理所说："在平等、公正和自由的环境下，让每一个人都得到全面的发展"的目标。❶

---

❶ "2007年3月16日国务院总理温家宝在十届全国人大五次会议中外记者招待会上的讲话"，载中国网，2012年9月8日访问。

第三部分：民主和社会管理

论作为民主表现的协商民主

【提要】 民主是协商的精神，协商是民主的表现。民主的性质决定了协商的质量。民主发展到什么程度，协商也就发展到什么阶段。民主越发展，协商就越充分；民主越健全，协商就越深入。不讲民主、没有民主就没有协商。协商民主必须确立在任何时候都不能没有民主，也不能以任何理由否认民主的原则。

协商民主是中国社会主义民主政治的一大特色，也是党的“十八大”报告的一个重要亮点。报告明确提出：“健全社会主义协商民主制度。社会主义协商民主是我国人民民主的重要形式。要完善协商民主制度和工作机制，推进协商民主广泛、多层、制度化发展。”[1] 由于协商民主作为一项政治制度是社会主义政治制度的一种新形式，它的理论内涵、制度形式和工作机制都有待于在实践中进一步完善和发展。而协商民主的发展，首先要完善协商和民主的关系，这是进一步发展协商民主的前提。

一、协商民主是民主的一种形式

协商的含义是为了取得一致意见而共同商量。在中国文字中，协表示和睦、融洽，表示众多人合力。《说文解字》中有“協，众之同和也”，《太玄·数》：“声律相协而八音生。”故协商具有通过参与、讨论、交流、表

---

[1] 胡锦涛：《坚定不移沿着中国特色社会主义道路前进　为全面建成小康社会而奋斗——在中国共产党第十八次全国代表大会上的报告》，人民出版社 2012 年版，第 26 页。

达，取得一种包容各种意见的和声的意思，体现出一种和而不同的参与和包容精神。国内外学者大多数关于协商民主的理解也都包含了这一精神。在他们看来，所谓协商式民主，“指称的是这样一种民主政治形态，即公民通过广泛的公共讨论的过程，各方的意见在公共论坛中互相交流，使各方了解彼此的立场和观点，并在追求公共利益的前提下，寻求并达成各方可以接受的可行方案。”或把协商民主理解为“是一种民主治理形式，平等、自由的公民以公共利益为取向，在对话和讨论中达成共识，通过公共协商制定决策”❶ 等，这里面都体现、内涵了包容和参与的精神。毫无疑问，协商是民主必须具备的精神和原则，民主政治应当包括协商。但协商所体现的和而不同的包容和参与精神，不是社会主义中国所特有的，它是民主政治所必须具备的一种形式或气质。正如有学者所说，“参与式民主是自 18 世纪以来一切革命的唯一真正成果，并构成东西方革命运动最重要的共同点。”❷

从历史上看，虽然协商民主的概念是 20 世纪后期提出来的，但如果从协商民主的精神和实践看，它在人类早期的民主生活中就已经以不同的萌芽状态存在，“协商民主的概念及实践与民主一样古老，两者都起源于公元前 15 世纪的雅典。”❸ 古希腊的元老会和议事会中就有协商民主的踪迹，那时“协商、讨论、争辩就占有极其重要的地位。”❹ 特别在古希腊城邦制度的梭伦改革时期，“国家重要政务都要由公民大会通过，提给公民大会议案的预审工作则由新设立的‘四百人议事会’担任。”❺ 当时“全体公民有可能全都有轮流任职为议事会成员或陪审法庭成员的机会。”公民具有“在大会内发言与表决、选举的权利。”❻ 而议事会内的发言，当然包含着协商的成分。后来 13 世纪初期英国的大宪章及在其基础上产生的议会制度，如顾

❶ 转引自陈剩勇：“协商民主理论与中国”，载《浙江社会科学》2005 年第 1 期。

❷ ［德］阿伦特著，竺乾威译：《人的条件》，上海人民出版社 1999 年版，第 36 页。

❸ 转引自王洪树等：“国外关于协商民主理论的研究综述”，载《理论导刊》2008 年第 1 期。

❹ ［南非］毛里西奥·帕瑟林·登特里维斯著，王英津等译：《作为公共协商的民主：新的视角》，中央编译出版社 2006 年版，第 189 页。

❺ 顾准著，陈敏之、罗胜银编：《顾准文集》，福建人民出版社 2010 年版，第 145 页。

❻ 顾准著，陈敏之、罗胜银编：《顾准文集》，福建人民出版社 2010 年版，第 147 页。

准所说作为“一种复杂精巧的、适合广土众民国家实行民主政治制度”❶，同样包含着协商民主。通常把1215年的大宪章称为协定宪法，就包含着对话、沟通、协商的内容。这个“协”就是协商。不仅1215年英国大宪章是协商的结果，（大宪章的产生经历了一个过程，是当时英国贵族与国王长期政治博弈的结果，其中也包括了战争，故大宪章最终是贵族和国王协商、谈判的结果，故也被称为协定宪法。）而且《大宪章》的内容中也包含了协商的制度，如《大宪章》有关征税、立法的条款中，都规定“应与全国人民普遍协商”，征得“全国普遍同意”，这实际宣告了重大事宜应与国民协商决定的原则。同样，1830年法国宪法被称为协定宪法，也与其包含着协商有关。当然，由于民主政治发展的程度不同，协商主体也不相同。在古代希腊罗马，主要是奴隶主、自由民之间的协商，在英国13世纪初的大宪章时期，是贵族和国王的协商；在1830年的法国，主要是银行家、交易所大王、铁路大王 、煤矿大王 、森林所有者等“贵族”之间的协商，正如马克思批评法国1830年宪法时说：“七月王朝不过是剥削法国国民财富的股份公司；这个公司的红利总是在内阁大臣、议会、二十四万选民和他们的走卒之间分配的。”❷

今天，现代西方国家议会中的“三读制”、“辩论制”同样包含着协商，因为“有议会，就有对话、讨论、辩论”❸，这个过程就有协商。而所谓“三读”就是让大家对话、讨论和协商，“它在讨论一个法案是否应当进行二读或三读，某些字句是否应当加进去，某一个条文是否应当成为一个法案的一部分，是否适宜于把一笔经费授予（通过立法）女王陛下。”❹ 现代流行于发达国家的“罗伯特议事规则”，也是将议事程度制度化、规范化，将协商、对话和决策完美地结合在一起，其目标就是“如何在没有权威的情况下，实现——平等自治、达成共识、重建秩序”。❺ 在现代民主政治中，

---

❶ 顾准著，陈敏之、罗胜银编：《顾准文集》，福建人民出版社2010年版，第226页。

❷ 《马克思恩格斯全集（第7卷）》，人民出版社1959年版，第14页。

❸ ［英］理查森·塞尔斯著：《中世纪的英格兰议会》，伦敦：汉布雷顿出版社1981年版，第152页。转引自李店标、沈赏：“英国议会立法辩论制度及其启示”，载《学术交流》2012年第2期。

❹ ［英］詹宁斯著，蓬勃译：《英国议会》，商务印书馆1963年版，第528页。

❺ 陈统奎：“民主的技术决定民主的真实”，载《南风窗》2012年第10期。

协商民主往往包含在许多重大决策程序之中。民主政治是人民主权条件下不同利益的一种博弈。而博弈之理性与和平的方式就是对话、交流、沟通和协商。当对话、交流、沟通和协商不能达成共识的时候，再通过票决解决。美国今天的公民陪审团就是协商民主的一种形式，它源于美国历史上的陪审制，现在发展成为一种现代公民参政形式。德国、丹麦、英国和澳大利亚都引入并使用了该方法。20世纪80年代以来，西方学术界逐渐兴起了对协商民主的研究。很多学者都逐步认识到协商民主理论具有的重要价值❶，并提出了种种模式。如哈贝马斯的双轨民主模式❷，古特曼和汤普森的"治理形式"论，库克的"民主政府论"、科恩的"社团论"等。❸发达国家的协商民主无论在理论上和实践中都出现了不断升温的趋势。

协商作为一种民主的形式，它的和睦、融洽及为取得一致意见而共同商量的办法，与民主政治有着内在的联系。也就是说，协商是民主的内在要求之一。有民主就有协商，协商是民主实现的一种形式。因此，国家政治生活中的协商包含了民主。协商到哪里，民主就到哪里。而只要讲民主，就必须有协商。因为协商的前提是体现人的尊严的各方之平等交流和沟通。在民主法治条件下，公共协商是政治共同体成员参与公共讨论和批判性地审视具有集体约束力的公共政策的过程。虽然对协商有不同的理解，但协商作为民主形式总有一些基本的要素。如"自由而平等的对话""公开讨论""所有参与者""自由发表意见听取意见"等。而正是这些要素，保证了协商的民主性，并成为民主的表现形式。而由协商本身包含的民主要素决定的民主形式，恰恰是体现人的尊严所必需的。为什么协商必须有"自由而平等的对话"？因为只有"自由而平等的对话"，才可能充分尊重人的尊严，才可能形成"自由发表意见"的环境。所以，我们可以在西方民主

❶ 西方学者对此进行了很多探讨，库克将其总结为五点：（1）公共协商过程的教育作用；（2）公共协商过程形成共同体的力量；（3）公共协商程序的公正性；（4）公共协商结果的认识平等；（5）协商民主表述的政治理想与"我们是谁"的一致性。国内学者也对协商民主理论的价值进行了总结和阐述。有学者将协商民主的价值概括为：（1）促进合法决策；（2）培养公民精神；（3）自由民主的不足；（4）制约行政权的膨胀；（5）从世界层面以及各国的经验现实来看。参见卢瑾："当代西方协商民主理论研究：现状与启示"，载《政治学研究》2008年第5期。

❷ 转引自王洪树："协商民主的缺陷和面临的践行困境"，载《教学与研究》2009年第4期。

❸ 卢瑾："当代西方协商民主理论研究：现状与启示"，载《政治学研究》2008年第5期。

政治的演变过程中看到协商，但在中国封建社会中却找不到协商的影子。我们在“鸿门宴”和“杯酒释兵权”的历史典故中，只能看到刀光剑影和腥风血雨的残忍和凶险。有人把封建君主专制政治下的言官不治而议现象称为“咨询式协商”❶，是很牵强的，因为言官不治而议不符合协商的民主精神，而没有民主就没有协商。

从参与、包容的精神上，协商和民主之间存在内在的联系。我们可以用协商是否充分和完备为尺度来衡量民主。协商是民主政治的一种表现形式，民主政治必然包含着协商，而且要通过协商表现民主。有民主而没有协商或有协商而没有民主都是不真实的，甚至是令人怀疑的。协商民主强调的是民主的协商性，故协商的程度、质量、形式等，必然在一定意义上与民主相联系。协商的程度高，质量好，形式越完备，则民主的发展程度就高。故协商民主可以作为测量民主的一种机制，它以一种行为方式体现着民主的质量和性质。一般来说，民主的质量决定民主的形式。协商的形式越充分，民主的质量就越好。反过来，协商作为民主的表现形式，又以一种行为方式反映了民主发展的程度。民主发展到什么程度，协商也就发展到什么阶段。民主越发展，协商就越充分；民主越健全，协商就越深入。因此，协商是民主的重要标志。协商不仅反映民主，也标志民主。有无充分的协商，往往成为民主是否成熟的一种象征。反过来，协商不完备、不充分甚至有协商之名而无协商之实，就能反映出民主的发展不充分。

协商民主包含的参与、包容与中国和合文化有相一致的地方。“从价值的层面看，协商性民主在很大程度上与中国传统政治文化的价值相契合”❷，但协商民主却不能归结于中国传统的和合文化。因为协商民主固然包含着和合的精神，但中国传统的和合文化未必会产生协商民主。中国儒家推崇和为贵，强调君子和而不同，把和合视为政治的最高境界，是国泰民安的基本表征等，但中国的儒家并没有产生出民主政治，中国传统文化也没有民主政治的真正的胚芽。相反，和为贵恰恰是中国封建统治者愚弄中国老百姓的思想工具。老百姓即使受到再大的损害也要做到和为贵。而协商民

❶ 陈剩勇：“协商民主理论与中国”，载《浙江社会科学》2005 年第 1 期。
❷ 陈剩勇：“协商民主理论与中国”，载《浙江社会科学》2005 年第 1 期。

主的文化依据是对人的尊重，是从古代希腊就开始滋生的对人的价值的重视。为什么要协商，因为要对人尊重。这是人作为人能不能享有人权的基本要求。罗纳德·德沃金说得好，人人“有权享有尊严”。❶ 这种对人的尊重的思想来源于古希腊罗马的“人是目的”和“人是万物的尺度”等思想，这才是协商民主思想的真正源头。近代以后，这种尊重人的思想得到了进一步发展，并发展出完备的人权尊严理论。在康德看来，人性本身就是一种尊严，而“一个有价值的东西能被其他东西所替代，这是等价；与此相反，超越于一切价值之上，没有等价物可替代，才是尊严。”❷ 人因其尊严“有责任在实践上承认任何其他人的人性的尊严，因此，他肩负着一种与必然要向每个他人表示的敬重相关的义务”。❸ 而作为目的的人性意义，就要求每一个人都受到公平对待及其尊重：“每个人都有权要求其邻人的尊重，而且他也交互地对任何他人有这方面的责任。”❹ 由此，我们才不难理解伏尔泰所说：“我不同意你的观点，但我誓死捍卫你讲话的权利”的民主真义。因此，协商民主不是产生于和合文化，而是产生于对人的尊重和对人的价值的重视。

在我国，虽然协商民主的概念近年才提出，但政治生活中的协商早在辛亥革命后就产生了。最典型的事件发生在辛亥革命后的南北议和，清帝退位，孙中山出让、袁世凯就任“中华民国”大总统的政治变革中。清帝退位和南北议和几乎是一场不流血的重大政治变革，它是通过政治协商、谈判解决的，在中国政治文明史上有着重要的意义。抗战以后，国民政府也曾组织过政治协商会议，当时共产党和一些较大的政党都作为政治协商会议一方参加了政治协商。新中国建立后，我国人民政协是最典型的协商民主的制度形式。但协商民主在中国仍有一个围绕民主建设逐步完善和深入的问题。正如有的学者所说：“中国实行的共产党领导的多党合作和政治

---

❶ 罗纳德·德沃金语，转引自韩德强：“论义务本位和权利本位的尊严观”，载《文史哲》2006年第1期。

❷ ［德］康德著，苗力田译：《道德形而上学原理》，上海人民出版社1986年版，第87页。

❸ ［德］康德著，李秋零译：《康德著作全集（第6卷）》，中国人民大学出版社2007年版，第474页。

❹ ［德］康德著，李秋零译：《康德著作全集（第6卷）》，中国人民大学出版社2007年版，第473页。

协商制度已经从基本制度安排和政治运行机制方面建立起协商政治的框系，但它还不属于完全意义上的协商政治，应将我国现行的政治协商制度发展成为更加完备的协商政治。这是中国民主政治发展的一个重要方向，是社会主义政治文明建设取得实质性进展的必要途径。”❶ 这无疑是对的。政治协商制度是与新中国同步的。1949 年的第一届《政协纲领》就是当时中共与各个民主党派民主协商的结果。但从新中国建立 60 多年的历程看，中国的协商民主确实有一个进一步体现民主的问题。不能认为我国已经具有了政治协商制度就有了完备的协商民主。必须看到，新中国建立后短短 30 年内发生的一系列政治事件表明，中国的政治协商制度并没有发挥应有的民主协商效能。说得严重一点，前 30 年，我们的协商民主更多地停留在形式上。改革开放后，政治协商制度得到了重建和恢复，并取得了较大的发展。但实事求是地说，现行政治协商制度的民主内涵和机制等，都还有待于民主制度、机制及观念的进一步完善。这也是党的“十八大”报告提出社会主义协商民主的一个主要原因。

二、民主是协商的本质

协商民主由民主和协商组成，共同形成了一种特殊的民主形态，即协商民主。协商民主是一种民主，决定了民主是协商的基础。也就是说，协商民主不能没有民主的前提。就像一幢大楼，没有楼基就不可能有大楼。同样，基础是否扎实、牢靠，决定了协商民主的质量。因此，完善协商民主制度，要从民主的基础着手。民主的实质是人民参与国家和社会事务的管理。完善协商民主，就要充分保障人民参与国家和社会事务的管理。人民群众参与国家和社会事务越普遍、越广泛、越深入，则协商民主的基础就越扎实。党的“十八大”报告“发展更加广泛、更加充分、更加健全的人民民主。”“保证人民依法实行民主选举、民主决策、民主管理、民主监督”，都是从这个意义上说的。因此，完善协商民主，前提是发展社会主义

❶ 张献生、吴茜：“西方协商民主理论与我国社会主义民主政治”，载《中国特色社会主义研究》2006 年第 4 期。

民主政治。

民主不仅是协商的基础，也是协商的本质。只有有了民主的基础并在民主基础之上，才可能有协商。协商是民主基础的表现和要求。民主要求协商，也只有民主才可能协商。在一个多元化社会中，不同的利益集团、不同的群体、不同的信仰和阶级基础的人们没有人恃强凌弱，高踞于他人头上作威作福，就在于民主。因此，协商是否可能，就在于民主的基础是否形成。民主决定了协商，没有民主就没有协商。真正的协商必然产生于民主并服务于民主。民主的性质决定了协商的质量。不讲民主、没有民主就没有协商。新中国成立60多年，我国的政治协商取得较大进步，也走过弯路。一个最大的教训就是协商民主不能忽略了要体现民主的精神。在社会主义民主法治条件下，进一步完善协商民主，其首要任务，就是要以宪法和法律为依据，通过制度和机制建设，进一步夯实协商的民主基础，使协商民主有更广泛和更深入的民主保障，使民主基础上的协商更加规范化、民主化。民主是协商的精神，协商是民主的表现。协商民主必须确立在任何时候都不能没有民主，也不能以任何理由否认民主的原则。

民主是协商的基础决定了，协商必须产生于民主的需要。协商的优点之一是可以克服选举民主的某种不足。20世纪六七十年代，西方一些学者提出"协商民主"这个概念，这是一个原因。他们意识到选举民主存在不足，好多问题解决不了，故提出要协商民主，重视公民的参与和对话。民主之需要协商，因为协商包含了许多选举等基础民主形式不具有的优点，它能够克服选举的不足。与选举强调竞争不同，协商强调的是共识。民主政治需要少数服从多数的原则，但仅靠少数服从多数是不够的，还要让少数人有讲话的机会，要保证少数人的合法权益，因此，民主需要选举或选票，但不能只有选举和选票。当代世界有些地方有选举和选票，但民主未必理想。南美的总统是选上来的，"穷人饿了去抢，不算犯法！"[1] 固然能鼓动穷人，但财产没有安全感的社会难以稳定。而协商则能很好弥补这一不足。协商强调说理，通过对话、交流、沟通形成共识。因此，选举和协商相结合，能够最大程度上实现社会主义民主政治的公平正义。但协商也不

---

[1] "查韦斯治下离奇的委内瑞拉"，载西祠胡同，2013年3月8日访问。

能违背少数服从多数的民主原则，而是通过协商制度，能够在最广泛、最公正的程度上实现少数服从多数的民主原则。因为有了协商的民主，少数服从多数不再是不合理的、不公平的，而使社会公共决策能建立在共识基础上。少数人的合法权益得到保障的民主，它能够在最大程度上实现公平和正义的结合，从而实现民主原则和真理原则的统一。

协商产生于民主的需要，还要求民主必须注重协商。协商实现民主的方法之一，“推崇民主的目的只能用民主的方法去实现，普选、协商和实验都是民主的方法。”[1] 同时，民主的价值也需要通过协商来实现。“协商民主注重民主的实质，以承认利益多元化为前提，主张协调各方利益，谋求社会和谐。”[2] 因此，理论和实践中，要避免不讲民主的协商。从新中国建立以来我国政治协商制度的发展看，我们必须正视不讲民主协商的存在及其危害。进一步完善协商民主，一个重要的使命，是通过制度建设，使协商必须源于民主，产生于民主的需要，并避免一切与民主没有关联的协商。只有源于民主的协商才是协商民主。

此外，作为民主的一种形式，协商要有利于民主或有利于民主的实现。协商民主是社会主义民主的一种形式，它与选举民主一样，都是中国人民实现公民有序的政治参与，管理国家和社会的政治形式。但协商民主既是民主的一种形式，就必须以民主为目标。协商的目的是实现民主，即通过以话语方式参与社会意见形成和国家意志形成过程，公民据此把公共权力领域与公民社会有机联系在一起。哈贝马斯把这一过程称为实质民主，而达致实质民主的具体路径，在哈贝马斯看来就是协商民主或话语民主。[3] 因此，协商民主是以民主的目的或实质意义为特点的，它“注重民主的实质，以承认利益多元化为前提，主张协调各方利益，谋求社会和谐”。[4] 显然，只有这样的协商，才能真正实现人民当家做主与社会和谐的目的。

概括起来，有利于民主的协商应当具备三个特点：（1）是以选举为基

---

[1] 徐大同：《现代西方政治思想》，人民出版社2000年版，第41页。

[2] 燕继荣：“再谈协商民主的价值”，载《学习时报》2007年9月11日。

[3] ［德］哈马斯著，童世骏译：《在事实与规范之间：关于法律和民主法治国的商谈理论》，生活·读书·新知三联书店2003年版。

[4] 燕继荣：“再谈协商民主的价值”，载《学习时报》2007年9月11日。

础。协商民主不是不要选举，而是辅助选举民主的一种民主形式。根据宪法，人民代表大会制度是我国根本的政治制度，因此，作为人民代表大会制度基础的选举制度就成为我国民主的根本形式。通常把我国人民政协概括为基本的政治制度，主要是因为它已经成为我国政治制度中重要的一环。而作为人民政协主要的制度形式协商民主，也就成为我国民主的基本形式。（2）是以民主为目标。协商民主既是民主的形式，就必须以民主为目标。协商民主的一切制度设计和机制，都要有利于民主的实现，有利于在更广泛的基础上发扬和实现民主。协商民主以民主为目标，还要求协商的过程体现出民主。民主的目标不是在协商结束后实现的，协商本身就是民主的过程。没有民主的过程，就没有民主的目的和结果。协商民主的目的形成于协商的过程。因此，以民主作为一种目标，就必须充分体现党的十八大"最广泛的动员和组织人民依法管理国家事务、管理经济和文化事业、积极投身社会主义现代化建设，更好保障人民权益，更好保障人民当家做主"的精神，更好地"保证人民依法实行民主选举、民主决策、民主管理、民主监督"的权利，只有这样，才能让更多的人参与到民主协商中来，使民主协商体现出最广泛的民主性。（3）要有利于促进民主。协商民主作为我们几十年实践经验的提炼、概括和总结，是中国人民在为人民民主奋斗的过程中创造的民主形式，已经显示其巨大的优越性。如界别构成保证了人民政协的广泛性和代表性；组织形式上，政协按界别开会，政协委员没有上下级之分，有利于充分发扬民主，形成共识；工作机制上，政协委员通过各种形式的会议以及视察、调研了解社情民意，并通过提案等形式表达意愿、意见，旗帜鲜明、切中时弊。同时，要排斥一切不利于民主协商的做法和手段，使协商民主的决策形式，"不存在特殊成员或组织的利益具有凌驾于其他参与主体利益之上的优先性"❶。

三、完善我国协商民主的若干思考

协商民主是我国社会主义民主的重要组成部分，也是我国民主建设的

---

❶ 董前程、林奇富："协商民主与政治参与"，载《北京工业大学学报（社会科学版）》2007年第4期。

重要内容。不仅因为协商民主存在如何让每个人有机会公开公平地表达自己的利益诉求，使民主权利得以实现的问题，还因为在协商的民主机制上，有一个不同利益诉求的人如何通过平等对话、讨论、协商，形成共识的机制问题，特别是，协商民主在当代复杂社会中还面临一个效率的问题。所有这些，都要求我国协商民主在实践中需要不断完善、不断发展，并在理论和实践中进一步民主化、科学化和规范化，概括起来主要有三个方面：

第一，要科学认识协商民主的民主作用。协商民主是民主的一种表现形式，有实现民主的独特功能。但不要人为拔高，更不能因为有了协商民主就否定其他的民主形式，比如选举、监督、参与、表达以及人民群众的自我管理、自我教育等都是人民实现民主的基本形式。20世纪以来，西方理论家提出了种种协商民主的理论，这无疑有利于我们进一步推进我国的协商民主。但过高地看待协商民主在民主政治的地位和作用是不合适的。西方协商民主研究只是当代西方民主形式的一种补充。正如国外学者所说：协商民主是“为了克服以投票为中心的民主制的缺陷，民主理论家越来越关注先于投票的慎议和舆论成的过程”[1]。西方思想家提出协商民主，不是替代传统的民主形式。事实上，协商民主不能替代投票民主，也不是为了取代投票民主。提出协商民主的目的是为了改善以投票为中心的民主形式的缺陷，其重心在投票之前的协商过程，以期更好地实现民主的目的。因此，“以协商民主模式取代选举民主模式的观点是无法成立的，因为，协商并不能取代投票，正是因为投票权的广泛分配才使公共协商在大范围内存在。它对于公共协商的效率，甚至其存在都是一个必要条件。”[2]

此外，不同的民主形式有不同的作用，过分扩大一种民主形式如协商民主的作用，在民主的作用上可能效果会适得其反。我国有的学者认为，“中国民主政治必然走向协商民主。”[3] 这显然拔高了协商民主在社会主义民主形式中的地位。中国民主政治需要协商民主，但协商民主不是中国社会主义民主唯一的形式，更不能不要选举民主或其他的民主形式。“协商民主

---

[1] ［加］威尔·金里卡著，刘莘译：《当代政治哲学》，上海三联书店2004年版，第524页。

[2] 托马斯．克里斯蒂亚诺：“公共协商的意义”，见詹姆斯·博曼、威廉·雷吉主编，陈家刚等译：《协商民主：论理性与政治》，中央编译出版社2006年版，第191页。

[3] 龙太江：《多党合作与社会主义政治文明建设》，中国文史出版社2005年版，第312页。

不能包治百病，当然也不能事事处处都依赖协商。过度的协商不但会拖垮政治系统的反应能力和效率，而且也会使公民陷入过度参与的疲惫之中。”❶从理论上说，只要有利于民主，都可以也应当采纳。但不能把某一种民主的形式绝对化。协商民主有自己的作用，应当根据其功能和作用正确地发挥其作用，发挥好其作用。绝对化的扩大一种民主形式特别是协商民主的作用，不但不合理，而且包含着否定民主的可能。因为协商民主还有一个协商不成的问题。把其他民主形式都排除掉，协商不成怎么办？特别是，人类社会越来越多元化，在这种情况下，协商追求共识的概率有时并不大。这就需要其他的民主形式特别是辩论、票决民主的形式加以保障。由此才能形成多种民主形式并存的生动活泼的政治生态。

第二，协商民主有其内在的体现民主的价值要素，不能轻易否定。协商之所以能够成为民主的形式，因为它包含着和而不同的参与和包容的精神，而参与、包容精神的前提是权利平等，表达自由。反过来，如果表面上承认协商，但在协商的时候把权利平等、表达自由等协商的要素排斥掉，则这种协商就会徒有其名，并会失去其民主的内涵。比如，有一种“排他论”，认为协商民主是当今民主政治运作的唯一模式，投票无法体现民主的价值，民主重要性存在的唯一理由就是自由和平等公民之间的公共协商，选举民主没有必要存在。❷ 也有学者认为中西方在协商民主上“有本质的不同”，“社会主义民主政治与西方的协商民主是两种不同性质不同类型的民主政治，是两股道上跑的车”❸ 等。这些观点显然扩大了不同制度下协商的区别。笔者以为，作为民主政治形式的协商本身并不存在西方和东方话语的问题，关键在是否有利于民主的实现。正如有的学者所说，“就协商民主的内涵而言，主是指公共协商过程中，自由平等的公民通过对话、讨论审视各种相关理由而赋予立法和决策合法性的一种治理形式。”❹ 或“公民通

---

❶ 吴晓林、左高山：“协商民主理论与中国民主政治发展”，载《教学与研究》2009 年第 4 期。

❷ 克里斯蒂诺语，转引卢瑾：“当代西方协商民主理论研究：现状与启示”，载《政治学研究》2008 年第 5 期。

❸ 张献生、吴茜：“西方协商民主理论与我国社会主义民主政治”，载《中国特色社会主义研究》2006 年第 4 期。

❹ 陈家刚：“协商民主引论”，载《马克思主义与现实》2004 年第 3 期。

过自由而平等的对话、讨论，审议等方式，参与公共决策和政治生活。”❶显然，平等、自由、参与、对话等要素，不但不会因为我们是社会主义制度就有本质改变，而且应当由于我们的社会主义优越性，能使这些要素的民主性更加充分。

同时，即使是协商民主的作用，我国提出协商民主，其强烈的补充、完善选举民主不足的内涵也是不能否认的。我们已经有了以人大为特征的选举民主。根据宪法，我国各级政府都是人民代表大会选举产生的，并通过人大制度对人民负责。我国在人大作为根本政治制度的选举民主存在的同时，设立政治协商制度作为国家基本的政治制度，本身就具有强烈的完善民主、通过多种形式实现民主的意义。多种不同形式的民主更有利于人民民主权利的实现。诚然，“中国特色社会主义民主政治把选举民主与协商民主结合起来是中国特色民主的一个特点，也是中国民主政治的优势。”❷但不应否认，由于长期封建社会的影响，我国选举式、投票式民主无论是内容上还是形式上都有待进一步完善。恐怕没有人会认为中国的选举式、投票式民主是没有缺点的。故除了完善选举民主、投票民主自身的机制之外，一个重要的途径就是通过协商民主补充我国选举式、投票式民主的不足，其合理性、科学性毋庸置疑。因此，“协商不但贯穿于多党合作和政治协商的过程中，也广泛存在于人民代表大会选举投票的过程中。”❸

此外，协商民主还有决策的意义。我国协商民主中党和政府在民主集中制上“扩大参与、集思广益”的做法，就体现了让人民群众参与决策的意义。而这也与西方学者将协商民主看作是一种决策方式❹有异曲同工之妙。其实，在社会生活中，协商民主更多地适用于民主决策。在决策过程特别是涉及利益关系的调整中，协商有利于各种观点和价值的碰撞，最后达成共识，故有利于决策的合理和公平。党的“十八大”报告在健全社会主义协商民主制度中，明确提到要通过国家政权机关、政协组织、党派团

---

❶ 俞可平：“协商民主：当代西方民主理论和实践的最新发展”，载《学习时报》2006年11月6日。

❷ 李君如：“协商民主：重要的民主形式”，载《文汇报》2006年7月28日。

❸ 张献生、吴茜：“西方协商民主理论与我国社会主义民主政治”，载《中国特色社会主义研究》2006年第4期。

❹ 卢瑾：“当代西方协商民主理论研究：现状与启示”，载《政治学研究》2008年第5期。

体等渠道，就经济社会发展重大问题和涉及群众切身利益的实际问题“广泛协商”，“增进共识、增强合力”，就体现了通过协商民主，让人民群众参与社会管理和决策的精神。因此，进一步完善我国协商民主，要讲中国与国外的“异”，但更要讲“同”。特别是要多讲民主的“同”，因为协商民主是为了民主而协商。不要动辄强调中国之“异”。诚然，民主协商的制度模式是各国历史条件下的产物，“不同的形式各有其利弊，从来不存在一种统一的、各处都使用的模式。”❶ 但协商的精神和目标是一样的，即民主。比较各种民主形式的不同，目的是完善民主。有的学者认为中国的协商民主在协商的理念、协商的基础、协商的体制机制和协商的原则上提出与西方国家大量的不同❷，这确实是一个事实。但通过比较，我们必须认真反思其合理性何在，是否科学，是否有利于民主等。在一个多元化的世界，我们要更多地吸取他人的优秀成果为我所用，才有利于我国协商民主的发展。

第三，协商民主追求共识，也追求合作和妥协。毫无疑问，协商民主的一个重要作用是追求共识。“协商民主是政治共同体中的自由、平等公民通过参与立法和决策等政治过程，赋予立法和决策以合法性的一种程序，其核心概念是协商或公共协商，强调对话、讨论、辩论、审议与共识。”❸ 但共识虽好，却不能强求。尤其是多元社会中，合理合法的多元趋势已经成为基本事实，必须予以肯定。“当代社会中，人们的价值观截然不同，互不相容，每一种都是合理的，人们在适当的环境中据此实践其实践理性，”❹ 同时，合理多元的社会，即使有协商也可能达不成共识。有学者甚至认为，“在一个多元社会里，共识是难以达到的、不必要的，也是不受欢迎的。更切实可行和有吸引力的是形成可操作的意见。”❺

但在一个民主和法治的国家，不能因为达不成共识就不搞民主。因此，

---

❶ 徐大同、吴春华：“关于社会主义民主建设的几点思考”，载《天津师范大学学报》1987年第6期。

❷ 张献生、吴茜：“西方协商民主理论与我国社会主义民主政治”，载《中国特色社会主义研究》2006年第4期。

❸ 陈家刚：“协商民主与政治协商”，载《学习与探索》2007年第9期。

❹ 陈家刚选编：《协商民主》，上海三联书店2004年版，第168页。

❺ ［澳］约翰·S. 德雷泽克著，丁开杰等译：《协商民主及其超越：自由与批判的视角》，中央编译出版社2006年版，第161页。

协商民主还需要共识以外其他民主的形式，这就是合作和妥协。从认识论的意义上，合作和妥协也是一种共识。这是在认识到多元社会价值追求多元性和抵触性基础上的共识。协商追求共识无疑是合理的、需要的。但在一个多元化的社会，在协商未达成公识的条件下，社会仍然需要和平共处。于是，在现代民主政治的议事规则中，就有了辩论和票决，成为讨论、沟通、协商后的决策办法和措施。由于这些措施，虽然公共讨论、协商没有达成共识，但能够保证社会公众在公共事务中的参与和合作，并通过协商达成妥协，实现社会的和谐与稳定。从这个意义上，合作和妥协也是一种共识，它是达不成共识后的一种共识。因此，协商民主不但追求共识，也应当追求合作和妥协。正如美国学者博曼所说，协商民主“这种理想并不要求所有公民出于相同理性而同意，它只要求在相同的公共协商过程中公民能够持续合作与妥协。”❶ 显然，合作和妥协也是一种民主精神，甚至是一种更可贵的民主精神。民主政治正因为不仅有竞争和对抗的方式，还因有其协商、合作方式而呈现出丰富多彩的人道主义和理性。而协商民主追求共识中的合作和妥协，把具有不同利益诉求的公民群体之间的讨论、沟通和协商作为现代民主的基本形式，它所营造的不仅是多元合作的民主精神，而且是现代公民精神的塑造，具有促进和完善公民人格的意义，无疑是现代民主法治最重要的标志。

❶ [美] 詹姆斯·博曼著，黄相怀译：《公共协商：多元主义、复杂性与民主》，中央编译出版社2006年版，第78页。

表达权和公平正义

【提要】 表达权是现代社会文明最典型的特点，也是现代法治区别于古代法治最重要的特征。改革开放以来，特别是随着1996年互联网的发展，中国表达权进入新的发展时期，并对表达权提出了更高的思想解放的要求。作为公民基本权利的表达权不能简单地等同于广开言路。表达权可以有限制，但即使是限制表达权也是为了保障表达权。表达权的保障除了宪法规定外，还要有明确的法律规定和严格的司法保护。在我国民主法治建设中，表达权的重要性无论如何评价都不会过分。

一个民主法治国家的公民，对政府行为或社会现象发表某些观点，应当不应当受到限制？或者应当受到什么样的限制？随着近年中国社会屡屡发生的表达权事件[1]的增多，问题的重要性和严重性被一而再地凸显出来。究竟是公民超越了表达权的权限还是管理部门在行使职权的时候屡屡侵犯公民的基本权利？公民表达权的界限究竟在哪里？全面厘清这些问题，不仅是全面贯彻落实宪法规定的公民言论自由权的需要，而且对于深入贯彻党的十七大精神，推进我国民主法治建设都有极为重要的意义。

一、表达权在当代社会文明中的地位

表达权是现代社会文明最典型的特点之一。所谓典型，是表达权最突

---

[1] 自2006年以来，从重庆的“彭水诗案”到山西的“稷山文案”，从河南的“孟州书案”到安徽的“五河短信案”，再从海南的“儋州歌案”到上海的“灵宝帖案”，无一不是国家机关滥用公权侵犯公民表达权的行为。

出地体现出现代法治的文明特点。法治者，古代就有之。（我们现在有些学者对法治和法制作了区分有一定的道理，其实即使古代法制也有一个法治的问题，亚里士多德的法治定义就是古代的，但仍有现代意义。）春秋时期反对“罪刑擅断”、战国时期韩非强调的“以法为治”，从依法治理的角度看，与我们今天所讲的法治没有多少区别。法治的问题虽然包含着依法治理，但我们却不能简单地把依法治国当作现代社会文明的基本定位。事实上，依法治国的口号，古代中世纪的教皇格列高里就曾提出过。1260 年，挪威法明确规定：“应当通过法律建设国家，不能因无法而导致国家颓废。”❶

判断现代社会文明还有一种更根本的要素，这就是表达权。在历史上，正是表达权把古代法治和现代法治区分开来。封建社会可以有法治，但绝没有表达权。古代社会中，只有官员监督百姓，岂有百姓监督官员之理？封建社会中的君王有时可以比较开明，但没有一个封建君王能允许表达权。唐太宗算开明了，他可以纳谏，甚至做到了从善如流，但这只不过是让人讲话，广开言路而已。而广开言路并不是表达权。表达权是民主政治的产物，社会文明则是民主政治和表达权的保障。由此，在民主政治、表达权和社会文明之间存在一种由此达彼的桥梁。民主政治必须通过表达权来表现，没有表达权就没有民主。表达权不仅成为民主政治的本质表现，也成为现代社会文明的典型特点。也就是说，现代法治之所以文明，就在于它保障表达权。而保障表达权，则成为现代法治的典型形式。

表达权之所以是现代法治的文明形式，首先在于它体现了现代法治的本质精神。现代法治的实质是治权。但什么是治权，却往往容易被人们忽视。事实上，表达权正是现代法治治权的最重要也是最基本的形式，表达权一开始就是为了治权，也只有针对权力才需要表达权。法国的革命思想家罗伯斯庇尔说得好，表达权是“鞭挞专制主义的最可怕的鞭子”。❷ 在历史上，表达权是在与专制主义的长期斗争中产生的。法国启蒙运动的主将卢梭，因为出版《社会契约论》和《爱弥儿》，不仅书被焚毁，还受到逮捕

❶ 莫纪宏译著：《表达自由的法律界限》，中国人民公安大学出版社 1998 年版，第 93 页。

❷ ［法］罗伯斯庇尔著，赵涵舆译：《革命法制和审判》，商务印书馆 1986 年版，第 58 页。

的威胁，不得不逃离法国。伏尔泰同样也多次因表达权而获罪，他的著作多次遭到被焚毁的厄运。因此，现代法治之治权最重要的标志，就是表达权，并转化为现代社会公民基本和首要的人权。当代民主法治国家保障人权，首先就要保障表达权。如果表达权都没有保障，则治权即国家权力被纳入法律的支配之下就是根本不可能想象的。正是从这个意义上，现代社会文明全部和最基本的精神，都集中地体现在启蒙思想家伏尔泰的名言之中："我不同意你的观点，但我誓死捍卫你发表言论的自由。"

其次，表达权是现代民主政治最基本的要求和体现。现代民主法治的表现形式多种多样，如平等、自由、治权、权利保障、选举权、权力制约等都是现代民主法治不可缺乏的要素，但所有这些要素都与表达权有密切的关系。比如选举权的行使是否公正公开，就与国家权力是否严格受到法律的支配有关。而表达权是约束选举公开、公正的重要前提。同时，表达权也是人民群众影响政府决策的重要方式。人民政府为人民，这就有一个听取人民群众意见、了解人民群众意愿的问题。如果人民不能自由发表言论，或者人民只能讲政府喜欢听的，则政府之为人民服务的性质和质量就是值得怀疑的。因此，为了保障政府为人民服务，表达权绝对不可缺少。表达权保证了政府能够听到不同的声音，而这是一个对人民负责的政府必须具备的基本要素。反之，如果没有表达权，则"政府只听见自己的声音，它也知道它听见的只是自己的声音，但是它却欺骗自己，似乎听见的是人民的声音，而且要求人民拥护这种自我欺骗。"❶ 没有表达权的后果必然是欺骗的盛行。

此外，表达权是民主法治条件下，人民群众行使民主权利根本重要的方式。这是因为现代民主政治与古代民主政治不同，现代民主政治是一种间接性民主。人民通过选举自己的代理人组成政府来管理社会。而无论是选举自己的代理人还是在代理人——政府公职人员被选出后，表达权都是人民群众行使民主权利的最重要形式。人民在表达权的保障下选出自己满意的具有最高智慧和道德的公仆，同时，又通过表达权，保证这些公仆在行使国家权力时必须也只能服务于人民。因此，表达权不仅是民主法治国

---

❶ 《马克思恩格斯全集（第1卷）》，人民出版社1995年版，第78页。

家人民当家做主的基本权利，也是当家做主的基本方式。没有表达权，就根本谈不上人民当家做主。

不仅如此，表达权还是民主法治条件下，社会和谐和宽容的一个尺度，密尔称之为“人类的精神福利”。❶ 表达权是公民的权利，但表达权可能会有错。这就要求一个民主和法治的社会要宽容。伏尔泰的名言：“我不同意你的观点，但我誓死捍卫你发表言论的自由”正是这样一种宽容精神的表现。因为有宽容才可能有和谐。道理很简单，如果一个公民的表达权有错就要受到追究，则公民表达权的程度就会大大降低。而如果公民由于言论动辄就要受到处罚，则人民群众唯一的选择就是闭嘴。在这种条件下，社会和谐就无从谈起。因此，表达权不仅意味着人民群众有自由表达的权利，而且意味着要宽容人民群众的表达权。除非法律规定，表达权即使有错也不应当承担责任。20 世纪 60 年代的索利文诉纽约时报案，作为当地的警察局长，索利文因为纽约时报的一篇募捐广告侵犯了他的名誉权而起诉该报，最后被驳回。美国联邦最高法院的判决明确指出：舆论是公民的基本权利。公民在行使表达权的时候会有错，除非故意，不能要求赔偿。否则，公民的监督权就会受到极大限制。当然，宽容不是无原则的。表达权与言论自由一样都是有限制的。在美国，法律明确规定，言论自由不得扰乱学校安静上课、不得危及公共安全、不得引发危害公众秩序导致暴乱、不得造谣生事、不得妨害他人权利、不能以言论自由或集会自由妨害城市交通或违犯交通规则等多种限制。这都适用于表达权。但限制言论自由和表达权的目的正是为了保障表达权。

在当代，表达权作为当代最重要的社会价值之一，不仅成为现代社会人们必不可少的一种民主法治信念，而且成为一种宪法权利和国际性的人权，受到国内法和国际法的全面保障。当代世界大多数国家的宪法都通过言论自由的立法规定了表达权。大量的国际文件和国内的文件也都明确规定了表达权的自由。如《世界人权宣言》规定：“人人有主张和发表意见的自由；此项权利包括持有主张而不受干涉的自由，和通过任何媒介和不论国界寻求、接受和传递消息和思想的自由。”此外，《德黑兰宣言》（1968

❶ ［英］约翰·密尔著，程崇华译：《论自由》，商务印书馆 1959 年版。

年)、《维也纳宣言和行动纲领》(1993 年)、《美洲人的权利和义务宣言》(1948 年)、《欧洲人权公约》(1950 年)、《美洲人权公约》(1969 年) 和《非洲人权和民族权宪章》(1981 年) 等国际人权宣言和公约对表达权都作了规定。不仅如此,发达国家还以严格的司法保障表达权。美国 20 世纪 60 年代发生的索利文诉纽约时报案、2008 年的欧洲漫画风波等都是典型的表达权保障案。表达权不仅成为一项宪法原则,而且成为当代社会文明最基本的象征。

二、新中国表达权的发展

表达权是伴随着新中国的建立而逐步发展的。由于种种原因,表达权在新中国的发展经历了一个曲折的过程,但通过这一过程,我们仍能看到新中国表达权的发展和进步,这是中国民主法治的希望之所在。

新中国的成立,可以看作共和国表达权的创立时期。之所以是表达权的创立时期,是相对于新中国成立前的国民党反动统治时期。当时,人民没有起码的表达权,"莫谈国是"成为当时普通民众的行为特点,人民动辄因言受罚甚至被治罪,有的甚至遭国民党特务暗杀,如闻一多就是因为批评国民党独裁统治而被暗杀。中国人民为争取表达权曾进行了长期斗争,并付出过血的代价。因此,新中国成立后,最大的特点之一就是人民具有了表达权的权利,并能够把来之不易的表达权写在自己的纲领上。毛泽东在 1949 年 6 月发表的《论人民民主专政》中,就明确提出了人民的表达权。他在文章中说:"人民是什么?在中国,在现阶段,是工人阶级,农民阶级,城市小资产阶级和民族资产阶级。这些阶级在工人阶级和共产党的领导之下,团结起来,组成自己的国家,选举自己的政府,向着帝国主义的走狗即地主阶级和官僚资产阶级以及代表这些阶级的国民党反动派及其帮凶们实行专政,实行独裁,压迫这些人,只许他们规规矩矩,不许他们乱说乱动。如要乱说乱动,立即取缔,予以制裁。对于人民内部,则实行民主制度,人民有言论集会结社等项的自由权。选举权,只给人民,不给反动派。这两方面,对人民内部的民主方面和对反动派的专政方面,互相结合起来，就是人民民主专政。”❶ 毛泽东的这一思想被1949年9月召开的全国政协一届一次会议所接受，并被写进《共同纲领》，成为建设新中国的根本方针。第一届政协通过的《共同纲领》第5条明确规定了表达权。“中华人民共和国人民有思想、言论、集会、结社、通讯、人身、居住、迁徙、宗教信仰及示威游行的自由权。”

新中国成立后，表达权方面最重大的事件就是1954年宪法。这部宪法秉承《共同纲领》关于表达权的基本精神，将表达权明确写进了宪法。第35条规定：“中华人民共和国公民有言论、出版、集会、结社、游行、示威的自由。”从此，表达权成为中国公民的宪法权利，具有最高的法律效力。在此基础上，1956年中国共产党在文艺和科学领域实行“百花齐放、百家争鸣”方针，稍后又提出了与民主党派“长期共存、互相监督”的方针，这两大方针的出台是表达权最重要的表现。正是由于这两大方针，1956年下半年和1957年上半年，成为这一时期中国表达权建设最好的时期。短短一年，小说、诗歌、散文、戏剧、电影、音乐、舞蹈、美术等创作，硕果累累。而毛泽东提出的中国共产党和各民主党派“长期共存，互相监督”的八字方针，表现了极大的理论上的勇气和政治上的远见，调动了各民主党派、无党派民主人士和广大知识分子的积极性和主动性，开创了生动活泼、同心同德的政治局面，在国际上也产生了很好的影响。但遗憾的是，这一时期刚刚开始的表达权未能延续发展下去。随着1957年反右的到来，彻底转向。

1957年“反右”到1976年“文革”结束，是中国表达权的破坏时期。1957年开展的反右运动，使“百花齐放，百家争鸣”及共产党与民主党派“长期共存、互相监督”的方针受到严重冲击，特别是“文革”的发生，使表达权的社会环境受到根本破坏。这一时期表达权的破坏有三个特点：

一是对表达权的破坏严重、彻底。所谓严重，是打击的面广。1957年的反右中全国有55万人被打成右派，其中，仅北大就有1 500名师生被打成“右派”，他们中的许多人，被开除公职与学籍，发配到边疆荒野，20多年

❶ 毛泽东：“论人民民主专政”，见《毛泽东选集合订本》，人民出版社1971年版，第1364页。

后才得以平反。所谓彻底，是对表达权的打击具有摧毁性。经过反右和“文革”，表达权几乎完全失去了正当性。一个已经写进宪法的公民的基本权利，即使仍然是宪法的规定，却没有人会公然主张。对表达权破坏的彻底还反映在理论上，这就是放大了的阶级斗争学说和无产阶级专政理论，认为只允许人民讲话，不允许反动分子讲话，是无产阶级专政的基本特点。在这种背景下，个人崇拜盛行，领袖的话成了绝对真理，人人都只能说好话唱赞歌。谁要强调反映民意、为民代言，就有否定党的领导之嫌，甚至被视为异端邪说、反党言论，遭到“全民共讨之”的厄运。

二是表达权破坏的时间长，涉及的人员广，破坏的方式完全丧失了社会的理性。从1957年反右到“文革”结束，20年内，连续发动了1957年反右、1959年党内反右、1962年“四清”和1966年“文革”四次大的政治运动，其中“文革”竟延续了10年。这四次政治运动虽然目的有所不同，但实质上都一样，都是摧毁表达权。“文革”号称“大鸣大放”，但其实只是一部分人的独鸣独放，如果谁敢对这些言论说个不字，少则牢狱之灾，多则付出生命的代价。前者如55万名“右派”，后者如遇罗克、张志新、林昭等人。这20年对表达权的破坏，先从知识分子开始，后在党内，然后转向整个社会，可以说无一人能够幸免。“文革”是全国性表达权的大破坏。导致连小学生都知道很多话不能乱说，不管是在公开的或者私下的场合都不敢乱说。因为有“现反”“敌特”“封资修”等帽子在人们的头上盘旋。而对表达权的破坏甚至到了离奇的状况。1957年反右时，有个小学班主任老师因提了两条意见，一夜之间被打成右派分子，不准再教书，只能天天打扫厕所；“文革”期间，有个大学的政治指导员，因在庆祝大会上喊错口号，就被宣布为现行反革命分子而抓走；这样离奇的事在当时不知有多少。

三是后果严重。对表达权的破坏，到“文革”时甚至动用了封建社会的极刑。北大才女林昭因发表的长诗《海鸥之歌》和《普鲁米修斯受难之日》，1960年被捕，1968年被判死刑；遇罗克，因为写了《出身论》，批判所谓“老子英雄儿好汉、老子狗熊儿混蛋”的观点，被判处极刑；还有辽宁共产党员张志新、上海青年刘文辉，都是因言治罪，被剥夺了生命。以言治罪，而且罪至极刑，这是任何一个现代文明的国家都难以想象的，而这就发生在离我们今天不远的过去。表达权破坏最大的后果是整个社会的集体失语，一个国家，56个民族、全部都失去了思想，丧失了起码的辨别是非的能力。正如邓小平所说："一个革命政党，就怕听不到人民的声音，最可怕的是鸦雀无声。"❶ 哪怕是全国人大代表这样高层次的人群，如陈津润在回答在会上根据什么投票时，就回答"党投票我就投票"。与此同时，"假大空"盛行，人格分裂、道德滑坡、寡廉鲜耻等种种丑恶现象泛滥，对中国国民的精神与心态带来了难以想象的后果。20年政治运动对中国表达权破坏的严重性无论如何评价都不会过分。

改革开放以后，中国表达权的发展进入了一个新的阶段，我们称之为表达权的恢复时期。从"文革"结束改革开放到1996年，表达权逐渐受到了重视。其标志性事件首先是一系列以言治罪的案件获得了平反。1957年被打成右派的人们绝大多数被摘去了帽子，获得了平反。同时，在"文革"中因言论被处以极刑的张志新、遇罗克、林昭等人先后获得昭雪。与此相一致的是表达权的范围逐步放大。首先是广大农民，然后是我国公民在财产关系、身份关系以及相应的行为选择等方面都获得了较大的自由，他们比过去更愿意，也更能够真实地表达自己的利益要求和内心的愿望。私下里朋友间说话，几乎可以随心所欲地说话，也不会有人来找你麻烦，也不会担心告密者。人们可以比较自由地在家中谈论政治。表达权的恢复还表现在媒体上。1979年8月12日，《解放日报》在第一版刊登了一则社会新闻《一辆二十六路无轨电车翻车》，打破了批评报道不能上头版的传统。新闻批评和表达权有了很大的进步。1980年10月16日，《中国青年报》在第一版头条位置，刊登了"敢于向特权挑战的人——记北京丰泽园青年厨师陈爱武"，报道中披露时任商业部部长的王磊搞特权，他在北京一家名叫"丰泽园"的高级饭庄大吃大喝，一顿饭菜几十元，在当时相当于一名普通干部一个月工资，但"付的不过是一碗汤钱"。这是新中国成立以来报纸公开点名批评的最高级别现职官员。1979年新选举法颁布后的第一次选举，是在"文革"结束后国家政治生活正常化，各方面都进行拨乱反正的形势下进行的，出现了社会热情高、群众情绪好的空前的思想解放，选举中出

❶ 《邓小平文选（第2卷）》，人民出版社1994年版，第144~145页。

现了新中国成立以来罕见的表达权的气氛。在城市、工厂、企业，特别是在一些大学，选民踊跃提名代表候选人，有的大学还出现了竞选。

1980年，为了进一步推进十一届三中全会的思想解放，党中央决定成立宪法修改委员会，对1978年宪法进行全面的修改。这次修宪以1954年宪法为蓝本，以党的十一届三中全会特别是六中全会关于党的若干问题的决议为指导，对一系列有关问题都进行了讨论，在思想解放的程度上是空前的。有许多问题都涉及舆论和监督，如是实行一院制还是二院制，要不要成立宪法监督委员会等。❶ 这次修宪历时两个多月，最后仍然明确规定了公民的表达权，同时在公民基本权利方面增加了许多新规定，如公民的人格尊严不受侵犯、禁止用任何方法对公民进行侮辱、诽谤和诬告陷害等。为了落实1982年宪法关于表达权的规定，国家还制定了大量与表达权保障有关的法律、法规。如颁布了《音像制品管理条例》（1994年）、《广播电视管理条例》（1997年）、《印刷业管理条例》（1997年）等。这些条例都重申各级人民政府保证宪法所规定的公民表达权权利，并规定公民在行使这些自由和权利时，必须遵守宪法和法律，不得损害国家的、社会的、集体的利益和其他公民的合法的自由和权利。但总体上说，这一阶段的表达权还处于恢复期，虽然宪法在规定表达权的同时，还规定许多新的公民基本权利，但由于公民基本权利的保障机制没有受到应有的重视，故这一时期表达权的发展不快。

1996年以来，中国表达权进入发展时期，我们将其称为中国表达权发展的第四阶段。1996年对于表达权最重要的事件就是互联网的出现。互联网的普及❷，使社会变得更为开放，它所带来的信息传播方式的变化，不

---

❶ 见全国人大常委会办公厅编：《人民代表大会制度建设四十年》，中国民主法制出版社1992年版，第170页。

❷ 1996年年底，中国互联网用户数已达20万，利用互联网开展的业务与应用逐步增多。第三阶段从1997年至今是快速增长阶段。国内互联网用户数1997年以后基本保持每半年翻一番的增长速度。增长到今天，上网用户已超过一亿。据中国互联网络信息中心（cnnic）公布的统计报告显示，截至2005年7月的第16次中国互联网络发展状况统计报告，我国共有上网计算机约4 560万台，其中专线上网计算机670万台，拨号上网计算机2 070万台，上网用户约10 300万人，其中专线上网的用户人数为2 970万人，拨号上网的用户人数为4 590万人。“中国互联网的发展史”，载今晚网，2014年10月8日访问。

仅使人类社会真正变成了一个“地球村”，而且为公民表达和表达权提供了前所未有的新平台。每一个人都可以在网络上展示自己的话语权，发表自己的见解。新时期的表达权，通过互联网这个大众传播工具，以一种前所未有的方式，迅速发展起来，并成为这一时期表达权最突出的特点，主要表现在以下三个方面。

一是网上表达成为新时期公民表达权最主要的平台，而且成为教育公民的大课堂，成为中国民主法治的一种新生态。由于网络所具有的迅速、公开和自由的特点，公民在网络上发表言论、表达意见已经成为体现民意最主要和最迅速的渠道。任何问题，只要放到网络上，很快就形成一种倾向或得出一种结论。虽然有时意见差距较大，有些甚至缺乏理性，但这种表达的精神正是现代民主最可宝贵的财富。同时，现代民主法治的理性的力量借助这种网络平台，能够使一些最基本的民主法治常识加以普及，在此情况下，任何愚昧、迷信都难以持久地维持下去。在此意义上，表达权的网络平台实际上成了现代民主法治的大学校。人们不仅通过表达权进行参与，而且通过表达权的平台，有力地改造着自我。

二是公民的表达权正借助于网络的力量，有力地推进了我国公民的参与意识和参与水平，显示了我国民主法治建设的巨大进步。如近年曝光的大量案件，都是首先在网上，或相当大程度上取决于网民的介入。如2009年年初的云南躲猫猫事件、哈尔滨警察打死学生事件，重庆最牛钉子户事件、南京房产局长周久耕天价烟事件等，无不依赖网络的力量。在最近几年的全国“两会”期间，公民积极参与“网上议政”，许多意见和建议被以各种形式带到了全国人大、全国政协和党中央，而政府往往也就一些重大法规和政策通过互联网广泛征求意见，实施“网上听证会”、“网上新闻发布会”、“网上在线访谈”等，与网民进行互动交流，广泛吸纳民意，集中民智，开辟了表达权、民主监督的崭新面貌。

三是表达权在网络上的发展，也得到了中央领导的高度重视。特别是党中央领导对网络民意的重视，大大鼓舞了民心。2003年的“非典”期间，胡锦涛总书记就在网上答复一位医生“你的建议非常好，我在网上已经看到了”。2008年，胡锦涛总书记与人民网网友在强国论坛进行交流，成为“中国网民年”的标志，胡总书记无可争议地被评为2008年度强国论坛最佳嘉宾。同样，在近年“两会”的各种会议上，温家宝总理每次发言时都会提到网民，并对网民提问表示感谢和关注。如在2006年“两会”记者会上，温总理曾明确表态，“中国政府支持互联网的发展和广泛的应用。作为人民的政府，应该接受群众的民主监督，也包括在网上广泛听取意见。”而各地党政领导在网上给网民拜年，与网民对话已蔚然成风。

当然，1996年以后，对于中国表达权的发展来说，还有许多值得注意的事件，如1997年修订《中华人民共和国刑法》取消了反革命罪，这是中国表达权方面重大的进步。1998年10月5日，中国常驻联合国代表秦华孙大使在联合国总部代表中国政府签署了《公民权利和政治权利国际公约》。1999年，“依法治国，建设社会主义法治国家”写进宪法，依法治国成为国家最高的治国方略等。党的“十七大”，又进一步提出要保障公民的知情权、参与权、表达权和监督权。从总体上说，这一时期对于表达权发展最有意义的还是互联网和网民的出现。依法治国的治国方略和表达权的宪法权利以及党的“十七大”提出的公民的知情权、参与权、表达权和监督权，只有通过网络平台，才前所未有地获得了空前的发展，而且迄今仍以一种强大的社会力量推动着表达权和整个社会的进步。

三、进一步推进表达权，建设社会主义社会文明

表达权是社会文明的标志之一。虽然改革开放以来我国表达权已经获得了长足的进步，但从当代民主法治的现状和发展趋势看，我国表达权的发展程度还不够高，公民在行使表达权的时候还有不少阻力，我们社会对表达权的理解还存在不少误解。这些现象的存在不仅不利于我国表达权的发展，也不利于我国民主法治建设。为此，进一步促进我国表达权，是建设我国社会主义社会文明的基本要求。

第一，将促进表达权作为思想解放的组成部分，解放思想先从表达权始。

表达权是我国公民的宪法权利。但从1957年以来极“左”思潮和封建专制主义思想的影响，我国社会在表达权上还有很多禁区，似乎一讲表达权就有“资产阶级自由化”或“不要党的领导”“否认党的领导”的嫌疑。

其实，表达权并不是绝对的自由。即使是今天发达的民主法治国家，对表达权自由仍有许多限制，[1] 但对表达权的限制正是为了保障表达权。限制表达权是必要的，但限制表达权必须出于保障表达权的目的，或有利于表达权的行使。如果限制表达权的结果是没有表达权甚至导致全民闭嘴，则这种限制无异于剥夺。其次，限制表达权也必须受到限制。表达权是民主政治的基石。林肯说过："我们政府的基础是公共舆论，谁能够改变公共舆论，谁就能够改变政府。"[2] 没有表达权就谈不上民主政治。再次，表达权是思想解放的前提。思想解放如果没有表达权，是难以想象的。我们已经讲了多年的思想解放，但如果思想解放没有导致表达权的解放，则思想解放就是不完整的、不科学的，甚至是令人怀疑的。

从思想解放的角度透视表达权，必须把表达权与广开言路区别开来。表达权是我国公民的基本权利。但我国社会不少人还把公民的表达权等同于广开言路。我们有些领导说的"让人民群众讲话"，就是这种认识和心态的反映。被人们广泛引用的 1945 年 7 月，毛泽东和黄炎培的"窑洞对"，也是一个"让人民群众讲话"的例子。[3] 中国历史上，广开言路往往被认为

---

[1] 美国对表达权的限制多达 17 条之多：1. 没有亵渎国旗或焚毁征兵卡的象征性表达权；2. 危及公共安全的玩笑不能开；3. 没有引发危害公众秩序导致暴乱的表达权；4. 没有扰乱学校安静上课的表达权；5. 没有造谣生非的表达权。绝对特权的先例；散布虚伪不实的资料本身无资格享受宪法第一条修正案（表达权及新闻自由）之保障；6. 没有妨害他人权利的表达权；7. 不能以表达权或集会自由妨害城市交通或违犯交通规则；8. 监犯的言论及集会自由权因狱政安全而受限制；9. 军人表达权的限制；10. 军事基地不是候选人行使表达权行为的场所；11. 没有辱骂他人因而招惹冲突的表达权；12. 没有说下流脏话的自由；13. 咆哮公堂的言论不受保障；14. 议员言论免责权所不保障的言论；15. 没有违背契约而泄露国家机密的表达权；16. 欺诈不实的商业广告不受表达权的保障；17. 毁谤性言论不受保障。

[2] ［美］詹姆斯·博曼著，黄相怀译：《公共协商：多元主义、复杂性和民主》，中央编译出版社 2006 年版，第 1 页。

[3] 1945 年 7 月，毛泽东在回答黄炎培关于中共能否找出一条新路跳出人亡政息的"历史周期率"时，毛泽东的回答是："我们已经找到新路，我们能跳出这周期率。这条新路，就是民主。只有让人民来监督政府，政府才不敢松懈。只有人人起来负责，才不会人亡政息。"

是政治清明的象征。比较典型的如“邹忌讽齐王纳谏”。[1]但现代社会文明中的表达权与封建社会中的广开言路有着本质的不同。封建社会广开言路的原因是统治者懂得“民可载舟亦可覆舟”的道理，广开言路的目的是为了更好地维持封建统治。但即使是这个起码的道理，绝大多数封建统治者是不懂也不愿意懂的。这就是为什么中国历史上的文字狱一代甚于一代的原因。号称康乾盛世年间的庄廷栊案，有700多人被杀，18人被凌迟处死，庄廷栊等两人虽然在案发时已死，仍被开棺戮尸。乾隆在位60年，制造了120起文字狱，几乎一年两起，残杀数千人。而民主法治条件下，表达权是公民的权利，是人民群众行使人民主权管理国家的基本形式。同时，在封建社会，是不是广开言路的主动权掌握在封建统治者手中，封建统治者让人民群众讲，才能讲；不让人民群众讲话，人民就只能闭嘴，所以有龚自珍“九州生气恃风雷，万马齐喑究可哀。我劝天公重抖擞，不拘一格降人才”的呼喊。此外，即使“让人讲话”，还有一个是不是采纳和讲到什么程度的问题。但在民主社会中，表达权是人民的权利，是人民作为国家主人的基本权利，人民不仅有权讲话，而且人民是否讲话，人民的意愿是不是能够兑现，正是人民群众参与民主政治是否成熟的一种表现。显然，我们社会的表达权不能停留在广开言路上，而应当通过民主法治建设，形成人民群众能够讲话、愿意讲话、也敢于讲话的环境机制，只有这样，公民的表达权才能真正发挥出来，并实现公民知无不言，言无不尽的民主目标。

从表达权与法治政府的关系看，法治政府的职责不是占有真理、垄断真理，而是保障表达权。任何一个有自信的政府都不会禁止表达权。认识论告诉我们，真理的获得和发展是从少数人到多数人的过程，故“真理往往掌握在少数人手中”。一个民主的法治政府，最重要的社会保障功能就是保证少数人的表达权，而很可能这些表达权都是不受人欢迎的。只要少数人能够自由、客观地表达自己的意见，不受欢迎的意见也能够存在，真理

---

[1] 春秋时有一个“邹忌讽齐王纳谏”的故事，邹忌向齐王进行讽谏，劝他广开言路：如今齐国土地方圆有千里之广，有一百二十多座城邑，宫中的后妃和身边的侍臣没有一个不偏爱您的。朝廷上下的大臣没有一个不害怕您的。由此看来，您所受的蒙蔽也实在太厉害了。齐威王听了以后有所醒悟，于是颁布了一条激励广开言路的命令。齐国后来果然富国强兵。这是中国古代典型的广开言路。但这与民主社会的表达权是两码事。

就不会被扼杀。反之，如果公民的表达权得不到保障，则少数人自由、客观地表达自己的意见就不可能。而因为意见不受欢迎就不予以发表，就会扼杀真理。因此，保障表达权是发现真理的根本手段。美国最高法院大法官霍姆斯曾写道："对真理最好的检验是一种思想在市场竞争中所表现出的使自己得到承认的力量。"❶ 相反，一个排斥表达权的政府必定是排斥真理的政府。排斥真理必定要排斥表达权。而一个政府只要排斥表达权，就表明它对于自己是否代表多数人已经没有自信，故这时人民主权就不复存在。历史上，对表达权的扼杀，是专制政府的基本特征之一。新中国成立前盘据中国大陆的国民党反动政府就是如此。1946 年 7 月 15 日闻一多发表"最后一次演讲"之后，在昆明街头遭暗杀，中共中央机关报《解放日报》发表了郭沫若等人给联合国人权委员会的致电，请求联合国"立即派一个调查团来"，否则"中国的思想自由与表达权将面临暴力灭绝的威胁"。反过来，一个追求真理、崇尚正义的民主法治政府，必定是全面保障表达权的政府。

为了有效保障表达权，还必须对表达权的对象作出明确的限定。表达权的对象主要是政府和公共生活，其内容主要是政治性和公共性言论。如美国宪法第一条修正案规定："国会不得制定限制表达权的法律，"它所针对的就是国家权力。而私权利不对表达权开放，针对私人的言行也不存在监督的问题。如果一个人可以对他人的名誉、隐私随意地、任意地发表言论，则他人的人格尊严就会受到伤害。而且从私人权利看，针对私人的言论也没有自由的理由。为了保障公民的人格尊严和其他的权利，涉及私人的言论必须受到严格的限制。如美国纽约州宪法就规定："每一公民对于任何问题，均有写作、口述或出版其意见的自由，但须自负滥用此项权利之责任"。伊利诺伊州宪法规定："每个公民均能自由写作、口述或出版各种问题之文字，但若滥用其权利时须自负其责任。"法国《人权宣言》也明确宣告："自由表达思想和意见是人类最宝贵的权利之一，因此，各个公民都有言论、著述和出版自由，但在法律所规定的情况下，应对滥用此项自由

---

❶ 见"艾布拉姆斯诉合众国案"（1919 年）。参见张千帆著：《西方宪政体系（上册 · 美国宪法）》，中国政法大学出版社 2000 年版，第 250 页。

负担责任”。而针对政府和公共生活的言论则相反。现代政府的政治基础是人民主权，政府是人民公仆，政府存在的理由是为人民打工。人民对于政府的工作有发表意见的权利。而这些权利特别是表达权的权利，是保障人民主权、保证政府服务于人民绝对不可或缺的条件。同时，最可能对表达权带来压制的是政府。政府压制表达权的主要原因就是为了规避责任。事实上，现代生活中的表达权主要是针对政府的。因为只有政府才可能对表达权带来损害。这是表达权需要保障的主要原因。而对政府歌功颂德的言论则不需要保护。为了保证政府为人民服务，现代民主法治国家通常为表达权自由设定了极为严格的保障，其目的就是要让人民群众充分地行使表达权的权利。如在美国司法实践中形成了所谓高价值言论和低价值言论的区别。高价值言论（主要是政治性和公共性的言论）受到极为严格的保护。如同样是谩骂，一个普通公民可以任意侮辱、诽谤、丑化国家的领导人（如不少美国人对布什的讽刺和丑化），可以任意侮辱、诽谤、丑化政府；但任何一个公民绝对不能任意侮辱、诽谤、丑化普通公民，后者就属于低价值言论。因为，表达权是不能侵入私权利的范畴，普通公民并没有义务让渡自己的私权利，而公众人物和政府官员则因为要保护表达权而必须让渡自己的部分涉及公共利益的私权利。

第二，表达权的保障不能局限于宪法规定。

新中国成立以后的四部宪法都明确规定了公民的表达权。但从 1957 年到“文革”结束，再从改革开放到今天，侵犯公民表达权的行为并没有绝迹，有些地方还十分严重。“文革”前后且不说，近几年一些地方官员挥舞着权力大棒、钳制公民的表达权，甚至制造了不少的现代文字狱。如重庆“彭水诗案”、山西“稷山文案”、海南“儋州网案”、安徽“五河短信案”、山东“高唐网案”、西丰警察进京抓记者案及不久上海发生的“灵宝帖案”等，在我国依法治国已经写进宪法，建设社会主义法治国家已经成为治国方略的今天出现这些现象，必须引起我们的警惕。在今天，谁都不会否认公民有表达权的权利。但为什么宪法中的表达权权利并没有能够有效保障公民起码的表达权？问题就在于我们的宪法还缺乏权威性。表达权的根本问题就在于宪法的权威要确立起来，并要有良好的对表达权的司法保障和社会保障的机制。宪法是根本法，表达权自由是公民根本的权利。表达权得不到保障，在一个民主和法治的国家是根本不应当的，也根本难以想象。一个民主和法治国家的公民，如果连表达权的权利都得不到保障，何言其他权利？因此，在我国法治建设中加大表达权的法治和社会保障，不仅具有正当性和必要性，而且极为根本。

与此相适应，表达权的法治保障要有明确的法律规定和严格的司法保护。所谓明确的法律规定，就是表达权的范围和对言论自由的禁止都必须有明确的法律规定。从法律上说，只要没有禁止，公民的言论都是自由的。公民有权对政府的管理行为和社会公共生活的现状发表观点、进行批评。而且公民是否能够发表观点、有多大的热情发表观点和批评，正是一个现代政府民主化程度的标志。公民对政府的批评可能并不合理，有时甚至不正确，但一个民主和法治的政府不是指摘甚至压制这种意见和批评，而是通过信息的沟通，通过协商互动的机制，使更多的人能够理解和支持政府的行为。表达权的法治保障不是压制和限制表达权，而是为了更好地发扬表达权。保障表达权的最好方法就是进一步促进表达权。即使是限制表达权也必须是出于保障表达权的目的，限制表达权不是为了剥夺表达权，而是为了更好地行使表达权。任何剥夺表达权的行为都不具有正义性。1789年法国《人权宣言》中就已经提道："意见的发表只要不扰乱法律所规定的公共秩序，任何人者不得因其意见而受干涉。"[1] 美国1791年第一条宪法修正案就明确规定了言论自由不得禁止的原则：国会不得制定剥夺言论自由或出版自由事项的法律。在我国，言论自由早就写进了宪法，但法律对表达权的保障并不严格。近年一再出现的对公民表达权的侵害，主要原因之一就在于我国法律忽略了对表达权的深入保障。如诽谤罪、扰乱治安、泄露国家机密罪等与表达权的关系必须严格界定，不能动辄就是诽谤罪、扰乱治安等。这就要求我国司法必须严格遵循表达权的原则，保障表达权。人民法院审理表达权的案子，必须有利于公民行使表达权。一切不利于公民表达权发挥的现象都必须坚决加以抵制。

当然，强调表达权并不是主张绝对自由，但表达权却是一种绝对权。作为宪法规定的公民的基本权利，公民在行使表达权的时候，任何人都有

---

[1] ［英］杰里弗·马歇尔著：《宪法理论》，法律出版社2006年版，第180页。

义务尊重。这就是伏尔泰所说的“我不同意你的观点，但我誓死捍卫你发表言论的权利”。但这并不意味着表达权就可以为所欲为。自由是做法律许可的一切事情的权利。我国宪法在规定公民表达权的同时，也规定了表达权的界限，如《宪法》第51条规定：“中华人民共和国公民在行使自由和权利的时候，不得损害国家的、社会的、集体的利益和其他公民的合法的自由和权利。”望文生义地认为表达权、言论自由是指言论完全自由不受限制是不正确的。更不应当故意地甚至别有用心地将表达权归结为绝对自由。事实上，主张表达权从来就不是要什么绝对自由。中国共产党领导人民在新中国成立前抛头颅洒热血所追求的，只是一个公民作为社会的主人对于国家政治和社会公共生活的一种应有的和基本的表达权。而这种表达权对于一个民主和法治的国家的社会和谐是绝对不可缺少的。

表达权也是我国共产党人和广大人民长期追求的理想，在今天仍有强烈的现实意义。早在1937年《中国共产党抗日救国十大纲领》、1940年《晋察冀边区目前施政纲领》、1941年《陕甘宁边区施政纲领》中，都明确规定了表达权。1942年公布的《陕甘宁边区保障人权财权条例》第2条规定得更明确：“边区一切抗日人民，不分民族、阶级、党派、性别、职业和宗教，都有言论、出版、集会、结社、居住、迁徙及信仰之自由……”60多年过去了，我国表达权已经获得了巨大的进步。表达权不仅早就成了公民的宪法权利，而且随着民主法治建设的发展，正在我国社会文明的建设中发挥越来越大的作用。今天，我们的社会没有人会公然否认表达权。但在理论和实践中，对表达权的重要性还远远认识不够。我们的社会还存在大量侵犯公民表达权的现象，有时甚至非常严重。因此，全面落实宪法和法律规定的表达权权利，是我国民主法治建设中最迫切的问题之一，也成为人们最普遍的呼声。陶东风有一篇谈艺术的文章，认为我们现在的艺术是“因傻而乐，因乐而傻”，“在该痛、该哭、该喊的时候而不能哭不能喊，久而久之不想喊不想哭，以至于失去了痛的感觉。这样的时代常常流行傻乐。”[1] 张绪山在谈到鲁迅的时候有这么一段话：“对于鲁迅这样的文化思想巨人，无论是被迫沉默还是做囚徒，都是中华民族的大悲剧，怎样避免这

---

[1] 陶东风：“因傻而乐，因乐而傻”，载《社会科学报》2009年第6期。

样的悲剧重演，需要考虑‘假如鲁迅还活着’条件下，怎样才能使他既不沉默又不做囚徒的问题。”❶ 周瑞金在谈到经济危机时说：“近来，我们常说企业对投资要有信心，公民对消费要有信心，还有一个信心可能更为关键，就是政府对自己的人民要有信心。”❷ 显然，所有这些评论和希望都与表达权有关。

因此，在我国民主法治建设中，表达权的重要性无论如何拔高都不会过分。不仅因为表达权是民主法治的起点，而且在于现代民主法治的一切文明要素都建立在表达权之上。没有表达权，不仅民意不能得到真正的表达，而且涉及民主法治的一切文明的制度都不可能健康地建立起来。听一听美国19世纪黑人政治家弗雷德里克·道格拉斯的名言吧：“在政府之父那里，没有任何一种权利比言论权利更为神圣……不管一个人多么崇高，多么谦卑，多么年轻，多么衰老，一旦他迫于强力而压抑自己的诚实情感，就不可能有言论的权利。同样，倾听的权利也是不言自明的。压抑言论自由是双重的错误。它既违反了听者的权利，也违反了言者的权利。剥夺一个人的说话与倾听的权利是一种犯罪，一如强盗剥夺他人的钱财。”❸

1918年，10月革命刚胜利的时候，卢森堡曾就表达权向列宁及共产党人敲过警钟：“没有普选，没有不受限制的出版和集会自由，没有自由的意见交锋，任何公共机构的生命就要逐渐灭绝，就成为没有灵魂的生命。”❹ 这一善意的警告后来不幸被卢森堡言中。在斯大林时期，由于表达权被消灭，斯大林成了高踞于党、国家和军队之上的神，不受任何约束和监督。一大批列宁的战友季诺维也夫、加米涅夫，托洛茨基、布哈林及一大批优秀的共产党人统统在斯大林开展的大清洗运动中被杀害。俄共17大选出的139名中央委员中的98人和1 966名党代表中的1 108人后来被枪毙或者关进了集中营。被枪毙的红军指挥员达到了3.5万人。❺ “30年来被斯大林消

---

❶ 张绪山：“毛泽东棋局中的鲁迅”，载《炎黄春秋》2009年第6期。

❷ 瑞金：“希望在于人民的强势”，载《炎黄春秋》2009年第6期。

❸ 转引自蒋德海：“人民政协应成为汇聚和引领民意的强大力量”，载中国人民政治协商会议全国委员会网站，2014年10月8日访问。

❹ 尹彦：“列宁时期党内民主是如何被破坏的”，载《炎黄春秋》2007年第5期。

❺ 思源：“苏联亡国的原因”，载《炎黄春秋》2007年第10期。

灭的人比罗曼诺夫王朝 300 年消灭的人还要多许多倍。”❶ 毛泽东曾感慨地说：“其黑暗不下于历史上任何最专制暴虐的统治。”❷ 显然，表达权不姓资。社会主义民主政治同样有一个表达权的问题。经过 60 年的发展，目前中国的表达权正处在历史上最好的时期，并面临最好的发展机遇。党的十七大报告明确指出“坚定不移地推行社会主义民主政治”，并提出要大力保障公民的知情权、参与权、表达权和监督权，这无疑是我们进一步推进表达权的强大动力。可以相信，随着我国社会主义民主政治的发展，我国表达权一定能够获得更大的进步，并成为中国社会主义社会文明的灿烂标志。

❶ 姜长斌、左凤荣：《读懂斯大林》，四川人民出版社 2001 年版，第 294 页。

❷ 转引自徐焰：“苏联的 1941 年和 1991 年”，载《百年潮》2001 年第 5 期。

论宪法之治

【提要】 中国的法治建设必须走向宪法之治。宪法之治不仅是对宪法的一种实践回应，也是中国社会主义走向胜利的希望所在，是中国人民实现永久幸福千年之谜的解答。同时也因为宪法之治是法治的核心，没有宪法之治就没有法治和政治文明。中国法治建设应转向宪法之治，宪法之治不仅是深化法治建设的必然要求，也是建设社会主义政治文明的迫切需要。

1982 年宪法制定已经 30 多年。制定宪法的目的是实施宪法，实现宪法之治。回顾 1982 年宪法以来的 30 多年历程，中国社会的宪法意识空前普及。但由于种种原因，离宪法之治还有较大的距离。因此，从理论和实践上总结我国 1982 年宪法以来的宪法之治，无疑是推进我国社会主义民主和法治的重要一环。

一、宪法之治是法治的文明形式

法治是一个古老的概念。2 300多年前，古希腊的先哲如毕达库斯、柏拉图、亚里士多德等都提出过法治的思想。亚里士多德在《政治学》中提出的法治的经典定义至今仍被人们所引用❶。古罗马思想家西塞罗曾就法律与执政官的关系，提出过极为精辟的法治见解："一个执政官的职责就是依照法律对人民进行统治，并给予正当的和有益的指导。因为法律统治执政官，

---

❶ "法治应包含两重含义：已成立的法律获得普遍的服从，而大家所服从的法律又应该本身是制定得良好的法律。"亚里士多德著，吴寿彭译：《政治学》，商务印书馆 1997 年版，第 199 页。

所以执政官统治人民，并且我们真正可以说，执政官乃是会说话的法律，而法律乃是不会说话的执政官。”❶ 这个观点，即使在今天仍有强烈的现实意义。同样地，中国古代韩非也提出过“以法为本”，“以法治国”的主张，并强调“国无常强，无常弱，奉法者强则国强，奉法者弱则国弱”❷；诸葛亮也有“治国犹于治身，治身之道，务在养淳，治国之道，务在举贤”❸ 等观点，这些无疑都具有法治的意义。

不仅如此，人类历史的各个阶段也都留有法治的痕迹，并为人们所称道。传说古罗马帝国时期，有人向安东尼皇帝报告了一起船只失事的案件，请求处断，但安东尼说：我的确是大地的最高主宰，但海的主宰是习惯。让这个案件由罗德岛的海商法来解决吧！❹ 罗马法时代确立的公力救济、公开审判、两造审理、不告不理、一事不再理原则等都成为现代法治的组成部分。中国西汉有个张释之，以执法之严闻名。据记载，有人偷盗汉高祖庙座前的一块玉环。文帝要治其灭族之罪。但张释之却根据法律，奏请处以弃市的刑罚。文帝勃然大怒，但张仍以法律坚持，并说服了文帝：“对于偷盗先帝庙器，法律中就是这么规定的，弃市一点也没有宽容。倘若偷盗采庙神器就灭族，那么万一有愚昧小民取长陵一抔土（指盗掘汉高祖的陵墓），陛下该怎样对他加以处罚呢？”❺ 这甚至可以与发生在 1608 年英国国王和柯克之间为国王能不能判案的争执相比，而后者是英国王权受到法律约束的重要事件。

但所有这些都不是现代意义上的法治。可以发现，无论是古罗马的安东尼，还是中国西汉的文帝，他们之重视法治完全出自个人的自觉主张或行为。法律对他们是不是依法并没有约束力。他们可以依法而治，当然也可以完全不依法而治。因此，古代的法治是自觉型的或道德型的。而以亚里士多德的法治定义来衡量，古代的法治充其量也只具有法治的形式意义。古代社会缺乏法治实施的制度保障，不可能真正实现良法受到普遍遵守的

❶ 转引自《西方法律思想史资料选编》，北京大学出版社 1983 年版，第 79 页。
❷ 转引自陈鹏生主编：《中国古代法律三百题》，上海古籍出版社 1991 年版，第 571、581 页。
❸ 转引自陈鹏生主编：《中国古代法律三百题》，上海古籍出版社 1991 年版，第 591 页。
❹ 由嵘、胡大展主编：《外国法制史》，北京大学出版社 1989 年版，第 137 页。
❺ 陈鹏生主编：《中国古代法律三百题》，上海古籍出版社 1991 年版，第 581 页。

法治目的。事实上，即使是古代历史上法治最好的时候，仍然是人治保护下的法治。而一旦撤去了人治的保护，就不再有法治。因此，古代的法治归根结底是人治，古代的法治是古代人治的最好形态。

人治下法治的特点在于良法的性质及良法是否能够忠实实施均取决于统治者的道德。故古代社会的绝大多数法治事实上成为依赖于统治者个人道德的人治。柏拉图设想的理想国中最好的政体就是贤人政体。在贤人政体下，当统治者比较仁慈的时候，法治就能够实现，而当统治者比较残暴的时候，法治就会受到破坏。而这就决定了，古代的法治是飘忽不定的。统治者心情好、德性强的时候或许可以有良法、行法治，但当统治者心情不好，德性无存的时候，就不可能有良法、行法治。所谓“为政在人，人存政举，人亡政息”很典型地勾画出古代人治型法治的特点。明代元辅张居正倾毕生之力，试图革新腐朽低能的文官体系，但一朝仙逝，十年心血即随之东流，保存下来的政制没有几项。生前他可以用实权来推行自己的政治主张，但个人面对制度的软弱，从他死后不到两年即被抄家一事中，大略也可窥出斑蠡。至于戚继光、海瑞，更可以看作封建人治的牺牲品。

近代以后，以宪法之治为目标的宪法政治开始出现。宪法之治与古代法治的最大区别在于，统治者之依法不再是道德要求，而是一种法律约束。当柯克法官用布雷克顿的名言“国王在万人之上，却在上帝和法律之下”来抵制国王判案的时候，意味着“这样的制度离实现现代的法治观肯定已不太远了。”❶

宪法之治产生于近代，而实现于20世纪下半叶。诚然，古希腊罗马就有了形式上类似于宪法之治的限权要素，但有限权不一定有宪法之治。宪法之治不等于限权。事实上，出于对其他权力的担心，即使是最专制的权力也有一定的限权措施。比如中国封建社会中的御史制度。宪法之治是以保障公民权利为目的，以权力制衡来控制国家权力并实现和平治理的政治

❶ ［美］爱德华·S. 考文著，强世功译：《美国宪法的“高级法”背景》，生活·读书·新知三联书店1996年版，第36页。

体制。[1] 因此，宪法之治不是产生于古代希腊罗马，而是产生于近代的资产阶级革命。在古代和中世纪的欧洲，有许多法治和限权现象，古罗马的西塞罗和波里比阿还提出过极为精辟的权力制衡的思想。但当时不可能有宪法之治，[2] 因为当时的法“没有强调人权，而且它也没有提及对权力的行使加以限制的必要”。[3]

宪法之治是控权政治。宪法之治控权必然包含限权，但这是一种以人民主权为前提的限权。近代史上第一部宪法性文件，英国1668年通过的《人身保护法》，就是限制国王及其大臣的专横行为的法。该法规定在押人员有权向高级法庭请求发给“人身保护状”，限期将其移交法庭，尽快审理案件；如果法庭认为无正当拘押理由，在押人立即释放，或从速接受审查。这部法使得国王及其大臣不得任意处置反政府人士，从而维护资产阶级的人身基本权利。[4] 1688年英国议会发动“光荣革命”[5] 并于1689年通过《权利法案》，未经议会同意，国王不得颁布法律或终止法律的效力，不得征收和支配税收，在和平时期不得招募和维持常备军；臣民有向国王请愿的权利；议员有在议会期间自由发言的权利；议员的选举是自由的，国王不得干涉等。英国革命给予君权神授理论以致命打击。英国革命后，连“威廉和玛丽都不可能否认他们的王冠是国会授予的”。[6]

同古代法治相比，宪法之治最大的优点在于克服了古代法治的任意性和主观性，找到了实现法治的最佳途径，使法治成为一种具有稳定性和普遍性的国家体制，并使它同时成为法治的最高形态。从法治发展的过程看，宪法之治无疑是最高层次的法治。宪法之治是限权和控权政治，而法治不

---

[1] 由于篇幅的原因，本书不想对宪法之治的概念作进一步的展开，而只将宪法之治的共识——以民主为基础，限权、控制国家权力为手段，以保障公民基本权力为目标的政治体制，作为本书的逻辑前提。

[2] 有的学者认为宪法之治产生于古代希腊罗马，其主要原因在于简单地把宪法之治理解为对权力的限制。见白纲、林白华编《宪法之治通论》，社会科学文献出版社2005年版，第二章。

[3] ［美］卡尔·J. 弗里德里希著，周勇、王丽芝译：《超验正义——宪法之治的宗教之维》，生活·读书·新知三联书店1997年版，第4页。

[4] 阎照祥著：《英国史》，人民出版社2003年版，第201页。

[5] 宗传军著：“英国宪法形成过程”，载《人大研究》2004年第4期。

[6] ［美］爱德华·麦克诺尔·伯恩斯、菲利普·李·拉尔夫著，罗经国等译：《世界文明史》，商务印书馆1995年版，第270页。

一定包括限权和控权。在“法自朕出”的封建社会中，法治是受到人治支配的和不受约束的。封建的法治本质上仍是人治。宪法之治则不同，宪法之治是在人民主权基础上以控制和约束国家权力为主导的国家制度，是法治发展到近代以后以法治化为标志的政治体制。与古代法治比，宪法之治将实现法治的基础确立于政治体制，通过政治体制的法治化实现整个社会的法治。因此，宪法之治是法治发展到一定阶段的产物，“是一个比法治或法治国更高的抽象概念”[1]。封建社会中没有也不会产生民主基础上的限政和控权的观念。宪法之治的限权和控权观念是近代资产阶级革命以后，出于保障公民基本权利的需要才产生的。正如19世纪上半叶挪威主要的政治家所说：“反对派是如此重要，以致如果不存在反对派的话，我们就不得不造就一个反对派，以便控制国家。”[2]

其次，从概念的作用看，宪法之治是对封建专制的否定，而法治则未必。历史上，法治与封建政治可以并列。西方中世纪的教皇格列高利等都明确提出法治和依法治国的思想。[3] 在中国古代，《管子》中也出现了“以法治国”一词。其后，战国时期的商鞅、韩非等人又发展了“法治”思想。但是封建社会中，专制不仅是普遍的而且是经常的典型形式，而且常常演变为“刑治”和暴政。而宪法之治则与政党制度相联系。政党制度是近代资产阶级革命的产物。在资产阶级革命中，资产阶级思想家提出了“天赋人权”和“人民主权”的思想。而人民主权的实现必须通过代议机构，即人民把自己的一部分权利交给自己的代表，由他们代表人民意愿和利益去体现权利。于是，政党就产生了。政党是代议制民主的必然产物。“在一个自由的国度里，必然有政党存在。”“政党是人们为通过共同努力以提高民族福利，并根据某种他们共同认可的原则而结成的组织。”[4] 代表着各自不

---

[1] ［美］丹尼尔·S. 勒夫著，姚建宗译：《社会运动、宪政与人权》，见《宪法比较研究文集(3)》，山东人民出版社1993年版，第274页。

[2] ［美］埃尔斯特、［挪］斯莱格斯塔德著，潘勒等译：《宪政与民主》，上海三联书店1998年版，第154页。

[3] 中世纪英国政治家约翰认为：“君主这个头衔本身源于行正当之事，即依法行事。”转引自［美］爱德华·考文著，强世功译：《美国宪法的高级法背景》，生活·读书·新知三联书店1996年版，第12页。

[4] ［英］埃德蒙·柏克著，蒋庆、王瑞昌译：《自由与传统》，商务印书馆2001年版，第146～148页。

同利益的政党要商量决定共同事务，必须建立起一种具有相互之间的利益表达、综合制衡和共同发展的规则和机制。宪法之治是政党制度中解决国家权力和平过渡和合法执政的政治艺术。宪法之治不仅明确否认了封建专制，而且使国家权力及其行使建立在人民主权和人民同意的基础上，成为现代国家实现长治久安的制度保证。

最后，从概念的联系看，宪法之治与民主政治有密切关系，而法治则未必与民主相关。法治的法可以是民主的法也可以是不民主的法。民主宪法之治强调的是权力的来源和权力的合法行使。宪法之治之所以与民主政治密切相关，就是因为宪法之治以人民民主即人民同意为基础。宪法之治的法不是一般的法，而是在人民同意基础上通过人民授权执掌国家政权的法。故在宪法之治中，不仅执政的根源与人民民主有密切关系，而且执政的形式和途径都与民主有关。宪法之治是民主政治的产物，而宪法之治又反过来成为民主的保障，没有民主就没宪法之治。但法治与民主却没有本质的联系。古希腊、中世纪、中国古代都产生过法治的观念，就是明证。人治条件下也可能有法治。中国清末被认为是最最黑暗专制的封建王朝，但杨乃武小白菜一案，不也体现了一种法治的精神？因此，我们今天的法治必须有特定的内容，这就是宪法之治下的法治。反过来，有法治而没有宪法之治，就容易陷入人治，进而成为专制。而法治只有进入到宪法之治，才具有现代意义。我们的法治建设必须转向宪法之治建设，这是我国法治现代化的基本要求。

二、民主必须走向宪法之治

民主为什么要走向宪法之治？因为宪法之治找到了实现民主理想的最完备、最可靠的途径。几千年来，人类为解决社会冲突，想出了各种办法，有依靠圣贤德性的人治和德治，有宣扬暴力的武治，有求助信仰的神治以及依法而为的法治，最终通过法治选择了宪法之治。因为宪法之治以外的一切政治形态包括传统的古代的法治都存在缺陷。比如，中国传统的治理模式，是一种具有显著伦理特征的政治制度，作为历代官方意识形态的传统儒学强调人治和德治，所谓修身齐家治国平天下，就是把人的道德看做治国之本。这种封建的治国之道，在1840年鸦片战争以后，起来越显示其腐朽性，并最终被历史所抛弃。同样地，古代的法治模式也存在缺陷。当古代思想家把法治之基础设定于道德之后，古代的共和国无一例外地都成为败坏的共和国。大卫·休谟一反历史上关于政治家是追求公益的道德人预设，指出："在设计任何政府制度和确定该制度中的若干制约和监核机构时，必须把每个成员都假定为是一无赖，并设想他的一切作为都是为了谋求私利，别无其他目的"，并说："必须把每个人都设想为无赖之徒确实是条正确的政治箴言。"❶ 这构成了现代法治的人性基础。不难发现，宪法之治的突出特点就在于找到了克服法治败坏的良方："野心只有用野心来对抗；权力只有用权力来制约。"这是孟德斯鸠和联邦党人文集中的核心思想。也是现代法治之区别于古代法治的本质内容。洛克说得好："谁认为绝对权力能纯洁人们的气质和纠正人性的劣根性，只要读一下当代或其他任何时代的历史，就会相信适得其反。"❷ 孟德斯鸠断言："一切有权力的人都容易滥用权力，这是万古不变的一条经验。有权力的人们使用权力一直到遇有界限的地方才休止。"❸ 19世纪的阿克顿爵士更直截了当地指出："权力必致腐化，绝对的权力必致绝对的腐化。"❹ 所有上述观点最后都集中体现在美国联邦党人所下的一个简洁断言中："政府本身若不是对人性的最大耻辱，又是什么呢？如果人都是天使，就不需要任何政府了。如果是天使统治人，就不需要对政府有任何外来的或内在的控制了。"❺

宪法之治最大的优越性在于它能够实现民主政治、和平治理和权利保障的目标。宪法之治首先是民主政治。而民主政治必须有权力制衡加以保障。因此，宪法之治就是限政和控权政治。限政和控权政治就是通过权力约束限制政府权力，使政府权力严格受到体现人民意志的法律的约束。宪法之治的基本内容一是强调政府权力行为的合法性，二是强调政府权力行为的受控性。合法性强调政府的权力必须有民意的支持，在民主政治下，

---

❶ 徐庆誉、汤清译：《路德选集上》，基督教文艺出版社1968年版，第446页。

❷ ［英］洛克著，叶启芳、瞿菊农译：《政府论（下）》，商务印书馆1996年版，第56页。

❸ ［法］孟德斯鸠著，张雁深译：《论法的精神（上）》，商务印书馆1997年版，第154页。

❹ 子愚："权力与腐蚀"，载《读书》1979年第8期。

❺ ［美］汉密尔顿、杰伊、麦迪逊著，程逢如、在汉、舒逊译：《联邦党人文集》，商务印书馆1995年版，第264页。

只有体现民意的政府才是合法的政府；政府权力的受控性是指政府权力必须能够受到法律的约束和支配。只有当国家权力被严格纳入到法律的支配之下时，和平的治理和权利的保障才有可能。因此，宪法之治在本质上是一种以保护公民权利为基础、致力于限制和控制国家权力、消除国家行为专断性的政治行为方式。而民主基础上权力制衡达到的权力受控状态就是和平的治理。和平治理是权力制衡的结果。没有权力制衡就难以保障和实现和平治理。一切专制政治都谈不上和平治理。

法治之走向宪法之治是建设社会主义政治文明的必然选择，也是人类政治制度文明化的要求和趋势。政治文明是人们在改造社会过程中所获得的所有积极的政治成果。宪法之治是人类几千年政治文明成果的法治表现。搞法治而不搞宪法之治，不但是不合理的，也是不可想象的。人类法治的实践充分证明，没有宪法之治的法治往往是败坏的法治。如果没有宪法之治的约束，法治的提倡者“大多数是以讨好人民开始发迹，以蛊惑家开始，以专制者告终。”❶ 中国历史上的辛亥革命，打的是共和立宪旗帜，但权力被袁世凯窃取后，很快就演变成一个新的封建王朝，军阀们“你方唱罢我登场”，南京临时政府短命而去，复辟闹剧轮番上演，制宪丑闻接二连三，军阀混战经月累年。陈独秀曾尖锐地指出：“中华民国的假招牌虽然挂了八年，民国仍然卖的是中华帝国的药，中华官国的药，并且是中华匪国的药。”❷ 在当代，宪法之治是政治文明的基本形式，建设政治文明而排斥宪法之治是不可想象的。宪法之治作为当代政治文明的卓越成果，理应为社会主义政治文明所吸纳和包含。社会主义政治文明没有任何理由排斥宪法之治。没有宪法之治的社会主义离封建专制只有一步之遥。这方面，苏联和东欧的社会主义实践就是明证。反过来，正是宪法之治，推动着当代政治文明的形成和发展。当代国家的政治体制很多，但近代以后真正成为人类普遍追求的政治文明模式只有一个，这就是宪法之治。当代最发达的政治文明无疑都是宪法之治文明。孙中山所谓“世界潮流，浩浩荡荡，顺之者昌，逆之者亡”的潮流就是宪法之治。当代政治文明国家都是从近代开

---

❶ ［美］汉密尔顿、杰伊、麦迪逊著，程逢如、在汉、舒逊译：《联邦党人文集》，商务印书馆1995年版，第5页。

❷ 陈独秀：“实行民治的基础”，载《新青年》第7卷1号。

始，沿着宪法之治的道路一步步发展起来的。与市场经济一样，宪法之治是为人类几百年的民主政治实践所证明的最卓越的政治文明。中国法治建设必须走向宪法之治建设。

法治之所以必须走向宪法之治，还在于没有宪法之治的法治可能是人治。我们已经广泛注意到了人治下的法治，如中国古代封建社会中的法治。但殊不知，这句话反过来解读就意味着法治是可以以人治为基础的。事实上，历史和现实生活中的法治如果没有宪法之治的保障，完全可能出现人治化的结果，成为人治下的法治。改革开放以来，法律已经涵盖我国社会生活的主要方面，但法律的权威似乎很不够。我们经常看到的一个现象是，不少极为普通的法律问题，最后往往得由国家领导人出面才能解决。这就是人治下的法治，人治下的法治就是没有宪法之治的法治。一切不讲宪法之治的法治最终难免会要走向人治，但它的形式却可能是法治。人治下法治的另一个特点是法治的状态取决于人的德性。人的德性好，就有法治；人的德性不好，就不搞法治。这正是人治的最本质特点。因此，不仅法治可能有人治，而且法治一样可以搞人治。我们今天要走向宪法之治，就是为了防止我们的法治走向人治。宪法之治建设，就是要使我们的法治超越人治，成为宪法之治下的法治。

当然，宪法之治不等于宪法。当代国家已有140多个国家颁布了宪法，但实施宪法之治的并不多。不仅因为从宪法到宪法之治有一个过程，而且因为宪法之治以限权和控权为特征。限权是宪法之治的基本要求，控权是宪法之治的目标。限权只有达到控权，才能实现限政。只有限权没有控权，宪法之治的目的往往难以实现。最近网上疯传二则丑闻，一是温州台办主任不顾身边10余名台湾记者，对女下属小A又亲又抱，并在小A身上乱摸，继而就伸进小A的内裤和内衣里边，不断地抠摸小A的下身和乳房……温州台办女公务员实名举报主任李月祥（酒后嗜好），却遭到“罚跪”，众人皆劝“息事宁人”。[1] 二是深圳市坪山新区综治办维稳中心一领导邬健强蓄意强奸女社工萧某。后来邬和萧某达成了刑事和解。因为和解是双方当事人直接交流，所以具体和解的内容和条件，连萧女士的代理律师

---

[1] 载凯迪社区：猫眼看人，2012年7月5日访问。

颜大庆也不知晓。不过，颜律师透露，事发后不久，萧女士参加了公务员考试，并被录取了，目前已经是公安系统的公务员（7月5日《广州日报》）。❶ 不为人知的“和解”，对应了事发后不久萧女士被录取为公务员，让人在这件缺德的丑事中产生了“双赢”的感觉。从这两个案例中，我们看到的是公权对中国女性的赤裸裸的刑事犯罪。如果连这样的刑事犯罪都可以包庇，被和谐，宪法又怎么可能有权威。

宪法之治建设还必须与重民传统相区别。中国在几千年的发展史上孕育出了一种重民的政治文化。“民为邦本，本固邦宁”是中国历代王朝的基本政治原则之一。但重民不等于民主宪法之治，重民不是民主，重民的主体是君主，重民的目的是维护君主的利益。封建统治者重民的前提是维护君主利益，而民主政治的重点是人民主权和宪法之治，“宪法并不是政府的法令，而是人民组成政府的法令。”❷ 政府的行为必须以人民的利益为最高准则，并必须受到人民的约束和控制。同时，重民强调的是统治者的治国态度，而民主宪法之治则是国家的政治制度，是当代的政治文明，两者具有本质的不同。我们不能将重民与民主宪法之治相等同，更不能以重民来替代民主宪法之治。中国的法治建设要跳出传统的重民传统，转向人民主权和民主政治，就必须抛弃重民传统，推进宪法之治建设。用重民主义来替代宪法之治，就是用人治来阻止法治，用专制来蒙混宪法之治。没有宪法之治的重民，永远只能是专制。而只讲重民不讲宪法之治，至多只是好的封建政治，离现代法治即宪法之治还远得很。

必须指出，宪法之治的缺乏是中国近代以来最沉痛的教训。中国近代史上，不乏有人提出法治、宪法之治等概念，但从康梁变法、辛亥革命一直到新中国成立，法治始终不能实现。其根本原因之一就在于宪法之治的问题没有解决。30年代初期，中国社会就有民主宪法之治和专制的大讨论。许多批评国民党反动政府不搞宪法之治的观点极具震撼力。当时就有学者指出，实施宪法之治是社会进步的唯一途径。中国之所以国势日衰，民族危亡，“纯由政党窃败故，否则何以岁耗国帑80%以上豢养之军队，竟不能

---

❶ 载凯迪社区：猫眼看人，2012年7月5日访问。
❷ 马清槐等译：《潘恩选集》，商务印书馆1981年版，第243页。

以之对外，何以明知国际地位低落，列强虎视眈眈，竟无一贯之外交政策，何以数年来仅发行国内公债一项已达十余万万，竟至财政困乏，濒于危境”[1] 而国民党反动政府由于不搞宪法之治，所以，“我们虽然听见民国的名称，却找不出民国的实质来。”“事实上我们的国家，既不是民国，又不是党国，”“党部是高踞民众之上的衙署，党治是个人独裁压制革命民众而任意横行的反动统治。”[2] 1932 年，王造时公开要求结束训政，实行宪法之治。他认为国民党的统治已经是日暮途穷，到了非改变不可的时候。改变的方法是“一是结束训政，实行宪法之治，使各党派有公开平等的竞争机会，使政治斗争的方式用口笔去代替枪炮，由一般国民来做各党各派最后的仲裁者，还有一条路是用武力去推翻现状，建立新政权，这就是革命。”[3] 在某种意义上，国民党在大陆的反动统治及其灭亡正是由于反对宪法之治，不愿意放弃一党专制的特权造成的。这正好印证了法国思想家西耶斯在总结法国大革命的教训时的名言：法国大革命为什么爆发？就是因为愚蠢的贵族们不肯放弃特权。[4] 这一历史教训，应当永远记取。

新中国成立后，中国共产党在人民的拥护下成了国家的执政党，中国终于走上了统一、稳定、和平及崛起的道路。但是，由于长期封建专制的影响，宪法之治精神仍然没有受到应有的重视。在相当长的时间里，民主原则受到破坏，官本位、个人崇拜、阶级斗争、枉法裁判及以权谋私横行，至今仍在不同程度上影响着我国的社会的稳定与和谐发展。因此，我们在法治建设中强调宪法之治，不是一般地强调一种制度建设，在某种意义上它是近代以来，中国人民追求民主自由和幸福的必由之路。我们的人民共和国只有通过宪法之治建设，才能建设起繁荣和谐的社会主义社会。

---

[1] 吴博民：“政治公正与民族自救”，载《时事新报》1931 年 12 月 29 日。

[2] 觐文：“民国？党国”，载《盛京日报》1939 年 1 月 1 日。

[3] 王造时：“我为什么主张实行宪法之治”，载《时事新报》1932 年 6 月 23 日。

[4] 法国大革命中，代表贵族利益的巴黎高等法院公开宣布：“任何制度在人道和仁慈的掩盖下，企图在人与人之间建立义务平等，消灭必要的差别，它必将导制秩序的破坏，社会的覆灭将由此而生。”参见［法］西耶斯：《论特权、第三等级是什么》，商务印书馆 1991 年版，序言第 3 页。

三、宪法之治是社会主义政治文明的应有之义

社会主义从1516年《乌托邦》的空想社会主义算起，迄今近约500年。高放教授将社会主义的500年发展概括为四个阶段，即空想社会主义、科学社会主义、苏联模式社会主义和各具本国特色社会主义这样四个阶段。❶ 毫无疑问，20世纪的社会主义运动受到了严重挫折。那么，导致社会主义国家普遍受到挫折的原因是什么呢？中国理论界已经认识到在于科学社会主义学说中存在空想的成分。❷ 这无疑是一个重大的进步。但在分析科学社会主义的空想成分，特别是分析苏东欧剧变的原因时，却普遍忽视了一个根本的原因，即宪法之治建设。比如，关于苏联解体原因，有的学者指出了三个原因，首要原因是戈尔巴乔夫推行新思维和多元化，然后是过度集中的经济政治体制和外交内政的失误。❸ 其实，这些都没有说到根子上。多元化和外交内政的失误只是诱引，经济政治体制的过度集中则不准确。在现代国家，都存在国家权力的集中和分离问题。美国建国初期杰弗逊和汉密尔顿的争议，主要内容也就是国家权力在多大程度上集中和分离的问题。由于各个国家的具体历史条件不同，国家权力的集中和分离的情况并不一样，也没有统一的规范，但集中本身并不是过错。一般来说，只要有制衡，集中就不会带来严重后果。而国家权力的腐败也不是源于集中。导致国家权力腐败的根本原因是权力不受约束和制衡。

从理论上说，科学社会主义的一大贡献在于找到了社会主义必然替代资本主义的经济和政治根源。但20世纪初出现的社会主义革命与马、恩的预见并不一致。而近一个世纪社会主义国家的实践证明，在落后的经济基础上建立的社会主义国家，最缺乏的恰恰是政治制度——宪法之治的保障。由于历史条件的原因，马、恩社会主义理论关注的核心是如何推翻资本主义制度的正当性及其途径问题。而无产阶级在取得国家政权以后如何保证国家机器始终为人民服务这一重大问题，在科学社会主义的创始人那里还

---

❶ 冯秀珍著：《社会主义发展史纲》，中国法制出版社2002年版，序言。
❷ 冯秀珍著：《社会主义发展史纲》，中国法制出版社2002年版，序言。
❸ 冯秀珍著：《社会主义发展史纲》，中国法制出版社2002年版，第124页。

没有提上议事日程。用哲学认识论的语言来说，就是社会主义国家权力约束问题的矛盾还没有展开。“十月革命”以及社会主义在东欧和亚洲等国的胜利，以一种“超越”马克思理论的勇气使社会主义理想成为“现实”。在这个过程中，马克思主义历史唯物主义和社会主义理论的基本原则之一：社会主义必须建立在高度发达的资本主义基础上的结论却被普遍忽视了。与此同时，经济高达发达的资本主义国家，在20世纪初却并未出现马克思主义经典作家所预见的社会主义革命。这难道是马克思主义的基本原理出了问题？

我们的回答是否定的。从社会主义国家看，20世纪80年代社会主义国家的挫折，正好从反面证明了马克思主义关于经济基础和上层建筑关系的判断。宪法之治是资本主义生产力发展到一定阶段后创造的政治文明。与市场经济一样，宪法之治不姓资。宪法之治是民主政治最优越的法治形态，是一种技术性的政治体制。资本主义可以用宪法之治，社会主义同样可以用宪法之治。资本主义社会正是通过宪法之治创造了现代法治文明。社会主义要创造优越于资本主义的社会进步，同样离不开宪法之治。因为，社会主义作为一种社会文明，它应当是各种文明要素的综合——包括经济、文化、法律和政治等各个方面的文明。缺少一种文明要素，社会主义文明就会受到影响。正如汤因比所说：“文明乃整体，它们的局部彼此相依为命，而且都发生牵制作用。在这个整体里，经济的、政治的、文化的因素都保持着一种美好的平衡关系。”❶ 实践充分证明，缺乏发达经济基础支持的社会主义国家，由于没有高度发达的政治文明的上层建筑保障，极容易出现封建专制的回复。事实上，不少社会主义国家出现的腐败和侵犯人权的问题，都有封建专制的影子。与此同时，我们发现，由于宪法之治的发展，不少发达国家内的社会主义因素正在逐步地生成，在一定意义上印证了马克思当年“社会主义一定要替代资本主义”的伟大预言。在当代发达的资本主义国家，社会保障力度越来越大，社会的贫富比例越来越小，国家权力的腐败越来越困难。如当代最清廉的国家之一芬兰，已有30年无重大犯罪事件，1985~1992年，全国只有25起贿赂罪。同为北欧国家的冰岛

❶ ［英］汤因比著，曹未风译：《历史研究（下册）》，上海人民出版社1986年版，第463页。

自1918年以来，只有4名高官因腐败而辞职，最近一次在20世纪80年代。如何限制和控制国家权力，在这些国家已不再成为问题，而这必然有力地推动社会的和谐发展。

另一方面，几乎所有社会主义国家都片面甚至扩大化地运用了马克思主义的阶级斗争学说，而忽略了马克思主义的权力制约和约束的思想。事实上，在马克思主义理论中，阶级斗争学说和权力约束理论不仅是“一整块钢铁”（列宁语）[1]，而且有不同的历史作用。由于种种原因，我们社会在相当长的时间里，更多地强调马克思主义的阶级斗争和无产阶级专政学说，特别是毛泽东晚年“以阶级斗争为纲”的理论，基本忽略了马克思主义权力约束理论和实践意义。其实，还在1871年，当巴黎公社的硝烟还弥漫在巴黎上空的时候，马克思就郑重地写下了社会主义的两大原则：“第一，它把行政、司法和国民教育方面的一切职位交给由普选选出的人担任，而且规定选举者可以随时撤换被选举者。第二，它对所有公职人员，不论职位高低，都只付给跟其他工人同样的工资。……这样，即使公社没有另外给各代议机构的代表规定限权委托书，也能可靠地防止人们去追求升官发财了。”[2] 并认为，巴黎公社“是终于发现的、可以使劳动在经济上获得解放的政治形式。”[3] 而这一政治制度的基本目的就是宪法之治。正如恩格斯在《家庭、私有制和国家的起源》这部著作中曾引用摩尔根评价文明社会时所说：“管理上的民主，社会中的博爱，权利的平等、普及的教育，将揭开社会下一个更高的阶段，经验、理智和科学正在不断向这个方向努力。这将是古代氏族的自由、平等和博爱的复活，但却是在更高级形式上复活。”[4] 100多年过去了，巴黎公社的原则所体现的“实质上是工人阶级的政府”，巴黎公社所追求的将“国家这个寄生赘瘤迄今所夺去的一切力量，归还给社会肌体”[5] 的理想，正改变着世界，在巴黎公社的祖国法国、在欧洲，在

---

[1] 在这个由一整块钢铸成的马克思主义哲学中，绝不可能去掉任何一个基本前提，任何一个重要部分，不然就会离开客观真理。参见《列宁全集（第18卷）》，人民出版社1988年版，第341页。

[2] 《马克思恩格斯选集（第3卷）》，人民出版社1995年版，第13页。

[3] 《马克思恩格斯选集（第3卷）》，人民出版社1995年版，第59页。

[4] 《马克思恩格斯选集（第4卷）》，人民出版社1995年版，第179页。

[5] 《马克思恩格斯选集（第3卷）》，人民出版社1995年版，第57页。

世界的许多地方，权为民所赋不但已经成了现实，公务员低薪制也越来越成为文明社会的趋势和潮流。

必须强调，宪法之治也是马克思主义理论内涵的基本要求。从马克思主义的理论逻辑看，社会主义应当也内含着宪法之治的要求。都知道马克思、恩格斯主张人性的社会性，反对抽象地谈论人性，但他们又认为“人来源于动物界这一事实已经决定了人永远不能完全摆脱兽性，所以问题永远只能在于摆脱得多些或少些，在于兽性或人性的程度上的差异。”[1] 这实际上肯定了人性有恶的一面。同时，马、恩也充分注意到了国家权力滥用的可能。“以往国家的特征是什么呢？社会起初用简单分工的办法为自己建立了一些特殊的机关来保护自己共同的利益。但是，后来，这些机关，而其中主要的是国家政权，为了追求自己特殊的利益，从社会的公仆变成了社会的主人。”[2] 怎么克服这种权力滥用的可能呢？马恩在总结巴黎公社经验时，对巴黎公社制度创造的肯定和高度赞扬，显然是马克思解决社会主义条件下权力滥用的设想，如普选制、罢免制、低薪制、监督制和废除常备军等，特别是马恩对无产阶级国家政府工作人员由人民公仆向官老爷蜕变的担忧，表明马克思、恩格斯想到要约束国家权力。此外，宪法之治作为一种政治文明的当代形式，也应当为社会主义政治文明所采纳。社会主义社会作为人类历史上更高形态的社会文明，理应包容历史一切优秀的社会文明。因为马克思所理解的共产主义，“是完全的、自觉的而且保存了以往发展的全部财富的”。[3] 从这些意义上可以说，实施宪法之治，防止权力的滥用，是马克思主义的应有之义，也是社会主义国家的必然选择。

不仅如此，社会主义必然包含宪法之治，还因为宪法之治是与专制相对立的政治制度，社会主义法治建设必须包括宪法之治建设。没有宪法之治的法治是败坏的法治，而败坏的法治必然走向专制。正如美国法学家麦基尔·韦恩所说，宪法之治就是意味着“对国家权力的合法的制约……它

---

[1] 《马克思恩格斯选集（第3卷）》，人民出版社1995年版，第442页。

[2] 《马克思恩格斯选集（第3卷）》，人民出版社1995年版，第12页。

[3] 《马克思恩格斯全集（第42卷）》，人民出版社1979年版，第120页。

的反面是专制统治"[1]"法治"和"人治"，宪法之治和专制的对立，是近代以来世界政治文明发展的主线。不搞"法治"就是"人治"，不搞宪法之治就是专制。而人类政治文明的进步，也就表现为宪法之治逐步产生并替代专制的过程。社会主义制度下的民主和法治建设，作为人类政治文明发展中的重要组成部分，理所当然地应当坚持宪法之治的方向，并完全有理由将社会主义宪法之治建设得更好。

四、简短的结论

现代法治最本质的内容是治权，社会主义法治同样不例外。而宪法之治是在民主基础上"对政治权力的行使施加限制的一种政治制度"，[2] 故宪法之治是治权之制，是社会主义法治的核心。现代法治必然实施宪法之治。没有宪法之治的法治是败坏的法治，没有宪法之治的社会主义同样是败坏的社会主义。我国法治建设没有任何理由回避或否认宪法之治。150 年前，马克思曾充满激情地预言："资产阶级的灭亡和无产阶级的胜利是同样不可避免的。"[3] 经过一个世纪社会主义的实践，特别是苏联、东欧的历史教训和中国社会主义正反两方面的实践，我们终于发现，社会主义替代资本主义的秘密就在于宪法之治之中。宪法之治不姓资，资本主义可以搞宪法之治，社会主义同样可以搞宪法之治。宪法之治是当代政治文明的集中表现。我们搞政治文明，绝不能将宪法之治排除在外。没有宪法之治的社会主义不是真正的社会主义，没有宪法之治的社会主义也不可能比资本主义优越。因此，宪法之治建设不仅是社会主义存在和发展的前提，也是社会主义战胜和超越资本主义的必由之路。我们的人民共和国必须是宪法之治国。我们的社会主义，只有经过宪法之治建设，才能真正实现"每个人的自由发展是一切人的自由发展的条件"这一伟大社会主义理想。[4]

---

[1] ［美］斯蒂芬·L. 埃尔金等编，周叶谦译：《新宪法之治论》，生活·读书·新知三联书店 1997 年版，第 27 页。

[2] ［美］斯科特·戈登著，应奇等译：《控制国家——西方宪法之治的历史》，江苏人民出版社 2001 年版，第 238 页。

[3] 《马克思恩格斯选集（第 1 卷）》，人民出版社 1995 年版，第 284 页。

[4] 《马克思恩格斯选集（第 1 卷）》，人民出版社 1995 年版，第 294 页。

“顶层设计”需要共识

【提要】 “顶层设计”是一种理想化的改革模式，而改革的实践却与利益群体的博弈有关。一项有利于千百万人的改革是人民的事业，需要人民群众的广泛参与和共识。要通过“顶层设计”进一步促进社会共识的形成，并建立起社会共识的形成机制和平台，这应当成为我国新一轮改革开放“顶层设计”的关键。

“顶层设计”是一个系统工程学的概念。“二战”以后这一概念才被发达国家广泛运用到各种社会管理中。在我国，经“十二五”规划和中央领导使用后❶，“顶层设计”近年成了我国改革开放最时髦的用语。❷但系统工程学的对象不同于改革，将这一概念简单地套用到改革中来，存在系统工程学所没有涉及的大量问题，必须进行深入研究，本文就此作些探讨。

一、“顶层设计”背后的理论和实践问题

改革开放要不要顶层设计？需要什么样的顶层设计？从我国改革开放的路径看，似乎并不支持顶层设计的观点。众所周知，我国改革开放是从

---

❶ 2012年12月15～16日，中央经济工作会议举行，强调以更大的政治勇气和智慧推动下一步改革。习近平强调要明确提出改革总体方案路线图时间表，要深入研究全面深化体制改革的顶层设计和总体规划，明确提出改革总体方案、路线图、时间表。“中央经济工作会议举行，强调以更大的政治勇气和智慧推动下一步改革”，载《新华社每日电讯》2012年12月17日。

❷ 有的学者认为中国的改革有“一次改革”和“二次改革”的区分，“一次改革”是自下而上的改革，“二次改革”应当走自上而下的改革，以顶层设计为主，从顶层设计开始。邓江年：“‘二次改革’应从顶层设计开始”，载《南方日报》2012年1月30日。

“摸着石头过河”过来的。小平被称为我国改革开放的“总设计师”，但改革开放30年，小平最大的贡献就是及时地回避了“姓社”还是“姓资”的设计问题。故可以说小平对改革最大的贡献就在于“不设计”。而中国改革开放，特别是经济改革的进步恰恰在于“摸着石头过河”论的成功。❶

当然，说不设计，并不是没有原则和方针的指引。事实上，改革开放之初党中央确定的“一个中心，两个基本点”（以经济建设为中心，坚持四项基本原则，坚持改革开放）和“三个有利于”即是否有利于发展社会主义社会的生产力，是否有利于增强社会主义国家的综合国力，是否有利于提高人民的生活水平，都是指导我国改革开放的重要原则，也有效促进了我国改革开放。但我们同时必须看到，这样一种以不设计为特点的改革，并没有全面实现改革初期确立的一些基本目标。如从1986年9月到11月，邓小平几次提出党政分开。他说：经济体制改革到了一定时候，就必须要提出政治体制改革……党政分开要放在第一位❷，“政治体制改革要有一个蓝图”“不搞政治体制改革，经济体制改革难于贯彻。党政要分开”❸ 而且邓小平在1986年9月的讲话中明确提出了类似顶层设计的问题：“政治体制改革要有一个蓝图。”❹ 但是，这一类似的“顶层设计”至今并没有实现。

而这蓝图没有实现的主要原因在于政治体制改革未能像经济体制改革那样贯彻“摸着石头过河”。事实上，当初“姓社”还是“姓资”的不争论，只停留在经济领域或经济体制，而一旦跳出经济体制，姓“社”还是“姓资”的不争论就不存在了。于是，中国的改革，涉及与顶层设计有关的问题，往往非常犹豫，有时甚至进一退二。这一点，可从改革开放以来我

---

❶ 有的学者认为，“英国、美国的崛起，就是得力于对国家发展战略的科学顶层设计；以中石油、中石化为代表的，我国属于世界500强系列的大型国有企业的成功，本在于对企业发展战略的科学顶层设计；改革开放三十多年的我国经济社会发展的巨大则应归于党的十一届三中全会的科学顶层设计；我们每一个人在实现人生价值之路上要取得成功，同样要有基于人生理想所进行的顶层设计。”见张书林：“论党的建设的顶层设计”，载《社会科学》2011年第3期。这些概括完全不符合事实。英国、美国的发展是民主法治的结果，而民主法治首先是实践的问题。而以中石油、中石化为代表的中国国企的赢利主要是靠行政垄断，我国30年改革开放的最大成就同样在于摸着石子过河。

❷《邓小平文选（第3卷）》，人民出版社1993年版，第177页。

❸《十一届三中全会以来重要文献选读（下）》，人民出版社1987年版，第1107页。

❹《十一届三中全会以来重要文献选读（下）》，人民出版社1987年版，第1107页。

国政治体制改革的三次机遇看到。一次是1980年由邓小平推动的党和国家制度的改革，邓小平明确提出改革要解决权力过分集中、党政不分、以党代政的问题，并指出，"领导制度、组织制度问题更带有根本性、全局性、稳定性和长期性。"但后来由于波兰"团结工会"事件，这次政治改革没有深入下去。1986年邓小平同志再次提出政治体制改革。党的"十三大"政治报告第五部分全面论述了政治体制改革的内容，提出了党政分开、协商对话、机构改革、基层民主等内容。但后来由于1989年春夏之交一场政治风波，再一次失去良机。到1997年春，中共"十五大"召开前夕，中央准备在"十五大"到"十六大"之间召开一次中央全会专题研究政治体制改革问题，后来由于种种原因，改革同样未能启动。

温家宝多次谈到政体改革，党的"十八大"报告也明确提出了政治体制改革。特别是近期，习近平总书记明确提到"要深入研究全面深化体制改革的顶层设计和总体规划，明确提出改革总体方案、路线图、时间表。"[1]中国目前无疑已经进入改革开放最好的时期。但是认真总结改革开放以来的问题，主要并不是一个有没有顶层设计的问题，而是改革开放确立的党政分离的目标如何实现的问题。从经济体制改革的目标看，由于改革的推动者同时又是最大的改革获益者，故经济体制改革能够以较快的速度发展。但顶层设计所涉及的政治体制的改革不同，它涉及现存利益的调整，甚至需要改革的推动者和主导者放弃某种利益。而当经济改革的获利者成为一个利益集团的时候，改革开放最初设想的目标就会遇到前所未有的阻力。他们力求巩固现有制度，阻碍进一步的改革，哪怕新的体制较之现存体制更有效率。[2]

因此，从顶层设计的现实看，存在既得利益群体用"顶层设计"来阻碍改革的问题和风险，正如有的学者所说"改革遭到既得利益者的或明或暗的抵制。"[3]通过经济体制改革发展获利的既得利益群体，大都掌握着国家层面的话语权。在这种情况下，如果没有上下的互动，仅取决"顶层"

[1] "中央经济工作会议举行，强调以更大的政治勇气和智慧推动下一步改革"，载《新华社每日电讯》2012年12月17日。

[2] 卢现祥：《西方新制度经济学》，中国发展出版社1996年版，第81~85页。

[3] 王东："高校去行政化为何这么难"，载《探索与争鸣》2012年第12期。

的意愿和设计，这种改革就难以成功。中国历史上的洋务运动，就是一次失败的改革。经过30多年的改革，发展起来的洋务企业大多经营管理不善，军事工业都是官办，带有浓厚的封建性，产品基本上由清政府调拨各地军队使用，不计成本，效率低下。如江南制造总局自1867～1904年的37年中仅造出新式大炮724门，后膛枪65 300支，平均每天仅造5支。中日甲午一战，北洋舰队全军覆灭，陆军也遭惨败。洋务派所谓的"借法自强"宣告破产。[1] 与此同时，日本的明治维新却取得了极大的成功。而明治维新恰在于上下之间的互动，"它不仅有明确发展资本主义的指导思想，而且有破除封建制度、发展保护民间资本的实际行动"[2]，故有效促进了社会的转型。改革的历史和实践证明，我们最需要解决的问题不是改革有一个怎样好的设计，而是如何推进改革不受阻碍地深入发展下去。这是"顶层设计"背后的设计。

此外，从人类社会发展的历程看，社会进步的历史正如列宁所说是"一个自然的历史过程。"[3] 而自然历史过程往往具有某种不确定性。因为它是不同政治主张、利益的博弈，它不仅涉及政治的正义理念，而且首先涉及不同社会群体的利益。以法国革命为例，法国大革命有四场革命组成：贵族革命、资产阶级革命、民众（城市市民）的革命和农民革命。这场革命的结果如何，能否实现自己的目的，谁都无法预料。"在加入到后来才证明是一场革命的事业之前，演员们丝毫也无法预知这场新戏剧的情节将如何发展。"[4] 而革命的最终结局，正如恩格斯所说，是一种合力的结果。恩格斯曾指出："历史是这样创造的：最终的结果总是从许多单个意志的相互中产生出来的，由其中每一个意志，又是由于许多特殊的生活条件，才成为它所成为的那样。这样就有无数互相交错的力量，有无数个力的平行四边形，由此就产生出一个合力，即历史结果。"[5] 这也印证了一位美国学者

---

[1] 严鍅钰："中国洋务运动与日本西南诸藩改革之比较"，载《广西社会科学》1994年第6期。

[2] 袁之舜："洋务运动与明治维新之比较"，载《石油大学学报（社会科学版）》1996年第2期。

[3] 《列宁选集（第1卷）》，人民出版社1995年版，第8～9页。

[4] ［美］汉娜·阿伦特著，陈周旺译：《论革命》，译林出版社2007年版，第17页。

[5] 《马克思恩格斯选集（第4卷）》，人民出版社1995年版，第697页。

的论断："革命是发生（happen）的，而不是制造（make）的。社会革命是多种社会力量在某一历史时刻复杂交织的结果，革命的最终后果超出了任何单个参与主体的意图。"❶ 革命如此，改革同样如此。改革与革命的区别在于前者能够用和平的方式实现社会改革的目标，推进改革的发展。从某种意义上，宪法之治是避免革命的最有效手段。近代资产阶级革命后，正因为确立了宪法之治，使民主得到了保障，故民主进程和方向获得了保障。而民主自由的进程能否真正确立，关键在于宪法之治的保障。这是宪法最大的优越性。

不仅如此，顶层设计与改革还存在一个逻辑先后的问题，即在顶层设计出来之前，要不要改革？毫无疑问，改革不能停顿。即使是深水区的改革，也必须在改革中完善。故先设定顶层设计，然后改革的想法不但不现实，甚至有阻碍和迟滞改革的作用。事实上，任何一项社会改革都是从实践开始的。约翰·奈斯比特在其名著《大趋势》中指出，"不论纽约和华盛顿是如何自高自大，几乎没有什么新的东西是发源于这两个地方……新的思想和新的趋势都始于坦帕、哈特福特、圣迭戈、西雅图和丹佛等城市和地方，而不是始于纽约和华盛顿。"❷ 这是强调了改革实践的重要性。同样，我国改革开放以来，重大的改革措施也莫不是发源于实践。如打响农村改革第一枪的安徽小岗村的实践，深圳土地批租的创新等都是如此。美国新公共管理代表作的《改革政府》一书中列举的许多政府管理创新的例子，也都来自美国州和地方的实践。从这个意义上，顶层设计本身就是改革的结果，也只有在改革的实践中才能发展和完善。

此外，从性质看，强调改革开放的制度设计要科学合理当然没有错。但问题在于，谁来作为科学"顶层设计"的裁判？根据罗尔斯的正义理论，正义的程序应当有一个"原初状态"（original position）或"无知之幕"的

---

❶ ［美］西达·斯考切波著，何俊志、王学东译：《国家与社会革命》，人民出版社2007年版，第8页。

❷ ［美］约翰·奈斯比特著，梅艳等译：《大趋势》，新华出版社1984年版，第2页。

前提。[1] 而社会改革中的任何一个群体都是有利益诉求的。从这个意义上，任何一个群体作为评判者都不公平。政府作为国家权力的执掌者，在改革中往往面临放弃利益的要求，更难以作为评判者。因此，在一个民主和法治的国家，改革的原则只能通过科学的民主博弈解决。所谓科学的民主博弈，就是要能够保障每个主体的博弈权利，有一个民主博弈的平台和机制，任何人特别是少数人的合法权益能够得到尊重。这里特别应当提到顾准在1973年写下的这段话："革命家本身最初都是民主主义者，可是，革命家树立了一个终极目标，……那么，它就不惜为了达到这个终极目标而牺牲民主，实行专政。……如果不承认有什么终极目标，相信相互游荡的力量都在促进进步，……无论民主政治会伴随许多必不可少的祸害，它本身和许多相互激荡的力量的合法存在是相一致的。"[2] 这就要求广泛发展和落实人民的参与权、表达权等与科学性、利益性相关的权利，尊重这些权利并保障这些权利。因为真理越辩越明，是非曲直只有在广泛的交流、碰撞中才能显示出来。同时，改革中的许多问题也不是"真"和"假"的问题，而是价值诉求的正当性问题。解决这些价值问题更不能由政府包办，而应当取决于充分体现了公民参与权与表达权的民主博弈进程和民主法治的严格保障。这就是党的十八大提出的要"加快推进社会主义民主政治制度化、规范化、程序化，从各层次各领域扩大公民有序政治参与，实现国家各项工作法治化"的基本目的之一。

二、"顶层设计"是人民的事业

"顶层设计"最初是针对我国改革开放重大问题的改革和走向提出的，它表示一种慎重、严谨和科学的态度。但"顶层设计"在使用中，却可能包含着某种脱离民众和社会的倾向。比如，都讲"顶层设计"，但什么才是

---

[1] 所谓"无知之幕"，就是各方不知道可能影响他们的契约行为的各种特殊情况，如社会地位、天生资质、生活计划、心理特征、社会经济政治状况等，它实质性地保证消除每一个理性主体对自己的特殊善的意识，并由此无偏颇地使用自己的理性能力。见约翰·罗尔斯：《正义论》，中国社会科学出版社1988年版，第131页。

[2] 顾准著，陈敏之、罗胜银编：《顾准文集》，教育出版社2010年版，第273页。

"顶层设计"呢？"顶层设计"的标准是什么？应当由谁来认定？"顶层设计"要不要经过什么法定的程序？老百姓对国家问题的建议算不算"顶层设计"等等，这些都有待于进一步深入研究。另一方面，人民群众、学术界、人大代表、政协委员的建议和提案有些本来就属于"顶层设计"的内容，但人们在提出自己的建议和提案后，总忘不了要补上一句，这些建议是否可行取决于国家的"顶层设计"。这些人包括学者、人大代表和政协委员忘记了，当他们说这些建议是否可行取决于国家"顶层设计"的时候，他们本身就是"顶层设计"的设计者，他们的建设和提案本身就属于"顶层设计"的内容。在我国，党领导人民立法，"顶层设计"同样由党领导人民进行。人民是否参与或者参与的程度决定了"顶层设计"的质量。没有人民群众参与和支持的"顶层设计"，绝不可能成为我国改革开放的"顶层设计"，因为它不可能获得人民的支持。而我国人民，包括学者、人大代表和政协委员参与国家管理，对国家的改革提出设想本来就属于顶层设计的内容。显然，问题不在于"顶层设计"是什么，而在于我们有没有一种体现民主法治或公平正义的程序或机制，使体现人民意志的建议汇聚成"顶层设计"。

反之，如果人民群众、学者、人大代表和政协委员的建议，都不属于"顶层设计"，则"顶层设计"就会成为一种虚无缥缈的和高高在上的东西。这样一种"顶层设计"不但不真实，而且有害。其实，在现代民主法治条件下，并没有这种高高在上的远离民众包括人大代表和政协委员的"顶层设计"。在一个民主和法治的国家，人民是国家的主人，国家的"顶层设计"本来就应当由人民来决定。不存在一个远离人民的"顶层设计"主体。而我国人民群众，包括学者、人大代表、政协委员们就国家和社会管理中的重大问题发表意见，提出建议，就是在行使人民管理国家和社会的权利，而这个权利当然包括了"顶层设计"。

事实上，在一个民主和法治的国家，党和政府还要鼓励人民群众多多关心国家和社会的"顶层设计"。这是因为，我们是社会主义国家。人民是历史的主人，社会主义是人民的事业，正如"十八大"报告所说"中国特色社会主义是亿万人民自己的事业。"要充分"保障人民知情权、参与权、表达权、监督权"。而人民的知情权、参与权、表达权、监督权中包括了

“顶层设计”的权利。中国特色社会主义作为人民的事业，人民行使知情权、参与权、表达权和监督权的过程，就包括了“顶层设计”的内容。事实上，人民如何行使知情权、参与权、表达权和监督权，以及这些权利行使的保障，本身就属于“顶层设计”的内容。或者说，人民行使知情权、参与权、表达权和监督权越充分、越完善，则“顶层设计”就越合理。反过来，“顶层设计”越合理，则人民行使知情权、参与权、表达权和监督权的效能就越高，就越能体现人民当家做主的性质。

必须指出，我们党历来鼓励和支持人民群众关心国家和社会的“顶层设计”。早在 1945 年 7 月，当毛泽东与黄炎培等民主人士见面时就提出“只有让人民来监督政府，政府才不敢松懈。只有人人起来负责，才不会人亡政息。”[1] 这段话里面就包含了鼓励人民群众关心国家和社会“顶层设计”的意思。党的十八大报告中，“最广泛的动员和组织人民依法管理国家事务、管理经济和文化事业、积极投身社会主义现代化建设，更好保障人民权益，更好保障人民当家作主。”“加快推进社会主义民主政治制度化、规范化、程序化，从各层次各领域扩大公民有序政治参与”等表述，都包含了鼓励人民群众多关心国家和社会“顶层设计”的内容。因为国家和社会“顶层设计”的内容，就与社会主义民主政治的制度化、规范化、程序化及与更好保障人民当家做主有关，人民群众当好国家和社会的主人，当然要负责地参与到“顶层设计”中来，这也是我国社会主义民主优越性的应有之义。

显然，“顶层设计”并不远离我们社会，也不是我们的身外之物，而存在于我们的社会生活之中。“顶层设计”是人民的事业，也是人民的生活。司法是否公平，分配是否合理，权利是否能够保障，公权是否受到约束，环境是否仍在恶化等，都属于我们应当也能够关心的“顶层设计”内容。每一个公民都有权利和义务去关心这些问题，并就这些问题发表自己的见解，行使自己的权利。不仅如此，我们党和政府还要创造一种尊重人民群众参与权和表达权的机制，使人民群众的参与和表达能够成为推进“顶层设计”的力量。我们的改革，只有具备了这样一种力量，“顶层设计”才会

---

[1] 《十六大以来党和国家重要文献选编（上一）》，人民出版社 2005 年版，第 473 页。

符合人民的利益，顺应人民的呼声。而没有人民群众参与并作为主导的改革，才会真正实现让每一个公民分享改革成果的目标。反之，改革就难以走远，甚至可能会激发矛盾。

强调“顶层设计”是人民的事业，就是强调改革开放必须以人民的利益、社会的幸福为改革的基本动力。因为任何一场改革，都会涉及国家权力特别是既得利益者的“蛋糕”。而代表一定利益的改革者在一定条件下会推动改革，在另一个条件下又会阻挠改革。如英国革命中的克伦威尔、在滑铁卢打败拿破仑的威灵顿都有过这种两面性。当改革改到自己头上的时候，原来的改革动力就可能变为改革的阻力。因此，改革必须有合力，如果没有人民群众参与，改革往往是不彻底的，甚至会半途而废。法国大革命爆发前进行过70多年的改革，但都失败了。原因就是贵族特权阶层的阻挠。反过来，如果一个社会的改革能够包容和采纳人民群众的呼声，则这样的改革就会形成一种互动。以英国为例。从光荣革命到1832年的第一次议会改革前，英国贵族一直是议会的实际控制者，普通群众基本没有选举权。为此，早在英国革命前的17世纪，平等派在《人民公约》中提出了成年男子选举权和议员分配实行比例代表制的要求。18世纪60年代的威尔克斯事件，成为是英国历史上议会改革的真正开端，由此发轫，逐渐形成了要求改革的民众参与，最后关头，英国统治者与民众达成妥协，同意议会法的改革，于是有了1832年议会改革法，对英国议会选举制度进行了重大调整。这次改革标志着从贵族寡头制度向民主制度的转变，也成为英国长治久安的制度保障。

三、“顶层设计”要以公平正义凝聚共识

“顶层设计”是人民的事业，是因为改革开放涉及社会不同群体利益的调整。而改革如何实施，改革怎样发展的顶层设计必须体现公平正义。这就需要共识。在需要共识、认同共识已经成为改革共识的时候，公平正义无疑应当成为共识之共识。这是因为，共识所体现的是社会不同群体的共同利益，是全体人民共同利益的认识论和价值论表现。要促进社会的发展，推动改革开放的进一步深入，必须有社会的共识。顾准在20世纪70年代就

说过："哲学上的多元主义，要贯彻到一切科学研究中和价值判断中去。这是打破孔子的尊卑贵贱的伦常礼教的最有力的武器"，"哲学上的多元主义，贯彻到政治上也是多元主义。那就是，可以有各种政治主张的存在，有政治批评——可以有各种不同立场的政治批评。"❶ 而有批评和共识才会有进步。因此，改革要发展，社会要进步，必须保障促进改革的共识，以共识为改革开放的前提。

事实上，我国改革的动因就是公平正义的缺失。在新中国建立后的30多年里，我国以党政高度垄断的一体化模式进行社会和经济的管理，长官意志、官僚主义、"假大空"盛行，到"文革"结束前，国民经济已经到了崩溃的边缘，国民的精神道德则受到普遍的扭曲，基本人权得不到保障，甚至连国家主席的人身权都不受保护，社会主义的优越性曾一度受到质疑。正是在这种情况下，中国启动了改革开放。30多年的改革，迅速扭转了经济落后的现状，一跃而成为世界经济总量第二的大国。但是，经济的成功并不能完全消融公平正义缺失的创伤。由于30年改革忽略了公平正义的同步推进，导致经济改革的成功和道德精神文明、人权保障的差距日益加大，以至中国在经济上成为世界强国的同时，托克维尔在总结法国大革命教训时所提出的社会的不满和危机也越来越大，有些现象几乎就发生在今日中国，如"由于中央政权摧毁了所有中间政权机构，因而在中央政权和个人之间，只存在广泛空旷的空间，因此在个人眼中，中央政府成为社会机器唯一的动力，成为公共生活所必须的唯一代理人"❷。"中央集权制蚕食、挤压、摧毁了各种各样的公民社群和中间团体，导致……各阶层之间都封闭隔膜、漠不关心、矛盾重重。整个社会呈现出来的要么是一群原子化的个人，要么是分崩离析的集体个人主义。"❸ 所有这些现象，读起来多么熟悉！因此，将公平正义作为凝聚改革的共识，就是要纠正30年改革以来在公平正义上的不足，使改革回到30年前的基本目标上来，不仅要解决经济问题，更要通过改革，把属于社会的还给社会，使社会具有抗衡公权的力量，由

---

❶ 顾准著，陈敏之、罗胜银编：《顾准文集》，教育出版社2010年版，第303页。

❷ 托克维尔著，董果良译：《旧制度与大革命》，商务印书馆1997年版，第107页。

❸ 谌洪果："通过自治实现自由——托克维尔旧制度与大革命的启示"，载《华商报》2012年12月22日。

此才能提升国民的精神和道德，维护和保障人民的基本权利。

其次，公平正义也是改革公信力的前提。改革是否成功，人民是否拥护改革，与公平正义有密切关系。而公信力来源于公平正义。改革是人民的事业，只有公平正义才能凝聚人心，获得人民的支持。人民的支持是改革能够成功的最大力量。而任何一项改革如果没有广大群众的理解和支持，就不可能有公信力，而没有公信力的改革是不可能成功的。16 世纪的马丁路德宗教改革，19 世纪的英国议会改革，之所以成功，就因为获得了广泛的民众支持。因此，推动改革、深化改革的重要举措，就是提升改革的公信力，增加改革的公平正义，并通过改革，扩大公平正义的成果，在这种过程中，哪怕改革会使人民群众受到一些牺牲，人们也会接受，并将这种牺牲视为是一种光荣，这样的改革才有生命力，并会促进社会公平正义不断地深化。

此外，我国人民民主的本质特点也决定了，改革必须体现公平正义。没有这样一种公平正义，改革就难以避免权势集团利用改革谋私。改革的实践证明，改革最容易受到的伤害往往来自公权的滥用。这就需要一种保障公平正义的法律机制。布鲁纳说得好："法律保护脆弱的人不受专断，它提供一种安全感与可靠感，以防人的未来陷入不祥的黑暗之中"。[1] 我国改革中出现的严重的两极分化就是这种现象的后果。为了防止和改革这种偏离公平正义的两极分化，必须设定公平正义的改革目标，并对国家权力的行使设定严格的规范，防止权势集团在改革中以权谋私。改革的公平正义对国家权力的要求是：赋予权力又限定权力，能够在推进改革的同时，限制和防范政府权力滥用。这样一种制度格局最大的好处是：政治权力在被限制的同时则获得了权威。[2] 麦迪逊关于政府问题首先应有能力管理社会，而后还应有能力管理自身的断言，不仅是民主政府公信力的应有之义，也是改革的重要原则。由于权力的逐利性、扩张性和侵略性特点，管理社会的职能完全可能被用来在改革中谋私，改革必须贯彻限权的精神。因为"在

---

❶ 转引自耿占春："法无戏言"，载《南方周末》2012 年 2 月 23 日。

❷ ［美］诺内特、塞尔兹尼克著，张志铭译：《转变中的法律与社会》，中国政法大学出版社 1994 年版，第 65 页。

政治权力对社会独立起来并且从公仆变为主人以后，它可以朝两个方面起作用。”❶ 因此，公平正义应当成为限制权力行使的基本力量。

党的“十八大”报告明确了我国如何在中国特色社会主义旗帜下形成公平正义共识的问题。这就是要“发展更加广泛、更加充分、更加健全的人民民主”。在一个民主和法治的国家，没有民主的广泛发展，就不可能有社会的公平正义。而民主并不是一句空洞的口号，而是实实在在的对公民民主权利的保障。从人民当家做主的目的看，首先要落实“权为民所赋”这一民主的基本原则，这是习近平同志2010年9月在中央党校秋季开学班时所强调的，也是马克思主义权力理论的第一原则。1871年，当巴黎公社的硝烟还弥漫在巴黎上空的时候，马克思就郑重地写下了巴黎公社的两大原则：“第一，它把行政、司法和国民教育方面的一切职位交给由普选选出的人担任，而且规定选举者可以随时撤换被选举者。第二，它对所有公职人员，不论职位高低，都只付给跟其他工人同样的工资。……这样，即使公社没有另外给各代议机构的代表规定限权委托书，也能可靠地防止人们去追求升官发财了。”❷ 100多年过去了，巴黎公社的原则所体现的“实质上是工人阶级的政府”，巴黎公社所追求的将“国家这个寄生赘瘤迄今所夺去的一切力量，归还给社会肌体”❸ 的理想，正改变着世界，无疑也应当成为我国社会主义民主的基本原则，并成为我国中国特色社会主义旗帜下改革开放的基本共识。

“发展更加广泛、更加充分、更加健全的人民民主”，还要求全面保障人民的民主权利，包括监督权、知情权、参与权、表达权等，保障这些权利，就是保障民主。莫言在诺贝尔奖获奖仪式上讲道：“当众人都哭时，应该允许有的人不哭。当哭成为一种表演时，更应该允许有的人不哭”❹，所表达的就是对公民表达权、参与权等的保障。民主离我们并不遥远，它就在我们身边。任何人、任何组织都不能以任何理由侵犯公民的民主权利，就是民主的要求。一个民主和法治的国家，只有全面有效地保障了人民的

---

❶ 《马克思恩格斯选集（第3卷）》，人民出版社1972年版，第222页。

❷ 《马克思恩格斯选集（第2卷）》，人民出版社1972年版，第335页。

❸ 《马克思恩格斯选集（第3卷）》，人民出版社1995年版，第55～59页。

❹ “莫言诺奖演说：当哭成为表演 应该允许有人不哭”，载凤凰网，2014年10月8日访问。

监督权、知情权、参与权、表述权等基本权利，才能有效地维护社会的稳定和秩序。反之，如果一个民主和法治的政府，不能有效地保障公民的监督权、知情权、参与权、表述权等基本权利，则它就什么也不能保护。因此，必须充分认识党中央提出的“发展更加广泛、更加充分、更加健全的人民民主”的政治和社会意义，并完全有理由将此作为中国特色社会主义旗帜下推进改革开放的首要和根本的战略任务。

在今天，形成民主法治的共识，特别要处理好党的领导和人民民主的关系。“坚持党的领导、人民当家做主、依法治国有机统一”是坚持中国特色社会主义的根本。但党的领导和人民当家做主并不矛盾，也不应当矛盾。从马克思主义的基本理论和社会主义的基本理念看，坚持党的领导正是为了保证人民当家做主。党的领导不是代替人民当家做主，而是“保证人民依法实行民主选举、民主决策、民主管理、民主监督”。因为“人民民主是社会主义的生命”，“人民民主是我们党始终高扬的光辉旗帜。”正是由于这个原因，党的“十八大”报告一再强调：“加快推进社会主义民主政治制度化、规范化、程序化，从各层次各领域扩大公民有序政治参与，实现国家各项工作法治化。”“扩大社会主义民主，加快建设社会主义法治国家，发展社会主义政治文明。”[1] 中国60多年的社会主义实践和30多年的改革开放实践证明，人民民主和社会的进步有密切的关系。我们党什么时候保证了人民民主，社会就进步。什么时候人民民主受到了破坏，社会的发展就受阻碍。因此，坚持党的领导，在根本的意义上，就是要保证人民民主。离开了人民民主的发展，党的领导就会成为空中楼阁。

党的“十八大”明确指出：要“用社会主义核心价值体系引领社会思潮、凝聚社会共识”。而“发展更加广泛、更加充分、更加健全”的民主无疑是共识的基础。荷兰比较政治学家阿伦·利普哈特认为共识民主则是解决多元社会民主运作的最好模式。“强调共识而不是对抗，主张包容而不是排斥，力求使处于多数地位的规模最大化而不是满足于微弱多数。”“共识民主通过多种手段试图分享、分割和限制权力。与此密切相关的一个差别

[1] “胡锦涛在中国共产党第十八次全国代表大会上的报告”，载新华网，2014年10月8日访问。

是，多数民主模式是排他性的、竞争性的和对抗性的，而共识民主模式则以包容、交易和妥协为特征。”❶ 虽然利普哈特的理论有一定的争议，但共识和民主有某种同质性却是无可争议的。只有民主才需要共识，民主也必然要求共识，没有共识就没有民主。因为共识必须依赖民主法治，而只有民主法治才会有共识。不讲民主法治就不需要共识。共识与民主法治的同质性使共识与民主的发展具有某种同步性。民主法治越发展，共识就越广泛。共识越普遍，则民主法治也就越成熟。同样，只有在“发展更加广泛、更加充分、更加健全”的民主的基础上凝聚改革开放的共识，才能进一步推进我国民主法治建设，使“人民积极性、主动性、创造性进一步发挥”，从而把我国民主法治推向更高的阶段。

❶ 寇鸿顺：“从‘协合’到‘共识’：利普哈特多元社会民主思想探析”，载《河南社会科学》2011 年第 1 期。

以中国特色社会主义为旗帜凝聚改革开放的共识

【提要】 在一个开放和多元的世界，坚持中国特色社会主义不仅是我们改革开放的大旗，也应当成为我国改革开放的第一共识。坚持以中国特色社会主义为旗帜形成共识，并不是否认当代世界包括我们社会的开放性和多元性，也不会排斥共识，只是为我国改革开放所需要的共识提供了更为广阔的空间，并将大大促进我国改革开放和民主法治的发展。

当代世界用得最多的一个词无疑是共识。世界需要共识，改革也需要共识。有共识的改革才有凝聚力。而社会凝聚力是改革开放健康稳定发展不可缺少的条件。党的“十八大”报告指出：“中国特色社会主义道路，中国特色社会主义理论体系，中国特色社会主义制度，是党和人民九十多年奋斗、创造、积累的根本成就，必须倍加珍惜、始终坚持、不断发展。”在我国改革开放的关键时期，以中国特色社会主义为旗帜，不仅是我国推进改革开放的基本共识，也是改革开放中形成共识和坚持共识的前提，是改革开放健康发展的重要保证。

一、开放的社会需要共识

世界已经进入一个开放和多元的时代。自柏格森在其 1932 年出版的《宗教和道德的两个起源》中首先提出“开放社会”来，开放社会已经成为社会进步的基本标志。开放社会的基本内涵是强调人的自由而全面的抉择：“神秘的或部落的或集体主义的社会可以称为部落社会，而每个人都面临个人的决定的社会则称为开放社会。”❶ 索罗斯则把开放社会定义为：“一个次优选择，一个不完美社会，它随时接受改善，并力求接受改善。”❷

如果说中国近代的开放，是西方列强用坚船利炮强迫推行的，则30多年前的中国，则是“文革”结束以后，中国人民的一种自我选择。短短30年的改革开放，中国社会的经济成就举世瞩目，社会取得了巨大的进步。正是开放，使中国人民解放了思想，冲破了教条，意识到了自己的权利。在某种意义上，中国社会的30年的进步，都与改革开放有关。同样地，如果说今天我们的社会还有不足，则大都可以归结于改革开放的不足。

改革开放，开放是改革的前提。如果没有开放，我们就不了解世界和中国，就不知道中国和世界的距离，甚至会愚昧自大。中国历史上有过极为沉痛的教训。中国在世界上曾有过极为辉煌的历史，甚至历史发展到18世纪中期，当时的中国仍是世界上最富的国家，它拥有世界1/3的人口，粮食产量和工业产值也占到了世界的1/3，而这时的欧洲皇室甚至无不以拥有中国的器物为荣。另一方面，西方工业革命后，面对西方文明和科学所带来的新世界结构的挑战，清王朝却仍然沉浸在天朝大国的无知之中，闭关自守、政治僵化、愚昧自大。正是这种无知，使清末的中国失去了进步的机会，并在鸦片战争后逐步沦为半封建半殖民地国家。而同一时期，近代的日本之所以能够逐步走向现代化，就是因为它能够比较，通过这种比较，它们看清了世界的潮流，因此，毫不犹豫地选择了向西方学习。看一看1870年日本启蒙思想家福泽谕吉对传统儒学的批判就清楚了。“儒教在后世愈传愈坏，逐渐降低了人的智德，恶人和愚者越来越多，……这样发展下去简直要变成了禽兽世界”，“他们迷信崇拜古代，而自己毫不动脑筋，真是所谓精神奴隶”。❸

近代以后，正是开放的世界，使民主成为不可阻挡的潮流，浩浩荡荡，顺之者昌，逆之者亡。开放使世界越来越趋向于民主化和法治化。“开放社

---

❶ ［英］波普尔著，陆衡等译：《开放社会及其敌人》，中国社会科学出版社1999年版，第323页。

❷ ［美］乔治·索罗斯著，王宇译：《开放社会：改革全球资本主义》，商务印书馆2001年版，第136页。

❸ 福泽谕吉著，北京编译社译：《文明论概略》，商务印书馆1995年版，第149页。

会是一种可被不严谨地描述为民主政体的组织形式。可是，开放社会的概念更广泛得多，它不仅意味着一个经民主选举产生的政府，也意味着一个不受国家支配的社会，这样一个概念依赖的是一个强有力的文明社会以及法治。而且，政府由大多数人选举产生是不够的；政府还必须尊重少数民族和少数人的意见。”❶

开放带来了多元，矛盾的多元、观点的多元、阶层的多元、生活本身的多元……总之，社会生活的一切方面都带上了多元的痕迹：

首先，表现为我国社会阶层的多元化。传统阶级阶层划分为两大阶级，即工人阶级、农民阶级，知识分子属于工人阶级的一分子。伴随经济基础的变化，中国社会的不同阶层都在发生，表现为鲜明的多元化特征。以农民为例，在2006年，手持农村户口在乡镇企业就职的人员有1.468亿人，约占全部农村劳动者总数的30.53%；而干起个体经济的农民则有2 147万人，占农民劳动者总数的4.47% ❷；同样，知识分子经商、农民进城、干部“下海”、城市居民到农村承包土地等，都加速了中国社会阶层的变化。

其次，同一阶层的分化也极为迅速。如新兴阶层发展的多元化就体现出这个特点。党的“十六大”将改革开放以来产生的新兴阶层概括为民营科技企业的创业人员和技术人员、受聘于外资企业的管理技术人员、个体户、私营企业主、中介组织的从业人员、自由职业人员等。这是在党的文献中首次提出并肯定新兴阶层及其利益。新兴阶层的组成人员具有鲜明的多元化特征，这其中既有改革之初的社会闲散或无业人员，也有改革中期从政府机关隐退的党员干部，还有现在越来越多自主创业的大中专毕业生。

再次，表现为社会矛盾纠纷日趋多样化、复杂化，而矛盾的解决机制也面临一个多元化的问题。现有的纠纷解决机制面临着越来越多的挑战，纠纷解决途径单一化，诉讼被普遍作为纠纷解决第一甚至唯一的选择，有限的司法资源难以应对社会纠纷解决的需求，诉讼机制本身的局限性愈显突出。纠纷主体的多元化、纠纷类型的多样化、纠纷内容和社会关系的复杂化，势必对纠纷解决方式提出多种需求。

---

❶ ［美］索罗斯著，杨成伟译：“论开放社会”，载《国外社会科学文摘》1999年第7期。

❷ 李强：《社会分层十讲》，社会科学文献出版社2008年版，第317～319页。

最后，思想观点的多元化，往往是同样一个社会现象就会有许多不同的看法和观点。人们的思想逐步由一元化向多元化方向发展。对这些多元化的思想，不能简单地以谁对谁错来划界，而必须予以尊重。有的学者分析了多元化社会思潮形成的原因，认为主要有：（1）社会环境的变化。改革开放的进一步扩大，外部社会的各种思潮也纷至沓来，对我国在长期的计划经济时代所形成的比较单纯的思想格局、价值标准、思想信念等形成了强大的冲击，再加上我国内部封建思想残余的影响等，这些内外因素的综合作用，使社会思潮由一元向多元化方向发展成为必然。（2）传播途径的变化。当今世界，各种思想、文化相互交融与碰撞的速度和激烈的程度也大大增强，再加上现代科学技术突飞猛进，尤其是以互联网为主的新兴媒体改变了传统的舆论传播和日常人们思想交流的方式，使社会思潮的传播和变异速度更加迅捷，扩散的范围进一步加大，所有这一切都加速了我国社会思潮的多元化进程。（3）思维主体的多样性。处于不同社会阶层，不同地域环境，不同民族的人群，由于他们的价值取向不同、受教育程度不同，从而使各种思维主体对事物的认知能力不同、思维方式不同，所站的立场也各不相同。思维主体的多样性变化最终也决定了人们接受的社会思潮各不相同。"❶

多元化的世界，使我们很难用传统的对错来对现象进行评价，并不得不陷入如罗尔斯一样的思考："一个因各种尽管互不相容但却合乎理性的宗教学说、哲学学说和道德学说而产生深刻分化的自由平等公民之稳定而公正的社会如何可能长期存在?"❷ 而现代科技的发展，似乎又加剧了这种困惑，如IT专家伊藤穰一所说："互联网不是一种真正的技术，而是一种信仰体系，一种分权的哲学，一种自下而上的新观。这种理念，已经开始改变我们对创意本身的看法。"❸ 为此，人们不能不同意美国哲学家拉瑞·劳丹的概括："二十世纪哲学最棘手的问题之一是合理性问题。"❹

但尽管如此，开放和多元化作为人类社会的进步，并不意味着人类社

❶ 伍晓霞："多元化社会思潮下的高校思想政治教育"，载《中国报业》2011年第8期。

❷ ［美］罗尔斯著，万俊人译：《政治自由主义》，南京译林出版社2000年版，第5页。

❸ 伊藤穰一："开放的社会，凭直觉创新"，载《世界科学》2012年第2期。

❹ ［美］拉瑞·劳丹著，刘新民译：《进步及其问题》，华夏出版社1999年版，第122页。

会的分崩离析。相反，开放和多元正是现代民主法治的特点。民主和法治的国家，必须处理好开放、多元和社会稳定和发展的关系，这就要求在民主法治基础上形成共识。从多元到共识，既是社会稳定、和谐、发展的要求，也是民主法治的智慧。促进社会共识的形成，无疑是我们民主法治建设的伟大使命。

二、坚持中国特色社会主义是我国改革开放的第一共识

在一个开放多元的世界，我国改革开放要不要形成一个共识？我国改革开放的共识是什么？从改革开放30年的历程看，相当长一段时间主要集中在所谓左派和自由派的争论中。前者片面拔高中国模式的优越性，认为“中国模式”无比优越，张五常先生认为中国目前的制度是历史上最好的制度❶，故再对这样的制度进行改革是没有必要的。而自由派则认为，中国的未来就是要从一党制走向多党制，只有多党竞争才有利于社会的进步等，故主张对现行制度进行根本性的改革。为了支持自己的观点，双方都能够拿出一些证据和理由。可以说，在中国改革向哪里去的问题上，我们已经摸索了30多年。而我国改革开放30多年最大的成就就是党的“十八大”报告所说的，明确确立了中国特色社会主义的方向。因此，今后，我国改革开放要超越所谓“左”“右”之争，高举中国特色社会主义大旗，以中国特色社会主义大旗凝聚改革开放的共识。正如“十八大”报告所强调的“必须牢牢把握”“并使之成为全党全国各族人民的共同信念。”❷

之所以将中国特色社会主义作为我国改革开放共识的基础，首先是中国共产党领导人民90多年的实践所证明的，它本身就是一种共识。正如胡锦涛所说，是“党和人民九十多年奋斗、创造、积累的根本成就。”60年前，共产党人为什么能够用小米加步枪打败了武装到牙齿的国民党反动派，带领人民推翻了三座大山？就是靠社会主义的理念。新中国成立以后，我们建设社会主义的过程中也犯了一些错误，但从根本上说就是未能坚持社

❶ “张五常：‘平生没有见过这么好的制度’”，载凤凰网，2012年11月18日访问。

❷ “胡锦涛在中国共产党第十八次全国代表大会上的报告”，载新华网，2014年10月8日访问。以下未注明处均引用“十八大”报告。

会主义的理念，国家权力过分集中，长官意志猖獗、以权代法严重，人民的权利没有获得应有的保障。改革开放以后，党中央高举中国特色社会主义的大旗，顶住了种种压力，始终坚持中国特色社会主义不动摇，保证了社会的稳定，促进了社会的稳步和经济的持续高速发展。“十八大”以后，中国的改革开放仍然会遇到种种来自内部和外部的挑战，但只要我们始终坚持高举中国特色社会主义大旗，就能够维护社会的持续繁荣和发展，实现党中央提出的“确保到二〇二〇年实现全面建成小康社会宏伟目标”。

中国特色社会主义之所以能作为我国改革开放共识的基础，还在于中国特色社会主义在中国已经具有非常丰富的内容，它是现代民主法治文明的重要组成部分。党的“十八大”报告将其概括为“八个坚持”：即坚持人民主体地位、坚持解放和发展社会生产力、坚持推进改革开放、坚持维护社会公平正义、坚持走共同富裕道路、坚持促进社会和谐及坚持和平发展道路和坚持党的领导。“八个坚持”中，第一个坚持就是人民民主。“十八大”报告全面阐述了我国今后民主建设的路径和远景规划，提出了极为原则性的民主原则，如“人民民主不断扩大。民主制度更加完善，民主形式更加丰富，人民积极性、主动性、创造性进一步发挥”，“加快推进社会主义民主政治制度化、规范化、程序化，从各层次各领域扩大公民有序政治参与，实现国家各项工作法治化”，“必须继续积极稳妥推进政治体制改革，发展更加广泛、更加充分、更加健全的人民民主”等。可见，人民民主不仅是“八个坚持”之首，也是中国特色社会主义之首。坚持中国特色社会主义，就必须坚持人民民主，而且必须把人民民主放在第一位。同样地，只有坚持了人民民主，才可能有中国特色社会主义。此外，“八个坚持”的最后一个坚持是党的领导。从党的领导和人民民主的关系看，不仅在我国人民民主是通过党的领导实现的，而且在于党的领导是人民民主的保障。从这个意义上，党的领导放在最后一个坚持，就是要坚持人民民主，“中国特色社会主义是亿万人民自己的事业。要发挥人民主人翁精神，坚持依法治国这个党领导人民治理国家的基本方略，最广泛地动员和组织人民依法管理国家事务、管理经济和文化事业、积极投身社会主义现代化建设，更好保障人民权益，更好保障人民当家作主”。因此，中国特色社会主义中加强党的领导，正是维护和保障人民民主的要求，党的领导是人民民主的中流砥柱。而其他六个坚持，正是人民民主的发展和必然结果。

不仅如此，只有坚持以中国特色社会主义为旗帜，我们才能超越“左”“右”之争，以解放和发展社会生产力、维护社会公平正义、促进共同富裕道路为目标实质性地推进改革开放。回想改革开放之初，姓“社”还是姓“资”的争论曾一度使我们犹豫。当时曾闹出八个雇工就是资本主义的说法，而所谓八个雇工的说法只是马克思在《资本论》中的比喻而已。在这个时刻，邓小平作出了搁置姓“社”还是姓“资”的争论的决策，于是有了“摸着石子过河”与“白猫黑猫论”。30 年过去了，虽然我们社会仍有各种不同的观点和主张，但中国特色社会主义已经成为一面旗帜。我们的改革开放必须在这面旗帜下才能形成共识。任何观点都不能与这面旗帜相抵触。任何观点认识只有经过中国特色社会主义的过滤或只有围绕着这面旗帜才有正当性。只有如此，我国改革开放才能顺利发展，党中央确立的 2020 年实现全面建成小康社会宏伟目标才能顺利实现。

必须强调，坚持以中国特色社会主义为旗帜形成共识，并不是否认当代世界包括我们社会的开放性和多元性，也不会排斥共识。坚持中国特色社会主义只是我们形成共识的基础或政治机制。任何一个社会共识都需要有形成的平台和机制，而每一种平台和机制都不是绝对完善的。20 世纪 90 年代以来，世界范围内不少国家长期陷入动荡，就是缺少一种形成共识的平台或机制。没有这样的平台或机制，不仅我们形成共识的路途会变得十分漫长遥远，而且随时可能会引发社会危机。法国大革命前，也有过长达 70 年的社会改革，但遗憾的是，70 年的改革并没有能够形成共识，最后爆发了革命。中国辛亥革命同样如此。革命前的 30 多年，戊戌变法、清末新政，一次次社会改革都失败了。从一定意义上说，这些社会危机的爆发就是因为缺少形成改革共识的机制，最后矛盾得不到化解终于爆发了革命。因此，坚持在中国特色社会主义旗帜下形成共识，既是我国改革开放的重大成果，也是我们改革开放继续稳定发展，避免重大社会危机发生发展的前提。

同时，坚持以中国特色社会主义为旗帜形成共识也为我国改革开放所需要的共识提供了更为广阔的空间。因为中国特色社会主义包含着丰富的内涵，包括民主法治、公平正义、生产力的发展、共同富裕等都有一个共识的问题。比如，改革开放，究竟是理论在先还是实践在先，就急需一个共识。有的学者的文章称，为什么政治体制改革迟迟未上路，不是惧怕民主，而是很大程度上缘于理论准备不足。[1] 但从我国改革开放以来政治体制改革的过程看，1980 年和 1986 年两次由中央启动的政治体制改革最后未能深入，主要原因是没有社会的广泛参与，并不是理论的问题。显然，政治体制改革与所有的改革一样，都有一个形成共识的问题。从这个意义上，坚持以中国特色社会主义为旗帜形成共识，是为了更好地形成共识，或者是为了形成有利于改革开放的共识的一种良性的政治机制和保障。故它本身也应当成为我国改革开放最基本的共识，甚至应当成为我国改革开放的第一共识。只有坚持了这个第一共识，我国其他共识才有生长的土壤，从而我们的改革开放才能前进，我们的民主法治、社会和谐才能取得长足的进步。

三、在中国特色社会主义旗帜下形成民主法治的共识

中国改革开放 30 多年是在争议中发展的。但中国的改革开放，并不是没有共同的东西。或者说，中国的改革开放，虽然许多东西都有争议，但有一样东西是没有争议的，就是人民当家做主。无论“左”还是右都能够在人民当家做主上找到共同的话题，这是我们社会形成共识的基本出发点。由此出发，凡是有利于人民当家做主的，就应当支持。凡是不利于人民当家做主的就应当否定。一切有利于人民当家做主，这是民主的要求，也是中国特色社会主义的本质。中国特色社会主义旗帜下的共识，无疑当推民主法治。正如胡锦涛所说：“中国特色社会主义是亿万人民自己的事业。”必须“发展更加广泛、更加充分、更加健全的人民民主”。

那么，在中国特色社会主义旗帜下形成怎样的民主法治共识？或如何才能“发展更加广泛、更加充分、更加健全的人民民主”？从我国民主法治的发展程度看，当务之急是加大对公民民主权利的保障，包括选举权、监

[1] 公方彬：“政治体制改革迟迟未上路缘于理论准备不足”，载新法家网，2012 年 11 月 15 日访问。

督权、知情权、参与权、表述权。我们党要真正实现“最广泛的动员和组织人民依法管理国家事务、管理经济和文化事业、积极投身社会主义现代化建设，更好保障人民权益，更好保障人民当家做主”的目标，就必须在全社会建立起能够理直气壮地保障公民民主权利的民主法治机制。从民主机制看，就是要真正实现“权为民所赋”这一民主的基本原则，这是习近平同志2010年9月在中央党校秋季开学班时所强调的，也是马克思主义权力理论的第一原则。1871年，当巴黎公社的硝烟还弥漫在巴黎上空的时候，马克思就郑重地写下了巴黎公社的两大原则：“第一，它把行政、司法和国民教育方面的一切职位交给由普选选出的人担任，而且规定选举者可以随时撤换被选举者。第二，它对所有公职人员，不论职位高低，都只付给跟其他工人同样的工资。……这样，即使公社没有另外给各代议机构的代表规定限权委托书，也能可靠地防止人们去追求升官发财了。”❶ 100多年过去了，巴黎公社的原则所体现的“实质上是工人阶级的政府”，巴黎公社所追求的将“国家这个寄生赘瘤迄今所夺去的一切力量，归还给社会肌体”❷ 的理想，正改变着世界。它无疑也应当成为我国社会主义民主的基本原则，并成为中国特色社会主义旗帜下改革开放的基本共识。

因为，公民的基本权利是人民当家做主的基本要求。保障人民的民主权利，包括监督权、知情权、参与权、表述权等基本权利，就是保障民主。因此，发展更加广泛、更加充分、更加健全的人民民主，就是要更加充分地保障公民的各项民主权利。这些权利既是人民实现当家做主的基本表现，也是人民民主的基本要求。任何人、任何组织都不能以任何理由侵犯公民的民主权利。任何侵犯公民民主权利的行为都应当受到追究。一个民主和法治的国家，人民的监督权、知情权、参与权、表述权等基本权利得不到保障的现状是难以想象的。一个民主和法治的国家，只有全面有效地保障了人民的监督权、知情权、参与权、表述权等基本权利，才能有效地维护社会的稳定和秩序。反之，如果一个民主和法治的政府，不能有效地保障公民的监督权、知情权、参与权、表述权等基本权利，则它就什么也不能

❶ 《马克思恩格斯选集（第2卷）》，人民出版社1972年版，第335页。
❷ 《马克思恩格斯选集（第3卷）》，人民出版社1995年版，第55~59页。

保护。因此，必须充分认识党中央提出的“发展更加广泛、更加充分、更加健全的人民民主”的政治和社会意义，并完全有理由将此作为中国特色社会主义旗帜下推进改革开放的首要和根本的战略任务。

法治是民主的保障，“发展更加广泛、更加充分、更加健全的人民民主”，离不开法治的保障。而法治要实现保障民主的目的，就必须严格实现党的报告多次提出的“党领导人民制定宪法和法律，党必须在宪法和法律范围内活动。任何组织或者个人都不得有超越宪法和法律的特权，绝不允许以言代法、以权压法、徇私枉法”的依法治国方略。这是因为，现代法治的实质是治权。在我国，国家权力是由党的领导实现的。执政党是否依法执政，将直接关系到法治是否能够实现，关系到人民民主是否能够保障。另一方面，执政党是否依法执政本身又取决于民主的发展。“党必须在宪法和法律范围内活动，”不仅是执政党的政治道义，也是民主法治的基本要求。而这本身又只能通过“发展更加广泛、更加充分、更加健全的人民民主”才能解决。因此，法治对民主的保障以及保障的程度，都与社会主义民主的发展有关。民主越发展，法治也越完善；民主发展的程度越高，法治的规范性就越大。法治对民主的保障本身就是民主本身决定的。

法治对民主的保障是民主本身的要求。要真正实现法治对民主的保障，前提是大力发展对人民负责的民主机制。报载，前几年热火朝天的鄂尔多斯康巴什新区现在成了一座大量房屋无人居住的“鬼城”，连老城东胜区也变身成一个充满着钢筋水泥烂尾楼的“怪胎”。现在的鄂尔多斯，到处是停工的烂尾楼和焦急的讨债者。鄂尔多斯市政府向《中国经济周刊》提供的数据显示，2011 年前 11 个月，鄂尔多斯市新开工 1 005. 9万平方米住宅，加上前两年的续建项目，共有 2 225. 3万平方米。城市要发展，老百姓要改善住房条件，这确实没错。但任何事物的发展都有一个度，要遵循科学的规律。像鄂尔多斯康巴什新区的建设，不是当政者一拍脑袋就可以建成的，它涉及城市持续发展的动力和基础，涉及市民的经济承受力，涉及城市人口的增长、环保、交通、卫生、教育等方方面面的配套和需要，而不能用赌的心理，似乎博一下就会成功，成功了就是政绩，却不管群众是否满意和认同。类似的事情在中国绝不是个案。稍早一点杭州的“桥裂缝”、前两年上海的“楼脆脆”、今天的哈尔滨的“桥垮塌”都反映了这方面的问题。

为此，我们要问：这些决策究竟是谁作出的？群众同意吗？群众认可吗？谁应当为这样的错误决策埋单？如果一项造福于人民群众的“千秋万代”的决策，可以完全不经过人民群众的同意或认可，这能叫造福于人民群众事业吗？显然，上述案例反映的问题，显示了我国社会管理和社会生活中对人民负责的制度严重缺乏，或者说它是我国社会生活中“只对上负责”现象的一种集中表现。

我们生活中，只对上负责，不对下负责的现象由来已久，人们似乎也早已习惯。但须知这是违背马克思主义和现代民主法治常识的。马克思历来把国家工作人员称为“社会公仆”，并指出“社会公仆”应当“为组织在公社里的人民服务。”恩格斯也高度赞扬了巴黎公社“为了防止国家和国家机关由社会公仆变为社会主人”而采取的两个正确的方法，即废除等级制和高薪制，目的就是要让公仆们全心全意为人民服务。正是在这个意义上，毛泽东也强调：“我们一切工作干部，不论职位高低，都是人民的勤务员，我们所做的一切都是为人民服务。”党的“十四大”通过的《中国共产党章程》也明确规定：“党的干部是党的事业的骨干，是人民的公仆。”公仆当然要为“公”谋利益，这里的公就是人民群众。而为人民谋利益就要对人民负责。显然，所谓“只对上不对下负责”的现象违背马克思主义的基本原理。

从现代民主法治的常识看，“只对上不对下负责”的倾向也完全违背了民主的原则。民主者，人民当家做主。故政府的一切决策都应当对人民负责。而对人民负责就是对下负责。但从民主政治的意义看，把人民群众比作“下”并不妥当。在一个民主和法治的国家，人民是国家的主人，各级官吏都是人民的公仆。公仆和人民的关系，是人民主人和公仆的关系。对人民负责就是公仆对人民即主人负责。一个民主和法治的政府，必定是对人民负责的政府。而一个不对人民负责的政府，就不可能是一个民主和法治的政府。

显然，我国民主法治建设，一个根本的使命就是要大力营造对人民负责的民主制度。首先，我们的一切制度设计和制度建设都要体现出对人民负责的宗旨。对人民负责，就要以人民的自由和社会幸福为基本目标。比如，经济的发展，对人民的幸福有重要的意义。但判断人民的幸福，却不能简单地归结于 GDP。人类历史上，国家 GDP 上升很快，但人民并不幸福的事例比比皆是。而我们社会中只对上负责，不对下负责的现象，恰恰包含着忽视甚至漠视人民社会幸福的倾向。党的“十六大”就提出要让穷人分享发展的成果，就是针对这一现象，必须予以特别的重视。

其次，目前社会生活中的只对上负责，不对下负责的现象已经极为严重，不能再等闲视之。比如，我们社会中作为这一现象表现的“假大空”，改革开放以后甚至有愈演愈烈的趋势。据说，温家宝总理在外出考察的行程中，常常会“忽然叫停车”，为的是能够直接听到真话。他到基层调研时，经常讲的话就是：“你们要给我说实话。”对于“假大空”，群众气愤地总结道：上级面前说假话，成绩显著进步大；群众面前说假话，研究研究议议吧；大会小会说套话，改革继续要深化；民主生活说空话，今天天气哈哈哈。所有这些现象，正是类似鄂尔多斯康巴什新区“鬼城”现象不断出现的根源，严重损害我们的社会和谐。

再次，只对上负责，不对下负责现象不单纯是一种认识和个别官员的自由选择问题，而与制度和特别是政绩考核机制有关。有些干部拍脑袋作决定，成功了就是政绩，不成功也与自己无关。我们社会中大量的政绩工程就是由此产生的。因此，解决这一现象，不能光靠呼吁，还必须通过民主法治建设，从根本上改革这种政绩制度。必须把干部的政绩与人民的满意相结合。用人民满意不满意作为政绩考核的唯一标准。党的前总书记张闻天在1959年的庐山会议上就强调，要让干部讲真话，必须有保证干部不会因为讲真话而受追究的制度。遗憾的是，甚至他本人也未能因讲真话而得到保护。甚至1976年逝世的时候，这位一生秉持讲真话的革命老人甚至连真名都不能用。改革开放以来，我国民主法治有了很大的进步，但我们听到的我们社会中不对人民负责，不让人民负责的现象仍然不绝于耳。故进一步推进民主法治建设，大力营造对人民负责的民主制度建设怎么说都不会过分，应当成为我国社会建设的重中之重。

参考文献

一、著作类

[1] 陈岳. 李光耀——新加坡的奠基人［M］. 北京：时事出版，1990.

[2] 康德. 法的形而上学原理［M］. 沈叔平译. 北京：商务印书馆，2005.

[3] 哈罗德・伯尔曼. 法律与宗教［M］. 梁治平译. 北京：中国政法大学出版社，2003.

[4] 拉德布鲁赫. 法学导论［M］. 米健译. 北京：中国大百科全书出版社，1997.

[5] 拉扎列夫. 法与国家的一般理论［M］. 王哲等译. 北京：法律出版社，1999.

[6] 克鲁泡特金. 互助论［M］. 李平沤译. 北京：商务印书馆，1963.

[7] 托克维尔. 论美国的民主［M］. 董果良译. 沈阳：沈阳出版社，1999.

[8] 罗伯特・达尔. 多元主义民主的困境［M］. 尤正明译. 北京：求实出版社，1989.

[9] 哈耶克. 通向奴役之路［M］. 王明毅等译. 北京：中国社会科学出版社，1997.

[10] 让・诺埃尔・卡普费雷. 谣言［M］. 郑若麟译. 上海：上海人民出版社，2008.

[11] 戴维・赫尔德. 民主的模式［M］. 燕继荣等译. 北京：中央编译出版社，1998.

[12] 威廉・哈拉尔. 新资本主义［M］. 冯韵文等译. 北京：社会科学文献出版社，1991.

[13] 阎钢：政治伦理学要论［M］. 北京：中央文献出版社，2007.

[14] 大卫·克里斯蒂安. 时间地图，大历史导论 [M]. 晏可佳等译. 上海：上海社会科院出版社，2007.
[15] 戴雪. 英宪精义 [M]. 雷宾南译. 北京：中国法制出版社，2001.
[16] 宋冰. 程序、正义与现代化 [M]. 北京：中国政法大学出版社，1998.
[17] 丹宁勋爵. 法律的正当程序 [M]. 李克强等译. 北京：群众出版社，1984.
[18] 爱得华·S. 考文. 美国宪法的“高级法”背景 [M]. 强世功译. 北京：生活·读书·新知三联书店，1996.
[19] 弗里德利希·冯·哈耶克. 自由秩序原理 [M]. 邓正来译. 北京：生活·读书·新知三联书店，1997.
[20] 顾准著，陈敏之、罗胜银编. 顾准文集 [M]. 福州：福建教育出版社，2010.
[21] 钱乘旦，陈晓律. 英国文化模式溯源 [M]. 上海：上海社会科学院出版社，2003.
[22] 基佐. 法国文明史 [M]. 第一卷. 沅芷、伊信译. 北京：商务印书馆，1993.
[23] 科佩尔·S. 平森. 德国近现代史：它的历史和文化：上 [M]. 范德一等译. 北京：商务印书馆，1987.
[24] 路德维希·冯·米瑟斯. 自由与繁荣的国度 [M]. 韩光明等译. 北京：中国社会科学出版社，1995.
[25] 路德选集：上 [M]. 徐庆誉，汤清译. 香港：基督教文艺出版社，1968.
[26] C. D. 詹姆斯. 法律原理 [M]. 关贵森等译. 北京：中国金融出版社，1990.
[27] 雅克·阿塔利. 未来简史 [M]. 王一平译. 上海：上海社会科学院出版社，2010.
[28] 希尔斯曼. 美国是如何治理的 [M]. 曹大鹏译. 北京：商务印书馆，1995.
[29] 罗尔斯. 正义论 [M]. 何怀宏等译. 北京：中国社会科学出版社，1988.

[30] 布鲁斯·阿克曼著. 我们人民：宪法的根基 [M]. 孙力、张朝霞译. 北京：法律出版社，2004.

[31] 唐凯麟. 伦理学 [M]. 北京：高等教育出版社，2002.

[32] 福泽谕吉. 文明论概略 [M]. 北京编译社译. 北京：商务印书馆，1992.

[33] 朱贻庭. 伦理学大辞典 [M]. 上海：上海辞书出版社，2002.

[34] 徐小锦、温克勤. 伦理百科辞典 [M]. 北京：中国广播电视出版社，1999.

[35] 北京大学哲学系编. 十八世纪法国哲学 [M]. 北京：商务印书馆，1965.

[36] 茅于轼. 公德和私德——中国人的道德前景 [M]. 广州：暨南大学出版社，1997.

[37] 洛克. 政府论：下篇 [M]. 瞿菊农、叶启芳译. 北京：商务印书馆，1964.

[38] 亚里士多德. 政治学 [M]. 吴寿彭译. 北京：商务印书馆，1983.

[39] 密尔. 密尔论民主与社会主义 [M]. 胡勇译. 长春：吉林出版集团有限公司，2008.

[40] 邦雅曼·贡当斯. 古代人的自由和现代人的自由 [M]. 阎克文等译. 北京：商务印书馆，1999.

[41] 米歇尔·鲍曼. 道德的市场 [M]. 肖君、黄承业译. 北京：中国社会科学出版社，2003.

[42] 科恩. 论民主 [M]. 聂崇信、朱秀贤译. 北京：商务印书馆，2004.

[43] 爱德华. 美国宪法的高级法背景 [M]. 强世功译. 北京：生活·读书·新知三联书店，1996.

[44] 维拉曼特. 法律导引 [M]. 张智仁、周伟文译. 上海：上海人民出版社，2003.

[45] 尾关周二. 共生的理想——现代交往与共生、共同的思想 [M]. 卞崇道译. 北京：中央编译出版社，1999.

[46] 佩雷菲特. 停滞的帝国——两个世界的撞击 [M]. 王国卿等译. 北京：生活·读书·新知三联书店，2013.

[47] 威廉·冯·洪堡. 论国家的作用［M］. 林荣远、冯兴元译. 北京：中国社会科学出版社，1998 .
[48] 苗力田. 亚里士多德全集：第九卷［M］. 北京：中国人民大学出版社，1994.
[49] 郭道晖. 法理学精义.［M］. 长沙：湖南人民出版社，2005.
[50] 最高人民检察院法律政策研究室. 所有人的正义［M］. 北京：中国检察出版社，2003.
[51] 川岛武宜. 现代化与法［M］. 王志安等译. 北京：中国政法大学出版社，1995.
[52] 康德. 道德形而上学原理［M］. 苗力田译. 上海：上海人民出版社，1986.
[53] 埃伦. 法律、自由与正义［M］. 成协中、江菁译. 北京：法律出版社，2006.
[54] 罗纳德·德沃金. 自由的法［M］. 刘丽君译. 上海：上海人民出版社，2001.
[55] 哈特. 法律的概念［M］. 张文显等译. 北京：中国大百科全书出版社，1996.
[56] 斯塔夫里阿诺斯. 全球通史［M］. 吴象婴、梁赤民译. 上海：社会科学出版社，1992.
[57] 哈罗德·伯尔曼. 法律与革命［M］. 贺卫方等译. 北京：中国大百科全书出版社，1993.
[58] 汤因比. 历史研究：下册［M］. 曹未风译. 上海：上海人民出版社，1986.
[59] 波斯纳. 法理学问题［M］. 苏力译. 北京：中国政法大学出版社，1994.
[60] 乔治·霍兰·萨拜因. 政治学说史：上册［M］. 邓正来译. 北京：商务印书馆，1986.
[61] 陈兴良. 刑法价值构造［M］. 北京：中国人民大学出版社，1998.
[62] 卡斯东·斯特法尼等. 法国刑事诉讼精义［M］. 罗结珍译. 北京：中国政法大学出版社，1998.

[63] 黑格尔. 法哲学原理 [M]. 张企泰、范扬译. 北京：商务印书馆，1961.
[64] 罗杰·科特威尔. 法律社会学导论 [M]. 王亚新、潘大松，等译. 北京：华夏出版社，1989.
[65] 棚濑孝雄. 纠纷的解决与审判制度 [M]. 王亚新译. 北京：中国政法大学出版社，1994.
[66] 王名扬. 美国行政法 [M]. 北京：中国政法大学出版社，1995 .
[67] 诺内特和塞尔兹尼克. 转变中的法律与社会 [M]. 张志铭译. 北京：中国政法大学出版社，1994.
[68] 埃米尔·杜尔凯姆. 社会分工论 [M]. 渠东译. 上海：上海三联书店，2008.
[69] 培根. 培根论说文集 [M]. 东旭等译. 海口：海南出版社，1996.
[70] 王利明. 司法改革研究 [M]. 北京：法律出版社，2001.
[71] 阿克顿. 自由与权力 [M]. 侯健、范亚峰译. 北京：商务印书馆，2001.
[72] 博登海默. 法理学：法律哲学与法律方法 [M]. 邓正来译. 北京：中国政法大学出版社，1999.
[73] 埃尔曼. 比较法律文化 [M]. 贺卫方等译. 北京：生活·读书·新知三联书店，1990.
[74] 耶林. 为权利而斗争 [M]. 胡宝海译. 北京：中国法制出版社，2004.
[75] 卢梭. 社会契约论 [M]. 何兆武译. 北京：商务印书馆，1990.
[76] 孙谦. 中国特色社会主义检察制度 [M]. 北京：中国检察出版社，2009.
[77] 亨利·梅因. 古代法 [M]. 沈景一译. 北京：商务印书馆，1996.
[78] 冯秀珍. 社会主义发展史纲 [M]. 北京：中国法制出版社，2002.
[79] 西达·斯考切波. 国家与社会革命 [M]. 何俊志，王学东译. 上海：上海人民出版社，2007.
[80] 樊崇义. 刑事诉讼法的哲理思维 [M]. 北京：中国公安大学出版社，2010.
[81] 米尔恩. 人的权利与人的多样性 [M]. 夏勇译. 北京：中国大百科全

书出版社，1995.
[82] 柯特勒. 美国八大冤假错案［M］. 刘末译. 北京：商务印书馆，1997.
[83] 霍布斯. 利维坦［M］. 黎思复、黎廷弼译. 北京：商务印书馆，1986.
[84] 茨威格特·克茨. 比较法总论［M］. 潘汉典、米健、高鸿均、贺卫方，等译. 北京：法律出版社，2003.
[85] 威廉·蓬汉姆. 英美法导论［M］. 林芝译. 北京：中国政法大学出版社，2003.
[86] 文森特·奥斯特罗姆. 复合共和制的政治理论［M］. 毛寿龙译. 上海：上海三联书店，1999.
[87] 约翰·奈斯比特. 大趋势［M］. 梅艳等译. 北京：新华出版社，1984.
[88] 林珏雄. 检察官论［M］. 台北：学林文化事业有限公司，1999.
[89] 王桂五. 中华人民共和国检察制度［M］. 北京：法律出版社，1991.
[90] 杰瑞米·波普. 制约腐败——建构国家廉政体系［M］. 清华大学公共管理学院廉政研究室译. 北京：中国方正出版社，2003.
[91] 王沪宁. 政治的逻辑［M］. 上海：上海人民出版社，2004.
[92] 贺卫方等. 公共论丛：市场逻辑与国家观念［M］. 北京：生活·读书·新知三联书店，1995.
[93] 阎照祥. 英国史［M］. 北京：人民出版社，2003.
[94] 爱德华·麦克诺尔·伯恩斯，菲利普·李·拉尔夫. 世界文明史［M］. 罗经国等译. 北京：商务印书馆，1995.
[95] 埃德蒙·柏克. 自由与传统［M］. 蒋庆、王瑞昌译. 北京：商务印书馆，2001.
[96] 霍华德·威亚尔达主编. 非西方发展理论：地区模式与全球趋势［M］. 董正华、昝涛、郑振清译. 北京：北京大学出版社，2006.
[97] 汉娜·阿伦特. 论革命［M］. 陈周旺译. 南京：译林出版社，2007.
[98] 西达·斯考切波. 国家与社会革命［M］. 何俊志、王学东译. 上海：上海人民出版社，2007.
[99] 查尔斯·A. 比尔德. 美国政府与政治［M］. 朱曾汶译. 北京：商务印书馆，1987.
[100] "宪法比较研究"课题组. 宪法比较研究文集：3［M］. 济南：山东

人民出版社，1993.

[101] 埃尔斯特，挪斯莱格斯塔德. 宪法之治与民主 [M]. 潘勒等译. 北京：生活·读书·新知三联书店，1998.

[102] 米歇尔·卡尔莫纳. 黎塞留传：上册 [M]. 曹松豪、唐伯新译. 北京：商务印书馆，1996.

[103] 斯科特·戈登. 控制国家——西方民主的历史 [M]. 应奇、陈丽微，等译. 南京：江苏人民出版社，2001.

[104] 萨托利. 民主新论 [M]. 冯克利、阎克文译. 北京：东方出版社，1993.

[105] 丹尼斯·缪勒. 公共选择 [M]. 王诚译. 北京：商务印书馆，1992 年.

[106] 白纲，林白华. 宪法之治通论 [M]. 北京：社会科学文献出版社，2005.

[107] 西耶斯. 论特权、第三等级是什么 [M]. 冯棠译. 北京：商务印书馆，1991.

[108] 林喆. 权力腐败与权力制约 [M]. 北京：法律出版社，1997.

[109] 塞缪尔·亨廷顿. 变革社会中的政治秩序 [M]. 李盛平译. 北京：华夏出版社，1988.

[110] 阿伦特. 人的条件 [M]. 竺乾威译. 上海：上海人民出版社，1999.

[111] 詹宁斯. 英国议会 [M]. 蓬勃译. 北京：商务印书馆，1963.

[112] 毛里西奥·帕瑟林·登特里维斯. 作为公共协商的民主：新的视角 [M]. 王英津，等译. 北京：中央编译出版社，2006.

[113] 詹姆斯·博曼. 公共协商：多元主义、复杂性与民主 [M]. 黄相怀译. 北京：中央编译出版社，2006.

[114] 贡斯当. 古代人的自由与现代人的自由 [M]. 阎克文、刘满贵译. 上海：上海人民出版社，2003.

[115] 巴枯宁. 国家制度和无政府状态 [M]. 马骧聪，等译. 北京：商务印书馆，2013.

[116] 古斯塔夫·勒庞. 乌合之众 [M]. 冯克利译. 北京：中央编译出版社，2005.

[117] 哈贝马斯. 在事实与规范之间：关于法律和民主法治国的商谈理论［M］. 童世骏译. 北京：生活·读书·新知三联书店，2003.

[118] 卡尔·J. 弗里德里希. 超验正义——宪法之治的宗教之维［M］. 周勇、王丽芝译. 北京：生活·读书·新知三联书店，1997.

[119] 李君如. 协商民主在中国［M］. 北京：人民出版社，2014.

[120] 艾蒂安·德·拉·波埃西. 论自愿为奴［M］. 潘培庆译. 上海：上海译文出版社，2014.

[121] 保罗·霍普. 个人主义时代之共同体重建［M］. 沈毅译. 杭州：浙江大学出版社，2010.

[122] 格尔哈德·帕普克主编. 知识、自由和秩序［M］. 北京：中国社会科学出版社，2000.

[123] 让－马克·夸克. 合法性与政治［M］. 王远飞、佟心平译. 北京：中央编译出版社，2002.

二、论文类

[1] 西奥多·洛伊. 当代美国政治自由主义和保守主义［J］. 王云琨译. 国外社会科学，1987（2）.

[2] 卿立新. 微博时代网络事件传播规律与处置探讨［J］. 求索，2010（12）.

[3] 杨妍. 自媒体时代政府如何应对微博传播中的“塔西佗陷阱”［J］. 中国行政管理，2012（5）.

[4] 张音、张新苗. 破解‘塔西佗陷阱’的舆论怪圈［N］. 人民日报，2012－6－26.

[5] 杨静、程林顺：政府公信力的政治道德实践问题探讨［J］. 南昌大学学报（人文社会科学版），2013（3）.

[6] 曹刚. 程序伦理的三重语境［J］. 中国人民大学学报（哲社版），2008（4）.

[7] 刘行仕. 两次世界大战的联系与深刻的历史启示［J］. 咸阳师范学院学报，2005（3）.

[8] 李伯杰. 一个麻烦的祖国 ——论德意志民族的德国同危机［J］. 清华

大学学报（哲学社会科学版），2010（2）.
[9] 陈志武.经济增长的四个要素［OL］.［2007-06-10］.网易.
[10] 杨晓杰.试论纳粹德国战败的美国因素［J］.军事历史研究，2002（2）.
[11] 郭世佑."百年宪政"的认识误区［J］.炎黄春秋，2013（5）.
[12] 倪正茂.俄游杂感［N］.联合时报，2011-11-15.
[13] 秦苏兵、魏金奎.谈加强社会公德规范的约束力.［J］.探索与求是，2003（7）.
[14] 刘继勇.我国社会公德建设面临困境的原因分析［J］.江西社会科学，2003（5）.
[15] 张建英、罗承选、胡耀忠.公德与私德概念的辨析与厘定［J］.伦理学研究，2010（1）.
[16] 廖小平.公德和私德的厘定与公民道德建设的任务［J］.社会科学，2002（2）.
[17] 童之伟.公民权利国家权力对立统一关系论纲［J］.中国法学，1995（6）.
[18] 徐贲.保护弱者、道德习俗和公共生活［J］.洪范评论，2006，3（2）.
[19] 肖群忠.绅士德性论［J］.中国人民大学学报，2004（4）.
[20] 费斯.将军投降之后［J］.温登瑰译.领导文萃，1996（1）.
[21] 姚尚建.美国政治的分裂与修复［J］.学术论坛，2008（6）.
[22] 田改伟.试论党内民主与人民民主的辩证关系［J］.政治学研究，2007（2）.
[23] 杨雪冬.走向社会权利导向的社会管理体制［J］.华中师范大学学报（人文社会科学版），2010（1）.
[24] 陈卫东.我国检察权的反思和重构——以公诉权为核心的分析［J］.法学研究，2002（2）.
[25] 郝钟银.检察权质疑［J］.中国人民大学学报，1999（3）.
[26] 陈瑞华:《司法权的性质》［J］.法学研究，2000（5）.
[27] 龙双喜、冯仁强.宪政视角下的中国检察权——兼议法律监督权与公诉

权的关系 [J]. 法学，2004 (11).
[28] 林衍. 草根型社会组织举步维艰 [J]. 党的建设，2012 (5).
[29] 李剑鸣. “危机”想象与美国革命的特征 [J]. 中国社会科学，2010 (3).
[30] 刘新成. “乡绅入侵”：英国都铎王朝议会选举中的异常现象 [J]. 中国社会科学，2008 (2).
[31] 胡伟. 关于政治文明若干问题的思考 [J]. 上海交通大学学报（哲社版），2003 (2).
[32] 宗传军. 英国宪法形成过程 [J]. 人大研究，2004 (4).
[33] 王晓敏. 从“贿选”事件频发看如何完善人民代表大会制度. [J]. 理论探讨，2002 (5).
[34] 骆苗、祝军. 村民自治中的“贿选”问题研究——基于制度分析的视角 [J]. 中国青年政治学院学报，2012 (5).
[35] 王洪树等. 国外关于协商民主理论的研究综述 [J]. 理论导刊，2008 (1).
[36] 李店标、沈赏. 英国议会立法辩论制度及其启示 [J]. 学术交流，2012 (2).
[37] 陈剩勇. 协商民主理论与中国. [J]. 浙江社会科学，2005 (1).
[38] 卢瑾. 当代西方协商民主理论研究：现状与启示 [J]. 政治学研究，2008 (5).
[39] 张献生、吴茜. 西方协商民主理论与我国社会主义民主政治 [J]. 中国特色社会主义研究，2006 (4).
[40] 俞可平. 协商民主：当代西方民主理论和实践的最新发展 [J]. 学习时报，2006 (11).
[41] 陈家刚. 协商民主引论 [J]. 马克思主义与现实，2004 (3).
[42] 夏学銮. 社会管理体制如何创新 [J]. 人民论坛，2011 (4).
[43] 韩德强. 论义务本位和权利本位的尊严观 [J]. 文史哲（济南），2006 (1).
[44] 李荣华. 论基层民主与当代中国的政治发展 [J]. 深圳大学学报（人文社会科学版），1994 (4).

[45] 高健生.改革开放以来的农村基层民主建设［J］．当代世界与社会主义，1998（4）.
[46] 林尚立.协商民主是我国民主政治的特有形式和独特优势［J］．求是，2014（6）.
[47] 王中汝.继承与超越：中国特色社会主义民主的发展逻辑［J］．中国特色社会主义研究，2008（3）.

后　记

最近，有两个案件（聂树斌案和呼格吉勒图案）的复查特别引人注目。在法学界及媒体记者的一再坚持之下，尤其是在中共十八届四中全会全面推进依法治国决定的推动下，呼格吉勒图得到了平反昭雪，聂树斌案则进入了复查。这无疑是司法公正的重大进步。但人们在庆幸这两个案件终于有机会得到平反的同时，需要认真反思为什么9年前已经有真凶供认的案件之昭雪会如此之艰难？如果没有法学界、媒体同仁的一再坚持，如果没有中共十八届四中全会依法治国的决定，也许这两个案件会永无天日。在一个民主和法治的国家，不能保证没有冤假错案，但绝不能容忍已经曝光的重大冤假错案始终得不到纠正。这是民主法治的低线性价值，也是民主法治最基本的政治道义。而这两个案件的从真凶供认到最终确认复查却经历了近十年的时间，而转机的根本转变是执政党全面推进依法治国的决定。换一个角度来思考，如果执政党四中会全的决定不是全面推进依法治国，或者如果四中全中的依法治国决定也像17年前提出依法治国一样，如果依法治国仅仅停留在形式上或主要取决于领导人的权威，民主法治基本的政治道义就难以普遍化。而解决这个问题的关键是民主建设。法治是民主的需要，民主是法治的基础。而民主最重要的表现形式就是社会治理。托克维尔说得好：“在小事情上没有学会使用民主的老百姓怎么能在大事情上运用民主呢?”司法只是社会治理的组成部分。故要真正推进司法公正，全面推进依法治国，基础是社会民主建设。而社会民主建设从行为可以区分为民主选举、民主决策、民主管理和民主监督，从内容上又可区分为行业民主、界别民主、思想民主和基层民主。社会民主建设是它们互相交融、同步发展的过程，它们共同构成了社会管理宏大的民主基础，成为“把权力关进笼子”及推进我国依法治国的强大的社会力量。

本书是笔者近年的一些理论思考，其中有些地方用了“社会管理”一词，有些地方则用了“社会治理”，在成书时没有特意改过来。主要原因是笔者感到社会管理和社会治理的根本问题都是回归社会的问题，即社会作为主体是否可能的问题，解决了这个问题，才有“管”还是“治”的问题，或者说“管”和“治”的问题，源于社会能不能作为主体。

感谢中南财经政法大学法治发展与司法改革研究中心的支持，使笔者这些思考能够以比较集中的形式呈现出来。在此，谨向中南财经政法大学法治发展与司法改革研究中心特别是徐汉明主任表示深切的谢意！

蒋德海

于上海松江舍得书斋

2015年1月10日